개정판

현대 해석학 강의

양해림

집문당

개정판 머리말

본서는 지난 2007년 초판이 나온 이후로 필자가 충남대학교에서 학부 철학과 학생 및 대학원 학생들의 전공강의에서 주로 활용해 왔으나, 전공강의를 하는 과정에서 학생들의 의견을 다소 반영하여 전체적으로 오·탈자 및 수정·보완할 내용들을 개정판을 계기로 다시 구성해 보았다. 무엇보다 인문학의 오랜 불황 속에서도 본서가 꾸준히 나가 개정판을 출판하게 되어 기쁘게 생각한다. 이 책은 출판의 일정상 모든 장을 보완하려면 많은 시간을 필요로 하기 때문에 전체의 장에 걸쳐 보완한 것이 아니라 강의하면서 필요하다고 생각되는 내용을 부분적으로 보완하였음을 밝힌다. 새로 보완한 장은 다음과 같다. 제1강 해석학이란 무엇인가, 제2강 슐라이어마허: 보편적 해석학, 제3강 딜타이: '정신과학'의 방법론으로서의 해석학, 제4강 하이데거: 현상학과 해석학의 만남, 제5강 가다머: 철학적 해석학, 제6강 하버마스: 의사소통행위의 해석학, 제8강 로티: 네오프래그머티즘의 해석학, 제9강 리쾨르: 상징의 해석학, 제11강 푸코: 해석학과 구조주의를 넘어서, 제13강 라캉: 무의식의 해석학, 제15강 지젝: 세상 거꾸로 보기의 해석학 등이 그것이다. 향후 수정 및 보완할 부분의 장들이 생기면 지속적으로 다시 보충할 것을 독자 여러분께 약속드리며 아낌없는 질정을 부탁드린다. 끝으로 어려운 국내 출판계의 상황에도 불구하고 이 책의 재판을 허락해 준

집문당 사장님을 비롯한 편집부 관계자분들께 감사의 마음을 전하고 싶다.

2011년 5월 16일
궁동 연구실에서
양 해 림

머리말

우리 사회에 인문학에 대한 위기가 유행 사조처럼 시기적으로 한번씩 오가고 있다. 인문학 위기의 담론이 오르내리는 것 자체가 이미 인문학이 현장에서 활동력을 잃어버렸다는 반증일지 모른다. 하지만 이러한 상황일수록 인문학의 책무는 더 무겁게 피부에 와 닿는다.

이 책은 대학생 및 일반 독자 등 비전문가를 위해 기획되었다. 이미 시중에는 해석학에 관한 많은 책들이 출판되고 있지만, 거의 대학에 종사하는 전문가들을 위한 책들이 주종을 이룬다. 이러한 불편을 덜기 위해 필자는 일반 독자들에게 보다 쉽게 접근할 수 있는 책들이 없을까 하는 고민 끝에 이 책을 내놓게 되었다. 또한 필자가 대학의 학부 및 대학원에서 강의를 진행하는 과정에서 최근의 새로운 내용을 담은 해석학이 그리 많지 않다는 인식 아래 몇 년간의 강의 결과물을 근거로 하여 계획하고 편성해 보았다. 이 기획이 얼마만큼 독자들의 욕구와 기대를 충족시켰는지에 대한 판단은 독자들의 몫이다.

해석학은 그 역사가 아주 길다. 주지하듯이, 해석학은 그리스시대 이후로 오랜 역사에 걸쳐 다양한 학문의 영역에서 다루어져 왔다. 그렇기 때문에 우리는 다양한 영역의 해석학을 일목요연하게 정리하는 것 자체도 쉽지 않다. 하지만 해석학은 모든 학문에 통용되는 텍스트 이해와 해석에 관한 이론이기 때문에 전문영역뿐만 아니라 우리의 일상생활에까지 깊숙이 관여한다. 해석학의 어원에서도 보여 주듯이, 해석학은 고귀한 신의 말씀을 인간 세상에 전해주는 것에서 유래하였다. 우리는 일상생활에서 많은 사람들과 함께 전문영역이나 비전문영역을 막론하고 언어를 매개로 하여 서로 대화를 나누고 각자의 행위에 대해 이해를 구하고자 한다. 그리고 다른 사람들이 생각하고 말하는 의도를 파악하고자 하며, 서로에게 이해하고 이해시키고자 노력한다. 우리가 사회생활에서 공통된 행위를 하고자 할 때에는 서로의 이해가 더욱더 필요하다. 하지만 사람들 사이에서 서로를 어느 정도 이해한다고는 하지만, 오해는 언제나 생겨날 수 있으며, 우리는 많은 질문과 토론을 통해 오해의 소지를 제거하고자 한다. 이런 점에서 서로에 대한 이해는 한 사회의 구성원으로서 우리 삶의 본질적인 토대를 형성한다.

필자가 이 책에서 근대 이후부터 최근에 이르기까지 15강에 걸쳐 14명의 해석학자들을 선정하여 소개하고 있지만, 오랜 역사만큼 그들의 해석학 이론들을 이해하는 것만으로는 소화하기 벅찬 것이 사실이다. 하지만 이 책은 단지 우리가 그들의 이론을 암기식으로 머릿속에 들여놓는 데 있지 않다. 이들의 다양한 해석이론을 통해 우리의 현실사회에서 적절하게 활용하고자 하는 데 있다. 하지만 얼마만큼 이러한 해석이론들을 통해 현실 속에서 적절히 갈증을 풀어낼 것인지는 독자들의 몫에 맡긴다. 또한 그것을 풀어낼 소임을 다하지 못했다면, 그 책임 역시 필자의 몫이다. 독자들의 질책을 기다리며 겸허히 그 질책을 받아들이겠다. 이 책은 인물을 중심으로 주제별로 해석학자들의 이론을 구성하고 있기에 독자들이 장(章)의 순서대로 읽을 필요는 없다. 독자들이 마음에 드는 인물의 이론을 선정하여 손에 와 닿는 대로 읽어도 무방하게 편성되어 있다.

이렇듯 해석학은 우리의 일상생활과 친밀한 관계를 갖고 있지만,

우리 일상생활에서는 여전히 낯설다. 왜냐하면 해석학이 일상생활에서 적절히 활용되어 많은 사람들이 이해한 학문이기보다는 전문가들 사이에서 고준담론(高峻談論)의 학문으로 진행되어 왔기 때문이다. 물론 이러한 다양한 영역에 걸쳐 있는 해석학을 일상생활에 쉽게 풀어낼 수 있는가는 여전히 쉽지 않다.

이 연구는 아산사회복지재단에서 시행한 저술지원사업의 도움으로 진행되었다. 본 연구 성과의 출간을 위하여 많은 노고를 해 주신 재단의 모든 관계자들에게 진심으로 감사드린다. 아울러 원고를 꼼꼼하게 편집하여 좋은 책으로 만들어 주신 집문당의 성인숙 상무와 조서영 씨에게 감사의 말씀을 전하고 싶다.

필자는 이 책을 집필하고 탈고하는 과정에서 작년(2006년 9월 2일)에 모친상을 당했다. 어머님께서는 암으로 2년여간 투병생활을 해 오셨다. 필자에게는 대단히 불운한 한 해였다. 이러한 과정에서 충남대 병원을 오가며 병수발을 헌신적으로 해 준 나의 아내 정식(貞植)과 아버님께 송구스러운 마음, 금할 길 없다. 이 책은 이러한 어려운 상황에서 완성되었기에 남다른 의미가 크다. 하늘나라에 계신 어머님께 이 졸저를 바친다. 부디 행복한 나라에서 영면(永眠)을 누리시길 바라며…

2007년 1월 궁동 연구실에서

양 해 림

차 례

제7강 아펠: 의사소통공동체의 해석학

제8강 로티: 네오프래그머티즘의 해석학

제9강 리쾨르: 상징의 해석학

제 1 강

해석학이란 무엇인가

1. 해석학의 어원
2. 해석학의 정의

제1강

해석학이란 무엇인가

1. 해석학의 어원

해석학의 어원은 그리스 신화의 헤르메스(Hermes)에서 유래한다. 이러한 해석학의 어원은 해석하다(to interpret)로 번역되는 그리스어의 동사 헤르메네웨인(ἑρμηνειν, hermenein)과 해석(interpretation)으로 번역되는 명사 헤르메네이아(ἑρμηνεία, hermeneia)에서 나왔다. 동사로 표현되는 헤르메네웨인과 명사로 번역되는 헤르메네이아는 날개 달린 사자신(使者神)이라 불리는 헤르메스까지 소급된다. 하지만 그 낱말의 어원은 오랜 역사만큼 다소 모호하다.[1] 흔히 헤르메스는 신의 메시지를 인간에게 전달해 주는 전달자, 이를테면 신의 사자(使者)였으며 신의 말씀을 선포하는 자였다. 헤르메스는 신의 메시지를 인간에게 전달하는 단순한 사명뿐만 아니라 신탁을 인간이 이해할 수 있는 언어로 설명하기도 하였다. 말하자면 그의 사명은 인간의 세계와 근본적으로 다른 세계의 의미연관을 인간의 세계에서 이해되는 의미로 옮겨 주어야 했다. 헤르메스는 제우스나 다른 신들의 말씀을 인간들에게 전달하는 신이다. 제우스의 말을

1) E. Boisacq, *Dictionnaire étymologique*, Hedelberg-Paris, 1916, 282쪽.

전달하기 위하여 헤르메스는 먼저 그의 입으로 어떤 말을 소리 내어 말해야 하고, 듣는 사람이 더 잘 이해할 수 있도록 설명해야 한다. 신의 말씀을 직접 이해할 수 없는 인간들에게는 외국어를 자국어로 바꾸듯이 번역해야 한다. 이러한 헤르메네웨인은 통상적으로 세 가지의 의미로 구별한다. 즉 ① 말하다(표현하다 ausdrücken, 진술하다 to say), 어떤 상황을 설명할 때와 같이 ② 설명하다(해설하다, 해석하다 auslegen, to explain), 외국어를 번역할 경우에서처럼 ③ 번역하다(통역하다 übersetzen, to translate)로 구별된다.[2)]

헤르메네웨인의 어두(語頭) 부분인 헤르메(hermē)는 말하다(to say)라는 뜻의 라틴어 세르모(sermo)와 말(word)이라는 의미의 라틴어 베르붐(verbum)과 밀접하게 연관된다. 위의 어원에 의하면, 신의 말씀을 전달해 주는 역할을 맡고 있는 성직자는 무엇인가를 공표하고 진술하고 있음을 암시한다. 따라서 성직자는 헤르메스 신이나 델피 신탁의 사제와 마찬가지로 신으로부터 운명에 관한 소식을 사람들에게 전해 주는 기능을 떠맡는다. 이런 점에서 성직자는 말하거나 선포를 한다는 점에서 헤르메스 신과 마찬가지로 신과 인간의 중재자 역할을 한다.[3)] 이렇듯 헤르메스(Hermes)는 신과 연결된다. 첫째, 인간의 이해능력을 초월해 있는 것을 인간의 지성이 파악할 수 있도록 전환시켜 주는 기능과 관련된다. 둘째, 이해능력의 의미파악과 언어를 도구로 사용하는 것을 헤르메스의 덕택이라 믿는다. 셋째, 하이데거는 해석학으로서 철학을 헤르메스와 연관시켜서 개시성(開示性)이라 표현하기도 한다. 여기서 개시는 "밖으로 내어 놓다"라는 의미이다. 이는 곧 시인을 통해서 이미 말해진 것을 설명한다는 뜻이다. 다시 말해 해석학은 단어를 명료하게 하는 것을 함축한다. 이러한 해석학은 두 가지의 의미를 담고 있다. 첫

2) 장 그롱댕, 최성환 옮김, 『철학적 해석학』, 한울, 2008, 53쪽.

3) 리차드 팔머, 이한우 옮김, 『해석학이란 무엇인가』, 문예출판사, 2001, 37쪽.

째, 해석학은 어떠한 단어·문장·구문 등의 정확한 의미와 내용을 파악하는 것이며, 둘째, 상징적 형식에 담겨 있는 교훈을 다시 발견하는 것이다.[4] 그리스시대의 소피스트에게서도 해석학은 어휘의 분석과 그 어휘의 다의성, 이와 연관된 명제들이 다양하게 사용할 수 있음을 보여 주었다.

라틴어 hermeneutica란 용어는 17세기 단하우저(J.C. Dannhauser)가 『신성한 해석학 내지 성서문헌의 해석방법(*Hermeneutica sacra sive methodus exponendarum sacrarum litterarum*)』(1854)이라는 저서에서 처음으로 등장하였다. 17세기 후반까지도 해석학은 그 이름이 없었다. 일찍이 해석 기술(ars interpretandi)이라고 불렀던 것이 비평, 주석, 문헌학 등 다양한 학문 분과에서 채택되고 발전했다. 위의 저서의 제목에서 암시하고 있듯이, 해석학은 17세기부터 "문헌해석의 규칙이나 방법에 관한 학"으로 규정하고 있다. 이러한 의미에서 해석학은 어떤 문헌을 실제로 해석하는 작업을 넘어서 실제의 해석활동을 지배하는 규칙이나 방법을 세우는 일이다. 이 용어는 특정한 텍스트를 위한 해석을 보조하거나 해석의 여러 가지 규칙을 확정하는 신학이나 문헌학 또는 법률학을 위한 보조 수단으로 발전하게 되었다. 따라서 17세기에 등장한 해석학이라는 용어는 아주 일반적인 의미로 이해의 문제와 연관되어 파악된다.[5] 그렇지만 그 시대에 논의되었던 내용들은 아주 오랜 그리스 철학으로까지 거슬러 올라간다. 해석학은 해석의 기술(Kunst der Hermenuein)로 대변되는 번역하고, 설명하며, 해석하는 기술이다.[6] 요컨대 해석학은 다른 세계와 다른 언어로부터 의미연관성을 신뢰할 수 있게 번역을 해야 하는 것이다.

---

4) 조셉 블라이허, 권순홍 옮김, 『현대 해석학』, 한마당, 1983, 18쪽.
5) 알빈 디이머, 백승균 옮김, 『철학적 해석학』, 경문사, 1985, 1쪽.
6) 한스 인아이헨, 문성화 옮김, 『철학적 해석학』, 문예출판사, 1998, 21-22쪽.

2. 해석학의 정의

해석학은 오랜 역사에 걸쳐 신학·철학·문학·법학 등의 영역에서 다양하게 다루어져 왔다. 이제 해석학은 텍스트 이해와 해석에 관한 이론으로서 전문영역뿐만 아니라 우리의 일상생활에까지 깊숙이 영향을 미치고 있다. 우리는 서로 대화를 나누고 각자의 행위에 대해 이해를 구하거나 다른 사람들이 생각하고 말하는 것을 파악하고자 하며, 서로를 이해하려고 노력한다. 특히 우리가 공통된 행위를 하고자 할 때에는 서로의 이해를 더욱더 필요로 한다. 하지만 서로를 어느 정도 이해한다고는 하지만, 오해는 언제나 생겨날 수 있으며, 우리는 많은 질문과 토론을 통해 오해의 소지를 제거하고자 한다. 이런 점에서 서로에 대한 이해는 한 사회의 구성원으로서 우리 삶의 본질적인 토대를 형성한다.

해석학은 일반적으로 의미의 해석에 대한 이론이나 철학으로 규정된다. 앞장에서 언급했듯이, 해석학의 근대적 기원이 17세기 초엽 이후부터 예술철학, 언어철학 및 문예비평의 논제로 등장하기 시작한다. 먼저 해석학은 문헌적 해석학을 위한 기초적·예비적 분야로 파악한다. 웹스터 제3국제사전에서는 해석학을 해석과 설명의 방법론적 여러 원리에 대한 연구라 정의하고 있다. 해석학자 팔머(Richard E. Palmer)의 견해에 의하면, 해석학은 문학해석에 적합한 접근방법을 모색하는 것이라 말한다. 해석학은 일반적으로 서로 다르면서도 상호작용하는 두 가지의 관점을 포함한다. 팔머에게 있어서 그 하나는 텍스트의 이해이며 다른 하나는 '이해와 해석은 과연 무엇인가?'라고 묻는 아주 포괄적인 문제라 파악한다.[7] 또한 해석학은 이해이론의 두 영역을 함께 다룬다. 하나는 텍스트 이해라고 하는 사건 속에서 무엇이 포함되어 있는가 하는 문제이며, 다른 하나

7) 리차드 팔머, 앞의 책, 27쪽.

는 가장 기본적이고 실존적인 의미에 있어서 이해 자체란 무엇인가 하는 문제이다.[8] 따라서 해석학이란 용어는 해석의 이론, 적절한 텍스트 주석의 제 원리라는 뜻을 함축하고 있다.

플라톤에 의하면, 『법률(*Gesetze*)』의 부록편인 「에피노미스(Epinomis)」의 후기 대화에서 해석학의 정의는 여러 종류의 해석학의 기술(Kunst)들에 대하여 기록하는 것이라 말한다. 그것은 참과 거짓에 대해서는 판단하지 않고 신탁(信託)의 의미만을 밝혀내는 기술이었다. 즉 해석학은 후기 대화론에 들어 있는 예감의 기술(techne mantiké)과 함께 해석의 기술이라 부르면서 시작된다. 그러나 그가 언급하는 해석기술은 종교적인 영역에서의 예언술과 함께 분명한 지식보다는 개연적이고 추측하는 지식을 다루는 데 사용하였다. 그 당시 시인들은 시들의 해석자였다. 그리고 신의 사자인 헤르메스를 해석과 연결시킬 수 있다고 믿었다. 신들이 전달하려는 것이 인간에게는 아직도 불분명한 언어였기 때문에 주석을 필요로 하는 해석이었다. 플라톤에 의하면, 헤르메네우스(해석자: 신들의 대변자)는 어떤 타자가 의미하는 바를 어떤 누군가에게 전달하고 알려주는 자이며 그러한 전달 및 고지(告知)를 그들에게 중계하고 추수행(追修行)하는 자라는 점을 지적한다. 이때의 알려 주는 것이란 일반적인 것과 다른 것과의 차이를 명백히 해주는 것이다. 그것은 단지 이론적 이해가 아니라 원하고자 하는 의지, 동일한 것, 존재, 실존 등을 의미한다. 따라서 해석학이란 존재자의 존재자에게 있어서 무엇인지를 언어로 알려주는 것이다.

아리스토텔레스는 논리학의 『기관(Organon)』의 한 부분인 「해석에 관하여(Peri Hermeneia, On Interpretation)」에서 해석의 정의에 대해 언어를 사용하는 여러 방식(언명: 言明, enunciation)이라 말한

8) 리차드 팔머, 앞의 책, 30쪽.

다. 그에 의하면, 언명이란 신으로부터의 메시지가 아니라 합리적 지성의 작용을 뜻했다. 다시 말해 그가 정의하는 의미는 "말하다" 또는 "천명하다"를 지칭한다. 아리스토텔레스의 "해석하다"라는 말뜻은 진술·표현·이해이다. 위의 저서에서 그는 존재자를 발견하고 그것에 친숙해지는 기초적인 수행작업으로서 로고스를 다루었다.[9) 로고스는 아리스토텔레스의 고전철학에서 이성이 아닌 말이며 대화를 의미하였다. 다시 말해 인간은 말을 건네는 방식으로 그의 세계를 이해하는 존재자이다.[10) 또한 아리스토텔레스의 로고스는 무엇인가를 보이게 하며 그 구조는 지시적으로 보여 줌이다. 여기서 로고스는 존재자를 숨겨져 있음으로부터 숨겨져 있지 않음을 보여 주는 것이기 때문에 숨겨져 있지 않음으로써 진리에 관계한다.[11)

그렇지만 아리스토텔레스의 해석방식은 논리학과 구별된다. 논리학은 비교되는 언명된 진술로부터 비롯된다. 이 언명은 알려진 것으로부터 모르는 것에서의 추론과정이 아니라 진술의 형성 그 자체이다. 아리스토텔레스는 해석을 ① 단순한 대상들에 대한 이해 ② 종합과 분석의 작용, ③ 알려진 것으로부터 모르는 것에 이르기까지 추론작용으로 나눈다. 아리스토텔레스의 『해석에 관하여』에서 논의되는 언명은 위에서 언급한 ②만을 다룬다. 언명이란 참과 거짓을 판별할 수 있는 진술들을 형성할 때 일어나는 구성작용과 분할작용에 관련된다. 따라서 언명은 논리학이나 수사학과 동일시하지 않는다. 하지만 아리스토텔레스의 『해석에 관하여』라는 저술은 해석학이 아니라 참, 거짓과 관계하는 판단의 논리적 구조를 다루었다. 이러한 고대 해석의 기술은 17세기에 들어와서 신학과 문헌

9) 하이데거, 이기상·김재철 옮김, 「해석학」, 『마르틴 하이데거의 존재론』, 서광사, 2002, 32쪽.
10) 하이데거, 이기상·김재철 옮김, 앞의 책, 50쪽.
11) 오토 푀겔러 엮음, 박순영 옮김, 『해석학의 철학』, 서광사, 1993, 28쪽.

학 그리고 법률학의 보조분과로서 나타났으며, 해당하는 텍스트를 위한 해석의 여러 규칙들을 파악해야만 했다.[12)]

후기 고대철학에서는 아리스토텔레스의 『논리학』에서 파생된 비판, 수사학, 대화법만이 성행하였다. 위에서 언급한 아리스토텔레스의 『해석에 관하여』는 근대 해석학을 이해하는 데 중요한 역할을 하였다. 그는 해석론에서 해석이 로고스에 대해 다루고 있다는 것, 즉 존재자를 드러내고 존재자에 친숙하게 해 주는 근본역량이 된다고 말한다. 결국 아리스토텔레스에서 시작하는 해석학의 전통은 슐라이어마허(D. E. Schleiermacher, 1768～1834)가 등장하기까지 긴 세월 동안 단절되고 있었다. 근대의 해석학은 성서해석에 있어 전환을 맞게 된다. 여기서는 해석학이 주로 신학의 보조학으로서 수용되었다. 주로 해석학은 성서의 해석기술로서 번창하였다. 초기의 해석학은 성서의 보다 나은 해석에 주력하였던 것이다. 그러다가 성서해석학을 문헌학과 법률학의 보조학으로 끌어들이면서 해석학의 정의는 보다 근본적으로 진행된다. 슐라이어마허는 이해의 두 양식을 문법적 이해, 즉 직접적으로 언어의 이해와 심리적 이해, 즉 사유하고 말하면서 자기를 나타내는 개인에 관계하는 것으로 구분한다. 이 무렵 성서 해석술의 전통을 문헌학에 도입한 이론가는 아스트(Friedrich Ast, 1778～1841)였다. 아스트와 동시에 활동했던 철학자로서 해석이론에 관심을 가졌던 사람은 볼프(F. A. Wolf)와 뵈크(A. Boeckh)였으며, 이들의 이론을 다시 정리하여 해석학을 새로운 차원으로 끌어올린 인물은 슐라이어마허였다. 특히 슐라이어마허에게 있어서 개별적인 사고와 표현은 삶의 전체적인 연관에서 이해되어야 한다고 보았다. 텍스트의 진정한 이해를 위해서 그는 원작자의 상황과 작자의 정신으로 몰입해야 하고 그 안에 살

12) 리차드 팔머, 앞의 책, 47쪽.

것(Sich-Erlebnen)을 요청하였다. 슐라이어마허의 해석학은 심리적인 작용에 큰 의미를 부여하고 있다. 즉 그는 해석학에서 타자의 정신·행위동기·이념·표상·소원·희망 등의 개념들은 감정이입을 통해서 심리적으로 원래의 발상과 의도가 해석자에 의해서 재구성(Nachkonstruktion)되어야 한다고 보았다. 해석자는 작자보다도 훨씬 더 직접적으로 감정에서 자유로울 수 있기 때문에 재생은 저자가 의식하였던 역사적인 연관을 더 잘 재현시킬 수 있다. 따라서 슐라이어마허는 저자 자신이 이해한 것보다 그것을 더 잘 이해하는데 있다. 슐라이어마허의 이러한 심리적인 이해능력에 대해 현대 해석학자 가다머는 원작자의 의도를 원본처럼 재생산해내는 심리적인 과정이 아니라 파악하기 때문에 비판적 입장에 서 있다.

현대 해석학은 그동안 망각 속에 묻혀 있던 슐라이어마허의 작업을 들추어내고 이를 정신과학의 방법론으로 승화시킨 딜타이의 해석학 작업에서 비로소 시작된다. 오늘날까지도 그의 발상은 해석학에 생동적으로 작용하고 있다. 딜타이는 슐라이어마허의 해석학의 개념을 "해석규칙의 형식"으로 받아들이고 이해의 분석을 통해 그 개념에 토대를 제공하였다. 그리고 정신과학의 발전에 대한 자신의 연구와 관련하여 해석학의 연구를 수행하였다. 원래 해석학이 문헌해석에서 시작되었기 때문에 딜타이 역시 언어표현에 나타난 해석학의 문제를 다루었다. 해석학은 이해시킴에 관한 이론, 즉 해석의 이론(Lehre der Auslegung)을 일컫는다. 딜타이는 해석학이란 개념의 이러한 용법에 대해 잘 알고 있었다. "문자로 고정된 삶의 표현들을 이해하는 기술에 관한 이론을 우리는 해석학이라 부른다." 이는 단지 문헌들뿐만 아니라 몸짓이나 행동들도 이해할 수 있다. 이에 따라 해석학이란 말은 훨씬 넓은 의미로 사용된다. 딜타이의 진정한 의도는 정신과학의 기초를 설정하는 일과 더 나아가서 체험표현·행위표현 등에 걸쳐 폭넓게 이해의 기술에 관한 해석학의 학문적인 근거를 설정하는 데 있었다. 다시 말해서 이해의 대상은 결코 문자로 표현된 작품에만 제한되지 않고 인간이 만들어 낸 모든 문화적 표현, 즉 사회·법·제도·종교·예술 등과 같은 인간의 행위가 인간의 역사에 이르는 모든 영역에 걸쳐 있는 것이다. 딜타이 이후로 해석학은 하이데거와 가다머를 거치면서 정신과학의 방법론으로만 제한되지 않는 존재의 이론으로 발전하였다. 하이데거는 『존재와 시간』(1927)에서 해석학이라는 명칭을 단지 딜타이처럼, 역사적인 정신과학의 방법론을 의미하는 것이 아니라 현존재의 역사성에 대한 이해와 해석을 의미하였다. 해석학은 모든 존재론적인 탐구의 가능조건을 마무리 짓는 작업이다.[13]

무엇보다 그는 해석학을 현존재의 해석을 통해 존재의 본래적 의미를 밝혀내는 것이었다. 인간은 현(da)이다. 바로 여기서 존재자는 그 존재로서 비로소 시작된다. 이러한 현존재는 세계-안의-존재(In-der Welt-Sein)이다. 세계란 존재자들의 총체를 의미하는 것이 아니고 우리가 존재자를 만나는 방식을 의미한다. 즉 하이데거는 해석학을 삶의 다의적인 개념인 실존으로서 현존재의 개념으로 대체시켰다.[14] 가다머는 그의 주저인 『진리와 방법』(1960)이란 제목으로 출판한 「철학적 해석학의 개요」에서 해석학을 정신과학의 이해에 대한 분석을 새롭게 구체적인 방식으로 전개시켰다. 딜타이와 하이데거, 후설의 영향을 받은 가다머는 해석학의 이해를 인간 현존재의 근본특징으로 파악함으로써 정신과학의 이해와 해석에 많은 관심을 기울였다. 그는 해석학의 정의에 대해 "이해된 존재는 언어"라고 보았다. 그러나 언어는 개별적인 화자를 포괄하는 사건, 즉 역사라 파악한다. 하버마스(J. Habermas)와 아펠(K.-O. Apel)을

13) Jean Grondin, *Einführung in die philosophische Hermeneutik*, Darmstadt, 1991, 3쪽.

14) 오토 푀겔러 엮음, 박순영 옮김, 『해석학의 철학』, 서광사, 1993, 29쪽.

통해서 해석학은 사회과학적 실천철학의 방법론으로 전개되었다. 아펠과 하버마스에 의하면, 철학이 오늘날의 산업사회라는 삶의 상황 속에서 실제로 작용하고 있는지, 그리고 철학이 자신의 자리만을 지키고 있는 것이 아니라 "삶의 이론과 실천을 실제로 매개시키고 있는 철학이 과연 어떤 것인지"를 진지하게 물었다. 특히 아펠에 의하면, 1960년대 후반 철학은 세 가지의 근본방향, 즉 "마르크스주의, 분석철학, 현상학적 실존주의적-해석학적 사유"[15]에 의해 주도되고 있다고 본다. 이 세 부류의 학파 중 마르크스주의는 현재성을 일정부분 상실했으며, 이제 분석철학과 현상학적-실존주의적-해석학적 전통만 남아 있다. 이러한 현대의 해석학은 리쾨르와 푸코가 주장하는 현상학, 구조주의 등 다양한 관점과 접맥되면서 초기의 해석학과는 다른 양상으로 전개되어 가고 있다.[16]

이와 같이 살펴본 근·현대의 해석학은 6가지의 상이한 방식들로 정의되어 왔다. 따라서 해석학의 분야는 다음과 같이 나눈다. ① 성서주석의 이론, ② 일반적인 문헌학적 방법론(볼프, 아스트), ③ 모든 이해에 관한 학문(슐라이어마허), ④ 정신과학의 방법론적 기초(딜타이), ⑤ 실존과 실존론적 이해의 현상학(하이데거), ⑥ 신화나 상징의 배후에 있는 의미에 당도하기 위해 사용되는 우상파괴적인 해석의 체계(리쾨르)들이 그것이다.[17] 따라서 현대의 해석학은 일반적으로 두 전통으로 나누어진다. 한편으로 슐라이어마허와 딜타이 전통은 해석학이란 해석의 근저에 놓여 있는 방법론적 원리를 일반적으로 모아 놓은 결집체라 파악한다. 다른 한편으로 하이데거적 전통은 해석학을 모든 이해의 성격과 필수적인 조건들에 대해 철학

15) K-O Apel, *Einführung zu C. S. Perice Schriften zur Entstehung des Pragmatismus*, Bd. 1. Frankfurt. a. M, 1967, 13쪽.
16) 박순영, 「해석학의 현대적 위상」, 『현대철학 특강』, 철학과현실사, 1999, 117쪽.
17) 리차드 팔머, 이한우 옮김, 앞의 책.

적으로 해명한 인물은 베티(E. Betti)와 가다머(H.-G. Gadamer)였다.

이러한 향후 해석학의 전망은 보다 다양한 방향으로 전개되고 있다. 19세기~20세기 초까지 슐라이어마허의 보편적 해석학, 딜타이의 정신과학의 방법론, 하이데거의 현존재의 해석학 등 해석학의 중심개념은 이해였지만, 그 이후 전개되는 해석학은 이해를 그 중심으로 다루든지 그렇지 않든지 간에 그 범위가 "단순히 텍스트의 의미를 객관적으로 파악하는 작업으로서의 이해에 관한 탐구"를 넘어서는 새로운 사상들이 등장하고 있다. 따라서 향후 해석학은 텍스트의 주관적 및 객관적 해석뿐만 아니라 이를 통해 다양한 분야에 걸쳐 응용의 해석학으로서 점차 전개되고 있다. 즉 1980년 이후 서구의 포스트모더니즘의 사조와 맞물려 장르의 넘나들기가 그 한 실례이다. 해석학과 심리학, 해석학과 정신분석학, 해석학과 신학, 해석학과 과학, 해석학과 영화, 해석학과 대중문화의 만남 등 폭넓은 학제간의 교류를 통해 점차 문화콘텐츠로서의 역할을 담당할 전망을 보이고 있다.

제 2 강

슐라이어마허: 보편적 해석학

1. 슐라이어마허에 앞선 두 선구자: 아스트와 볼프
2. 슐라이어마허: 보편적 해석학의 시도
3. 영향과 의의

제2강

슐라이어마허

보편적 해석학

1. 슐라이어마허에 앞선 두 선구자: 아스트와 볼프

1) 아스트

아스트(Friedrich Ast, 1778~1841)는 『문법 · 해석학 · 그리고 비판의 기초 원리들(*Grundlinien der Grammanik, Hermeneutik und Kritik*)』(1808), 『문헌학의 개요(*Grundriß der Philologie*)』(1808) 등의 저서에서 문헌학을 전통적 고대 세계를 포괄하는 연구로 간주하였다. 아스트의 모든 이해의 목표는 고대의 다양한 변화 속에서 살아 움직였던 정신을 파악하는 것이었다. 이 정신이란 창조적인 삶의 객관화된 유산이라 할 수 있는 고전(die Antike)을 통해서 자신을 표현한다. 정신적인 것의 출발점은 고대 정신의 지식을 형성한다. 따라서 그의 주된 관심사는 19세기 유럽세계에서 로마의 고대문학과 문화의 역할과 기능을 탐구하는 것이었다.[1] 즉 그는 고대와 역사 전체에서 표현되는 정신의 통일성을 예감하여 이론을 다시 확보하

1) 김영한, 『쉴라이에르마허에서 리꾀르까지 - 현대 철학적 해석학의 흐름 -』, 숭실대학교 출판부, 2011, 57쪽.

고자 했다. 아스트는 정신적인 것의 근원적 통일성이 없다면, 이해는 불가능하다는 동일성(Identitätsphilosophie)의 판단으로부터 나아간다. 그가 말하고자 하는 해석학, 또는 성서해석학은 모든 외적이고 내적인 요소에서 고대 일반에 대한 이해를 전제로 하며 그것을 고대 저작물에 대한 설명의 근거로 삼는다.[2] 그에게 있어서 외적인 대상은 관념론적인 사변의 의미에서, 내적인 대상은 정신이 이에 마주하는 것으로 파악하였다. 이런 점에서 언어는 정신의 모든 것을 표현한다. 그리고 정신적인 모든 내적인 관계 및 동일성은 이해하고 해석하는 근거를 마련한다. 이러한 이해와 설명은 창작과정을 반복함으로써 나타난다. 광범위한 의미에서 이해는 생산물처럼 모든 것을 지속적으로 형성, 조직하고 이러한 것들을 포함시킨다. 그러나 사람들은 '도대체 이해하는 자와 창작하는 자가 항상 같은 길을 걸어가야 하는가?'라는 물음으로 이의를 제기한다. 이러한 의문은 정신의 근거가 되는 어떤 관점들의 허용가능성에 대해 물음을 던지는 것이다.[3]

아스트는 세 종류의 이해를 다음과 같이 제시한다. 첫째, 역사적 이해는 여러 종류의 문학과 예술에 관계없이 작품의 내용을 목적으로 하며, 둘째, 문법적 이해는 언어를 목표로 하며, 셋째, 정신적 이해는 저자와 고대 정신 일반을 목표로 한다. 즉 이해는 작품 속에 나타난 근본이념·인생관·개념을 파악한다. 이렇게 아스트는 역사적 이해, 문법적 이해, 정신적 이해의 구별을 통해, 해석학을 "문자해석학(Buchstaben)", "뜻(Sinn)해석학", "정신(Geiste)해석학"으로 분류하였다.[4] 따라서 아스트 문헌학의 근본 목적은 문헌유산

---

2) F. Ast, *Grundlinien der Grammatik, Hermeneutik und Kritik,* H.-G. Gadamer/G. Boehm(Landshut 1808), 1972, 112쪽.

3) 한스 인아이헨, 앞의 책, 12쪽.

4) F. D. S. Schleiermacher, *Hermeneutik und Kritik,* Manfred Frank(H.G.), Frankfurt. a. M, 1977, 342쪽.

을 통해 분명하게 드러나는 고대의 “정신(spirit)”을 이해하는 것이다. 그 당시의 정신은 존재의 내적 통일에 관련되었다. 이러한 정신은 헤르더의 “민족정신(Volksgeist)”개념에서 파생되어 나왔고 그리스나 로마의 민족정신을 가리킨다. 먼저 고대저작을 연구하기 위해서는 문법이 필요한데 고대의 언어연구는 해석학과 결부될 수밖에 없다. 따라서 정신의 통일성(Einheit der Geistes)이라는 개념은 해석학적 순환에 관한 아스트 견해의 기초가 된다. 그러므로 정신은 발전과 생성의 원천이 되기 때문에 전체의 정신은 개별적 부분들에 각인되어 나타난다. 즉 정신은 부분에서 전체로, 전체에서 부분의 내적인 조화로서 이해한다.[5]

2) 볼 프

볼프(C. A. Wolff, 1759～1824)는 대단히 숭고한 정신을 가진 교사였고, 예리한 비판가였다. 일반적으로 문헌학이란 고대에 관한 학을 다루어 왔다. 문헌학은 체계적인 학문의 정립을 위해 다음과 같은 세 가지의 해석을 시도한다. 첫째, 문법적 해석은 해석을 위해 언어에 대한 이해의 모든 것을 다룬다(언어이론). 둘째, 역사적 해석은 그 시대의 역사적 사실과 저자의 생애에 관심을 갖는다(해석학). 셋째, 철학적 해석은 두 부류의 해석을 논리적으로 규제하는 역할을 한다(비판).[6] 특히 볼프는 『고대학문들의 총서(Museum der Alterthumswissenschaften)』(1807)에서 문법, 해석학, 그리고 비판을 함께 묶어 고전 학문의 수단(Organon)을 구성하는 보조학으로 상세하게 기술한다. 이러한 측면은 고대 학문들을 서술할 필요가 있었으며, 고대 세계의 지식을 다양한 관점에서 전달하고자 하였다.

5) 리차드, 팔머, 이한우 옮김, 앞의 책.
6) 알뷘 디이머, 백승균 옮김, 『철학적 해석학』, 경문사, 1985, 59쪽.

문법과 해석학 그리고 비판은 이러한 문헌학의 토대 위에서 형성되었다. 이 세 가지 학문 모두는 형식적 또는 입문적인 학문으로 기능한다. 왜냐하면 이 학문들은 문헌학적 학문들의 자료가 아니라, 문헌들을 규칙에 따라 이해하고 설명하기 위해 모든 사람들이 익숙해져야 할 (문법, 규칙, 비판의) 규칙과 관련되기 때문이다.[7]

이때에 해석학은 다른 사람들의 구전된 사상과 글로 쓰인 사상들을 이해하여 해명하는 과제로서 전개하였다. 그리고 심리학적 고찰방식은 해석의 기준을 저자에 의해서 생각한 의미들을 포함시켰다.[8] 볼프는 해석학이란 기호나 상징의 의미를 파악하는 기준이 되는 규칙들에 관한 학문이라 말한다. 즉 모든 규칙은 이론이 아니라 실제적인 연구 작업을 통해서 얻어진다는 것이다. 이런 점에서 그의 해석학은 의미파악을 위한 규칙들을 한 곳에 모아 놓은 것이다. 그에게서 해석학의 목적은 저자가 말이나 글로 표현해 놓은 사상을 그 저자가 의도한 그대로 파악하였을 때 의사소통을 위한 출발점을 제공한다. 따라서 해석학은 이해의 생동성이 없이는 어느 누구도 제대로 해석할 수 없다.[9] 궁극적으로 그의 해석학은 해석의 척도가 저자에 뜻에 따라 주제에 부합하여 도달하게 된다.[10] 그렇게 하여 볼프의 해석학은 다양한 사상을 수용하고 심화시킨 슐라이어마허의 저술로 확장되어 나간다.

---

7) 장 그롱댕, 앞의 책, 127쪽.
8) 한스 인아이헨, 앞의 책, 126쪽.
9) 리차드 팔머, 이한우 옮김, 앞의 책.
10) 한스 인아이헨, 앞의 책, 125-126쪽.

2. 슐라이어마허: 보편적 해석학의 시도

1) 생애 및 사상개요

슐라이어마허(Daniel Ernst Schleiermacher, 1768~1834)는 독일의 브레슬라우에서 대를 잇는 개혁교회의 목회자 집안에서 태어났다. 그의 아버지는 두이스부르크에서 신학을 공부한 뒤 경건주의 종파의 설교자로 활동했다. 슐라이어마허도 경건주의의 일파인 헤른후프파의 정신적 분위기 안에서 자라났다. 그의 어머니도 또한 오스트리아에서 독일로 이주한 개신교 신앙을 믿는 목회자 집안 출신이었다. 슐라이어마허는 군목의 일로 출장과 외지 근무가 잦았던 아버지보다 어머니의 영향 아래서 성장했다. 열 살 때까지 브레슬라우에서 프리드리히 초등학교를 다녔으며, 플레스로 이사한 뒤에는 12살 때부터 기숙학교에서 정규교육을 받았다. 여기서 주로 고전어를 공부했다. 1783년 6월 그는 니스키(Nieskey)의 기숙학교에 입학하여 경건주의 정신에 영향을 받는다. 그는 경건주의의 아성이었던 할레(Halle)대학의 기숙학교에서 신학과 철학 및 고전학을 수학한 뒤, 가정교사를 하였고 베를린 등지에서 설교자로 일했다. 베를린 시절에 슐레겔 형제를 비롯한 낭만파 그룹과 관계를 맺었으며 온전한 계몽주의의 영향도 받아 1804년에 할레대학의 교목 겸 철학 신학교수에 취임하였다. 나폴레옹에 의해 할레대학이 폐쇄된 이후 베를린으로 다시 돌아가 훔볼트(Wilhelm von Humboldt, 1767~1835) 등과 함께 민족적 자각을 목표로 하는 정치활동에 참가했고 그 연장선상에서 베를린대학(Berlin, 지금의 훔볼트대학)의 창설에 기여했다. 대학 창립 후에 스스로 신학과의 정교수가 되었다. 슐라이어마허는 1805년 할레대학에서 처음으로 해석학 강의를 시작하였다. 특히 슐라이어마허는 볼프, 슐레겔, 아스트의 해석학적 사유에 많은 영향을 받았다. 볼프는 할레대학의 고대어와 문학 교수로서 슐라이어마허의 스승이었다. 슐라이어마허는 그 후에 베를린대학에서도 여러 번 해석학 강의를 했다. 그의 해석학 강의는 신학은 물론이고 철학에서 많은 영향을 끼쳤다. 그의 강의안들 및 강의에 대한 보충서들은 하인츠 킴멀레(Heinz Kimmerle)에 의해 편집되어 해석학이라는 제목의 책자로 전해져 오고 있다. 그는 베를린의 샤리테병원에서 원목으로 목회활동을 하였으며, 슐레겔, 노발리스 등과 함께 낭만주의 운동을 주도하기도 하였다. 그는 할레대학 교수로 재직하던 중에 훔볼트와 함께 베를린대학을 창립하는데 주도적인 역할을 담당하였다. 이곳에서 신학부 학장 및 철학부 교수, 베를린학술원 회원을 지냈다. 고전 문헌학자로서 플라톤 전집을 독일어로 옮기는 등 독일 문화계에 영향을 끼친 문화 철학자였으며, 베를린 삼위일체교회의 설교자로서 국가와 교회의 개혁을 주도한 실천적 지성인이었다. 1834년에 갑자기 발병한 폐렴으로 사망했다.[11)]

슐라이어마허의 해석학에 관한 저서는 생전에 간행되지 못했다. 모든 것은 강의, 강연, 유고, 초안의 형태로 남겨진 것에 불과하다. 슐라이어마허 해석학의 영향력은 전적으로 제자인 뤼케의 덕분이다. 뤼케는 수고로 된 유고와 강의 노트를 정리하여 『해석학과 비판, 신약성서와의 특별한 관계와 함께』라는 제목으로 출간했다.[12)] 유일하게 전집에 수록되어 있는 것도 제자였던 뤼케가, 1838년에 슐라이어마허 자신의 강의노트 및 자신을 포함한 몇몇의 청강자에 의한 필기노트에 기초하여 편집한 것이다. 킴멀레에 의하면, 슐라이어마허는 초기에 문법적 해석에 중점을 두었고, 1820년대 이후

11) 슐라이어마허의 생애 및 사상에 대한 자세한 내용은 다음을 참조: Dilthey, W., *Leben Schleiermachers*, II; *Schleiermachers System als Philosophie und Theologie*, hg. v. m. Redeker, 1966; Dilthey, W., *Schleiermacher in Briefen*, III, Stuttgart, 1957.

12) 장 그롱댕, 최성환 옮김, 『철학적 해석학 입문』, 한울, 2008, 158쪽.

부터 심리적 해석으로 관점을 바꾸었다. 전집에 수록되어 있는 뤼케 편집의 강의록은 이 시절에 속한 것이며, 딜타이는 강의록에 기초하여 슐라이어마허의 해석학을 이해하였고, 슐라이어마허의 심리적 해석을 보편적 해석학의 특징으로 간주되었다. 종종 슐라이어마허의 해석학은 보편적 해석학이라 부른다. 그 이유는 특정한 텍스트 이해의 기술은 물론이거니와 인간의 보편적 세계인식의 가능한 방법을 지칭하기 때문이다. 해석학이 이해의 기술로서 이해가 보편적이 될 수 있기 위해서는 보편적 인식능력 일반에 대한 특별한 반성으로부터 출발해야 한다. 여기서 슐라이어마허의 보편적 해석학의 기본 틀은 언어와 사고라고 하는 인식의 근본원리로서 준비되었다.[13]

이러한 슐라이어마허의 해석학은 근대 해석학의 출발선상에 있다. 그 이전까지 학문의 영역에 따라 특수하게 사용되었던 "이해의 특수한 기술"은 슐라이어마허에 의해 철학적 근거와 보편성을 획득하는 계기를 마련하였다. 슐라이어마허는 성서해석과 문헌학적 해석을 특수해석학이라 불렀다. 특수해석학으로서의 신학적 해석과 문헌학적 해석은 교조적으로 고정된 채 지금까지 전승되어 온 해석에 따른다. 이 양자의 해석은 역사적 텍스트를 해석하는 것과는 다르게 성서와 고대의 문헌이 지니고 있는 근원적 의미를 그 당시의 시대적 요구에 따라 부응하여 생겨났다.[14] 따라서 그의 해석학은 문헌해석과 성서해석에 대한 반성에서 새로운 해석학을 위한 토대를 준비하였다.

---

13) 최신한, 『독백의 철학에서 대화의 철학으로 – 슐라이어마허의 해석학적 – 변증법적 사유방법』, 문예출판사, 2001, 163쪽.

14) 강돈구, 『슐라이어마허의 해석학』, 이학사, 2000, 43-44쪽.

2) 문법적 해석과 심리적 해석

슐라이어마허의 강의안 및 강의에 대한 보충자료들은 킴멀레에 의해 편집되어 『해석학』이라는 제목의 책자로 지금까지 전해져 내려오고 있다. 킴멀레에 의하면, 슐라이어마허는 초기에 문법적 해석에 중점을 두었고, 1820년대 이후부터는 심리적 해석으로 자신의 관점을 바꾸었다. "뤼케(Friedrich Lücke)가 편집"[15]한 슐라이어마허의 강의록은 이 시절에 속한 것이며, 딜타이는 이 강의록에 기초하여 슐라이어마허의 해석학을 파악하였다.[16] 따라서 딜타이는 강의록에 근거하여 슐라이어마허의 해석학을 이해하고 있으며, 그의 심리적 해석을 보편적 해석학의 특징으로 간주하였다.

슐라이어마허는 해석을 문법적 해석(Die grammatische Interpretation)과 심리적 해석(Die psychologische Interpretation)으로 구별한다. 문법적 해석학은 언어를 언어 사용의 전체성으로부터 고찰한다. 그 이유는 모든 말은 "전체 언어와 언어 창작자의 전체의 사유"에 관계하고 있기 때문이다. 문법적 해석은 말을 언어 속에 도입하는 것에 관계한다. 즉 그것은 주어진 텍스트 안에서 언어체계를 파악하는 것을 과제로 삼는다.

반면에 심리적 해석은 언어를 내면의 표현으로서 파악한다. 즉, 말은 자신의 생각을 전달하고자 하며, 말하는 사람을 전제하고 있다는 사실에 관계한다. 이것은 한 텍스트의 저자가 무엇을 주장하

15) 슐라이어마허의 해석학은 1838년 그의 전집 중 제1부 7권으로 처음으로 출판되었다. 편집자인 뤼케는 슐라이어마허의 자필 초고 3편은 1805년과 1819년 사이에 나온 것이라 말한다. 하지만 주로 1819년 초안에 전적으로 의존하고 있다(강돈구, 앞의 책, 39쪽).

16) 킴멀레의 슐라이어마허 해석학에 대한 자세한 내용은 다음을 참조: Heinz Kimmerle, "Das Verhältnis Schleiermachers zum transzendentalen Idealismus", in; *Kant-Studien*, Bd. 51, 1959/1960, 410-426쪽; Ders., "Metahermeneutik, Applikation, hermeneutische Sprachbildung", in: *Zeitschrift für Theologie und Kirche*, Bd. 61, 1964, 221-235쪽.

는가를 이해하는 것이다. 여기서는 주로 말하는 자의 삶의 동기를 주시한다. 그렇지만 문법적 해석과 심리적 해석은 전달방식에 따라 그 중요성이 서로 다르게 구별된다. 그 이유는 어떤 종류의 텍스트는 서술된 텍스트를 위해 저자가 완전히 뒤로 물러나 있기 때문이다. 다른 텍스트들은 저자가 다시 등장하는 과정 속에서 이해된다.[17] 문법적 해석과 심리적 해석의 필연적 교호성은 슐라이어마허 해석학 강의의 대부분을 차지한다. 여기서 우리는 슐라이어마허가 이해의 서로 다른 두 측면의 필연적 교호관계를 문법적 해석과 반대되는 측면에 대해 더 이상 기술적 해석이라 명명하지 않고 "심리적" 해석이라 부르는 것에 주목해 볼 필요가 있다.[18] 비록 슐라이어마허가 자신의 사상을 1829년의 "학술원 강연" 속에서 폭넓게 전개시켰다고 할지라도, 그는 1832년의 마지막 해석학 강의에서야 비로소 심리적 해석과 기술적 해석의 관계를 상대적인 의미로서 분명하게 언급하였다.[19]

무엇보다 슐라이어마허 해석학의 가장 큰 특징은 새로운 언어관에 근거하여 두 축을 중심으로 전개된다. 첫째는 해석의 대상인 담화를 구성하는 모든 언어의 문법적 해석이며, 둘째는 스스로 사용하는 언어체계를 자기 나름의 방식으로 변형한 모든 저자로부터의 기술적 해석 및 심리적 해석에 대한 분석이다. 이러한 두 부류의 측면은 양자(兩者) 모두의 해석을 필요로 하며 상호작용한다. 특히 개별적인 언어의 사용은 언어의 변화를 불러일으키게 된다. 하지만 저자는 언어와의 대립을 넘어서 개성을 언어에 각인시킨다.[20] 이렇게 두 축은 언어를 중심으로 하여 구성된다. 따라서 슐라이어마허

17) 한스 인아이헨, 앞의 책, 128쪽.
18) Die Einleitung H., *Kimmerles (des Herausgebers) zu Schleiermachers Hermeneutik*, 14쪽.
19) 강돈구, 앞의 책, 167쪽.
20) 리차드 팔머, 앞의 책, 156쪽.

의 해석학은 언어를 토대로 하여 문법적 해석과 심리적(기술적) 해석이라는 두 축으로 파생되었다. 이런 점에서 언어의 문제는 다음과 같이 표현된다.

> "해석학에서 전제될 수 있는 모든 것은 오로지 언어뿐이며 그리고 주관적이든 객관적인 것이든 간에 발견될 수 있는 모든 것은 언어로부터 발견되지 않으면 안 된다."[21]

슐라이어마허의 이러한 주장은 언어가 해석학에서 가장 핵심적인 요소라는 것을 강조하고자 한 것이다. 해석학에 있어서 모든 전제가 되는 것은 언어로부터 찾아내고자 한다. 따라서 "해석학의 모든 전제조건은 언어로부터 이해"[22]하고 해석하는 것이다. 이렇듯 그의 해석학은 "해석의 넓은 의미에서 저자의 사상에 대한 언어적 응결체인 문서와 담화이며 사상 그 자체를 언어화한 것이다."[23] 이와 같이 슐라이어마허의 해석학은 철두철미하게 새로운 언어관에 입각한다. 즉 언어는 보편적인 지시체계이다. 이 경우 언어의 보편성이란 계몽주의적 의미에서 보편성이 아니라 개개인의 보편성에 의해 그 개인의 사고를 제약하는 것이다.[24] 그래서 그의 사유는 내적인 말함이며, 말을 결여한 사상은 존재하지 않는다. 이런 점에서 생각하는 것과 말하는 일은 서로 동일하다. 사유함이란 반드시 필요한 담화, 즉 말하는 활동이다. 이것은 지금까지의 개별적인 언어체계에 의존해 있다.

우리는 일반적으로 언어를 말하는 활동이라 부른다. 즉 언어는

---

21) Schleiermacher, *Hermeneutik und Kirtik.* Frankfurt, a. M., 1997, 38쪽.

22) Jean Grondin, *Einführung in die philosophische Hermeneutik*, Darmstadt 1991, 90쪽.

23) 이소오 켄, 이수정 옮김, 『해석학의 흐름』, 이문출판사, 1995, 110-111쪽.

24) F. Schleiermacher, *Hermeneutik und Kritik*, 39쪽.

말에 의해서 존재한다는 것을 뜻한다. 다시 말해 언어는 말하는 개인의 언어능력에 의해 좌우된다. 따라서 말을 한다는 것은 단순히 말하는 사람들의 행위만이 아니라 문법과 항상 연관되어 있다. 이런 점에서 언어는 말하는 사람이 개인적으로 무엇인가를 표현하기 위해 이용하는 어떤 공통적인 것을 기술한다. 또한 단어들은 언제나 반복되는 낱말에 의해 어떤 공통적인 것이 특기(特記)될 때 성립한다. 이것은 각 개인의 일반적인 어떤 사안을 나타내고자 하는 형식에 의해 생겨난다. 왜냐하면 개개의 형상은 동시에 개별적인 요소를 갖고 있기 때문이다. 그렇게 될 때 보편적 직관으로서의 형식은 궁극적으로 단어에 의해 확정된다. 그러나 단어 그 자체는 어떤 의미에서 허구적인 것이며 그 의미가 언제나 변화될 수 있는 것을 전제로 한다. 따라서 슐라이어마허는 의식적으로 언어관을 자신의 해석학에 관련시키고자 하였다. 그 이유는 해석학적 논의가 심리학적 제한을 넘어설 수 있는 영역에 도달한다고 믿었기 때문이다.[25)]

한편으로 슐라이어마허의 해석학에서 말한 모든 것을 언어를 중심으로 고찰하고자 한다면, 모든 개인적 가치는 사라져 버릴 수 있으며, 다른 한편으로 저자를 중심으로 이해한다면, 언어의 가치에 대해 그 이전의 가치와 현재의 가치가 또한 사라져 버릴 수 있다.[26)] 이미 말해진 것은 가장 보편적인 것 없이는 이해할 수 없다. 그리고 가장 개인적인 것과 가장 특수한 것 없이도 이해할 수 없다.[27)] 그는 초기 유고에서 해석학의 언어성을 다음과 같이 강조한다.

"해석학에 있어서 전제되어야 할 모든 것은 오로지 언어이며, 우리

25) 한스 인아이헨, 앞의 책, 131쪽.
26) F. Schleiermacher, 앞의 책, 38쪽.
27) F. Schleiermacher, 앞의 책, 37쪽.

가 찾아야 할 모든 것, 그리고 객관적·주관적 전제들이 속해야 할 모든 것은 언어로부터 발견되어야 한다."[28]

위 인용문에서 보듯이, 슐라이어마허는 언어를 인간 사이의 교호적 이해의 매개체로 파악한다. 그래서 모든 앎의 형성은 언어를 통해 수행되는 말함과 이해에 의해 의존한다.[29] 따라서 언어와 지식의 교호관계는 다음과 같이 말할 수 있다.

"문법적 측면을 독립해서 완성시키고자 한다면, 언어에 대한 완전한 지식이 주어져 있지 않으면 안 된다. 한편으로 인간에 관한 완전한 지식이 주어져 있지 않으면 안 된다. 그러나 이 양자의 모두가 존재할 수 없는 것이므로 한쪽에서 다른 측면을 이행하지 않으면 안 된다. 그리고 이것을 어떻게 이행하는가에 대해서는 어떠한 변칙도 존재하지 않는다."[30]

위 문장에서 인간과 언어가 갖는 순환적 관계는 문법적 이해방식과 심리학적 이해방식의 필연적 교호관계로서 성립한다. 슐라이어마허는 자신의 수고 전체를 통해서 초기의 수고들의 내용에서 드러난 문법적 해석에 다소 비중을 높게 둔다. 왜냐하면 모든 이해는 오로지 공통적인 대화를 통해서만 그 공통성에 도달할 수 있기 때문이다. 그리고 이러한 대화는 오로지 공통적인 언어의 이해에 의해 완수된다. 그러므로 두 이해의 방식, 즉 문법적 이해방식과 심리학적 이해방식은 이해의 언어성으로 거슬러 올라간다. 여기서 문법적 해석과 심리적 해석은 해석의 객관적 측면과 주관적 측면을 말한다. 따라서 이 양자는 상호보완적 측면을 갖는다.

---

28) F. Schleiermacher, 앞의 책, 38쪽.
29) 강돈구, 앞의 책, 65쪽.
30) F. Schleiermacher, 앞의 책, 82쪽.

3) 문법적 해석

슐라이어마허는 문법적 해석에 대해 44개의 규준을 제안하지만, 일반적으로 다음과 같은 두 가지 규준으로 요약한다.

첫 번째 규준(Kanon)에 따르면, "주어진 말(Rede)의 부분들 속에서 보다 상세한 규정을 필요로 하는 모든 것은 오직 그의 원독자(저자)가 공유하고 있는 언어영역(Sprachgebiet)과 관련하여 정확한 결정을 하여야 한다."[31] 이러한 규준은, 구체적인 해석자와 어떤 대상이 그에 대한 의미를 갖도록 하여 그 대상에 의미를 부여한 저자 사이의 연결관계를 강조한다. 그리고 저자에 의해 주어진 말의 의미를 이해하기 위해 해석자와 저자 사이에 공유된 언어를 이해해야 한다. 여기서 문헌의 해석에 관계하는 고전문헌학자나 신학자들의 텍스트의 해석은 중요하게 간주된다.

첫 번째 규준은 공통언어를 이해하는 배경을 이룬다. 따라서 첫 번째 규준은 언어에서 품사의 가치처럼 특정한 부분을 탐구한다.

두 번째 규준에 의하면, "하나의 주어진 구절에서 각 낱말이 가지는 의미는 그 낱말을 둘러싸고 있는 다른 낱말들과 공존한다는 사실에 따라 결정한다."[32] 이 규준에 의하면, 사람들은 단어와 구절의 의미를 문맥에 따라 설명한다. 슐라이어마허의 이러한 두 가지 부류의 해석론은 특정한 언어관에 의해서 주관의 상태에 따라 받아들였다. 이렇게 슐라이어마허는 언어에 많은 의미를 부여하였다: "말을 한다는 것은 생각을 진술하는 것이다. 그것은 사유의 외적인 측면이다."[33] 특히 "문법적 해석은 언어로부터 파생한 기술이기 때문에 언어의 도움을 받아 말의 규정된 의미를 찾아낸다."[34]

---

31) F. Schleiermacher, 앞의 책, 101쪽.
32) F. Schleiermacher, 앞의 책, 116쪽.
33) F. Schleiermacher, 앞의 책, 76쪽.
34) F. Schleiermacher, 앞의 책, 57쪽.

슐라이어마허의 입장에서 텍스트 혹은 담화의 규정된 의미에 대한 해석의 가능성은 오직 언어로부터 찾는다. 그래서 문법적 해석학은 특정한 언어의 의미를 일반적인 의미의 지평에서 구성한다. 여기서 슐라이어마허의 관점에서 "언어와 개성은 그 자체로 규정되지 않은 단일성으로 나타나며 서로를 제한한다. 이 교호적 구성에 의해서 언어와 개별성은 특정한 말과 언어 작품 안에서 서로 맞물리게 된다. 구성으로서의 문법적 해석은 규정되지 않은 의미의 영역에 근거하여 언어의 의미를 규정해야 한다."고 말한다.[35] 그렇지만 이런 경우에 화자의 개별적 계기는 언어의미의 규정과 연관관계를 맺어야만 한다. 왜냐하면 슐라이어마허 해석학의 토대는 논리적 개념의 언어가 아니라 개별적으로 말하는 자의 직관의 흔적과 저자의 탁월한 정신의 "개별적 개성"[36]을 담고 있는 자연언어이기 때문이다. 그는 다음과 같이 문법적 대상을 말한다.

> "문법적 대상은 보편적 개념으로서의 언어가 아니며, 응용된 개별적 낱말의 집합도 아니다. 그것은 오히려 개별적 본성으로서의 언어이다."[37]

위 문장에서 보여 주듯이, 문법적 해석의 대상은 개념으로서의 언어가 아니다. 단지 개별화된 언어의 본성일 뿐이다. 계속해서 그는 언어에 대해 다음과 같이 말한다.

---

35) 강돈구, 앞의 책, 93쪽.

36) 슐라이어마허의 개별적 개성에 대한 자세한 내용은 다음을 참조: Enno Rudolph, "Seit ein Selbstgespräch wir sind Hermeneutische Kritische Kriterien einer Ethik der Individuum im Anschluß an Schleiermacher", in: *Internationale Zeitschrift für Philosophie*, Heft. 1, 1992, 88-100쪽; 이병옥, 「개성과 인문학-슐라이어마허의 윤리학을 중심으로-」, 『인문학과 해석학』, 철학과현실사, 2001, 15-33쪽.

37) F. Schleiermacher, 앞의 책, 114쪽.

"일반적 개념으로서 언어에서 주어와 술어의 필연적 형식들, 그리고 문장 이외에 다른 것은 없다. 이 형식들은 긍정적인 설명 수단이 아니라 오히려 부정적 설명 수단이다. 왜냐하면 이 형식들과 모순되는 것은 전혀 이해되지 않기 때문이다."[38]

위의 인용문에서 일반적 개념으로서 언어는 텍스트 속에서 개별적으로 규정된 의미를 파악하지 않는다. 언어는 개별적으로 취급함에 있어서 필연적인 형식들 속에 항상 머물러 있지는 않는다. 왜냐하면 말하는 자의 개별적인 내용은 언어에 의해 제한받기 때문에 모두 언어로부터 설명되는 것은 아니다. 그렇기 때문에 문법적 해석은 개별적으로 말하는 자가 표현하는 개별적인 단어와 문장의 뜻을 일반적인 문법의 형식을 넘어서 파악하고자 한다. 이러한 타자의 개별성은 연역할 수 있는 것이 아니며 "어떠한 개별성도 어떠한 개념 안에서 정리"[39]될 수 없는 기본 사상에 근거를 둔다. 저자나 말하는 자가 개별적으로 사용하는 낱말의 의미는 논리적 방식을 통해 일반적으로 동일한 개념 속에 포섭되는 것은 아니다. 그 이유는 말하는 자가 개별적으로 선택하고 규정하였던 논리의 일반적 개념으로 파악할 수 없기 때문이다.

이렇듯 문법적 해석의 과제는 언어의 개별적 부분들에 대해 단어와 문장으로 구성되어 있다. 이러한 문법적 해석은 두 부류로 나눈다. 하나는 낱말의 특수한 사용 방식에 대해 어떤 공통적인 기반을 마련하는 것이며, 다른 하나는 개별적으로 변형된 낱말의 의미를 규정하는 것에 대해 공통적인 기반을 준비하는 것이다. 슐라이어마허는 이러한 관점을 다음과 같이 언급한다.

38) F. Schleiermacher, 앞의 책, 114쪽.
39) F. Schleiermacher, 앞의 책, 115쪽.

> "특별하게 규정된 말을 추론하려 할 때, 우리는 작가나 최초의 독자에게 공통적으로 규정된 낱말의 단일성과 그것의 명료성으로부터 출발해야만 한다."[40]

여기서 낱말과 문맥의 각 측면은 서로를 규정함에 있어서 각기 다른 관점을 전제한다. 그리고 주어진 개별적인 낱말 사용의 이중적 관계는 교호작용의 순환관계를 형성한다. 이것은 개별적 작품이 작가와 언어의 총체성에 대해서 갖는 관계와 동일하다. 이와 같이 개별적 낱말의 의미규정은 해석학적 이중의 순환구조 속에서 일어난다. 이러한 의미에서 슐라이어마허는 "모든 지식은 그것이 학문적으로 정립되려면 필연적으로 순환 속에 존재해야만 한다"[41]고 말한다. 이러한 경우는 문장을 구성하는 경우도 동일하다.[42] 그는 개별적 문장들을 다음과 같이 말한다.

> "어떻게 정확하게 개별적 문장을 일련의 문장들과 함께 다룰 수 있는지가 문제이다. 그리고 어떠한 관점으로부터 그러한 문자의 결합을 고찰하는 것도 문제이다. 이렇게 문제가 되는 모든 경우에 우리는 먼저 문장들이 속해 있는 전체를 알아야만 한다."[43]

위 인용문에서 문장은 문장론의 규칙에 의해 조합되거나 문법의 필연적 문맥에 따라 전개되는 것은 아니다. 즉 "언어나 말의 종류에 있어서 결합의 형식들이 더 많이 규정될수록, 우리는 문장들의 내용과 관련하여 질문할 필요가 더욱더 없어진다. 그와 반대로 연관관계가 분명해질수록, 결합형식들의 사용은 그다지 문제가 되지

---

40) F. Schleiermacher, 앞의 책, 62쪽.
41) F. Schleiermacher, 앞의 책, 88쪽.
42) 강돈구, 앞의 책, 148쪽.
43) F. Schleiermacher, 앞의 책, 143쪽.

않는다."[44] 그러나 자연언어에 있어서 문장의 요소들은 문장론의 형식적인 틀 안에서 서로 자유롭게 결합한다. 여기서 문장론의 규칙은 자유로운 결합의 전제가 된다. 하지만 문장론의 규칙은 그러한 결합을 설명하는 데 충분한 것은 아니다. 왜냐하면 언어요소들의 결합은 일반적 규칙에 따라 단지 수동적으로 행해지는 것이 아니라 창조적이고 내적 근거로부터 개별적 개성의 생산적 활동으로 나타나기 때문이다.

4) 심리적 해석

슐라이어마허에 있어서 심리적 해석은 처음에 기술적 해석(Die technische Interpretation)이라 불렸으나, 나중에 심리적 해석으로 명칭을 바꾸어 불렀다. "심리적 해석" 혹은 "기술적 해석"은 텍스트의 이해와 해석에 대해 저자의 심정을 깊숙이 파고들어 저자가 의도하고자 하는 속뜻을 헤아리는 것이다. 일반적으로 저술은 저자의 창작물이라 말한다. 하지만 창작물로서 저자의 심리적 근원을 넘어서 개성을 가지고 있다는 사실을 소홀히 취급한다면, 심리적 왜곡이 어디서나 쉽게 발생할 수 있다. 심리적 해석은 저자가 지니고 있는 기본적인 생각을 저술에 의해 그 기원과 구조를 분명히 규명해야 한다. 그래서 해석자는 저자의 고찰방법을 파악하여 그 안에서 저술의 내용을 이해한다. 동시에 해석자는 저자의 다른 작품과 다른 저자의 작품을 비교하는 분석을 근거로 한다. 예료(divination)가 해석의 가설을 형성하는 수단으로서만 받아들여진다면, 슐라이어마허의 사상은 관대히 수용할 수 있고 정당한 것이다.[45] 슐라이어마허는 심리적 해석을 순수 심리적 해석과 기술적

44) F. Schleiermacher, 앞의 책, 106쪽.
45) 한스 인아이헨, 앞의 책, 132쪽.

해석으로 구분한다. 이러한 구분에 의해 그는 해석학적인 근거를 마련한다. 따라서 슐라이어마허는 1832~1833년에 순수 심리적 해석과 기술적 해석을 다음과 같이 설명한다.

> "순수 심리적 해석은 전체적 삶의 계기로부터 나오는 사상이다. 기술적 해석은 오히려 사상들의 계열이 전개되어 나오는 일정한 사유나 서술 의도에로 환원된다. 그러한 사상적 맹아의 결심이 확고하고, 이 결심에 대해서 외부의 일시적인 작용이 영향을 끼치지 못할 때, 바로 심리적 해석과 기술적 해석의 두 경우가 발생한다. 그렇지 않다면 기술적 해석은 성찰의 이해 그리고 구성의 이해에 불과할 것이다. 그리고 심리적 해석은 착상의 사상들의 계열 전체가 전개되는 근본사상이 이 착상에 속해 있다. 이것은 이해이거나 부수적 사상들의 이해이다."[46]

위 인용문에서 슐라이어마허는 심리적 내부에 존재하는 두 개의 서로 다른 순수 심리적 해석과 기술적 해석을 분명하게 제시하고자 하였다. 그러나 그는 이와 같은 관점에서 작품을 해석하고자 할 때, 심리적 해석의 두 형식 중에서 어느 하나를 선택해야만 한다고 주장하지는 않는다. 다만 이 두 형식은 작품을 이해하는 데 서로 공존의 형식을 취한다. 그리고 두 형식들은 특수한 관점으로부터 작품의 근원적 창작과정을 관찰하기 위해 시도한다.

슐라이어마허에 있어서 이해의 두 계기는 해석학적 상황의 두 대립적 계기를 변증법으로 교차시킨다. 이러한 해석학적 상황은 작품 창작의 모든 과정에서 언제나 작용한다. 한편으로 창작은 개별적으로 자유로운 특성을 지니고 있으며, 다른 한편으로 보편적 구속의 성격을 지니고 있다. 따라서 인간은 순수한 심리적 상태에서

46) F. Schleiermacher, 앞의 책, 63쪽.

사상의 창출을 자유롭게 한다.[47] 여기서 해석학의 두 개의 대립적인 계기는 "자기 결정의 원칙들"에 따라 근거를 설정한다. 이러한 자유를 제한하는 형식의 규범성은 심리적 해석의 내부에서 이중적인 것으로 파악한다. 그렇기 때문에 "순수 심리적 해석"과 "기술적 해석"의 사이에는 심리적 해석과 문법적 해석에서 관찰할 수 있었던 것과 비슷한 교호관계의 구조가 형성된다.[48] 심리적 해석의 내부에서 이런 관계가 다루어질 때, "언어에 의한 직접적인 담론행위"[49]는 없다. 여기서 관심을 끄는 것은 언어의 예술적 창작을 전개함에 있어서 표준적인 계기로서 작용하는 형식을 규범화하는 힘이다. 따라서 심리적 해석은 언어를 통해 말하는 자이며 작가자신의 자유로운 정신에 의해 파악한다.

슐라이어마허가 이해하는 "순수 심리학의 상태"는 넓은 의미에서 인간의 세계에 대한 관계를 의미한다. 그리고 이 관계 속에서 인간은 자유롭고 창조적인 존재로서 활동하게 된다. 이러한 자유로운 계기에 있어서 각 개인의 사유 활동은 어떠한 목표의 규정을 의도적으로 의식하지 않는다. 또한 보편적으로 지배하는 세계관이나 예술의 형식들에 의해 제한을 받지 않으면서 순전히 창조적이고 내면적 중심으로부터 자기 자신을 직접적으로 수행해 나간다. 즉 사상의 계열들이 "서로 필연적으로 결합되지 않은 채 일련의 사상이 다른 사상으로 무한한 이행을 한다."[50] 슐라이어마허에 있어서 심리적 해석의 일차적 동기는 말이나 언어 작품을 통해서 보편적으로 표현되어 있는 일련의 사상을 내적 기원에 의해 발생하는 근원으로 파악하는 것이었다. 그런데 작가의 사상이나 발생한

47) 강돈구, 앞의 책, 168-169쪽.
48) 강돈구, 앞의 책, 169쪽.
49) F. Schleiermacher, 앞의 책, 201쪽.
50) F. Schleiermacher, 앞의 책, 148쪽.

근원을 이해하는 것은 오직 이해하는 자가 자신의 내면으로부터 작가와의 직접적인 예감을 통해서 가능하다. 이러한 이해는 비교방법의 교호작용을 통해 보다 더 완전하게 전개된다.[51] 슐라이어마허의 심리적 해석은 궁극적으로 예감의 과정을 해석자가 저자의 상태와 일치하는 것을 말한다. 여기서 해석자는 작품구성의 내적 기원을 통찰하여 창작활동을 재현한다. 따라서 이해는 원 창작에 대한 재창작이며, 알려진 것에 대한 앎이며 생생한 순간으로부터 출발하는 재구성이며, 창작의 원동력으로서의 최초의 결단이다.[52]

심리적 해석은 전체에 직접적으로 직관하는 예감(divination)과 부분들 사이의 관계를 추론에 의해 비교(komparation)하는 것이다. 완전한 이해가 가능하려면 양자 중의 하나가 다른 하나를 전제해야 한다. "전체적인 용건을 위해 처음부터 두 가지의 방법, 즉 예감적 방법과 비교적 방법이 존재한다. 그러나 이 두 가지의 방법은 상호간에 분리가 쉽게 허용되지 않는다."[53] 슐라이어마허는 해석의 기술에 대해 다음과 같이 표현한다.

첫째, 객관적·예감적이란, 해당되는 담화가 기존의 언어 전체 안에서 담화 안에 포섭되어 있는지, 그리고 언어의 산물로서 어떠한 사정이 있는지를 통찰하는 일이다. 즉 해당 담화 자체가 어떻게 하여 언어의 발전단계로써 나아갈 수 있는가를 예견하는 일이다. 이 양자를 결합하면 질적 및 양적 오해를 쉽게 피해갈 수가 없다.

둘째, 주관적·예감적이란, 말하는 사람의 심정적 사실로서 해당 담화가 어떻게 해서 생겨났는지를 밝혀내는 일이다. 즉 담화 안에

---

51) 강돈구, 앞의 책, 170쪽.

52) 소기천, 『혹스 & 에벨링 - 해석학의 역사와 새로운 해석학』, 살림, 2006, 53-54쪽.

53) F. Schleiermacher, 앞의 책, 140쪽.

포함되어 있는 사상이 지금부터, 앞으로, 어떻게 하여, 그리고 그 안에서, 어떻게 적용해 나아갈 것인지를 예견하는 일이다. 마찬가지로 양자를 전적으로 결합한다면 담화는 오해의 소지가 있을 수 있다.[54] 여기서 중요한 것은 예감적이란 단어의 의미이다. 예감이란 저자가 말하고자 하는 의도에 대한 추정을 뜻한다. 해석자는 저자의 관찰방식에 의해 작품을 이해하고자 한다. 해석자는 저자의 다른 작품들과 비교함으로써 해석을 한다. 슐라이어마허는 처음에 이 용어를 예언적(pofetisch)이라 했다가 나중에 예감적(divinatorisch)이라 불렀다. 슐라이어마허는 문법적 해석에 대해 "천재적 작가가 하나의 어법을 언어의 배열 속에서 무엇보다 분명하게 드러내는 경우"[55]라 말한다. 즉 예감적 해석은 "자기 자신을 타자로 변화시키면서 개성적인 것을 직접적으로 파악하는 방법"[56]이다.

하지만 이러한 경우는 더 이상 비교적 방법으로 도움을 줄 수 없는 어려운 상황이 발생할 수 있다. 그는 이러한 경우에 해석의 대상을 작가의 내면으로부터 파악하는 것이 중요하다고 본다. 그러기 위해서 그는 작가의 순수한 창작적·내적인 힘을 설명하는 것뿐 아니라 어떤 상황마다 새로운 해석의 대상에 의해서 일깨워지는 것이라 본다. 슐라이어마허는 작가의 이러한 내면을 이해하는 근원적 힘을 "예감적"이라 규정하였다.[57] 그래서 천재적 창작에는 예감적 이해가 먼저 이에 상응한다. 그러나 이러한 예감적 이해는 비교적 이해의 "이중적 순환"[58]을 전적으로 배제하지 않는다.

54) F. Schleiermacher, 앞의 책, 87쪽.

55) F. Schleiermacher, 앞의 책, 138쪽.

56) F. Schleiermacher, 앞의 책, 322쪽.

57) 슐라이어마허는 인간적 "정신"은 "전적으로 본래적으로 예감하는 존재"라 말한다(F. Schleiermacher, 앞의 책, 140쪽).

58) 큄멜에 의하면, "슐라이어마허가 주장하는 예감적 이해의 선이해의 필요성은 해석학적 순환으로부터 벗어날 가능성이 없다는 것에서 생겨난다"(F. Kümmel, *Verstännis und Vorverständnis. Subjektive Voraussetzungen und objecktiver Anspruch*

예감적 이해는 전적으로 정신을 상대로 하여 해석가능하다. 또한 예감적 이해는 생생한 감정이입에 의해 자발적으로 감지한다. 하지만 비교적 이해는 다양한 사태적·문법적·역사적 지식에 의거하여 발언의 연관성이나 비교를 통해 의미를 체득한다.[59] 다시 말해 저자의 생활환경 속에서 삶 속으로 파고들어 가는 것은 예감적 이해이다. 여기서 이해는 논리적이고 논증적인 확실성을 밝혀내는 것이 아니라 오직 예감적인 확실성만이 존재한다.[60] 그러나 이해는 어떤 임의적이지 않는 보편적 요소가 함께 작용하는 비교의 방법을 필요로 한다.

따라서 슐라이어마허에게 있어서 새로운 이해는 항상 전체를 파악하는 예감적 행위와 함께 시작된다. 그런데 전체를 파악하기 위하여 예감에 의해서 얻어진 일차적인 앎은 그것의 본질에 따라 고정되지 않는다. 이러한 일차적인 앎은 예감적인 것으로서 보다 더 상세한 규정을 위하여 개별적인 것과 함께 필연적인 순환과정에 자신을 내맡겨야만 한다. 개별적인 것의 항구적인 교호규정 안에서 이 일차적인 앎은 개별적인 것에 의해서 비교를 통해서만 보다 가깝게 규정된다. 이와 마찬가지로 개별적인 것은 이러한 교호규정에 의해서 일차적인 앎으로부터 보다 분명하게 한다. 예감적 행위 없이 이해된 세계의 지평으로부터 빠져나온 것은 사실상 순환의 개방을 의미한다. 그리고 이것이 새로운 이해로서 몰입(沒入)해 들어

---

des Verstehens, Essen, 1965, 68쪽)고 본다. "해석학은 순환 속에서 새로운 이해를 예감적 기대에 의해 가능하게 되고 그것에 의해 완수된다"고 파악한다. 여기서 새로운 이해는 실제로 예감적으로 먼저 가짐(Vorhave)에 의해 시작될 수 있으며 순환하는 데 있어서 필연적으로 자신을 드러내 보여야 한다. 이러한 순환은 이해의 제한이 아니라 오히려 이해가 자신과 반대되는 운동을 통해서 얻게 되며, 교호적 해명 속에서 자신을 전개하는 생산적 절차를 특징짓는다(F. Kümmel, 앞의 책, 39쪽).

59) 에머리히 코레트, 신귀현 옮김, 『철학적 해석학』, 종로서적, 1985, 24쪽.

60) 알뷘 디이머, 백승균 옮김, 『철학적 해석학』, 경문사, 1985, 57쪽.

간다는 것은 불가능하다.[61] 슐라이어마허는 이러한 "외관상"의 난제의 해결을 위해 예감적 행위에서 찾는다.

그러나 예감적 행위는 비교적인 것에서 이해가능하다. 즉, "비교적 해석은 이해되어야 하는 것을 먼저 보편자로 정립한 다음에, 이것을 동일한 보편자 가운데 파악되는 다른 존재와 비교함으로써 독특한 존재를 발견한다."[62] 비교적 해석은 문법적인 이해로서 사실에 대한 문법적·역사적인 지식에 의거하여 진술의 연관성이나 비교에서 의미를 파악한다. 비교적 해석은 다양한 개별 자료를 통해 매개된 이해이다. 예감적 해석이 "직접적 직관의 길"이라면, 비교적 해석은 "다른 저자와의 비교의 길"[63]이다. 그래서 이들 양자는 서로 부정하는 만큼 분리되지도 않는다.

따라서 슐라이어마허는 양자의 방법, 즉 예감적 방법과 비교적 방법의 순환을 어떻게 교호적으로 보완하면서 해석학적 작업에 구체적으로 적용되는가를 규명하고자 하였다. 이런 점에서 개별적 학문의 인식은 이중적 순환에 대해 개방적이고 생산적인 것으로 입증하고자 한다.

지금까지 고찰하였듯이, 슐라이어마허에 있어서 심리적 해석의 일차적 동기는 말이나 언어 작품을 통해서 보편적으로 표현되어 있는 사상의 내적 기원에 대한 발생의 근원을 파악하고자 하였다. 즉 작가의 사상에 대한 발생의 근원을 이해하는 것은 오직 이해하는 자가 "자신의 내면으로부터 작가"[64]와의 직접적인 예감을 통해서만 가능하다. 이러한 이해는 비교적 방법과의 교호작용을 통해

61) F. Kümmel, *Verstännis und Vorverständnis. Subjektive Voraussetzungen und objecktiver Anspruch des Verstehens.* Essen, 1965, 68쪽.

62) F. Schleiermacher, 앞의 책, 141쪽.

63) F. Schleiermacher, 앞의 책, 140쪽. Vgl. 최신한, 『지평확대의 철학-슐라이어마허, 점진적 자기발견의 정신탐구』, 한길사, 2009, 30-31쪽.

64) 이선관, 「슐라이어마허에 있어서의 번역과 해석」, 『범한철학』, 제30집, 2003, 가을, 198쪽.

보다 더 완성도를 확대해 나간다. 따라서 슐라이어마허는 다음과 결론을 이끌어낸다. 즉, "내면적인 (작품) 생성 과정은 예감적 방법 및 비교적 방법을 통해 명백히 드러난다. 이를테면 분명하게 직관된 내용은 이미 하나의 (주관적) 사고였지만, 그것은 (객관적인) 말의 존재 없이 생각할 수 없다. 그러므로 직관된 것은 사고의 산출과 완성이 언어와 형성하는 총체적인 관계와 완벽하게 공존했으며 그 반대의 경우도 마찬가지이다.[65]

요컨대 슐라이어마허는 언어와 사고는 서로 뗄 수 없는 불가분의 관계이며, 여기서 사상이 발생하고 형성되며 일정한 형식을 문학적 장르로써 형태화한다고 보았다.

5) 독백에서 대화의 해석학

슐라이어마허는 사람들 사이의 대화를 인간의 삶 속에서 가장 보편적이면서 중요한 교제수단으로 간주하였다. 또한 그는 해석학의 원칙들을 문자로 고정된 것과 구두적(口頭的)인 언어를 사용하는 데 어떠한 본질적인 차이도 염두에 두지 않았다. 하지만 그는 구두적인 언어사용에 대해 이해의 어려움을 종종 고백한다. 왜냐하면 구두의 언어사용은 대화의 담론으로 수행함에 있어서 순환적인 해석학의 규칙들을 적용하기 위해서는 그 이전에 이미 언급된 것을 언제나 기억하고 있어야만 하기 때문이다. 그는 일차적인 것의 보다 정확한 이해는 항상 결과에 의해 나타나거나 혹은 전체적인 이해에 의해서 기대되는 것이라 파악한다. 이러한 이유로 인해 그는 일상적인 기억의 양을 초과하는 각 개인의 복잡한 말들을 반드시 문서화해야 한다고 강조한다. 대화에서 해석은 "이미 형성된 삶

---

65) F. Schleiermacher, 앞의 책, 326쪽.

의 본질적인 일부로 간주된다."[66] 따라서 슐라이어마허는 타자의 사상에 대한 내적 연관을 고립된 문자에서 이해하기보다 직접적인 교류의 대화를 통해서 정확히 이해해야 한다고 본다. 이는 다음과 같은 타자의 심리적 이해방식과 밀접한 관계를 맺는다.

> "말하는 사람이 직접 현재에 있으며 그의 정신적 본질 전체가 참여하고 있다는 것을 알려 주는 살아 있는 표현, 사상이 대화에서 공통의 삶으로부터 전개되는 방식, 이 모든 것은 완전히 고립된 문자의 단독적인 관찰보다 더 많은 자극을 이해하는 사람에게 알려 주어 일련의 사상을 동시에 삶의 계기로서 이해하게 한다. 이 삶의 계기는 다른 종류의 많은 행위들과 함께 연관된 하나의 행위로서 돌출하는 것이다."[67]

위 인용문에서 삶의 계기들은 인간적 삶의 다른 기능을 상호 교호하는 대화 안에서 발견하고자 한다. 일반적으로 대화의 상대자는 다른 대상을 직접 알리고자 하는 목적의식을 갖고 있기 때문에 자신의 전체사상에 의해 보다 정확하게 표현한다. 이런 점에서 인간의 모든 공통성은 대화에 의해 소통되었을 경우에 보다 폭넓은 의미로 확대된다. 여기서 사용하는 언어는 가장 일반적인 사유의 생산적 매개물이며 보다 높은 수준의 대화를 수행해 나가는 도구로서 작용한다. 그렇게 하여 대화는 공통적 삶의 교호작용에 의해 인간의 창조적 기능을 삶의 근원적 형식 속에서 자유로운 대화를 진행시킨다.

무엇보다 대화는 상호전달과 상호관계의 만족감을 중요하게 여긴다. 왜냐하면 자유로운 대화에는 "어떠한 일정한 객관적인 의견

66) 강돈구, 앞의 책, 53쪽.
67) F. Schleiermacher, 앞의 책, 131쪽.

에 근거하지 않고 단지 교호적으로 서로 자극하는 사상의 교환만이 기반이 되기 때문이다."[68] 따라서 슐라이어마허에 있어서 변증법은 개별적인 인간행위를 지속적으로 비교하거나 동일한 지식을 망라하여 올바른 대화를 수행하는 데 있다. 올바른 대화의 수행이란 "본래적인 대화"[69]를 통해 가능하다. 본래적인 대화는 주관성과 상호주관성의 요소가 함께 아울러 진행된다. 자기와의 대화에서 출발하여 다른 사람과의 대화로 확대되면 본래적인 대화의 준비가 이루어진다. 언제나 대화의 상대자는 서로의 의견차이로 인해 논쟁을 하게 되며 이러한 논쟁을 통해서 상대편의 의견에 대한 차이점을 좁혀 가는 과정에서 적극적으로 참여한다. 무릇 대화는 합의에 이르고자 하는 것이다. 자기와의 대화는 이미 어떤 대상을 매개한다. 그 이유는 어떠한 대상과 관련된 사유는 사유 자체와 관련된 사유이기 때문이다.[70] 결국 슐라이어마허가 강조하는 대화는 먼저 자기대화로부터 한 걸음씩 나아가 본래적인 대화에 이르고자 하는 것이다. 이를 통해서 슐라이어마허는 본래적인 대화에서 서로의 합의를 통해 어떤 사안에 대해 실제적이고 구체적인 방법으로 전개해 나가고자 한다.

3. 영향과 의의

슐라이어마허의 보편적 해석학의 기획은 지속적으로 독일의 정신적 삶뿐만 아니라 전 세계적으로 강력한 영향을 끼쳤다. 우리는

---

68) Schleiermacher, *Friedrich Schleiermacher's Sämtliche Werke*, Bd. VII, Berlin, 1838, 189쪽.

69) R. Odebrecht(Hg.), *Friedrich Schleiermachers Dialektik*. Darmstadt, 1976, 9쪽.

70) 최신한, 『독백의 철학에서 대화의 철학으로 – 슐라이어마허의 해석학적 – 변증법적 사유탐구』, 문예출판사, 2001, 28-29쪽.

어떤 과장함이 없이 지난 세기부터 현재에 이르기까지 많은 부분에 걸쳐 이해의 본질에 대한 문제를 규명해 내려고 노력해 왔다. 즉 "종교개혁에서부터 슐라이어마허에 이르기까지 해석학사의 다양한 시기는 이해의 수행형식의 유형을 해석학 이론의 다양성에서 조건화되어 왔다. 이러한 유형은 어디에서나 결코 순수한 현상에서 만날 수 없는 이해의 기본형식이다."[71] 그것은 기본적인 역사적 자료의 일반화와 비교의 사건에서 드러난다.

우리는 앞에서 이러한 슐라이어마허 해석학의 다양한 연관성으로부터 근본적인 현상을 파악하였다. 딜타이는 『슐라이어마허의 전기』를 통해 정신과학의 이론적 근거를 마련하여 해석학의 당면한 과제를 밝혀내고자 하였다. 여기서 딜타이는 슐라이어마허의 관점으로 되돌아갔다.[72] 먼저 딜타이는 정신적 삶의 기본적인 기능을 이해에서 찾았다: "이해와 의미는 정신과학을 충족시키는 방법이며 모든 기능은 이해와 연관된다. 즉, 이해는 모든 정신과학의 진리를 포함한다. 이러한 측면에서 이해는 세계를 활짝 열어 놓는다."[73] 어떻게 딜타이가 슐라이어마허의 해석학을 스스로 이해했는가? 하는 물음은 지금도 여전히 중요한 관건이다. 딜타이는 「해석학의 기원」(1900)이라는 논문에서 슐라이어마허의 명제(Sätze)의 정의(正義)에 대해 "이해의 학"에 의해 생성되었다고 보고, 그 속에서 의문점들을 다시 끄집어낸다. 여기서 이해는 일반적으로 타당한 설명의 가능성에 대한 물음으로 나아간다. 이러한 가능성은 이해의 본성에서 그 근거를 찾는다. 즉, "이해는 해석자와 저자의 개성에서 나오

71) Heinz Kimmerle, "Typologie der Grundformen des Verstehens von der Reformation bis zu Schleiermacher", in: *Zeitschrift für Theologie und Kirche*, Bd. 67, 1970, 162쪽.

72) 슐라이어마허와 딜타이 사이의 인식론적 논리관계를 자세히 다룬 논문은 다음을 참조: Gunter Scholtz, "Schleiermachers Dialektik und Diltheys erkenntnistheoretische Logik", in: *Dilthey-Jahrbuch*. 1984, 169-189쪽.

73) Wilhelm Dilthey, *Gesammelt Schriften*, VII, Stuttgart, 1959, 205쪽.

며 일반적인 인간본성의 근거를 형성한다."[74] 지속적으로 딜타이는 슐라이어마허의 개성의 의미를 그의 이론에 반영하였다.[75]

슐라이어마허의 해석학은 많은 비판적 논의를 일으켰지만, 현대 해석학의 전통에서 여전히 지금까지 부동의 자리를 차지하고 있다. 주지하듯이, 그의 보편적 해석학의 기획(1809~1810)은 학적인 규칙을 마련하였다. 궁극적으로 슐라이어마허의 보편적 해석학의 시도는 원만한 대화를 이루기 위해 여러 조건들을 검토하면서 출발하였지만, 법칙과 체계적인 타성에 지나치게 집착함으로써 대화의 본성이 갖는 창조적인 함축성들을 제대로 읽어내지 못했다. 그럼에도 불구하고 그의 해석학은 나와 타자의 삶에 대한 관계를 직접 이해한다. 따라서 슐라이어마허의 해석학은 나에 대한 역사의 불명료성을 이해하는 것이 아니라 타자의 불명료성에 대해 보다 명확한 이해를 하는 데 있었다.

---

74) Wilhelm Dilthey, *Gesammelte Schriften*, V, Stuttgart, 1957, 329쪽.

75) Werner Schultz, "Die Grundlagen der Hermeneutik Schleiermachers, ihre Auswirkungen und ihre Grenzen", in: *Zeitschrift für Theologie und Kirche*, Bd. 50, 1953, 169쪽.

제 3 강

딜타이: '정신과학'의 방법론으로서의 해석학

1. 생애 및 사상개요
2. 정신과학의 토대로서의 해석학
3. 해석학적 순환: 체험 · 표현 · 이해
4. 예술의 체험표현
5. 영향과 의의

제3강

딜타이

'정신과학'의 방법론으로서의 해석학

1. 생애 및 사상개요

딜타이(Wilhelm Dilthey, 1833~1911)는 라인강가의 비브리히(Biebrich am Rein)에서 목사의 아들로 태어났다. 그의 가계에는 법관이나 성직자 그리고 예술가가 많았다. 그의 아버지는 나사우의 궁정목사였고 그의 어머니는 피아니스트였다. 딜타이의 조부(祖父)는 "마탄의 사수"로 우리에게 잘 알려진 작곡가 마리아 폰 베버(Maria von Weber)와 같은 훌륭한 음악가를 배출하였다. 이렇듯 딜타이는 유년기에 그의 가계의 예술적 소양을 많이 받고 자라났다.

딜타이는 1830년 7월 혁명과 1948년 혁명 사이의 시기에 청년기를 보냈다. 유럽의 정치적 상황은 빈 회의 이후에 프랑스 혁명의 이념에 대항하여 연합하였던 보수세력에 의해 장악되었다. 진보세력 역시 보수세력에 대항하여 확고한 기반을 얻지 못하는 상황에 있었다. 1852년 여름학기에 딜타이가 하이델베르크에서 신학공부를 할 무렵은 보수세력이 주도권을 장악하고 있던 시기였다. 딜타이에게 철학을 가르쳤던 피셔(Kuno Fischer) 교수도 보수세력에 의해 1853년 교수자격을 박탈당하였다. 1853년 가을에 딜타이는 하이델베르크에서 그 당시 프러시아의 권력의 중심지였던 베를린으로 이주하였다. 베를린에서 신학자인 니치(K. I. Nitsche), 트베스텐(A. Twesten), 문헌학자인 뵈크(Böckh), 역사학자인 랑케(Ranke), 철학자인 트렌델렌부르크(Trendelenburg) 등이 딜타이를 가르쳤다.

1859년 비스바덴에서 신학전공자격시험과 교사자격시험에 합격하고 베를린의 요하임슈탈고등학교에서 학생들을 가르쳤으며 1857년 말 철학연구를 위해 교사직을 포기하였다.

딜타이는 1860년 「슐라이어마허의 해석학 체계: 전기 프로테스탄트 해석학과의 대결」라는 논문을 제출하여 슐라이어마허 재단에서 수여한 우수상을 받는다. 딜타이는 이 현상논문을 「해석학의 기원」(1900)이라는 제목으로 자신의 사상을 발전시켰다. 그러나 그가 제출했던 현상논문은 그의 생존 시에 출판되지 않았으며 1906년에 비로소 딜타이 전집에 실려 출판되었다. 1864년 딜타이는 트렌델렌부르크의 지도 아래 「슐라이어마허의 윤리학」으로 박사학위를 취득하였고, 같은 해에 「도덕의식의 분석에 대한 시도」라는 논문으로 교수자격을 취득하였다. 그는 1867년 여름 바젤대학에서, 1868년 가을 브레슬라우로 교수초빙을 받았다. 이 시기에 『슐라이어마허의 생애 I, II』의 중요한 저술을 출간한다. 1833년 그는 저명한 교수였던 로체(Hermann Lotze)의 후임으로 1908년까지 학생들을 가르쳤다. 1911년 1월 남부 티롤 지방의 자이스 암 슐레른(Seis am Schern)에서 사망하였다.

슐라이어마허에게서 정신이 중요하게 작용하였다면, 딜타이는 삶(das Leben)을 중요하게 간주한다. 딜타이는 삶의 철학을 기초로 하여 정신과학의 철학적 근거를 정립하였다. 딜타이의 철학적 출발점은 "인간을 어떻게 이해하고 있느냐?" 하는 물음에서 시작한다. 인간은 영구불변한 실체를 갖고 있는 주체가 아니라 구체적인 역사적·사회적 상황 속에서 생동적으로 살아가고 있는 개체이다. 딜타이는 인간이 가진 인식의 능력을 역사성으로 규정하고 있기 때문에 어떤 보편타당하고, 체계적이고, 완결된 지식에 도달할 수 없다"[1]고 말한다. 무엇보다 딜타이의 해석학의 목표는 삶의 복합성에 대해 인식론을 다시 회복하는 데 있었다. 이런 의미에서 그는 칸트의 경험개념이 너무 협소하다고 비판한다. 즉 딜타이의 인식론적 해석은 먼저 칸트의 『순수이성비판(*Kritik der reinen Vernunft*)』(1781)을 비판하는 것에서부터 시작한다. 딜타이는 다음과 같이 말한다: "칸트의 비판은 인간 인식의 심층부까지 충분히 파고 들어가지 않았다. 초월과 내재의 대립은 가능한 인식의 한계선을 특징짓지 못한다. 사실 그 자체는 결코 논리적으로 밝혀지지 않았으며 단지 이해될 뿐이다.(G.S, I, 178)" 인식론을 구성하는 데 있어서 칸트가 제시한 선험적 형식들은 인간의 경험을 진정으로 개체적인 경험이 되게끔 만들지 못했다.[2] 따라서 딜타이는 직관의 형식으로서 감성에까지 침투해 있는 칸트의 보편타당성에 대한 요청은 다양하고 구체적인 경험을 제약하는 자연과학적인 방법모델에 근거하고 있다고 비판하고 사회적-역사적 사실에 바탕을 둔 '역사이성비판(*Kritik der historischen Vernunft*)'을 전개해 나간다. 딜타이는 역사주의적 방법론적 도전들을 사유의 출발점으로 삼는다. 그가 초기부터 말년의 메모를 쓴 것을 보면, 자신의 일생의 과업으로 역사이성비판이라는 선도적 동기를 계획하였다.

---

1) W. Dilthey, *Gesammelte Schrift*, VII, Stuttgart, 1957, (이하 *G.S*라 생략하여 표기함) 56-82쪽.
2) 박순영, 「현대해석학의 위상」, 『현대철학특강』, 철학과현실사, 1999, 125-126쪽.

2. 정신과학의 토대로서의 해석학

딜타이는 「해석학의 기원」(1900)이라는 논문에서 그의 이해개념에 대해 동기를 제시한다. 여기서 딜타이에게 있어서 「해석학의 기원」은 문헌해석에서가 아니라 삶(Leben)의 해석에서 찾는다. 딜타이의 해석학은 "지속적으로 고정되어 있는 삶의 표현에 대한 기술적인 이해(G.S, V, 319)"를 그 목적으로 삼고자 했으며, 이러한 이해는 "외부로부터 감각적으로 주어져 있는 기호에서 내적인 것을 인식하는 과정(G.S, V, 318)"으로 규정하였다. 딜타이는 삶의 해석을 통해 정신과학을 자리매김하는 것이었다.

그의 정신과학의 근거는 인식론적이고 논리적인 이해의 방법론적인 분석을 주요 과제로 삼았다. 다시 말해 그는 내적인 것과 정신적인 것, 즉 정신의 삶을 주제화하여 이를 보편타당하고 합법적인 틀 속에서 파악하고자 하였기 때문에 삶을 이해하는 해석학은 곧 정신과학의 방법론이다. 여기서 그는 보편적 의미의 정신과학을 해석학이라 일컬었다. 하지만 그의 「정신과학의 입문」(1883)에서는 해석학의 역할과 이해의 문제를 상세하게 규정하고 있지 않다. 이미 딜타이의 해석학은 해석학사에서 정신과학을 정초한 최고의 가치를 부여받았다. 왜냐하면 그가 언급하는 모든 정신과학의 원리는 인간의 자기이해와 함께 역사와 심리학, 삶에서 경험한 인간의 문화적 능력과 그 부산물로 드러난 것들을 총체적으로 다루고 있기 때문이다. 따라서 달타이는 그 당시 크게 부각되지 않았던 해석학을 정신과학의 토대를 구축한 인물이었다. 일반적으로 정신과학은 인문학이나 사회과학을 포함하여 인간의 내면적 삶의 표현들을 해석하는 제반 분야를 말한다. 즉 해석학은 내면적 삶의 표현들에 의한 객관적으로 타당한 해석을 하기 위한 방법들의 발전사이다. 이러한 해석학을 딜타이는 실증주의자였던 콩트(Auguste Comte, 1798

~1857)의 영향을 받고 역사학자 랑케(Leopold von Ranke, 1795~1886)에게서 사사받았다. 무엇보다 그의 정신과학의 출발점은 사변적 이론이 아니라 구체적인 경험이다.

딜타이의 해석학 연구는 두 단계로 나누어진다. 첫째 단계는 이해를 하나의 정신적 사실 내지 과정으로서 수용한 단계이며, 둘째 단계는 정신의 이해가 심리적 인식이 아니라고 주장하는 단계이다. 여기서 정신적 이해란 독립적인 구조와 합법칙성을 근거로 하여 정신의 심상(心想)에로 되돌아감을 말한다. 즉 정신의 이해는 의미의 세계로 돌아가는 정신적 연관성을 실현하는 것이며 이러한 연관성을 의미의 세계로 되돌아가게 한다. 딜타이에게 있어서 "정신의 객관화에 대한 논증"[3)]은 체험·표현·이해라는 삼위일체의 관계로서 성립한다. 여기서 정신과학은 삶·표현·이해의 상호 연관성의 관점에서 진행된다. 삶의 객관적 타당성은 어디에서나 내적인 것에 대해 외적인 관계를 함께 포함한다. 그러한 삶의 객관적 보편타당성은 그 무엇인가에 대한 독립적인 내용들을 삶의 단일성에서 파악한다. 그리고 객관적 타당성은 모든 다른 사람들에게 설명을 필요로 하는 체험과 관계한다.[4)]

그래서 딜타이는 심리학과 역사를 아주 밀접한 관계로 생각한다. 심리학은 정신과학뿐만 아니라 자연과학의 원리에서도 이미 잘 드러나 있듯이, 그는 정신과학의 근거를 기술적 심리학에서 찾았다. 여기서 정신의 통일체는 개인의 내·외적인 상호작용 및 삶의 역사적 고찰을 통해 생성된다. 이러한 심리학의 인식 근거는 체험과 이해에서 나온다. 그렇게 하여 심리학은 정신과학을 설정하고 심적

---

3) 딜타이의 삶의 객관화에 대한 논증의 자세한 내용은 다음을 참조: 양해림, 「딜타이는 삶의 객관화를 극복하였는가?」, 『해석학연구』, 제16집, 한국해석학회, 2005.

4) 알빈 디이머, 백승균 옮김, 『철학적 해석학』, 경문사, 1985, 71-72쪽.

인 대상과 연결시킨다. 따라서 이해는 모든 정신과학의 삶에 대해 복합적으로 진행된다. 이렇듯 딜타이의 입장에서 모든 심리학은 우리의 정신적 구조연관인 삶의 전체성과 체험의 전체성에서 출발한다.[5] 궁극적으로 딜타이는 심리학을 심리적인 삶의 진행과정의 학문으로 간주하였고, 동시에 삶의 진행과정으로 편입시켰다.[6] 결국 그는 심리학적인 구조연관의 개념을 삶의 진행과정으로 이해하였고, 정신적인 삶의 현상과 연관시켜 규명하고자 하였다.

3. 해석학적 순환: 체험 · 표현 · 이해

딜타이는 부분과 전체의 관계를 부분은 전체의 의미로 나타나고 다시 전체는 부분의 의미로 순환한다고 하였다. 즉 개체는 전체로서, 그리고 전체는 개체로 다시 진행된다. 이러한 해석은 목적론적으로 현실화된 제도의 구조연관 속에서 진행된다. 따라서 이해는 전체와 개체의 순환에 의해 전개된다. 그러므로 이해는 순환하는 구조로서 전체와 부분의 상호 의존하는 관계이다.[7] 이런 관점에서 딜타이 정신과학의 근본테제는 전체와 부분의 관계가 "삶을 삶 자체로 이해하기를 원한다"라는 표현으로 집약한다.

딜타이는 「정신과학에 있어서 역사적 세계의 구성」(1910)이라는 논문에서 "우리는 외부에서 주어지거나, 내부에서 인식한 부호 속에 있는 과정을 이해라 부른다"고 보았다. 딜타이의 입장에서 이해

5) Dagmar Weber, *Zum Problem des ästhetischen Erkennens bei Wilhelm Dilthey*, Köln, 1983, 27쪽.

6) Heinz Lorenz, *Geschichte und Glaube bei Wilhelm Dilthey*, Leipzig, 1959, 47쪽.

7) John C. Maraldo, *Der hermeneutische Zirkel*, Freiburg/München, 1974, 73쪽. 해석학적 순환은 정신과학의 인식론을 위한 중요한 문제이다. 잘 알려져 있다시피 딜타이는 해석학적 순환을 체험 · 표현 · 이해의 관계로 제시하였다.

의 개념은 사회과학의 맥락에 따라 일반적으로 문화 대상, 객관적 정신, 삶의 객관성, 역사적-사회적 현실을 해명하는 것을 가리켰다. 이른바 딜타이에게 있어서 "이해란 너 안에서 나를 재발견하는 것이다. 정신은 점점 높은 단계들의 연관 속에서 자신을 다시 발견한다. 나 안에서, 너 안에서, 한 공동체의 모든 주관 안에서, 문화의 모든 체계 안에서, 종국적으로는 정신의 총체성과 보편사 안에서 정신과학의 다양한 기능들의 협력을 가능하게 해준다"[8](*G.S*, VII, 191) 따라서 딜타이에게 있어서 이해의 개념은 「해석학의 기원」이라는 논문에서 다음과 같이 분명하게 나타난다.

> "이해는 인식이라는 보편개념에 속한다. 이 경우 인식이란 아주 광범위한 의미에서 보편타당한 지식을 추구하는 과학이다. 우리는 심적인 삶(Seelenleben)의 외부에서 감성적으로 주어진 삶의 표현에서부터 인식에 이르는 과정을 이해라 말한다. 따라서 감성적으로 파악할 수 있는 정신적 삶의 표현이 아무리 다양하다 해도 이해는 이러한 인식으로 기술된 조건을 통해 주어진 동일하거나 공통적인 특징을 갖고 있어야 한다."(*G.S*, V, 332, 319)

여기서 이해는 외부의 감성적으로 주어진 삶의 표현에서부터 보편타당한 인식의 개념을 추구하는 과정을 가리킨다. 딜타이는 심적(Seelenleben) 현상의 연관구조를 내적인 생동성의 입장을 취하고 있기 때문에, 그 출발점은 체험(Erlebnis)이다. 체험은 외적 지각(äußere Wahrnehmung)과는 다소 다르게 내적인 지각(innere Wahrnehmung)에서 직접 주어진다. 이러한 체험은 전체적인 연관을 통해 조명하지만, 심적인 삶 속에서 밝혀낸다. 즉 체험은 전체적인 심적인 연관과정에서 함께 작동한다. 우리는 어떤 특별한 사건이 일어났을

8) Wilhelm Dilthey, *Gesammelte Schriften*, VII, Göttingen, 1959.

때, 심적인 삶의 연관은 체험에서 유래한다고 말한다. 이러한 연관이 이미 우리 자신과 타인에 대한 이해의 성격을 결정하게 된다. 여기에서 딜타이는 이해를 폭넓은 의미에서 세 가지의 관점으로 나눈다.

① 이해는 직접 체험에 근거하고 체험에서 유래한다. 체험은 그 자체에서 내적인 반복을 수행하게 되며, 거기서 이해가능하게 된다. 내적인 연관을 맺고 있는 체험은 개인적 생애의 한 부분에서 시작된다. 개별적인 체험들은 모두 자기 자신과 관계를 맺고 있으며, 바로 자기의 한 부분을 체험한다. 그래서 체험은 다른 부분들과의 구조연관에 의해 나타난다. 따라서 우리는 심적인 측면의 연관구조를 보게 된다. 물론 딜타이의 체험은 칸트처럼, 선험적인 주관이 아니다. 때문에 그는 의식의 내면성에서 정신과학의 고유한 인식의 가능성을 찾아내고자 했다. 이렇게 정신과학은 내적 체험에서 부여받은 체험 그 자체의 현상인 것이다. 여기서 우리는 체험된 대상만을 생각하게 된다. 따라서 체험은 우리에게 실재하는 원초적인 방식이다. 그래서 체험은 역사인식의 궁극적인 전제조건이 된다. 즉 체험은 역사적 세계의 원세포(Urzell der geschichtlichen Welt)이며, 정신과학의 기본적인 경험자료인 것이다. 그러므로 정신과학을 경험과학이 되게끔 보증하는 것은 이러한 체험에서 나타난다. 반면에 자연과학은 우리와 독립된 물질적 세계의 현상에 관여한다.

② 이해는 삶의 표현으로서 표현의 이해이다. 즉 "나는 삶의 표현이 단지 무엇인가에 대해 생각하는 것이거나 의도하는 것만이 아니고, 우리에게 이해할 수 있는 정신의 표현이며 어떤 의도가 없는 것도 분명히 표현하고자 한다." 이런 점에서 정신과학의 대상으로서 이해는 인간의 상황을 체험하고, 그 삶을 표현하여 이해하고자 한다.

③ 이해는 개별적인 것의 이해이다. 이것은 타자와의 낯선 삶의 표현의 가능성과 서로 불균등하게 나타날 수 있는 다른 삶과의 연관성 사이의 이해이다. 삶은 체험에 의해 주어진다. 여기서 체험은 현실 속에서 우리에게 나타나는 개별적인 특수한 방식이다. 즉, "체험은 실재가 나에게 나타나는 특수한 방식이다. 체험의 내용은 지각의 내용이나 표상처럼, 나에게 대립하여 드러나지 않는다. 체험은 외부로부터 우리에게 주어지는 것이 아니라 내면을 지각함으로써 나타나며, 우리의 사유에 의해 비로소 대상화된다."(*G.S*, VII, 313) 이러한 폭넓은 이해의 구분에 따라 딜타이는 이해와 체험을 다음과 같이 정리하고 있다.

> "이해는 체험의 전제조건이 된다. 비로소 체험은 삶의 경험에서 이해로 가까이 접근되어 가고, 체험의 주체는 전체와 일반적인 영역 속으로 진행되어 간다. 체험은 지속적으로 체계적인 지식을 수행하기 위해 개별적인 개인의 이해를 요구한다. 체계적인 지식은 개별적인 삶의 통일체 속에서 생동적으로 파악한다."(*G.S*, VII, 143)

위의 인용문에서, 딜타이는 이해와 체험을 삶의 개별적인 관계가 아니라 긴밀한 상호관계라는 것을 강조한다. 여기서 딜타이는, 체험과 이해의 근본적인 관계가 상호작용하는 것으로 보았다. 즉 그는 체험과 이해를 역사적으로 상호작용하는 것으로 규정하였다. 이는 체험과 이해에서 제시된 이중적 관계이다. 그래서 딜타이는 체험과 이해를 변증법적 관계에 있다고 말한다. 따라서 딜타이는 정신과학의 정초를 위해 체험과 이해는 밀접히 상호작용하는 관계로 보았다.[9)]

---

9) 딜타이 정신과학의 방법론에 관한 자세한 내용은 다음을 참조: 양해림, 『현상학과의 대화』, 서광사, 2003. 69-77쪽.

딜타이가 주장하는 정신과학은 이해를 인식하는 개념이며, 설명의 개념은 자연과학을 인식하는 근본개념이다. 딜타이가 제시한 것처럼, 자연과학과 정신과학 사이에서 대립하는 개념은 과학의 유형을 방법론으로 구분하여 설명하는 것이었고 그것을 이해시키는 데 있었다. 따라서 딜타이는 정신과학의 이해대상을 이해 심리학의 결과에서 찾았다. 정신과학의 대상은 물리적인 것에서부터 정신적인 세계를 차례로 다룬다. 즉 딜타이의 해석학은 심리학적 분석을 다음과 같이 중요하게 취급한다: "심적인 삶은 지상에서 최고의 단계로 분류된다. 삶이 출현할 수 있게 해주는 조건들은 자연과학을 보다 발전시킨다. 왜냐하면 자연과학은 물리적 현상들 안에서 법칙에 따르는 질서를 찾아내기 때문이다."(*G.S*, VII, 196) 그렇다고 하여 딜타이의 심리학적인 요소가 특별한 부류로 취급되어 자연과학의 문제설정에 의존하는 것은 아니다. 오히려 그는 심적인 요소, 즉 심적인 의지 · 이해 · 감정의 철학적－인간학적 이론을 서로 연관시킨다. 자연과 정신의 대립관계는 삶의 연관에 기반을 둔 체험이다. "인간은 자연으로 되돌아가서 자기 자신의 삶을 살아야 한다. 인간은 체험에 의해 자연 안에서 존재하게 된다. 따라서 인간의 체험은 의미 · 가치 · 목적 등을 설정함으로써 학문적 작업을 수행해야 한다. 이런 관점에서 딜타이는 종종 "자연은 설명하고 정신은 이해한다. 마찬가지로 우리는 사회적－역사적 삶을 이해해야 한다"고 표현한다. 그는 정신과학과 자연과학을 다음과 같이 언급한다.

"먼저 정신과학은 자연과학으로부터 구분된다. 자연과학이 대상의 외부로부터 또는 현상으로서 의식 속에 개별적으로 주어져 나타나는 사실을 갖고 있는 반면에, 정신과학은 내부의 의식 속에 살아 있는 관계로서 독창적으로 나타난다. 여기서 자연과학은 자연의 관계에 주어진 가설의 결합을 매개로 하여 보충적인 추론을 통해서만 나타난다. 반대로 정신과학은 원초적으로 주어지는 것으로 어디에서나 내부에 있는 심적인 삶(Seelenleben)의 연관에 토대를 두고 나타난다. 왜냐하면 내부의 경험에서 정신의 개별적인 부분이 전체적인 것으로 그 기능을 결합하거나 성취하려고 하기 때문이다."[10](*G.S*, V, 143-144)

여기서 자연과학에 대한 딜타이의 입장은 먼저 자연과학과 정신과학의 대립을 통해 밝혀내고자 한다. 딜타이는 잘 알려진 논문인 「기술적 · 분석적 심리학의 이념」(*G.S*, V, 139-240)에서 자연과학과 정신과학 사이의 구분을 이해와 설명의 대립으로 전개시킨다. 하지만 이해와 설명의 구분은 그렇게 간단히 형식화되는 것은 아니다: "왜냐하면 정신과학과 자연과학은 그것을 구성하는 두 개의 사실영역으로써 논리적으로 정확히 구분할 수 없기 때문이다. 생리학도 인간의 한 측면을 다루고 있고 그것은 자연과학이다. 사실상태에서 두 분류근거를 정확히 설정할 수 없다."(*G.S*, VII, 82) 여기서 이해는 현실에서 적용되는 일정한 방법론의 형식이며, 이에 반해 설명은 보충적인 다른 형식이다.

이렇게 이해와 설명의 대립은 그 배후에서 내적인 지각 및 외적인 지각(Wahrnehmung)을 구분하여 전개한다. 특히 딜타이가 대립의 쌍으로 선보이는 자연과학과 정신과학과의 관계는 역사적 출발점에 서 있다. 종종 자연과 정신의 관계는 근원적으로 존재한 것이 아니라 역사적으로 생성된 이원론이라 말한다. 딜타이는 여러 차례 "정신과학은 자연과학적 지식의 체계화를 모방한 논리적 구성에 의해서 전체의 체계를 세울 수 없으며, 정신과학의 각 분야들은 서로 다르게 전개되어 왔기 때문에 역사적 차원에서 접근해야만 올바르게 이해할 수 있다"(*G.S*, V. 24)고 언급한다. 따라서 딜타이의

10) Karl Otto Apel, "Das Verstehen(Eine Problemgeschichte als Begriffsgeschichte)", in: *Archiv für Begriffgeschichte*, I, 143, 173쪽.

자연과학과 정신과학은 다음과 같은 방법론으로 전개된다.

> "동일한 사유형식과 그것에 부차적인 사유행위의 등급은 자연과학과 정신과학 안에서 과학적 관계를 가능하게 한다. 이해와 설명의 구분은 대상을 두 개의 등급으로 근거짓는 것은 아니다. 자연대상과 정신대상이 따로 존재하는 것이 아니다. 대상의 개념은 그 차이로부터 감각인상의 관계에 의해 그리고 이러한 인상이 전체적으로 결합하여 조건화된다. 따라서 자체적으로 서로 맞대어 독립적으로 놓여 있다."(*G.S*, V, 248)

자연과학은 하나의 가설적인 개념을 설정한다. 자연과학은 어떤 개념을 타당한 것으로 수용할 경우에 그것은 인과성의 원리에 의해 규정된다. 하지만 정신과학에서 인과성은 체험 가능한 범주이다(*G.S*, VII, 202). 일반적으로 자연은 우리에게 무한한 힘으로 나타나며 정신은 우리의 존재 전체를 경험한다. 그러나 실재적으로 정신과학은 자연과학과 결코 동일하지 않다. 자연과학에 적용되는 대상이 정신과학에서도 타당하다고 볼 수 없다. 때문에 자연과학에서 추상적으로 표현되었던 과정들이 그대로 정신과학에 옮겨질 경우 자연과학적으로 사유하는 데 있어서 월권행위로 나타날 수 있다(*G.S*, VII, 197). 자연과학은 어떤 실체나 사건을 일으키는 작용인으로서의 개념들을 새롭게 전개한다. 이와 같은 자연과학적 인식의 개념들은 정신과학과 별개로 독립적으로 만들어진다. 하지만 정신과학은 개인의 생애에서부터 모든 인류에 이르기까지 역사적 세계방식에 관한 연관들을 묘사한다(*G.S*, VII, 198).

잘 알려져 있듯이, 정신과학의 방법론적인 근본개념은 이해이다. 딜타이에게 있어서 이해는 삶의 의미성(Bedeutsamkeit)을 직접 파악하여 삶의 연관 속에서 드러내 보이도록 한다. 딜타이의 해석학은 "이해의 일반적 이론과 이해의 방법론"으로서 구별한다. 특히 이해의 일반이론은 먼저 방법론적인 이해의 구조를 분석하여 이해의 타당성요구를 밝혀내고자 한다. 딜타이는 「정신과학의 역사적 세계구성」(1910)의 논문에서 체험과 이해를 행위의 단계로 확충하고 역사적 세계의 객관적 지식을 통해서 삶의 이념적인 연관을 규명하고자 하였다. 또한 그는 「해석학의 기원」에서 "이해의 순환"[11] 이라 부르는 체험(Erlebnis) · 표현(Ausdruck) · 이해(Verstehen)[12]의 3박자를 구체적으로 분석한다. 해석학적 순환은 정신과학의 인식론을 밝혀내기 위한 중요한 과제이다. 이것을 딜타이는 순환하는 과정으로서 체험 · 표현 · 이해의 모델을 제시하였다. 즉 정신과학은 체험 · 표현 · 이해의 관계에 의해 보다 분명하게 각인되며 이러한 관계는 정신과학의 대상을 외부에서 추가하여 이끌어내는 것이 아니라, 그 내부의 심적 체험에 의해 밝혀낸다. 따라서 딜타이는 체험 · 표현 · 이해의 상호관계에 의해 정신과학이 정립된다고 본다.

이러한 관점에서 정신과학의 대상은 체험 · 표현 · 이해의 관계에 의해 구성되며 동시에 이러한 연관성 속에서 그 기능을 수행해 나간다. 그렇기 때문에 체험 · 표현 · 이해의 관계는 정신과학의 방법론과 정신과학의 해석학으로 전개된다. 이와 같은 과정은 상호소통하면서 정신의 모든 객관화에 대한 이해를 확대해 나가기 때문에 정신과학의 이해는 낯선 삶의 체험을 통해 자신의 체험을 충족시키며, 전이(轉移)에 의해 체험과 이해를 재현하게 된다.

딜타이가 전이로써 고찰하고자 한 것은 우리의 감정을 단순하게

11) 딜타이는 이해의 순환을 드로이젠 저서인 『역사학 강요』에서 인용하여 "개별적인 것은 전체적인 것 속에서 이해되고, 전체적인 것은 개별적인 것으로 이해된다"고 하는 데서 출발하고 있다. 내가 전체를 이해하려는 것은 전체는 개별적인 표현으로, 개별적인 표현은 전체적인 것으로 보충하는 것이다(Johann Gustav Droysen, *Historik, Volesungen über Enzyklopädie und Methodologie der Geschichte*, von R. Hübner(Hg.). Darmstadt, 1967).

12) 체험 · 표현 · 이해의 보다 자세한 내용은 다음을 참조: 딜타이, 이한우 옮김, 『체험 · 표현 · 이해』, 책세상, 2002.

타자에게 이행하려는 의도만 있는 것은 아니다. 딜타이는 체험·표현·이해 중에서도 특히 체험을 중요한 부분으로 간주한다. 체험은 인식론에서 잘 알려진 대로 "내면화함(Innewerden)"의 의미와 연관된다. 체험에서 내적인 것과 내가 지각하는 것은 하나이다. 즉 내면화와 내적인 것에서와 마찬가지로 체험하는 자와 체험된 것 사이는 대립적인 관계가 아니다. 다시 말해 체험은 결코 의문의 여지가 없는 독립적인 확실성을 지닌다. 이런 점에서 체험은 개별적인 사람들이 지니는 사적인 사건이다. 개별적인 인간은 체험의 당사자이며, 결코 어느 누구와도 대체할 수 없다. 하지만 체험을 대신한 전이의 사유는 언제든지 가능하다. 이러한 체험의 전이를 가능하게 하는 내적인 관계는 모든 해석학적 규칙의 전제조건이 된다. 이미 지나간 과거를 체험한 이해는 이러한 전이의 도움을 받고 나타난다. 지나가 버린 체험의 표현이라는 것은 완전하게 사라져 버린 것이 아니라 현재에 때때로 다시 나타날 수 있다.

하지만 딜타이의 이해이론은 불명료성에 의해 항상 위협을 받는다. 왜냐하면 그의 이해이론은 우리의 표현들을 원초적으로 체험하는 것이 아니라 단지 심리적 사실에 대한 표현으로 이해하고 있기 때문이다. 즉 이러한 이해이론은 주관적인 심리학적 체험에 근거하며 궁극적으로 사회적-역사적 세계(gesellschaftlich-geschichtliche Wirklichkeit)[13]에 기반을 두고 있다. 이러한 사회적-역사적 세계의 현실들은 개별적인 개체의 체험 가능한 심리적 연관성을 넘어서 있다.

13) 사회·역사·개인과의 관계를 자세히 다룬 논문은 다음을 참조: 양해림, 「딜타이에 있어서 개인, 사회 그리고 상호작용의 변증법」, 『철학연구』, 제44집, 철학연구회, 1999.

4. 예술의 체험표현

딜타이는 이해의 종류를 다양한 삶의 표현으로 나누었다. 삶의 표현에 대한 등급은 넓은 의미에서 ① 명제(개념, 판단, 위대한 사유 형성), ② 행위, ③ 체험표현이다. 그는 이해의 종류를 삶의 표현(Lebensäußerung)에 대한 등급으로 나누었고, 그 안에서 다양한 행위이론을 전개시켰다.

첫 번째 부류의 요소는 개념, 판단, 위대한 사유형식이다(*G.S*, VII, 205; *G.S*, I, 26). 이러한 요소들은 학문의 요소로서 일반적인 지식을 구성한다. 그리고 논리적 규범을 측정하는 데 있어서 타자에 대한 삶의 표현형식과 구분된다. 이 요소의 근본적인 특징은 명제(Aussage)에 대한 참과 거짓을 측정하는 데 있다. 그리고 이 부류는 체험으로 반드시 회귀하지 않고도 자체적으로 파악한다. 즉 이 부류는 반드시 체험과 연관시켜 이해하지 않는다. 따라서 명제의 특징은 학문적인 특성으로 규정되며(*G.S*, VII, 205), 그러한 사유내용은 다양한 분야와 관련을 맺는다.

삶의 표현의 두 번째 등급은 체험표현의 첫 번째 분류와 분명히 구별되며 이를 통해 행위를 수행한다(G.S, V, 320). 여기서 행위의 본질은 목적달성의 수단으로 파악한다. 우리는 어떤 사람이 공구를 사용하는 것을 볼 때 단순히 지각하는 것과는 다른 어떤 목적이나 의도가 있음을 읽어낸다. 행위는 내면적인 것이 실현됨으로써 가시적(可視的)인 세계로 나아간다. 즉 우리는 보이는 것에서 보이지 않는 내면적인 세계를 추구해 간다. 왜냐하면 우리가 행위를 이해가능한 것으로 만드는 것은 행위 속에 내재해 있는 목표나 목적이 있기 때문이다. 물론 행위는 전달의 의도에 의해서만 수행되는 것이 아니라 목적을 이루고자 하는 연관관계에 따라 전개된다. 행위는 행위하는 사람의 총체성과 관계하고 있으며, 그러한 목적은 일정한 조건 안에서 성립한다(G.S, VII, 321). 즉 행위는 행위자가 일정한 방향을 향한 규범을 필요로 한다. 우리가 행위를 어떻게 이해할 수 있는가 하는 문제는 그것의 목적 여부에 달려 있다. 일차적인 행위는 우리에게 확실한 목적이 현존하고 있음을 알려 준다. 그리고 이러한 목적은 우리에게 행위가 무엇인가 이해할 수 있다는 것을 암시해 준다. 딜타이는, 우리가 이러한 행위 가능성의 한계를 어떻게 그것의 상태나 목적/수단 그리고 삶의 연관에 관련되었는지를 해명해야 한다고 본다. 따라서 행위에서 발생하는 내부의 그 어떤 종류의 규정은 그렇게 쉽게 받아들일 수 있는 것은 아니다(*G.S*, VII, 206, 321).

삶의 표현의 세 번째 부류는 체험표현에서 구체화된다. 체험표현은 삶의 표현에 대한 그 밖의 다른 형식이다. 즉 체험표현은 인간의 내적인 관점에서 가능하다. 여기서 인간의 전체성은 내적으로, 그리고 전체성 안에서 읽어 낸다. 이러한 맥락에 따라 인간의 행위는 전적으로 다른 외부에서부터 내부로 옮겨 간다(*G.S*, VII, 321).[14] 퀸젤(H. Künzel)에 의하면, 딜타이의 체험표현을 세 가지로 나누어 설명한다. ① 표현은 우리가 직접적으로 표현하는 어떠한 상황 안에서 찾는다. ② 미학적인 표현은 타자의 체험, 즉 그 밖의 다른 방법으로서 체험을 한다. ③ 체험의 내적인 연관성과 체험 및 표현 사이에서 체득한 것은 체험표현이라 부른다.[15] 딜타이는 체험표현 안에서 인간 육체의 반응을 심리학적인 표현현상(흉내·심리적인 흉내·몸짓)으로 말한다. 즉 체험표현은 내적인 정신적 삶의 직접적인 표명이다. 여기서 표현은 정신적인 연관으로서 내성으로 보

---

14) O. F. Bollonow, Dilthey, *Eine Einfürung in seine Philosophie*, Leipzig, 1936, 186쪽.

15) Heinrich Künzel, "Über Wilhelm Diltheys Begriff der Struktur und der Erlebnisausdrucks", in: *Deutsche Vierjahrschrift für Literaturwissenschaft und Geistesgeschichte*, 47, 1973, 10쪽.

증되어야 한다. 그리고 이러한 표현은 의식에서 밝혀지지 않은 심연이다(*G.S*, VII, 206). 따라서 체험표현은 고유한 판단이나 명제와 같은 의견이 아니며, 일반적인 이해에 근거를 둔다. 또한 체험표현은 참과 거짓에 의해 판단 기준을 설정하는 것이 아니라 진실성과 비진실성에 그 척도를 둔다(*G.S*, VII, 206).[16] 여기서 표현은 진실성과 비진실성에 대한 기준을 주제화한다. 진실성의 표현은 예술작품을 인정하거나 그에 대한 이해를 통해 비판적으로 평가한다. 따라서 진실성은 그 스스로 미학적 판단으로서 개념화된다. 이러한 진실성은 사회적-역사적 세계를 근거로 규명된다. 예를 들어 문헌자료, 예술작품, 행위나 말과 같은 모든 부류의 대상들은 사회적-역사적 세계에 의해 구성된다. 이런 부류의 표출들은 우리 모두에게 우리들의 생각·희망·두려움 등을 알려 준다. 딜타이는 이러한 표출들을 표현(Ausdruck)이라 부른다. 결국 표현은 언제나 정신적 삶의 표현이다. 이러한 표현은 인간의 신체와 결합된 표현방식인 몸짓이나 손짓과 함께 인간의 행동으로 이해한다. 때문에 체험표현은 예술작품에서 가장 완전한 형식에 도달하게 된다.

5. 영향과 의의

딜타이는 현대의 철학적 논쟁에서 해석학과 심리학 그리고 역사학에 의한 정신과학의 철학적 근거를 마련하였다. 딜타이는 20세기 정신사에서 많은 우리 시대의 정신적 사유를 선취하였고 그 유산을 또한 남겨 주었다. 딜타이의 정신적 유산은 한편으로 자신의 새로운 역사의식을 근거로 하여 모든 정신적 수행의 역사적 상관

16) Vgl. Jürgen Habermas, *Erkenntnis und Interesse*, Frankfurt a. M., 1968, 211쪽.

성을 철학의 영향 속에서 완성하였다. 다른 한편으로 자연과학의 성과에 직면하여 언제나 보편타당한 과학적 성과를 추구하고자 하였다.[17)]

딜타이의 궁극적인 계획은 역사적 삶의 보편적 철학을 실현시키는 것이었다. 즉 "오늘날 해석학은 역사적 세계와 연관에 대한 지식의 가능성을 입증하고 그러한 가능성을 실현하기 위한 수단을 발견하기 위해 보편적인 인식론적 과제를 설정해야 한다."(*G.S*, VII, 217) 딜타이의 이러한 계획은 그의 계승자들에게 문제점들을 제공하면서 역사성의 보편성을 통해 정신과학의 새로운 방향으로 나아갔다. 이러한 딜타이의 해석학은 우리의 체험과 우리 자신과 우리 이웃 사람들에 대한 이해가 정신과학적 인식의 출발점임을 발견하였다. 그는 개체 사이의 상호 이해하는 공동성을 삶의 객관화라는 측면에서 찾았으며, 이 삶의 객관화는 도덕, 법률, 국가, 종교, 예술, 학문, 철학 등에서 잘 드러나고 있다고 보았다. 그가 이해하고자 했던 것은 단지 개개의 인간이 아니라 인간을 둘러싸고 있는 삶과의 세계였다(*G.S*, VII. 211).

20세기 정신사에서 딜타이의 해석학을 계승하고 발전시킨 하이데거와 미쉬(G. Misch), 볼노브(O. F. Bollnow), 가다머(H.- G. Gadamer), 하버마스(J. Habermas), 리쾨르(P. Ricouer)와 같은 해석학의 철학자들도 기본적으로 정신과학의 방법론적인 계획을 설정하여 역사성의 보편성을 부각시켰다. 딜타이 이후의 해석학은 하이데거와 가다머를 거치면서 정신과학의 방법론만으로 제한되지 않는 존재의 이론으로 발전하였다. 또한 하버마스와 아펠(K.-O. Apel)을 통해서 사회과학과 실천철학의 방법론으로 전개하였다. 리쾨르와 푸코(M. Foucault)에게서 현상학과 정신분석학, 구조주의 등 다

17) 베르너 슈나이더스, 박종목 옮김, 『20세기 독일철학』, 동문선, 2005, 80쪽.

양한 계기와 접합하면서 초기의 해석학과는 다소 다른 모습으로 성장해 갔다.

제 4 강

하이데거: 현상학과 해석학의 만남

1. 생애 및 사상개요
2. 현상학과 해석학
3. 현존재로서의 해석학: 이해의 선구조(**先構造**)
4. 세계–내–존재
5. 예술작품의 이해
6. 영향과 의의

제4강

하이데거

현상학과 해석학의 만남

1. 생애 및 사상개요

하이데거(Martin Heidegger, 1889~1976)는 농부의 가정에서 자라난 어머니와 독일 슈바르츠발트에 위치한 조그마한 마을인 메르키르히(Meßkirch)에서 술 창고를 지키면서 그 마을의 성 마르틴 교회에서 허드렛일을 맡아보던 아버지 사이에서 태어났다. 하이데거는 김나지움 시절에 콘스탄츠(Konstanz)에서 유년을 보내기도 하였으나, 이후에는 프라이부르크로 이사하여 그곳에서 대부분의 학창시절(1903~1909)을 보냈다. 고등학교의 졸업시험(Abitur)을 마친 후에 10일간의 짧막한 수도생활을 예수교 교단의 수도원에서 하였다. 그 후로 프라이부르크대학의 신학부에 입학하여 신부가 되기 위한 학업과정을 수학하였다. 그가 프라이부르크대학에 입학했을 때, 지방의 신문에 기사가 날 정도로 그는 김나지움(우리나라의 중·고등학교)에서 현저하게 두각을 나타냈다. 2년 후에 그는 건강상의 이유로 신학공부를 포기하고 철학공부에 전념한다. 그는 이미 1907년 이후부터 브렌타노(Fr. v. Brentano)의 「아리스토텔레스에 있어서 존재자의 다양한 의미에 관하여」라는 글을 접하고 철학에 매료된다. 프라이부르크대학의 신학부에서 주로 교의학을 강의하면서도 『존재에 관하여』라는 철학저술을 집필한다. 그는 리케르트를 중심으로 하는 신칸트학파와의 만남을 통해서 그리고 후설의 『논리연구』(1901)에도 상당한 영향을 끼쳤다. 하이데거는 1913년 신칸트학파의 대표자 중의 한 사람이었던 하인리히 리케르트(Heinvich Rickert, 1863~1936)를 지도교수로 하여 「심리주의에서의 판단이론」(1913)이라는 논문으로 박사학위를 얻었고, 2년 뒤에는 다시 리케르트의 지도 아래 「둔스 스코투스의 범주론과 의미론」(1916)이라는 논문으로 교수자격을 취득하였다.[1] 1923년 겨울학기부터 하이데거는 퇴임한 나토르프(Paul Natorp, 1854~1924)의 후임으로 마르부르크대학의 조교수직에 취임하게 된다. 이때부터 동료인 하르트만과 깊은 교류를 시작한다. 첫 학기의 강의는 현상학적 연구 입문이었다. 하이델베르크대학과 함께 신칸트주의의 아성이었던 마르부르크대학에서 하이데거는 현존재의 현상학을 전파하였다.

그는 1915년부터 사강사로서 강의를 시작하였으며 학생들에게 커다란 호응을 얻었다. 그의 제자였던 한나 아렌트(Hana Arendt)에 의하면, 프라이부르크의 젊은 명강사에 대한 소문은 이미 1920년대 초반 독일 전역의 학생들 사이에 널리 퍼졌고, 하이데거는 독일 사상계의 제왕으로 인정받게 되었다고 전한다. 그러나 프라이부르크대학의 총장 재임 시 나치에 부역한 혐의를 받아 비난을 받았다. 1976년 5월 26일 하이데거는 프라이부르크의 자택에서 부인이 아침상을 준비하는 동안에 심장마비로 세상을 떠났다. 그의 시신은 자신의 고향 메스키르히의 묘지에 안장되었다.

---

1) 오트프리트 회페, 『철학의 거장들 4』, 한길사, 2001, 328쪽.

2. 현상학과 해석학

하이데거(Martin Heidegger, 1889~1976)의 실존철학에서 현상학(Phänomenologie)은 근본적인 성격을 가장 특징적으로 보여 준다. 그는 자신의 『존재와 시간』(1927)에서 철학적 방법을 현상학으로 규정한다. 그리고 후기의 주요 저작인 『사유의 사태에로』(1969)에서도 자신의 입장을 여전히 현상학적이라고 밝힌다.[2] 하이데거는 『존재와 시간』에서 현상학(Phänomeno-logie)은 "자기 자신을 스스로 내보이는 것", "스스로 현시(現示)하는 것", "노현(露現)하는 것(Offenbare)"으로서의 현상(Phänomen)[3], "제시하면서 보이게 해 줌", "말하다", "해석하다"로서의 로고스(Logos)[4]라는 구성요소의 결합으로서 이해된다. 먼저 현상이란 희랍어 Φαινόμενον에서 유래한 것으로서 자기를 나타내는 것, 자기를 현시하는 것, 드러나 있는 것이라 설명할 수 있다. 따라서 현상은 "은폐성(Verdecktheit)"[5]과 대립되며 가상, 나타남과 구별된다. 이러한 현상이라는 개념을 하이데거는 다음과 같이 세 가지의 관점으로 구별한다.

첫째, 어떠한 존재자가 현상으로 간주되는지에 대해 규정하지 않은 경우이다. 또한 자신을 나타내는 것이 그때마다 존재자인지 아니면 존재자의 성격인지가 애당초 해결되지 않았을 경우의 형식적인 현상개념이다. 둘째, 자신을 나타내는 것이 존재자의 존재일 때, 그것은 명백한 의미에서의 현상이며, 바로 현상학적 현상개념이다. 셋째, 자신을 나타내는 것이 존재자의 존재일 때, 그것이 명백한

---

2) 박찬국 · 이수정, 『하이데거-그의 생애와 사상』, 서울대학교출판부, 2004, 66쪽.

3) M. Heidegger, *Sein und Zeit*(이하 M. Heidegger, SZ,이라 생략하여 표기함), Tübingen, 1993. 32쪽(한국어 번역본: 이기상 옮김, 『존재와 시간』, 까치, 2003).

4) M. Heidegger, *SZ*, 37쪽.

5) 은폐에는 은닉(Verborgenheit), 매몰(Verschüttung), 위장(Verstellung)이 있다.

의미에서의 현상이며 형이상학적 현상개념이다.[6] 따라서 하이데거에게 있어서 현상학은 "자기 자신을 내보이고 있는 그것 자체에서부터 자기 자신을 내보이고 있는 그대로 보이게 해줌"[7]이다. "사실 자체로"라는 현상학의 탐구원칙 역시도 그 근본에 있어서 다른 것이 아니라 이러한 현상학의 이름을 반영하고 있을 뿐이다. 하이데거에 있어서 현상학이라는 표현은 신학·생물학·사회학 등과 같은 다른 학문들의 명칭과는 다소 구별된다. 그 이유는, 현상학은 논의대상의 사실내용에 대해서 아무것도 말하지 않고, 오직 그 대상을 탐구함에 있어서 어떤 것이 어떻게 주제화되고 있으며, 또한 그렇게 되어야 하는가의 방식만 언급하고 있기 때문이다.[8] 요컨대 하이데거의 현상학은 세 가지 성립요소의 결합에서 그 의미를 찾을 수 있다. ① 말해질 내용으로서의 현상, ② 말함 그 자체로서의 학-로고스, ③ 말로써 내용을 전달받을 자로서의 타인이다.[9]

하이데거는 현사실성의 해석학이 현상학의 길을 걷지 않으면 안 된다는 사실에 대해 그다지 의심을 보이지 않는다. 다시 말해 하이데거는 현상학의 탐구방법에 대해 "후설은 수학적 엄밀함의 편견에 의해서 지배되고 있으며, 거기서 대상의 형태로부터 이 대상의 엄밀함의 의미를 전개하는 일이 필요할 뿐"이라고 말한다. 현상학은 "사상(事象) 자체로" 돌아가자는 요구, 즉 여러 현상을 형이상학적인 전제들과 아무런 상관없이 표현하자는 요구를 뒤따른다. 후설의 현상학은 명증적인 인식을 획득하기 위해 모든 실재적인 것을 괄호 속에 묶어 놓고 그것을 의식 속으로 환원하여 그 의식을 분석해 나간다. 따라서 현상학의 대상 및 여러 현상들은 "스스로에

---

6) 박찬국·이수정, 앞의 책, 76쪽.
7) M. Heidegger, *SZ*, 34쪽.
8) 이기상, 『하이데거의 존재와 현상』, 문예출판사, 1993, 130쪽.
9) 박찬국·이수정, 앞의 책, 79쪽.

게서 나타난 바대로" 받아들인다. 하이데거는 환원의 방법에 도움을 받고 있는 후설의 초월적 현상학의 방법을 전적으로 따르는 것은 아니다. 그의 현사실성의 해석학은 현사실적인 삶을 기술하며, 후설처럼 단순히 형상적 의식분석으로 전개하지 않는다. 즉 현존재 자체에서 나타나는 것만을 단순히 포착하는 것은 여전히 하이데거를 만족시키지 못한다. 그 이유는 그렇게 나타나는 것은 사실 자체일 필요가 없으며, 순전히 우연적인 그 무엇일 수 있기 때문이다. 하이데거 사유에서 현사실성의 해석학에 대한 다양한 문제들은 『존재와 시간』에서 기초존재론으로서 전개되고 있는 현존재 분석의 제1단계로서 등장한다. 이것은 하이데거 해석학을 이해하는 데 근본적으로 분석하는 계기가 된다.[10] 따라서 하이데거는 이것을 "사상자체로"라는 구호 아래 방법론적으로 받아들였다. 궁극적으로 하이데거는 『존재와 시간』에서 자신의 현상학을 해석학이라 부른다. 이런 관점에서 헤르만(F. W. von Hermann)은 후설의 초월론적 현상학과 하이데거의 해석학을 "각자 나름의 고유한 진리를 간직하고 있는 현상학의 두 가지 길"[11]이라 이해한다.

3. 현존재로서의 해석학: 이해의 선구조(先構造)

하이데거에게 있어서 인간의 이해는 선이해(先理解)의 구조를 가지고 있다고 보았다. 하이데거는 이해란 주관의 인식이 아니라 인간의 현존재의 양식이라 간주한다. 다시 말해 하이데거는 철학 그 자체를 현존재의 해석학으로 이해하였다. 그래서 그는 이해를 현존

10) 한스 인아이헨, 문성화 옮김, 『철학적 해석학』, 문예출판사, 1998, 171-173쪽.

11) F. W. von Hermann, *Hermeneutik und Reflextion. Der Begriff der Phänomenologie bei Heidegger und Husserl*, Frankfurt. a. M., 2000, 121쪽.

재의 실존 속으로 끌어들여 논의하였다.[12)]

하이데거는 현존재를 통상적으로 인간이라 부르는 존재자를 지칭한다. 하이데거가 인간이라는 일반적인 명칭을 사용하지 않는 이유는 아직까지 "무엇"으로 규정되지 않았다는 것을 함축한다. 따라서 우리는 그것에 대해 다만 여기(Da)에 있음(Sein)이라는 추상적인 규정을 하고자 한다. 현존재라는 용어는 좁은 의미로 Da를 "현(現)"으로, Sein을 "존재"로 옮긴 것이다. 지금 "여기에 나타나 있음"이라는 의미에서 Dasein의 본래 의미를 적합하게 함축하고 있다. 현존재란 인간 각자를 가리키는 술어이며 그러한 현존재는 존재이해를 갖고 있다. 이 존재이해 때문에 존재가 현존재에로 열려지게 되며, 이것을 현존재의 개시성이라 부른다.[13)] 하이데거는 해석학이라는 명칭을 단지 딜타이처럼 역사적인 정신과학의 방법론을 의미하는 것이 아니라 현존재의 역사성에 대한 이해와 해석을 의미하였다. 해석학은 모든 존재론적인 탐구의 가능조건을 마무리 짓는 작업이다. 무엇보다 그는 해석학을 현존재의 해석을 통해 존재의 본래적 의미를 밝혀내는 것이었다. 인간은 현(Da) 그 자체이다. 바로 여기서 존재자는 그 존재로서 비로소 시작된다. 이러한 현존재는 세계-내-존재이다. 세계란 존재자들의 총체를 의미하는 것이 아니고 우리가 존재자를 만나는 방식을 의미한다. 이런 측면에서 하이데거는 해석학을 삶의 다의적인 개념인 실존으로서 현존재의 개념으로 대체시켰다.[14)]

하이데거는 1923년 여름학기에 개설된 "존재론: 현사실성의 해석(Ontologie: Hermeneutik der Faktizität)"이라는 강의에서 의미론으로부터 존재론으로 방향을 전환한다. 그리고 후설의 현상학은 해

12) M. Heidegger, *SZ*, 142-148쪽.

13) 소광희, 『하이데거의 존재와 시간강의』, 문예출판사, 2003. 46쪽.

14) 오토 푀겔러 엮음, 박순영 옮김, 『해석학의 철학』, 서광사, 1993, 29쪽.

석학적 현상학이라 부르는 현사실성의 해석학으로 명칭을 바꾸어 사용한다. 즉 하이데거는 현존재로 나아가는 통로를 열어 주는 학문으로서의 존재론에 대해 "존재론이라는 용어를 쓰는 대신에 현사실성의 해석학이라는 명칭을 즐겨 사용한다."[15] 여기서 현사실성이라는 용어는 우리의 현존재가 "그때그때의 순간마다 각각 특유한 모습으로 존재한다"[16]는 사실을 지칭한다. 다시 말해 현존재가 막연히 평균적인 존재이해를 본질적으로 가지고 있는 것을 하이데거는 현존재적 사실성, 이를테면 현사실성이라 부른다. 현사실성(Faktum)이란 객관적 현실에서는 사실이라고 해야 할 사태를 현존재의 경우에 사용한 표현이다.[17]

주지하듯이, 하이데거 철학의 방법론을 이해하는 중심된 축은 해석학이다. 하이데거는 해석학이라는 명칭을 다음과 같이 정의를 내린다.

> "해석학이라는 이 명칭을 나는 신학을 연구한 이래로 숙지하고 있었다. … 후에 나는 해석학이라는 명칭을 빌헬름 딜타이의 역사적 정신과학의 이론 속에서 발견했다. 다만 딜타이도 해석학을 같은 원천에서 숙지하고 있었다. 즉 그의 신학연구, 특히 슐라이어마허의 연구에서였다."[18]

이렇게 하이데거는 "해석학"이란 개념을 딜타이와 슐라이어마허로부터 알게 되었으며, 학창시절에 신학연구를 하면서 친숙해져 있었다고 말한다. 하이데거는 해석학을 현사실성의 자기해석이라 규

15) M. Heidegger, *Ontologie-Hermeneutik der Faktizität*, Frankfurt. a. M., 1988, 3쪽.
16) M. Heidegger, *Ontologie-Hermeneutik der Faktizität*, 5쪽.
17) 소광희, 앞의 책, 33쪽.
18) M. Heidegger, "Unterwegs zur Sprache", in: *Gesammtausgabe*, Vittorio Klostermann, Frankfurt. a. M., 1975, 96쪽.

정한다. 이는 곧 인간이 인간을 해석한다는 뜻이다. 이것은 그가 이미 해석학을 근대적 의미에서 해석에 관한 이론으로 단순히 생각하지 않고 근원적 의미와 결부시켜 생각하고 있음을 알려 준다. 그에게 있어서 해석학은 전달이라는 수행의 어떤 특정한 통일성의 만남, 즉 먼저 보고, 먼저 파악하고, 먼저 개념파악을 성취시키는 현사실성의 해석 자체를 의미하는 것이었다.[19]

하이데거는 자신의 현상학을 낱말의 근원적 의미에서 해석학이라 규정한다. 그래서 그는 해석학을 모든 철학의 출발점이자 귀착점이라고 말한다. 즉 "철학은 현존재의 해석학에서 출발하는 보편적인 현상학적 존재론"[20]이며, 현존재의 해석학은 실존론적 분석론으로서 모든 철학적 물음의 실마리의 끝부분이다. 거기서 물음이 발단하고 되돌아가는 그곳에 붙잡아 맨다. 이렇듯 하이데거가 염두해 둔 해석학은 어디까지나 "현존재의 해석", "실존의 실존성의 분석론"이라는 근본적인 성격을 지닌다. 하이데거의 해석학은 철저하게 현존재에 관계하는 현존재의 해석학이며, 그래서 현상학에 대한 해석학의 고유성이 깃들어 있다. 하이데거의 실존론적 존재론은 근본적으로 해석학적이며 이러한 해석학은 현상학과 대립하는 것이 아니라 오히려 현상학으로서의 해석학, 현상학적으로 사유하는 데 필요한 종착점으로서의 해석학인 것이다. 따라서 그의 실존론적 존재론은 현존재의 해석학으로부터 출발하는 보편현상학적 존재론으로 규정한다.[21] 다시 말해 하이데거는 현상학과 해석학, 그리고 실존론적 존재론으로서 일치가 되어야 한다는 입장이다. 이러한 하이데거의 근본성격은 딜타이의 "정신과학의 방법론"으로서의 해석학을 제1차적인 의미에서 해석학에 편입시키는 것이었다.[22] 딜타이가

19) 박찬국 · 이수정, 앞의 책, 96쪽.

20) M. Heidegger, *SZ*, 38쪽.

21) M. Heidegger, *SZ*, 436쪽.

하이데거의 관심을 끌게 된 이유는, 그가 자연과학과 인문과학을 인식하는 방법론 사이에서 구별하는 대상을 찾았기 때문이다. 딜타이에 의하면, 자연과학의 방법은 설명하는 것이고, 인문과학의 방법은 이해하는 것이라 말한다. 그 이유는 이러한 방법으로 인해 양자(兩者)의 의미연관들을 다루고 있기 때문이다. 구체적으로 해석학이라는 표현은 현사실성을 제기하는 것, 시도하는 것, 접근하는 것, 묻는 것, 설명하는 것의 통일적인 방식 등을 가리킨다. 여기서 하이데거는 해석학을 모든 존재론적인 연구의 가능성에 대한 조건을 개진하는 것으로 보았다. 그는 현존재의 분석에서 존재하는 것은 각각 우리 자신인데 결코 대상적으로 다른 존재적인 것과 동일하게 간주할 수 없다는 관점이다. 하이데거는 현존재를 자연적인 존재와 구별한다. 그리고 현존재의 이해가 존재론적으로 근거해 있다는 의미에서 이해를 인간존재의 본래적인 수행양식이라 하였다.

하이데거는 주관-객관의 대립을 떠나 존재를 문제의 중심에 두었다. 존재에 대한 일반적 이론은 존재자와 존재를 구별한다. 이것에 의하면, 존재하는 모든 것은 존재자이다. 예를 들어 사물들, 인간들, 세계 그리고 최고의 존재자로서의 신 등은 모두 존재자이다. 이에 반해 "존재는 사물, 인간, 세계 그리고 신이 그것으로 존재하고 있는 것으로 만들고 있는 바로 그것이다."[23] 존재자는 거기(Da)라고 말하는 것에서부터 존재를 가지며, 현존재(Dasein)의 존재자이다. 하이데거는 존재자를 넓게 두 부류로 나눈다. 하나는 인간이라는 존재자이고, 다른 하나는 인간 이외의 존재자이다. 전자를 그는 현존재의 존재라 부른다. 그리고 우리는 이러한 존재자를 묻고 존재가능성을 가지고 있는 존재자를 현존재로서 술어화한다.[24] 이

22) 박찬국 · 이수정, 앞의 책, 92쪽.
23) 이기상, 『존재와 시간-인간은 죽음을 향한 존재』, 살림 2006, 68-69쪽,
24) M. Heidegger, *SZ*, 7쪽.

존재자가 존재이해의 양식 속에서 존재하고 있음을 말한다. 따라서 하이데거에 있어서 이해는 인식의 양식이 아니라 존재 양식이다. 그의 존재론은 인간이 언제나 관계 속에서 맺고 있으며, 함께 어울려 있고 또한 역사적으로 의존해 있음을 특징으로 한다. 이런 의미에서 그는 인간의 근본구조를 어떤 "상황에 처해 있음(Befindlichkeit)", "던져져 있음(Geworfenheit)"이라 한다. 인간은 주관과 객관이 분열하기 이전의 원상태에서 현상들을 체험한다. 그러므로 인간은 세상을 살아가는 데 있어서 적극적이라기보다 오히려 수동적인 측면이 많다. 인간이 일정한 상황 속에 던져져 있다는 것은 바로 숙명적임을 뜻한다. 이런 의미에서 세계 안에 있음은 바로 이러한 존재 구조를 의미한다. 인간의 가장 근본적인 "상황에 처해 있음의 특성"은 불안이란 감정이다. 인간은 불안의 기분을 통해서 그 실존을 체험한다. 인간은 처해 있는 상황 속에서 이해를 구성하고 이러한 이해는 상황 속에서 채색되어 버린다. 이것을 하이데거는 인간 현존재의 근본양식이라 한다. 인간이 일정한 공간을 무심코 차지하고 있다고 생각할지 모르지만, 단지 이해 없이 존재한다는 것은 어떤 인간의 의미를 구성하지 못하는 것과 같다.

따라서 인간이 존재한다는 것은 바로 이해한다는 의미이다. 존재의 세계는 결코 객관적인 이해평가를 본래부터 갖고 있는 것이 아니다. "상황에 처해 있음" 속에 있는 실존이 비로소 해석을 부여하는 이해작용에서 비롯된다. 결국 해석은 해석자의 의도와 의견과 태도에 의해서 구성된다. 이것을 하이데거는 앞서 가짐, 앞서 봄, 앞선 개념(선파악)이라 간주하면서 다음과 같이 기술한다.

> "모든 해석은 그의 앞서 가짐(Vorhabe), 앞서 봄(Vorsicht), 앞선 개념(Vorgriff)을 지닌다. 해석이 이론적인 해석이라는 형태를 띠면서 연구라고 하는 명료한 과제로 바뀌면, 우리가 해석학적 상황이라 부르

는 이러한 전제들의 총체는 해석되어야 할 대상에 대한 경험 속에서, 경험을 토대로 선행적으로 해명되고 확보되어야 한다. 해석학적 존재론은 … 일차적인 현상적 성격을 고찰하면서 주제적인 존재자를 앞서 가짐 속으로 끌어들여야 한다."[25]

하이데거에 있어서 위의 인용문의 개념들은 선이해 혹은 선구조라 부르며 동시에 순환성을 지닌다. 이해의 순환은 인간존재의 실존적 구조의 표현이다. 현존재는 스스로를 기획하는 존재양식 속에서 자신을 고유한 가능성에로 향하게 하며 자신의 존재를 기획한다. 하이데거는 이런 기획하는 구조의 특징을 해석학적 개념으로서 이해와 해석이라 규정한다. 자신을 무엇으로 이해함, 무엇을 무엇으로 이해함, 무엇으로 이해하고 해석함은 현존재의 기획에 뿌리를 내린다. 즉 현존재의 기본적인 운동은 현존재의 던져져 있음에 의해 결정된다. 이로써 해석학은 단순한 의미이해의 해석학이 아니다. 이는 현존재의 자기이해이며 동시에 자기해석이다. 그렇기 때문에 해석학은 바로 현사실성의 해석학과 정신과학을 작동시키는 이해와 해석에 근거를 둔다.[26] 또한 이해는 개시(열어 밝힘, Erschließen) 또는 개시성으로서 현존재가 그것 때문에 존재하는 궁극적인 목적과 거기에 근거를 두는 유의미성의 개시성인 것이다. 그리고 해석학은 세계-내-존재에 대해 동근원적(同根原的)임을 파악한다. 이는 곧 현존재가 세계-내-존재 자체에 관여하는 그런 존재자라는 뜻이다.[27]

궁극적으로 하이데거의 해석학의 근본주제는 존재이다. 그의 근본주제를 해명해 가는 해석학적 작업이 "존재에 관한 이론"으로서

25) M. Heidegger, *SZ*, 232쪽.

26) 박순영, 「해석학의 현대적 위상」, 『현대철학특강』, 철학과현실사, 1999, 127-128쪽.

27) 박찬국 · 이수정, 앞의 책, 99-100쪽.

의 존재론인 것이다. 그는 전통적이고 일반적인 의미에서 존재론이라는 명칭과 분명하게 구별되어 사용할 것을 요구한다. 이 용어들은 존재 그 자체에 대한 물음과 규정들을 의미하고 있지만, 이 용어들에서 어떤 존재를 어떻게 묻고 규정해야 할 것인지는 전혀 규정되지 않고 남아 있다."[28] 그렇기 때문에 그는 1920년 당시의 일반적인 용어에서 언급하는 존재론은 "존재에 대한 이론"으로 적합하지 않다고 본다. 그 이전에 자연의 존재론, 문화의 존재론, 질료적 존재론과 같이 대상적으로 존재하는 존재자들을 문제 삼는 이론은 엄밀한 의미에서 존재에 관한 이론이 아니라고 단언한다.[29] 따라서 하이데거가 추구하고자 하는 해석학은 대상적 존재자가 아니라 대상으로서 간주될 수 없는 "존재 그 자체"를 문제 삼고자 한다.

하이데거는 『존재와 시간』의 제1부와 제2부에서 실존론적 해석학의 구조를 다룬다. 제1부는 「현존재에 대한 예비적인 기초적 분석」이라는 제목으로서, 제2부는 「근원적인 실존론적 해석(ursprüngliche existenziale interpretation)」[30]이라는 제목으로 전개된다. 특히 하이데거의 『존재와 시간』(1927) 제1편 제1부에서 인간존재의 실존론적 존재구성 틀은 "마음 씀(Sorge)"으로써 밝혀졌다. 즉 현존재의 기본구조는 "마음 씀"이다. 여기서 밝혀진 "마음 씀"의 존재론적 존재의미에 대한 물음은 『존재와 시간』의 제2부에서 다시 전개된다. 실존론적인 존재구성 틀로서 "마음 씀"의 존재의미에 대한 논의는 곧 하이데거에게는 시간의 실존론적 시간성에 대한 해명으로 전개된다. 그는 실존성의 현사실성 곁에-있음이라는 구조계기로서

---

28) M. Heidegger, *Ontologie-Hermeneutik der Faktizität*, Frankfurt. a. M., 1988, 1쪽.
29) M. Heidegger, 앞의 책, 2쪽.
30) M. Heidegger, *SZ*, 231쪽.

구성된 "마음 씀"의 구조 전체성을 근원적으로 통일하고자 한다. 즉 하이데거는 존재일반의 의미를 열어 밝혀지는 개시성의 차원 속에서 시간의 근원을 규명하고자 한다. 이러한 과정에서 밝혀진 시간을 하이데거는 근원적 시간이라 부른다.[31] 근원적 시간은 마음 씀의 수행과정에서 열어-밝혀진 존재 자체의 개시성에 의해 시간적으로 규정된다. 즉 하이데거의 현존재의 실존론적 분석을 하는 데 있어서 개시성은 핵심적인 역할을 한다.[32] 왜냐하면 하이데거는 개시성의 개념을 통해 근대 형이상학적 사유로부터 단절을 시도하고 있기 때문이다. 개시성은 현존재의 본질적인 특징이며 세계로부터 닫혀진 존재가 아니라 활짝 열려 있는 존재자로 파악한다. 다시 말해 개시성은 현존재가 주관 안에 갇혀 있는 것이 아니라 주관과 객관의 사이에 있는 상태를 말한다. 현존재는 이러한 사이의 존재인 것이다.[33] 따라서 시간의 근원에 대한 하이데거의 물음은 그 자체가 존재 일반의 의미에 대한 그의 물음과 긴밀하게 연관된다.

하이데거는 그의 『존재와 시간』에서 이렇게 존재와 현존재 사이에 열려진 가능성을 실존(Existenz)이라 부른다. 현존재는 이 세상에서 이렇게 저렇게 존재이유를 묻지 않고 살아간다. 현존재는 이

31) 하이데거는 시간의 본질에 대한 후설의 물음에 많은 영향을 받는다. 시간의식에 대한 후설의 현상학적 분석은 내재적 혹은 주관적인 시간의식에 대한 분석을 출발점을 삼는다(Edmund Husserl, *Zur Phänomenologie des innen Zeitbewußtseins*, Husserliana, Bd. X. Haag, 1996, 4쪽). 주체와 객체를 모두 포괄하는 객관적 시간 안에서 우리들의 의식체험은 어떤 객관적인 시간적 길이(지속)와 시간적 위치(시점)를 갖는다. 그러나 이러한 객관적 시간이 현상학적인 시간분석의 주제로 부각되지는 않는다. 왜냐하면 세계시간은 인식하는 주체의 근원적인 시간의식 속에서 우선적으로 구성되면서 비로소 객관적인 시간으로서 정립되기 때문이다(신상희, 『시간과 존재의 빛-하이데거의 시간이해와 생기사유』, 한길사, 64쪽).

32) E. Tugendhat, *Selbstbewußtsein und Selbstbestimmung*, Frankfurt. a. M., 1979, 171쪽.

33) M. Heidegger, *SZ*, 184쪽.

세상에 살고 있으면서 자기의 삶에 관심을 기울인다. 이것을 실존이라 한다. 따라서 현존재에 대한 물음은 “내가 무엇이냐, 나의 무엇을 묻는 것”이 아니라 내가 “어떻게 살고 있으며, 향후 어떻게 살 수 있는가?”를 질문해야 한다. 언제나 “실존의 문제는 현존재의 존재적 관심사인 것이다.”[34] 이렇게 현존재는 자신의 실존 속에서 존재의 곁에 머물고 있다. 이런 점에서 존재와 현존재는 서로 분리하여 이해할 수 없다. 현존재의 존재이해는 존재론적 존재이해라 불린다. 현존재의 존재이해는 현존재의 분석을 주제로 하는 기초존재론의 출발점이 된다. 왜냐하면 현존재의 이해 없이 전기 하이데거에서 기초존재론은 이해할 수 없기 때문이다. 이러한 현존재의 존재이해는 다른 존재자들을 이해하게 되며 나아가 세계를 이해하는 능력이 된다. 하이데거의 이러한 존재자들과의 관계는 다른 존재의 관계와 다소 다르게 실존범주로서 이해한다. 이에 반해 현존재와 존재의 관계는 실존론적인(existenzial) 범주에서 가능하게 된다.[35] 하이데거의 실존범주는 인간을 인간으로서 기술하는 인간의 근본규정을 염두에 두고 있다. 하이데거가 독창적으로 창안해낸 실존범주란 현존재가 취하는 모든 행동의 존재론적 성격을 가리킨다. 현존재는 도구처럼 수중에 있는 것이 아니라 그냥 실존하고 있을 뿐이다. 다시 말해 현존재의 모든 언어와 행동의 표명을 포함한 존재방식 내지 존재양식은 실존범주에 속한다.

우리는 매일 일상생활 속에서 살아간다. 이에 대해 사람들은 단순히 우매하게 말하는 것이 아니라 명료하게 말할 수 있을 것이며, 살아가고 있다는 말은 언제나 특정한 정서 또는 기분의 상태에 있다는 것을 의미한다. 여기서 기분(Stimmung)은 원래 해명하는 기능을 가진다. 기분은 현존재의 존재로서의 존재가 거기에 있는 방식

34) M. Heidegger, *SZ*, 12쪽.

35) 이서규, 『삶과 실존철학』, 서광사, 2002, 266쪽.

이라고 할 수 있을 만큼 존재는 인식에 의해서가 아니라 기분에 의해서 해명된다. 존재가 거기에 있는 다른 방식은 이해이다. 하이데거는 이해를 달타이처럼, 설명과 분리되는 어떤 인식방식 또는 방법으로 생각하는 것이 아니라 인간의 존재론적 규정으로 생각한다. 이것은 인간의 존재가 그 안에 있는 것을 일컫는다. 인간으로서 살아가고 있다는 말은 다른 사람들과 사물들과의 연관성 속에서 자기 자신을 이해함을 바꾸어 표현할 수 있다.

하이데거는 『존재와 시간』에서 존재의 의미에 대한 새로운 물음을 제기하고 더불어 기초존재론이고자 한다. 즉 그의 근본물음은 존재물음(Seinsfrage)이다. 그에게 있어서 존재물음은 초창기부터 후기에 이르기까지 가장 핵심적이고 기본적인 물음이다. 하지만, "있다(Sein, 존재)"라는 개념은 너무 보편적이고 불분명하게 사용하고 있기 때문에 명확한 규명을 필요로 한다. 즉 존재는 "존재하는", 또는 "존재하는 것"과 같은 표현으로 종종 나타난다. 이 경우에 이것은 우리의 일상용어인 "있는", "있는 것"과 같은 의미로 사용된다. 존재는 "존재함", "있음"이 실사화(實辭化)된 경우이다.[36] 따라서 어떤 형태로든지 "존재하는 것", 즉 "있는" 것을 포괄적으로 "존재"하는 것이라는 개념 속으로 합류한다.[37] 존재물음이란 존재의 의미에 대한 물음이다. 현존재는 존재물음을 던지는 존재자이다. 즉 존재물음을 던지는 존재자는 현존재일 뿐이며, 이러한 현존재는 다른 존재자들에 대해 우월성을 가진다.[38] 그의 존재물음의 근본관심은 현대인이 상실하였던 고향의 재건이라는 사실에 역점을 두었다. 존재의 의미에 대한 물음이란 지극히 추상적으로 들릴 수 있다. 이에 반해 고향의 재건이라는 과제는 아주 구체적이다.

36) 이기상, 『하이데거의 존재사건학』, 서광사, 2003, 103쪽.
37) 이기상, 『존재와 시간 - 인간은 죽음을 향한 존재』, 살림, 2006, 103쪽.
38) 이기상, 『존재와 시간 - 인간은 죽음을 향한 존재』, 151쪽.

존재물음은 "물음의 대상(das Gefragte)", "묻는 자(das Befragte)", "물음의 목적(das Erfragte)"으로 구별된다. 우리는 일상생활에서 많은 질문을 제기한다. 이러한 질문에는 질문하는 대상이 있으며, 질문의 목적이 있으며, 항상 질문하는 사람이 있다는 것을 알 수 있다. 여기서 하이데거는 묻는 자의 존재자를 현존재(Dasein)라 부른다. 현존재는 "현존재 분석론"을 전개해가는 중심적인 용어이며 기초존재로의 중심주제로 등장한다.[39]

하이데거에 의하면, 모든 역사적 시대는 존재의 의미에 대해 특정한 이해를 전제하고 있다고 본다. 예를 들어 중세시대에서 '존재자가 존재한다'는 것은 '신의 피조물로서 존재한다'는 것을 의미하였고, 현대의 과학기술시대에서 존재자가 존재한다는 것은 인간이 그것의 작용법칙을 냉철히 파악하여 지배할 수 있는 에너지들의 집합체로서 존재한다는 것을 의미한다.[40] 이렇듯 존재에 대한 물음은 하이데거 사유의 첫 번째이자 궁극적인 관심사이다. 이런 맥락에서 하이데거는 아리스토텔레스의 존재에 대해 언급한다.

> "예로부터 지금까지 또한 미래에도 지속적으로 추구되고 있는 것, 그리고 거기에서 물음이 언제나 거듭해서 좌초하고 있는 것은 바로 존재란 무엇인가라는 문제이다."[41]

이러한 아리스토텔레스의 존재 전체에 대한 물음은 다음의 세 차원으로 구분된다. 첫째, 존재자 전체의 발생사건의 존재적 차원이다. 인간은 이러한 전체의 발생전개사건의 한 부분일 뿐이다. 둘째, 인간은 그러한 존재발생사건에 둘러싸여 그 지배 아래 놓여 있

39) 이서규, 앞의 책, 258쪽.
40) 박찬국・이수정, 앞의 책, 53-54쪽.
41) M. Heidegger, *Die Grundprobleme der Pänomenologie*, Frankfurt. a. M., 1975, 19쪽.

으면서 전체로서의 존재사건과 관계를 맺는다. 셋째, 인간의 존재자 전체인 자연의 한가운데서 자연과 말하면서 관계를 맺고 있는 로고스(언어)적 차원에서이다.[42] 여기서 출발점은 개념적으로 현존재로 파악된 인간이다. 그 이유는 현존재의 존재는 존재와 관계 맺으면서 존재이해에 의해 특징짓기 때문이다. 위에서 언급하였듯이, 현존재가 이렇게 혹은 저렇게 처신할 수 있고 항상 어떤 방식으로든지 처신하는 그러한 존재 자체를 우리는 실존이라 부른다. 현존재는 자신의 가장 고유한 가능성을 선택할 때마다 자신이 실존을 결단한다. 그렇게 하여 실존은 자신을 얻고자 하기 때문에 동시에 상실할 수 있다. 실존은 스스로를 실현시켜 본래성의 존재양태로 있거나 아니면 자신의 선택을 남에게 맡겨 비본래성의 양태에 머무른다. 현존재가 자신의 존재가능성을 스스로 떠맡기거나 선택하는 것을 본래성이라 부른다. 하지만 "자신의 가능성을 스스로 선택하지 않고 일상적으로 사람들이 살아가듯이, 그렇게 휩쓸려 사는 것을 비본래성이라 한다. 다시 말해 본래성은 현존재가 그의 존재에서 자기자신을 선택하여 획득하는 것을 말한다. 비본래성은 자기자신을 상실하는 것을 뜻한다."[43] 따라서 비본래성은 인간의 현재 모습을 조명한 현실성이며, 비본래성은 향후 자각적 계기를 통하여 찾아야 하는 가능성으로 이해할 수 있다.[44]

현존재는 그때마다 현존재인 가능성으로부터 규정되기 때문에 현존재의 이해는 그의 실존에서 출발한다. 현존재의 근본구조는 "~와 친밀하다, ~에 익숙해 있다, ~를 다룬다는 의미"에서 세계-내-존재이다. 하이데거는 염려라는 실존범주를 통해서 현존재의

---

42) 이기상, 『하이데거의 존재사건학』, 99-100쪽.

43) 이기상, 『존재와 시간-인간은 죽음을 향한 존재』, 125쪽.

44) 김진, 『퓌지스와 존재사유-자연철학과 존재론의 문제들』, 문예출판사, 2003, 480쪽.

존재 성격을 밝혀낸다. 하이데거가 도구라고 부르는 존재자와의 관계 양식은 세계와 친숙해져 있는 양태를 특징짓는다. 여기서 도구는 그것이 사용되는 성질에 의해 규정된다. 다시 말해 도구는 공구처럼 사용되기 위해 존재한다. 이때 각각의 도구는 세계를 함께 구성하고 있는 지시 관계와 연관되어 있으며, 이 연관은 도구와 접촉하는 과정에서 개시되고 세계가 나타나는 방식을 활짝 열어 놓는다. 더 나아가 현존재는 공동 현존재를 만날 수 있는 가능성의 조건으로서 공동존재이다. 타자와의 접촉은 사회 윤리학적으로 이해해서는 안 되는 배려(Fürsorge)로서 파악된다. 현존재는 대부분 자기존재의 본래성의 양태에 있지 않고 대중으로 타락된 상태에 있다. 현존재는 대중이 행하는 바에 따라 자신을 이해하면서 평균성과 일상성 속에서 살아감으로써 그러한 타락 속에서 타인이 그러한 존재를 떠맡게 내버려 둔다. 세계와 공동 현존재 그리고 실존이 현존재에게 근원적으로 나타나는 방식은 정황성(Befindlichkeit)이다. 이러한 정황성은 누군가가 어떤 분위기에 있는지를 알리는 기분(기쁨, 슬픔, 지루함, 공포)에서 표현된다. 또한 이러한 정황성에서 현존재가 세계 속에 던져져 있음이 자신의 사실성으로서 자신에게 드러난다. 그리고 그러한 사실성은 그가 어디서부터라는 더 깊은 근거를 알지 못한 채 자신의 현존재를 받아들일 수밖에 없음을 현존재에게 보여 준다.

현존재에 대한 실존의 기본양태는 이해이다. 이해는 그 자체가 기투(企投)의 성격을 갖기 때문에 가능성과 관계한다. 이해에서 세계의 의미연관뿐만 아니라 현존재의 고유한 존재가능성이 현존재에게 개시된다. 말(Rede)이란 세계-내-존재가 가지는 정조적인 이해가 의미에 따라 분절되는 것이다. 현존재가 말을 한다는 것은 단순한 음성적 발음이 아니라 세계의 유의미한 구조를 전체성 안에서 본다는 것이며, 존재론적 의미지평 속에서 들음(Hören)과 침묵(Schweigen)을 동시에 할 수 있다는 것이다. 말은 어떤 것의 이해가능성이 그 속에 간직되어 있는 의미를 분절하여 어떤 것이 어떤 것으로 이해될 수 있는 기투의 성격을 갖게 된다.[45]

존재일반의 의미에 대한 물음은 존재자의 다양한 존재, 즉 도구적 존재, 사물적 존재, 자연적 존재, 인간적 존재, 이념적 존재를 통일적으로 구성하는 존재의 근원적 단일성에 대한 물음이다. 여기서 이러한 존재가 열려진 근원적 지평을 하이데거는 시간의 본질적 근원으로서 파악한다.[46] 이런 점에서 『존재와 시간』에 대해 물음을 제기한다는 것은 "존재의 근원적 본질을 시간의 근원적 본질로부터 사유한다. 이와 동시에 시간의 근원적 본질은 존재의 근원적 본질로부터 사유한다는 것"[47]을 의미한다.

4. 세계－내－존재

하이데거가 강조하는 인간은 세계 속에 내던져진 현사실성과 거기서 유래하는 퇴락(頹落, Die Verfallenheit, 세계에 마주치는 타자에 몰입됨)의 내적 모순으로 인해 실존가능성을 동시에 갖는 현존재였다. 여기서 하이데거는 그 가능성을 회복하기 위해 비본래성과 본래성이 뒤섞인 현존재의 다양한 현상을 하나로 묶어내는 세계－내－존재(In-der Welt-Sein)의 총체적 모습을 가시화(可視化)하였다. 세계－내－존재란 현존재의 근원적 구조를 전체적으로 가리킬 때의 명칭이다. 이 낱말은 '내가 이 세상에 살아가고 있음'을 뜻한다. 하이데거는 세계－내－존재를 구성하는 세 요소, 즉 세계의 개념,

45) 박유정, 「하이데거에 있어서 언어와 신비」, 『범한철학』, 제30집, 2003, 111쪽.
46) 신상희, 앞의 책, 92-93쪽.
47) F. W. von Herrmann, *Subjekt und Dasein*, Frankfurt. a. M., 1971, 77쪽.

세계－내－존재는 누구인가? 그리고 내존재를 각각 분리하여 분석한다. 첫째, 세계의 개념은 사용하고 있는 자(Zuhandenes)의 적재적소성 및 유의미성 등을 중심으로 개념을 규명하는 것이며, 둘째, 세계－내－존재는 누구인가? 라는 물음은 공동의 현존재에 대한 타자에 대한 분석이며, 셋째, 내존재의 분석은 현존재의 존재이해와 그것에 의한 열려진 존재에 관한 것이다.[48] 이것은 현존재가 세계－내－존재라는 근본적인 존재 구성틀의 구조를 갖게 된 것을 의미한다. 현존재의 존재 구성틀의 구조는 실존범주를 의미한다. 염려의 3중주 구조로 구성된 세계－내－존재라는 구체적인 실존범주, 즉 이해, 말, 정황성, 불안, 개시, 죽음에의 존재, 결단성 등에서 나타난다. 이것은 현존재의 존재방식이자 현존재의 본질인 실존이다. 이렇듯 실존은 현존재의 독특한 존재 구성틀을 이루고 있다. 이러한 존재 구성틀의 구조를 탐구하는 작업은 실존의 존재론적 분석이며, 동시에 실존론적·존재론적 분석이다. 따라서 이러한 실존의 구조들은 실존범주라 부른다. "그는 이 실존의 범주를 현존재가 아닌 그런 존재자의 존재규정에 의해서만 사용될 수 있는 범주와 뚜렷하게 구별된다."[49] 그는 이렇게 총체적인 구조를 갖는 현존재의 단일성을 염려라는 실존범주로 표현한다. 여기서 염려는 실존성, 퇴락, 현사실성(Die Faktizität, 세계 내에 이미 존재함)이라는 현존재의 근본적인 존재 구성틀의 구조를 이루는 구성요소들을 포괄한다.[50] 이것은 배려의 존재인 현존재의 존재방식을 고려하여 염려라는 근본구조로 환원된다는 것을 의미한다. 이런 점에서 염려는 현존재가 그의 일상적인 환경세계 내에서 만나는 현존재의 근본구조이다.[51] 따

48) 소광희, 앞의 책, 문예출판사, 2003, 26쪽.
49) 이기상, 『하이데거의 실존과 언어』, 문예출판사, 1991, 62쪽.
50) F. Zammermann, *Einfühung in die Existenzphilosophie*, Darmstadt, 1997, 98쪽.
51) 송석랑, 『언어와 합리성의 새 차원』, 충남대학교출판부, 2003, 50-51쪽.

라서 세계－내－존재라는 사실은 다음과 같은 특성을 지닌다.

첫째, 현존재의 존재방식은 곧 실존으로서 본질적으로 세계－내－존재로서 규정된다. "현존재에는 한 세계 내에 존재한다고 하는 것이 본질적으로 속해 있다."[52] 하이데거는 세계－내－존재를 통해 "현사실적 현존재의 모든 존재유형에 있어서 존재를 규정하면서 관통하는" 하나의 선험적·필연적 구성틀을 그 본질적인 구조들에 있어 끄집어내고 있다.

둘째, 인간적 현존재의 존재유형으로서의 실존을 본질적으로 규정하고 가능하게 하는 것은 존재이다.

셋째, 그렇기 때문에 현존재의 존재구성을 세계－내－존재라고 하는 임시특성을 짓는 데서 형식적으로 두드러지게 현존재의 현사실성 안에서의 존재이해라는 형이상학적 원초적 사실이다. 이러한 존재이해의 근거위에서 존재자 전체로의 침투가 일어나며 실존이 비로소 가능해진다.[53]

하이데거는 인간을 이렇게도 저렇게도 살아갈 수 있는 생물로서 파악한다. 그는 인간을 가능존재로서 파악한다. 그런데 이해가 실존범주라면, 이것은 이렇게도 저렇게도 존재할 가능성이 이해 안에서 해명된다는 것을 말한다. 이해는 "해명이며 세계－내－존재의 근본상태"[54]에 관계한다. 세계에 대한 이해는 동시에 실존에 대한 이해이다. 하이데거는 총괄적으로 다음과 같이 말한다.

> "정황성과 이해는 실존범주로서 세계－내－존재의 근원적 개시성이다. 기분(Gestimmtheit)의 방식 안에서 현존재는 자신이 유래하는 가능성을 본다. 이와 같은 가능성을 기투하는 해명에 있어서 현존재

52) M. Heidegger, *SZ*, 13쪽.
53) 이기상, 『하이데거의 존재와 현상』, 문예출판사, 1993, 191쪽.
54) M. Heidegger, *SZ*, 144쪽.

는 언제나 느낌을 갖는다. 가장 참된 존재능력의 기투는 현재의 피기투성의 사실에 이양되어 있다."[55]

하이데거는 실존범주로서의 이해를 분석하는 과정에 대해 언급한다. 해석은 이해 속에 포함되어 있는 가능성을 완성하는 것이다. 해석은 명시적인 이해이며, "~로서(als)"라는 이해이다. 사람은 무엇인가를 책상으로서, 자동차로서 본다. 또한 소박한 봄 또한 해석하는 것이다. 이것은 하나의 연관성에서 이해된다. 때문에 해석은 주어진 것에 대한 문제 안에서 단순하게 포착하지는 않는다. 해석은 이해의 방법을 제약하는 선견(Vormeinung)에서 비롯된다. 그래서 하이데거는 진술자체가 해석에서 출발한다고 강조한다. 예를 들어 건설현장에서 일하는 목수는 망치를 하나의 객관적 관찰대상으로 생각하기 이전에 못을 박기 위한 도구(Vorhandenes)로서 사용할 뿐이다. 목수에게 망치는 항상 그것의 사용과 관련해서만 어떤 의미를 지닌다. 그런데 목수는 무엇을 위해서 못을 박겠다는 아직 실현되지 않은 하나의 가능성과 관련하여 망치를 사용한다. 이런 점에서 목수에게 망치는 항상 그 가능성과 관련되었을 때 유의미한 것으로 나타난다.[56] 특정한 목적 연관성에 따라 실제적인 상황을 망치로서 포착한다는 것은 진술에 있어서 실제적인 연관성과 분리되어 파악된다. 망치와 같은 도구는 진술에 의해 단순히 어떤 사물존재자로 된다.

정황성과 이해 이외에 실존범주는 말(Rede)이다. 말은 이해되는 것을 명료하게 분류한다. 말을 통해서 세계와 현존재의 이해성이 정리된다. 해석학의 존재론적 전환은 하이데거가 현존재의 기초분

55) M. Heidegger, *SZ*, 148쪽.
56) 오용득, 「하이데거: 존재론적인 이해개념과 자기쇄신」, 『자기쇄신의 학으로서의 철학적 해석학』, 책펴냄열린시, 2005, 79-80쪽.

석에서 정상성과 이해 그리고 말을 실존범주로서 제시한다. 이것들은 현존재를 근본적으로 규정한다. 이러한 테마는 "존재자로서의 존재자"를 특별히 기술한 것에 대한 물음과 관련하여 전개된다.[57] 따라서 하이데거의 존재의미에 대한 물음은 바로 해석학의 주제가 된다.

> "실존범주에 있어서 할 수 있게 되는 것은 무엇을 할 수 있게 된다는 것이 아니라 실존함으로서 존재할 수 있게 되는 것이다. 실존론적으로 말해서 이해에는 존재할 수 있음으로서의 현존재의 존재방식이 놓여 있다."[58]

현존재는 세계−내−존재에 대해 전체적으로 존재가능성을 열어 밝힌다. 그리고 현존재의 자기이해 자체를 기투(企投, Entwurf)라는 실존론적 구조를 갖는다. 여기서 기투라는 의미는 "지금의 상태로부터 벗어나도록 던져 버리는 것"이다. 그러나 그 기투는 의식적으로 숙련된 계획에 따라 "어떤 태도를 취하는 것이 아니라 前의식적이고 前반성적인 태도로 나아간다."[59] 그러면 현존재의 존재는 어떻게 규정되는가? 그것은 현재로서 다만 자신의 죽음으로부터 파악될 수 있다. 죽음은 현존재의 한계를 규정한다. 염려로서의 현존재는 죽음에 앞서 나아감으로써 한계에 이르는 스스로를 앞서가는 존재로서 규정된다.

> "염려구조의 근원적 통일성은 시간성에 있다. 스스로를 앞서감은 미래에 근거를 둔다. 이미 존재하고 있음은 … 자신의 존재해 옴을 알려 준다. 함께−존재함은 … 현재적인 것에서 가능하다."[60]

57) 한스 인아이헨, 앞의 책, 175-177쪽.
58) M. Heidegger, *SZ*, 143쪽.
59) M. Heidegger, *SZ*, 145쪽.

존재능력으로서의 이해는 미래의 차원을 분명하게 계획하며, 정황성에 의해 과거가 분명해진다. 현재는 과거로부터 되가져옴으로써 명백해진다. 그래서 현존재는 자신의 존재 안에 스스로 시간적이다. 그런데 역사성은 다만 일종의 보다 더 구체적인 시간성의 형태일 뿐이기 때문에 현존재는 역사적 현존재로서 해석될 수 있다.[61] 역사적 현존재로서의 현존재는 시간적 차원으로 확장된다. "오직 존재자만이 본질상 자신의 존재 내에서 미래적이기 때문에 존재자는 자기 자신에 접해 있는 죽음을 분쇄하고 자유롭게 자신의 사실적인 현존재로 자신을 던질 수 있다. 다시 말해 미래에도 동일근원적으로 이미 존재하는 존재만이 상속된 가능성을 스스로에게 위탁하면서 자신의 피투성을 넘겨받을 수 있고 자신의 시간을 위하여 순간적으로 존재할 수 있다."[62] 하이데거의 실존적 이해는 현존재의 가장 극단적인 존재가능성으로서의 죽음을 향한 "선구적 결의(vorlaufende Entschlossenheit)"를 의미한다. 여기서 본래적 가능성인 실존을 회복하게 된다. 하이데거는 다음과 같이 현존재의 선구적 결의에 대해 말한다.

> "선구가 현존재를 단적으로 개별화하며, 이러한 개별화 속에서 현존재를 자신의 존재 가능의 전체에 대해 확신하도록 하기 때문에, 그 근원에서 볼 때 현존재의 이러한 자기애 속에는 불안이라는 근본정황이 속한다. 죽음에로의 존재는 본질적으로 불안하다."[63]

현존재는 자신의 고유한 가능성을 향해 자신의 존재가능성을 열어 밝히는 현존재의 자기이해를 기투함으로써 실존한다. 그때 현존

60) M. Heidegger, *SZ*, 327쪽.
61) M. Heidegger, *SZ*, 382쪽.
62) M. Heidegger, *SZ*, 385쪽.
63) M. Heidegger, SZ, 266쪽.

재는 이미 자신의 가능성의 틀을 사실상 한정하는 세계 안에 언제나 던져져 있음을 안다. 여기서 대중이 평균성으로 타락하는 양태가 지배적이며, 현존재는 이 양태로부터 빠져나와 본래성으로 나아가고자 한다. 하이데거는 불안의 기본정조에서 현존재가 자기 자신과 자신의 가장 고유한 가능성과 만난다고 생각한다. 불안의 대상은 공포에서처럼 세계 내부에서 규정되는 어떤 것이 아니라 세계-내-존재 그 자체이다. 불안 속에서 현존재는 자신이 죽음을 향한 존재임을 경험함으로써 자신의 유한성과 무 또한 자신에게 개시됨을 안다. 현존재의 가능성들 중에서 이와 같은 극단적인 가능성으로 열려 감은 현존재가 대중 속에서 상실되어 있음을 드러낸다. 왜냐하면 죽음 앞에서는 더 이상 타자에게 어떠한 의존도 할 수 없기 때문이다. 죽음을 앞질러 감은 현존재가 자신이 된다. 자신의 전체성에서 죽음을 향한 존재는 이 전체성 속에서 자신을 파악한다. 따라서 현존재는 죽음에의 존재이기 때문에 유한한 존재이다. 이러한 유한성이 역사성의 본래적 근거이다.

궁극적으로 하이데거에게서 현존재는 죽음에 이르는 존재이다. 현존재는 본래적 존재가 될 수 있음을 양심의 부름에 의해 안다. 양심은 특정한 어떤 것을 부르는 것이 아니라 현존재가 양심 속에서 자기 자신을 그의 존재가능성 앞으로 불러 오는 것이다. 현존재를 통일할 수 있는 것이 무엇인가? 하는 물음의 대답에서 현존재의 구조 전체에 대한 파악이 완결된다. 하이데거에게 있어서 현존재에 대한 구조 전체의 대답은 시간성이다. 현존재는 앞선 결단을 통해 자신의 가능성을 향해 자신을 내던진다. 그러한 선행하는 결단은 현존재가 자신에게로 다가갈 수 있게 하는 미래의 현상을 통해서만 가능해진다. 그러나 현존재는 이미 있었던 바대로 과거에 이미 지나가 버린 자신을 받아들임으로써, 자신에게 되돌아오도록 미래에로 가까이 다가갈 수 있게 한다. 단지 현존재의 있음으로서만 인간은 주위의 세계와 만나고 그 주위의 세계를 행위하면서 파악한다. 지나가면서 현재적인 미래로서의 시간성은 전체존재일 수 있음을 가능하게 되고, 이 시간성은 염려가 뜻하는 의미이다. 즉 본래성의 양태에서 현존재의 시간화는 앞질러 감(미래), 순간(현재), 반복(과거)이다.[64] 궁극적으로 하이데거가 『존재와 시간』에서 존재의 의미에 대한 물음을 현존재의 자기이해로부터 해명하려고 시도했다면, 이제 존재 자체가 스스로를 드러내는 방식으로 존재를 이해하게 되는 것이다.

5. 예술작품의 이해

하이데거는 「예술작품의 근원(Der Ursprung des Kunstwerkes)」(1952)에서 현대 예술에 대한 부정적 평가에도 불구하고 예술의 종말을 거부한다. 하이데거는 그리스의 신전을 모델로 삼아 새로운 예술의 가능성을 모색한다. 그리스의 예술에 접근하는 태도에서 하이데거는 헤겔과 비교하여 설명한다. 헤겔은 예술의 영역에서도 변증법적 발전법칙을 적용한다. 예술의 발전단계는 상징예술, 고전예술, 낭만예술로 규정된다. 상징예술을 대표하는 것은 건축물이다. 여기에서 물질이 정신을 압도한다. 조각으로 대표되는 고전예술에서는 정신과 물질의 완전한 조화가 실현된다. 낭만예술은 정신이 물질을 넘어서는 예술로서 변증법적 발전의 법칙에 따라 다시 회화, 음악, 시로 전개된다. 그리고 마침내 정신이 물질을 압도하게 되었을 때, 예술은 종교에게 자리를 내어 준다. 그런데 하이데거는 헤겔과는 다른 시각에서 그리스 예술에 접근한다. 첫째, 그가 주목

64) 페터 쿤츠만, 홍기수 외 옮김, 『그림으로 읽는 철학사』, 예경, 2003, 207-208쪽.

하는 것은 조각이 아니라 오히려 건축물이다. 둘째, 그리스 신전의 위대함은 정신과 물질의 완전한 조화에서가 아니라 그리스 민족의 세계를 새로이 건립한다는 점에서 규명된다. 하지만 하이데거의 예술의 아름다움을 정신과 물질의 조화에서 찾았던 헤겔의 전통적 미학의 울타리를 크게 벗어나지 못했다.[65)]

'알레테이아(비은닉성)'로서의 '진리'에는 상반되는 두 개의 측면이 함께 한다. '진리'란, 레테가 알레테이아로 되는 것, 간직함(Bergen)이 드러남(Entbergen)으로 되는 것, 감춤(Verborgenheit)이 감추지 않음(Un-verborgenheit)으로 되는 것, 또한 스스로를 감추는(Sichverbergen) 것, 이러한 존재자신의 모습인 것이다. 하이데거의 예술론에서는 바로 이러한 진리가 결정적인 의미를 갖는다. 예술이란 바로 이 진리의 자기정립의 장이기 때문이다. 자기정립이란 일어남으로 표현된다. 진리가 일어남이란 '어떤 것이 올바르게 묘사되고 재현된다'는 것이 아니라 "전체에서의 존재자가 비은닉성의 가운데로 보존된다"는 것을 말한다. 보존한다(halten)는 것은 보호한다(hüten)는 것이다. 요컨대 진리가 일어난다는 것은 "탈은폐로 이르게 된다"는 것이다. 즉 예술작품에서 이러한 진리의 일어남이 있다. 하이데거의 존재론은, 진리가 존재-현상-사태-로고스-피시스-자연-세계-발현 등의 철학적 주제들과 근원적으로 얽혀 하나의 문제 영역을 이루고 있다.[66)]

일반적으로 예술을 구성하는 계기는 다음의 세 가지를 말한다. 첫째 한 민족에게 자신을 던져 오는 존재의 진리이며, 둘째, 그러한 존재의 진리를 향한 역사적 현존재의 대응 투사이며, 셋째, 존

65) 이선일, 「다시 써보는 예술작품의 근원」, 한국하이데거 편, 『하이데거의 예술철학』, 철학과현실사, 2002, 149-150쪽.

66) 이수정, 「하이데거의 예술론」, 한국하이데거 편, 『하이데거의 예술철학』, 철학과현실사, 2002, 앞의 책, 224-225쪽.

재의 진리를 대지 안에 감싸 간직함으로써 민족의 거주 지반을 정초한다. 이러한 세 가지 계기가 맞물림으로써 한 민족의 시원이 열리게 된다. 즉 한 민족의 명운을 개척하는 가장 고유한 세계가 열리는 것이다. 여기서 예술은 후기 하이데거의 핵심적 주제인 존재사건(Ereignis)에 해당한다. 존재사건이란 인간과 존재가 서로 공존함으로써 서로의 고유함을 회복하는 사건이다. 따라서 이제 예술을 존재사건으로서의 예술(Kunst als Ereignis)이라 부른다.[67] 예술에는 창작과 감상의 두 활동영역이 있다. 창작은 사물과 삶의 진리를 작품 속에 집어넣는 활동이며, 감상은 작품 속의 진리를 펼쳐 내는 활동이다. 투입과 전개를 구성이라 부른다면, 예술은 진리의 구성이다. 진리구성이 창작에서는 진리의 응축이며, 감상에서는 진리의 용해다. 이러한 의미에서 하이데거의 예술론은 진리구성설이라 부를 수 있다. 하이데거에 있어서 예술의 본질은 "존재자의 진리가 스스로를 작품 안에 정립하는 것(das Sich-ins-Werk-Setzen-der Wahrheit des Seienden)"이다.[68] 작품으로부터 예술에 이르는 길을 직접 걸음으로써 하이데거는 예술의 본질을 보여 준다. 하이데거는 예술가나 그 재능 대신에 존재자나 그 진리가 중심을 차지한다. 하이데거가 예술에 주목하고자 하는 이유는 예술작품 속에 존재자의 진리가 자신을 정립하기 때문이다. 하이데거의 존재자의 진리 내지 존재자의 존재는 철학의 근본 주제였다. 하이데거 철학의 존립기반인 존재 내지 진리가 예술작품에서 자신을 드러낸다.[69]

예술에는 여러 가지 종류가 있다. 다양한 예술은 종류에 따라 나름의 방식으로 진리를 구성한다. 예술의 본질은 동일하지만 매체에

---

67) 이선일, 앞의 책, 153쪽.

68) Heidegger, *Ursprung des Kunstwerkes*, *Holzwege*, GA. 5, 1977, 38쪽.

69) 이수정, 앞의 책, 122쪽.

따라 서로 다른 방식으로 삶의 진실을 표출하는 것이다. 예술은 매체의 성격에 따라 사유언어(thought language)의 예술과 비사유언어의 예술로 나눌 수 있다.[70]

하이데거는 예술의 본질을 작품 속에서 세계와 대지를 세우는 것이라고 말한다.[71] 세계와 대지의 건설은 창작과 감상, 두 영역에서 모두 일어난다. 작가가 작품의 줄거리나 형상, 동작을 통하여 세계와 대지를 표출하면 창작의 측면에서 그것을 건설하는 것이고, 감상자가 작품 속에서 세계와 대지를 알아차리면 감상의 측면에서 그것을 건설하는 것이다.[72] 예술작품에서 세계의 건립은 작품의 사물 속에서 세계를 응축하는 것이다. 예술창작은 단순히 사물을 모방하는 것이 아니라 세계가 드러날 수 있도록 사물을 표현하는 것이다. 농부의 신발을 그린 고흐(Gogh)의 작품에서는 농민의 세계가 드러난다. 즉 그의 작품은 농부의 노동과 휴식, 대지와의 대화와 만남, 그의 실존론적 평화와 안락을 보여 준다. 이것은 구두에 대한 학문적 진리가 아니라 그 존재론적 진리를 드러낸다. 예술작품에서 구두는 구두라는 존재자의 학문적 성격이나 이성적 사실에 대해 어떠한 것도 알려주지 않는다. 따라서 고흐의 구두 그림에는 신발 두 개뿐 아무런 배경도 없다. 그림에는 신발만 묘사되어 있지 농민의 세계 자체는 없는 것이다. 세계는 사물처럼 묘사될 수 있는

---

70) 배학수, 「동작 속의 진리 – 하이데거와 무용」, 한국하이데거 편, 『하이데거의 예술철학』, 89쪽.

71) "세계의 설립(Aufstellen einer Welt)과 대지의 설립(Herstellen der Erde)은 진정한 예술작품의 두 가지 본질적 특징이다"(M. Heidegger, *Ursprung des Kunstwerkes*, Holzwege, GA, 5. 1977, 34쪽). '대지'는 『존재와 시간』에는 등장하지 않았다. 이것은 「예술작품의 근원」에서 처음으로 등장하였고, 1950년대 강의에서 중요한 개념으로 작용된다(Singh, R. Raj, Heidegger and the world in an Artwort", in: *The journal of Aesthetics and Art criticism*, 48: 3 Summer, 1990, 219쪽).

72) 배학수, 「동작 속의 진리 – 하이데거와 무용」, 한국하이데거 편, 『하이데거의 예술철학』, 철학과현실사, 2002, 81쪽.

것은 아니다. 농민의 세계는 신발이라는 사물 속에 응축되어 있는 것이다.

예술작품은 세계를 드러낸다. 세계는 사물처럼 직접 묘사될 수 있는 것이 아니다. 세계는 작품 속의 사물을 통하여 간접적으로 표출될 수 있다. 사물이 세계를 표출할 수 있으려면 사물을 세계와의 관계 속에서 묘사해야 한다. 하이데거는 이것을 사물이 세계의 보호 속에 있다고 말한다. 작품이 사물과 세계의 관계를 놓치지 않을 때 사물의 진정한 모습, 사물의 진리는 드러난다.[73] 사물을 존재하게 하는 근거는 세계다. 집 나간 아이처럼 세계의 보호를 받지 못하는 외톨이 사물은 사물의 진정한 모습이 아닌 것이다. 인간은 언제나 사물과 접촉하며 살아간다. 사물은 인간을 위한 사물인 것이다. 사물의 진정한 모습이 밝혀지면 삶의 진실도 함께 드러난다. 예술작품은 사물의 진리를 드러냄으로써 사물과 교섭하는 삶의 진실을 표출하는 것이다.[74]

하이데거에 의하면, 예술은 지각하는 주체의 영혼의 표현도 아니며 사물에 대한 모방도 아니다. 하이데거는 예술이 예술적 천재에 의해 창조된다는 생각을 거부한다. 또한 예술에 의해 어떤 사물을 그대로 모방한다는 낭만주의의 견해도 거부한다. 그리고 예술이 추구하는 것은 단지 기술적, 기교적인 것도 아니고 또한 심미적인 아름다움에 그칠 뿐이라는 견해도 거부한다. 오히려 예술은 아직 은폐되어 있는 것을 드러내 보이는 탈은폐의 사건으로서 파악되어야 한다는 것이다.[75] 따라서 그의 예술론은 "예술은 보이는 것을 재생하는 것이 아니라 보이게 하는 것"[76]이라 말한다. 하지만 보이게

73) "고흐의 그림은 농부의 신발 두 짝이 진정으로 무엇인가를 밝혀 준다. 이 존재자는 존재의 탈은폐로 들어온다. 존재자의 탈은폐를 그리스 사람들은 진리(aletheia)라 불렀다."(Holzwege, 21쪽)

74) 배학수, 앞의 책, 89쪽.

75) M. Heidegger, *Die Frage nach der Technik*, GA, 38쪽.

하는 주체는 인간이 아니며, 또한 보이게 하는 것이 단순한 모방이나 재현을 뜻하지도 않는다. 오히려 예술작품 자체가 작품을 통해 존재자를 존재자 자체로 인간에게 현현하게 하는 것이다. 그러나 하이데거에 의하면, 이러한 현현이 가능하기 위해서는 아직 은폐되어 있는 것을 열어젖히는 폭력이 전제되어 있으며, 이러한 탈은폐의 사건은 인간에게 경이로운 기분을 들게 한다. 즉 예술작품과 예술가, 그리고 예술작품과 감상자 사이에는 필연적으로 경이의 기분이 매개되어야 하며, 이때 예술작품은 경이의 기분과 더불어 감상자에게 일차적으로 드러나는 것이다.[77]

가다머는 하이데거의 「예술작품의 근원」에서 예술작품이 지니고 있는 독특한 존재방식을 이렇게 묘사하고 있다: "작품은 그것이 고유하게 그 자리에 있는 것 그 자체가 곧 일종의 존재사건이다. 모든 기존의 것과 통상적인 것들을 넘어뜨리는 하나의 충격, 즉 결코 그 자리에 존재하지 않았던 세계가 그 속에서 자기를 열어 놓는 하나의 충격이다."[78] 하이데거의 관점에서 예술작품은 "그것이 존재하고 오히려 존재하지 않는 것이 아니라는 충격"[79]을 우리에게 안겨 준다고 말한다. 작품이 있다는 사실의 충격이 우리를 일상적인 것에서 끄집어내어 섬뜩한 것과 맞닥뜨리게 하며 지금까지의 포근했던 일상성의 친근한 분위기를 와해시킨다. 단적으로 우리는 예술작품 안에서 존재의 진리가 발생하는 근원을 경험하게 된다. 그것은 존재사건 자체에 대한 그의 사유와 불가분의 연관관계에 있다. 하이데거는 「예술작품의 근원」, 「철학에의 기여」, 「형이상학

---

76) M. E. Zimmerman, *Heidegger's Confrintation with Modernity, Thchnology, politics, and Art*, Indianna University Press, 1986, 107쪽.

77) 최상욱, 「하이데거에게서의 예술의 본질」, 한국하이데거 편, 『하이데거의 예술철학』, 철학과현실사, 2002, 256쪽.

78) Hans-Georg Gadamer, "Zur Einführung", in: M. Heidegger, *Der Ursprung des Kunstwerkes*, Stuttgart 1978, 117쪽.

79) M. Heidegger, *Der Ursprung des Kunstwerkes*, Stuttgart 1978, 74쪽.

과 예술작품의 근원」이라는 작품 등에서 다음과 같은 세 가지의 의미를 지적한다.

첫째, 예술작품의 근원에 대한 물음은 존재 역사적 물음의 지평 안에서 "미학의 극복"[80]이라는 과제와 밀접하게 연관된다. 즉 존재자를 대상적으로 표상가능한 것으로 보는 특정한 존재자의 파악에 대한 극복이라는 과제와 가장 밀접한 연관관계에 있다." 미학의 극복은 "형이상학과의 역사적 대결"[81]에서부터 귀결된다. 이러한 형이상학에서 예술의 본질은 주객연관의 지평으로부터 미학을 규정한다.

둘째, 예술작품의 근원에 대한 사유는 "역사적 전환기적 결단"[82]을 준비하고자 한다. 하지만 이는 역사를 근거짓는 전환을 위한 결단이다. 예술은 다른 시원으로의 역사를 근거지어 전환이 일어날 수 있게 탁월한 생각을 하게 한다.

셋째, 존재의 진리가 결단으로 전개한다. 여기서 예술창작이 실패한 시기는 동시에 "예술의 부재"[83] 시기이다. 여기서 "예술의 부재"는 확대된 예술산업에 의해 은닉되어 역사를 준비하는 힘과 존재에 부여된 힘에 의해 경험한다. 이런 의미에서 "예술의 부재"는 역사적이다.

6. 영향과 의의

하이데거는 20세기의 가장 영향력 있는 사람 중의 한 사람이다.

---

80) M. Heidegger, GA Bd. 65, *Beiträge zur Philosophie*, Frankfurt. a. M., 1989, 503.

81) M. Heidegger, GA Bd. 65, *Beiträge zur Philosophie*, 503쪽.

82) M. Heidegger, GA Bd. 65, *Beiträge zur Philosophie*, 504쪽.

83) M. Heidegger, GA Bd. 65, *Beiträge zur Philosophie*, 505쪽.

그의 실존론적 해석학의 영향력은 철학의 분야를 넘어 신학, 심리학, 문학에 이르기까지 폭넓게 확산되어 가고 있다. 또한 그의 독특한 특징은 새로운 어휘적 의미를 사용하는 그 자신의 고유한 언어사용에서 많은 논쟁거리를 제공하였다.

하르트만이 하이데거의 강의를 일컬어 자신의 스승이었던 코헨의 강의 이래로 처음으로 신선한 충격을 받았다고 할 정도로 청중을 사로잡는 매력이 있었다. 이러한 강의의 인기로 인해 그의 대표작인 『존재와 시간』이 출간되었으며, 하이데거는 이 한 권의 철학책으로 일약 세계적인 스타로 부각되었다. 하이데거의 실존론적 해석학은 철저한 비판정신을 생명으로 한다. 즉 현대가 처한 위기를 극복함을 목표로 한다. 하지만 하버마스는 하이데거의 후기 해석학에 대해 의미를 개시하는 세계의 기투는 "모든 비판적 심급을 결여"[84]하고 있다고 비판한다. 계속해서 하버마스에 의하면, "하이데거는 현존재를 민족의 현존재와 본래적인 존재의 능력을 권력의 장악과 동일시하였으며, 자유를 지도자의 의지와 동일시하였다"고 비판한다. 또한 "노동의 봉사와 병력의 봉사, 학문의 봉사를 포함한 민족사회주의적 혁명을 모두 존재의 물음으로 끌어들여 독해하였기 때문에 그의 철학과 시대사적 사건들 사이에는 더 이상 숨길 수 없는 내면적 관계가 만들어졌다"[85]는 것이다.

그렇지만 하이데거의 실존론적 해석학은 "무비판적 철학으로 전락할 위험에 빠지지 않고 철저한 비판정신을 생명으로 하는 철학이 될 수 있기 위해서 후기 해석학이 반성적 자기의식을 지닌 근원적인 기능을 충분히 인정"[86]할 수 있다. 그의 사상 및 실존론적

---

84) Jürgen Habermas, *Der philosophische Diskurs der Moderne*, Frankfurt. a. M., 1988, 183쪽.

85) 하버마스, 이진우, 옮김, 『현대성의 철학적 담론』, 문예출판사, 1994, 195쪽.

86) 이남인, 『현상학과 해석학-후썰의 초월론적 현상학과 하이데거의 해석학적 현상학』, 서울대학교출판부, 2004, 579쪽.

해석학의 흔적은 무엇보다 일군의 프랑스 철학자들에게서 찾을 수 있다. 장 보프레, 앙리 비로, 미셸 푸코, 자크 데리다 등은 간접적으로 그의 영향을 받았고, 비판이론가인 하버마스도 그의 영향을 "여러 저서"[87]에서 받았음을 발견할 수 있다.[88] 이러함에도 불구하고 하이데거의 실존론적 사상의 수용과 비판은 그다지 쉽지 않은 작업에 속한다. 그 이유는 하이데거가 실존론적 해석학에서 언어로 표현하고자 했던 것, 즉 존재로서의 존재가 본질적으로 어떠한 언어적인 고착(固着)상태에서도 벗어나고자 하였기 때문이다.

87) Jürgen Habermas, *Heidegger-Werk und Weltanschauung*, victor Farias(Hg.), Heidegger und der Nationalsozialismus, S. Fischer, 1989, 11-45쪽; J. Habermas, *Der philosophische Diskurs der Moderne*, Frankfurt. a. M., 1988(이진우, 옮김, 『현대성의 철학적 담론』, 문예출판사, 1994, 163-195쪽).

88) 하버마스, 앞의 책, 193쪽.

제 5 강

가다머: 철학적 해석학

1. 생애 및 사상개요
2. 이해와 방법의 문제
3. 예술의 경험
4. 이해의 역사성
5. 영향사적 의식
6. 해석학적 경험의 매체
7. 영향과 의의

제5강

가다머

철학적 해석학

1. 생애 및 사상개요

가다머(Hans Georg Gadamer, 1900~2002)는 마르부르크의 소도시에서 자연과학자의 아들로 태어났다. 그의 부친은 약학계의 저명한 인물로서 한동안 마르부르크대학 총장을 지내기도 했다. 어린 시절을 브레슬라우에서 보낸 가다머는 "수다만 떨 뿐인" 교수들의 학문이라는 아버지의 생각을 따르지 않고 브레슬라우에서 철학을 시작하였다.

그의 회고에 따르면, 1918년 브레슬라우대학에 입학해서야 비로소 철학책을 처음 보았다. 그가 처음 접한 철학책은 칸트의 『순수이성비판』이었는데 잘 이해하지 못했다고 회고한다. 그 대신에 그는 문학·역사·음악·심리학 등 정신과학의 여러 분야에 걸쳐 관심이 많았다. 그 이후에 그는 그 당시 신칸트학파의 본고장이라 불리는 마르부르크대학으로 옮겨 1919년에서 1922년까지 파울 나토르프(Paul Natorp)와 하르트만(Nicolai Hartmann)의 지도 아래 철학을 공부하였다. 1921년에 가다머는 한 세미나에서 하이데거의 이름을 듣게 되었다. 1923년에 「플라톤 대화에 있어서 기쁨의 본질」이란 논문으로 박사학위를 취득하고 하이데거의 강의를 듣기 위해 프라이부르크대학으로 적을 옮겼다. 가다머는 독창적인 하이데거의 사상에 많은 열등감을 느꼈다. 하이데거의 우월함에 눌려 질식할 것만 같아 일종의 도피처로 플라톤과 같은 그리스철학의 고전들에 더욱 몰두하였다. 그러나 고전학에 대한 연구는 우리의 생각보다는 텍스트의 진실성과 의미에 더 비중을 둔다는 점에서 하이데거와 일치했다. 1929년 29살의 가다머는 하이데거의 지도 아래 「플라톤의 변증법적 윤리학」이라는 제목의 교수자격논문을 제출한다. 그 당시 그는 자기 생각에 깊이 빠진 채 청중을 잘 쳐다보지 않고 강의를 하였다고 한다. 철학은 설익을수록 어렵고 고집이 센 경향이 있을 수 있다. 명쾌한 스타일로 유명했던 그도 풋내기 시절에 독일 철학자 특유의 난해함에서 크게 벗어나지 못했다. 그는 1964년부터 1968년 은퇴할 때까지 하이델베르크대학에 머물러 강의를 하였다. 20세기사상사에 결정적인 영향을 미쳤던 『진리와 방법』(1960)도 이 시기에 나왔다. 이 책은 철학적 해석학의 기반을 닦은 중요한 저작으로 평가받는다.[1)]

가다머는 68세의 나이로 은퇴한 이후에도 학자로서 활발한 활동을 하였다. 81세의 나이에 데리다와 유명한 논쟁을 벌이기도 하였고, 100살을 넘긴 나이에도 예비 대학생들을 위한 교양교육 프로그램을 만드는 데 많은 노력을 하였다. 그는 2002년 102세의 나이로 숨을 거두었다. 생전에 자신의 전집 출간을 보는 행운을 누리는 학자는 많지 않지만, 가다머는 자신이 직접 교정볼 수 있는 영광까지 누렸다.

---

1) 가다머 사상의 소개는 다음을 참조: Tietz, U., *Hans Georg Gadamer zur Einführung*, Hamburg, 2000.

2. 이해와 방법의 문제

이해의 새로운 의미를 규명하려는 가다머의 해석학적 사유는 "모든 이해에는 항상 사건이 일어나고 있다"[2]는 전제를 출발점으로 한다. 이것은 이해가 과학적 방법을 통한 진리경험과는 다른 방식의 진리경험을 가능하게 함을 의미한다.

가다머는 『진리와 방법』(1960)을 발표한 계기를 자연과학에 직면한 정신과학의 올바른 자기이해라는 문제였다고 밝힌다. 이 저서에서 그는, 정신과학이 학문의 위상을 향유하는 것이 허용되기 위해서는 자신의 고유한 방법을 완성해야 한다는 역사주의와 실증주의에 의해 옹호된 이념에 반대해야 했다. 그는 먼저 딜타이, 드로이젠, 신칸트주의의 방법론에 회의를 품고 보편타당성을 보장해 주는 방법에 대한 요구가 실제로 정신과학에 적합한지 여부를 묻는다. 그래서 가다머는 1862년 자연과학자 헬름홀츠(Helmholtz)가 하이델베르크에서 행했던 자연과학과 정신과학의 관계에 대한 강연에서 올바른 방향을 찾고자 했다. 자연과학은 수집된 경험적 자료들로부터 규칙과 법칙을 도출해내는 논리적 귀납의 방법을 사용한다. 하지만 정신과학은 이와 다르게 심리적인 감지력(Taktgefühl)을 통해서 인식에 당도한다. 가다머는 『진리와 방법』의 첫 부분에서 다음과 같이 적고 있다.

> 정신과학의 고유한 방법이란 없다. 그러나 헬름홀츠와 함께 우리는 이 경우에 방법이 얼마나 중요성을 갖는지, 어쩌면 정신과학의 다른 조건들이 그것의 작업에서 귀납법적인 논리보다 훨씬 더 중요한 것은

---

2) H.-G. Gadamer, *Wahrheit und Methode, Grundzüge eine philosophischen Hermeneutik*, Tübingen: J. C. Mohl, 1972, Einleitung, XXIX쪽(이하 H.-G. Gadamer, *WM*.이라 생략하여 표기함. 한국어 번역본: 이일우 외 옮김, 『진리와 방법 I』, 문학동네, 2000).

> 아닌지 물을 수 있다. 헬름홀츠가 정신과학을 적절하게 평가하기 위해 기억과 권위를 강조하고, 의식적인 추론을 대신하는 심리적 감지력(Takt)에 관해 언급하고 있을 때, 그는 이러한 점을 올바르게 지적하고 있다. 이러한 감지력은 어디서 나오는가? 그것은 어떻게 획득되는가? 정신과학의 학문성은 궁극적으로 방법보다는 감지력에 달린 것인가?[3)]

위 인용문에서 보듯이, 가다머는 헬름홀츠가 제시한 정신과학에 대한 의견을 자신의 견해로서 받아들인다. 정신과학의 유일한 방법이란 없다. 가다머에 의하면, "헬름홀츠가 정신과학을 정당화하기 위해 기억과 권위를 내세우고 의식적인 추론 대신에 심리적인 감지력에 대해 말하고자 했다면 올바르게 본 것이다."[4)]

가다머는 『진리와 방법』(1960)에서 정신과학의 궁극적인 과제를 "과학적 방법론의 통제영역을 넘어서는 진리의 경험이 어떻게 정당화될 수 있는지를 해명하는 것"[5)]이라 말한다. 그러나 이러한 과제는 그렇게 새로운 관점을 제시한 것은 아니다. 19세기 중반 밀(J. S. Mill, 1806~1873)이 그의 저서 『논리학의 체계(*A System of Logic*)』(1806)에서 물리학의 방법을 심리학 · 사회학 · 역사학과 같은 인간현상을 다루는 도덕과학에서도 그대로 사용하자는 방법론적 일원론을 주창한다. 그 이후 많은 반실증주의자들이 자연과학적 방법론의 통제영역을 넘어서는 진리의 경험이 가능하다는 것을 정당화하고자 하였다. 가다머가 이와 같은 다소 낡은 문제를 다시 제기한 이유는 실증주의의 방법론적 일원론에 대항하였던 딜타이 정신과학의 방법론적 기초를 다시 수립하려는 학문의 목표가 있었기 때문이다. 딜타이는 "자연을 설명하고 정신의 삶을 이해한다"는 유

3) H.-G. Gadamer, *WM.*, 5쪽.
4) H.-G. Gadamer, *WM.*, 5쪽.
5) H.-G. Gadamer, *WM.*, XXVII쪽.

명한 방법론적 이원론을 통해 자연과학과 정신과학을 구별했다. 그렇지만 가다머는 딜타이가 제시하였던 정신과학의 방법론을 독립적으로 정당화하려고 했음에도 불구하고 자연과학의 모델에 깊은 관심을 보였다.[6] 딜타이가 주장하는 이해의 방법은 보다 확실하게 설명이라는 자연과학적 방법과 구별된다. 이러한 딜타이 방식의 이해방법은 "삶의 객관화"[7]에 집중되어 있기 때문에 자연과학의 방법과 똑같이 객관주의의 이상(理想)에 사로잡혀 있었다. 가다머의 입장에서 보았을 때, 딜타이의 방식대로 객관적으로 타당한 인식을 가능하게 하기 위해서는 반드시 그 무엇을 대상화해야 한다는 것이다.

딜타이에 따르면, 정신적 계기가 되는 체험, 지각, 표상 등은 객관적으로 타당한 인식이 불가능하기 때문에 불가피하게 삶의 객관화를 주장하였다. 가다머는 이러한 딜타이의 주장을 비판하고자 했다. 가다머의 관점에서 딜타이의 삶의 객관화의 시도는 "객관화되지 않은 대상은 이해할 수 없다"는 전통적 이해개념의 한계를 극복하지 못했다고 진단한다. 가다머의 해석학적 전략은 해석학 이외의 다른 방법을 찾아내는 것이 아니라 오히려 이해의 현상 속에 깊숙이 파고 들어가는 것이다.[8] 가다머의 이러한 방향설정은 딜타이의 입장에서 전통적인 이해의 개념에 대해 다른 의미가 포함되어 있다는 사실을 전제로 한다. 따라서 가다머는 새로운 이해의 개념이 어떤 것인지를 해명함으로써 외적인 진리경험이 어떻게 정당화될 수 있는가를 근본물음으로 해명하고자 한다.[9]

가다머는 딜타이의 실증주의에 대한 반응을 다르게 이해한다. 딜타이처럼 자연과학이 정신과학의 차별성을 견지했기 때문이 아니

6) H.-G. Gadamer, *WM.*, 4쪽.

7) 삶의 객관화의 자세한 내용은 다음을 참조: 양해림, 「딜타이는 삶의 객관화를 극복하였는가?」, 『해석학연구』, 제16집, 한국해석학회, 2005, 43-59쪽.

8) H.-G. Gadamer, *WM.*, Einleitung, XXVIII쪽.

9) 오용득, 『자기쇄신의 학으로서의 철학적 해석학』, 책펴냄열린시, 2005, 95쪽.

라 이러한 차별성이 각자 적합한 객관성의 기준에 관철된다는 사실을 깨닫지 못했다는 이유로 딜타이를 비판한다. 의미를 다루는 정신과학이 자연과학적 객관성을 어떻게 이룰 수 있는가라는 질문은 제기해서는 안 된다는 것이다. 그 이유는 이러한 객관성의 기준이라는 것이 일정한 목적을 위해 전통 안에서 형성되는 것이지 보편적인 것처럼 절대화할 수 없기 때문이다. 따라서 가다머가 주장하는 해석학은 딜타이처럼 객관적 이해를 위한 방법들에 대한 논의에 초점을 두지 않는다. 즉 해석학은 해석의 규칙들을 세우려는 분과가 아니다.

이런 점에서 가다머는 자신의 분석을 철학적 해석학이라 지칭한다. 그는 "이해일반의 가능조건인 방법"[10]과 객관성의 관념을 그 근저에서 규정하고 있는 조건을 해명하는 방향으로 나아간다. 자연현상이나 인문현상에 대한 방법론적 접근은 모두 역사에 뿌리를 두고 있으며, 그 연구대상과 방법에 대해 일정한 역사적 가정들을 먼저 받아들인다. 따라서 이해는 선입견에 근거를 두고 있으며, 우리의 이해방식은 철저하게 과거, 즉 영향사(Wirkungsgeschichte)에 의해 제약된다. 이러한 영향은 예술적 이해, 사회적·심리적 자기이해, 나아가 모든 형태의 과학적 이해에 이르기까지 확장된다. 이런 점에서 과학적 지식의 객관성은 결정적으로 전통에 의존해 있으며, 방법은 이러한 의존성을 어떤 방식이든지 간에 넘어설 수 없다.[11] 가다머는 실증주의에 반대하여 과학적 방법을 통해 획득된 객관성이란 그 방법이 전제로 삼고 있는 선입견들과 마찬가지로 부적절한 것이라 주장한다.[12] 하지만 우리의 선입견들은 우리를 제

10) 가다머의 이해일반에 대한 자세한 내용은 다음을 참조: 이정복, 「Gadamer에 있어서 해석학적 방법과 이해의 문제」, 『철학연구』, 제15집, 철학연구회, 1980, 3-14쪽.

11) 조지아 윈키, 이한우 옮김, 『가다머 - 해석학, 전통 그리고 이성』, 민음사, 1999, 18-19쪽.

약하는 한계임과 동시에 풍부한 단서들도 제공해 주기 때문에 우리의 지식이 점차 증대될 수 있는 기반으로서 새로운 전망을 형성해야 한다.

3. 예술의 경험

앞장에서 이해의 새로운 의미를 규명하려는 가다머의 해석학적 사유는 "모든 이해에는 항상 사건이 일어나고 있다"는 전제가 작용한다는 점을 밝혔다. 이것은 이해가 과학적 방법을 통한 진리경험과는 다른 방식의 진리경험을 가능하게 함을 의미한다. 예술경험에서 드러나는 진리는 예술작품을 완료된 사건으로서가 아니라 그 속에서 지금도 어떤 사건이 일어나고 있다는 일종의 해석학적 현상이라는 사실과 관련된다. 예술의 진리경험은 근대미학이 시도하였던 것처럼, 작품 속에 완료되어 있는 아름다움 그 자체 이거나 어떤 메시지를 대상으로 인식하는 것이 아니라 그 작품 속에서 지금도 일어나고 있는 사건에 참여함으로써 일어난다. 가다머는 이러한 예술경험이 어떻게 가능한지를 해명하기 위해 예술작품의 존재방식을 중요하게 여긴다. 가다머는 예술작품 그 자체의 존재방식은 다음과 같이 놀이(Spiel)의 수행방식과 동일하다고 본다.

> "만약 우리가 예술을 경험과 관련지어 놀이에 대해 말한다면, 놀이는 창작자나 향유자의 태도나 심적 상태가 아니며, 일반적으로 놀이 속에서 확인되는 주관성의 자유도 아니다. 그것은 오히려 예술작품의 존재방식이다."[13)]

12) 조지아 원키, 이한우 옮김, 앞의 책, 20쪽.
13) H.-G. Gadamer, *WM.*, 97쪽.

앞의 인용문에서 놀이는 그것을 수행하는 사람의 태도나 심적인 상태에 의해 이루어지는 것이 아닌 것으로 파악한다. 그런데 놀이가 놀이하는 사람에 의해 이루어지는 것이 아니라면 어떻게 이루어지는 것인가? 가다머에 따르면, 놀이란 인간 삶의 가장 원초적인 기능이다. 그는 지속적으로 반복되는 왕복 운동이 놀이의 기본적인 요소라 본다. 가다머는 놀이라는 독일어의 개념을 빛의 놀이(Spiel der Lichter), 파도놀이(das Spiel der Wellen), 베어링 상자 속에서 기계부품들이 이리저리 왕복 운동하는 모양, 인체의 사지를 함께 움직이려는 몸놀림, 여러 힘들의 작용, 모기들이 이리저리 날아다니는 모양, 말장난 등과 같은 관용어로 지칭하였다. 이 모든 경우에 있어서 놀이라는 용어는 일정한 지향점이나 목표점 없이 이리저리(hin und her) 움직이는 모양을 묘사하고 있다. 여기서 중요한 사실은 이러한 움직임이 아무런 목표점 없이 임의적으로 나타나지만, 끊임없는 반복을 통해 그러한 움직임이 계속 수정되면서 점점 새로워진다는 것이다.

놀이의 본질적 규정이 '이리저리로의 움직임'이 핵심적인 것이라면, 누가, 무엇이, 이러한 놀이를 수행하는가? 라는 물음은 그렇게 중요한 사안이 아닐 수 있다. 놀이의 본래적 의미는 모든 주체적 활동으로서 중립적이다. 놀이는 놀이하는 사람의 의식으로부터 독립적으로 그 자체의 본질을 갖는다. 놀이는 놀이를 하는 사람과 놀이를 보는 사람 사이의 간격을 허락하지 않는 대화적 행위의 성격을 갖고 있다. 가다머는 관객과 연기자의 간격을 허물려고 했던 브레히트(Bertold Brecht)의 시도를 한 예로 든다. 예컨대 우리가 한 번도 들어보지 못한 즉흥곡을 들을 때에도 나름대로 독특한 해석이라 칭찬한다든가 혹은 별로 의미 없는 해석이라 평가할 수 있듯이, 우리는 어떤 방식으로든지 놀이에 참여하고 있다.[14]

---

14) 서동은, 『하이데거와 가다머의 예술이해』, 누멘, 2010, 171-171쪽.

따라서 놀이의 주체가 누구냐가 중요한 것이 아니라 놀이 그 자체가 이루어지고 있다는 사실이 중요하다. 이와 같이 놀이가 중립적으로 이루어지는 것이라면, 놀이의 존재방식은 자연의 운동형식과 아주 유사하다. 자연의 운동도 아무런 목적이나 의도 없이 끊임없이 스스로 수정하면서 새롭게 만들어가는 그러한 형식을 갖는다. 가다머는 이러한 자연의 운동형식을 놀이와 예술작품의 존재방식에서 동일성을 다음과 같이 발견한다.

> "무엇보다도 놀이의 이러한 중립적 의미로부터 비로소 예술작품의 존재에 대한 관계가 나타난다. 자연은 어떠한 목적이나 의도 없이 어떠한 긴장함도 없이 지속적으로 수정되고 새로워지는 놀이이다. 이러한 한에서 자연은 예술의 전형(Vorbild)으로서 간주된다."[15]

놀이수행이 책읽기나 예술작품의 체험 일반과 유사하다는 가다머의 표현은 대체로 단정적이기보다는 암시적이다.[16] 그는 먼저 놀이수행과 예술적 체험의 유사성들을 면밀하게 살피면서 우리가 일상적 존재에서 벗어나 책을 읽거나 그림을 보거나 놀이를 하는 데 있어서 누락된 상태를 세심하게 고찰한다. 놀이와 예술작품은 양자 모두 그 놀이를 하거나 작품을 감상하는 개인들에 비해 근본적으로 우위를 지닌다. 놀이를 시작하였을 때, 놀이자들은 전혀 다른 상황에 들어간다. 실제로 놀이를 위해서는 체육관이나 운동장 등 새로운 공간이 필요하다. 이런 공간에 들어감으로써 놀이자는 자신들의 관심사나 욕망을 제쳐 두고 놀이 자체의 목적에 자신을 맡긴다. 놀이자는 놀이의 목표와 요구사항들에게 행위와 전략을 취하도록 강요받는다. 따라서 놀이에 있어 행위의 주체는 사실상 그 놀이

15) H.-G. Gadamer, *WM.*, 100쪽.

16) Jean Grondin, *Hermeneutische Wahrheit? Zum Wahrheitsbegriff Hans-Georg Gadamers*(Königstein/Ts,: forum Academicum), 1982, 103쪽.

를 하는 사람이 아니다. 그 사람의 행위와 포부는 오히려 놀이 자체가 부과하는 과제들에 대한 대응이며 그것은 놀이의 행위일 뿐이다. 이를 가리켜 가다머는 놀이를 그 내부의 운동이라고 불렀다. 이런 운동은 어떤 놀이에서든지 결정적인 요인이 된다. 가다머는 놀이를 다음과 같이 말한다.

> "놀이가 지니는 장점은, 그것이 놀이자를 주재(主宰)하게 된다는 사실에 있다. 우리가 스스로 설정한 과제들을 달성하려는 놀이의 경우에서조차 중요한 문제는 놀이가 작동하고 성공하고 다시 성공하는가 하는 문제이다. 놀이의 실제 주연은 놀이자가 아니라 놀이 자체이다."[17)]

이러한 놀이의 성격분석은 텍스트와 예술작품을 독자나 관람객을 포함시켜 이해하였을 때, 명백하게 텍스트나 예술작품에 적용된다. 우리가 책을 읽거나 혹은 연극을 보거나 그림을 감상한다는 것은, 놀이를 할 때와 마찬가지로 새로운 영역으로 들어가는 것과 동일한 성격을 갖는다. 각각의 경우에 놀이자, 관람자, 독자들은 그들 자신의 삶의 영역에서 벗어나 나름대로의 관심사와 목표를 가진 전혀 다른 세계로 들어간다. 예술경험에 대한 이와 같은 가다머의 설명은 다른 사람들의 설명과 쉽게 구별짓지 못한다. 예를 들어 칸트 이후의 미학에 있어서 예술은 아름다운 환상이라는 생각, 즉 그 관람자에 파고들어 가서 그를 넘어서는 꿈이다. 그리고 구경꾼은 놀이자들과 동일한 방식으로 독립된 영역에 들어가게 된다. 다시 그들은 자신의 관심사를 뒤로 밀쳐 두고 예술작품에 몰두한다.[18)]

---

17) H.-G. Gadamer, *WM.*, 102쪽.
18) 조지아 원키, 이한우 옮김, 앞의 책, 95-96쪽.

가다머의 관점에서 예술은 진리를 재현하는 시도이다. 예술의 의미를 원저자의 의도에 따라 환원하고자 하는 것은 예술의 자율성을 인식하지 못한 결과일 뿐만 아니라, 정당치 못하게 예술이 담고 있는 지식을 제한하는 것이다. 이런 점에서 가다머의 제안들은 먼저 예술적 의미의 가능성을 청중에게 의존하고 있으며, 이런 청중들이 경험한 것은 진리에 대한 요구라 주장한다. 의미에 대한 체험은 원저자나 창작자의 의도된 의미를 체험하거나 추체험하는 데에 한정되지 않는다. 왜냐하면 그것은 일차적으로 작품 자체의 진리내용에 대한 이해이기 때문이다. 따라서 예술적 체험은 창작자의 의도나 동기에 대한 체험 이상의 것이어야 한다.

그러나 이러한 본질적인 차이는, 놀이의 규범적 권위를 강조하는 입장에서 드러난다. 놀이를 한다는 것은 전혀 다른 현실에 들어갈 뿐만 아니라, 놀이가 요구하는 사항과 규범에 복종한다는 뜻이다. 놀이는 참여자들이 규칙을 지켜야 하고 적어도 부분적으로나마 참여자들의 목표와 마음상태를 규정하는 일련의 규칙과 원칙들로 구성된다. 그래서 놀이는 놀이자들보다 더 많은 권위를 가진다. 그리고 놀이는 적절한 태도와 반응의 범위를 정해 주기까지 한다. 따라서 예술은 유사한 규범적 권위를 갖는다. 독자와 관람자는 단순히 새로운 영역으로 들어가는 것이 아니다. 그들이 읽는 책, 보는 연극이나 보는 그림들은 그것들을 넘어서는 권위를 가진다. 계속해서 가다머는 예술이 관람자에게 구속되어 있다는 것을 강조한다. 예술은 무엇인가 일상적 존재의 세속성에서 벗어나는 것이 아니라, 일상적 존재에 대해 도전하는 무엇이다.[19]

예술작품이 규범적 권위를 갖는 것은, 예술작품이 원저자의 의도를 찾도록 관객들을 강요하기 때문이 아니라, 진리에 대한 요구를

19) 조지아 윈키, 이한우 옮김, 앞의 책, 96쪽.

제시해야 하기 때문이다. 여기서 가다머는 놀이수행의 특징을 끌어들인다. 왜냐하면 놀이수행은 가다머가 주장하는 방향을 제시해 주기 때문이다. 놀이는 놀이를 수행하는 사람들에 대해 우위를 차지하고 있음에도 불구하고, 놀이수행은 놀이를 하는 데 있어 그 자체가 본질적인 것으로 남아 있다. 이런 이유 때문에 가다머는 놀이를 자기표현이라고 부른다.[20] 한편으로 놀이를 수행하는 놀이자는 그들의 행위와 반응에 대해 놀이의 원리들을 반영하고 있다. 다른 한편으로 놀이는 놀이자의 행위와 관심사에 의해 표현되어야 한다. 따라서 놀이의 특수성은, 한편으로 놀이가 진행되는 동안에 그 놀이가 참여자들의 목표와 마음상태를 지배하고 있다는 점에서 참여자들을 능가하는 권위를 가지는 동시에 다른 한편으로 놀이자의 참여에 의해서 구체적인 의미로서 존재한다.[21] 즉 놀이는 놀이자의 행위를 결정하며, 또한 이런 행위 자체이다.

이와 같은 놀이의 자기표현은, 놀이의 수행자들이 어떤 의미에서 놀이의 창조자이다. 놀이의 규칙은 수행자에 의해 창조되지 않는다. 그래서 놀이의 어떤 특정한 상태를 구성하는 행위들의 결합이 놀이의 구조를 만들지는 못한다. 그러나 놀이는 특정한 상태 이외에 구체적인 모양이나 존재를 갖지 못한다. 그래서 한편으로 수행자의 입장에서 적절한 행위와 태도의 범위를 결정한다. 반면 그것은 사실상 특정한 행동과 태도 속에서만 존재한다. 이런 현상은 놀이자들이 놀이를 수행하고 있기 때문에 놀이가 수행되는 동안에만 놀이일 수 있다는 의미이다. 그래서 놀이자들은 놀이가 존재하지 않는다면, 놀이를 창조하거나 수행할 수 없다. 하지만 놀이의 특정

---

20) H.-G. Gadamer, *WM.*, 103쪽.

21) 놀이수행의 중요한 측면들에 관한 유사한 언급에 대해서는, Roy J. Howard, *Three faces of Hermeneutics*(Berkeley: University of Califonia Press, 1982), 143쪽 참고.

한 상태를 창조한다. 가다머는 축제의 찬양을 다음과 같은 관계를 갖고 있는 함축성 있는 설명을 한다.

> "축제는 그것이 찬양되는 곳에서만 오로지 존재한다. 그러나 이는 결코 축제가 주관적 성격을 갖는다거나 그것을 찬양하는 주관성에서만 존재한다는 뜻은 아니다. 오히려 우리는 축제가 이미 존재하기 때문에 그것을 찬양하는 것이다."[22]

위의 인용문에서 예술작품과 놀이가 자기표현이라는 성격을 갖는다는 점에서 비슷하다면, 이런 유사성은 예술작품을 관람하거나 이해하는 경우에 구체적인 존재를 가질 수 있다. 그렇게 되었을 때 예술작품이 비록 관람자나 독자에 대해 놀이가 놀이자에 대해 동일한 규범적 권위를 갖고 있다 할지라도, 관람자와 독자는 예술작품에 대해 본질적이다. 예술작품은 놀이의 참여와 예술적 체험 사이의 유사성을 밝혀내기보다는 오히려 혼동을 가중시킬 수 있다. 왜냐하면 연극은 독자에게 선보이며 믿을 만한 놀이로 생각될 수 있기 때문이다. 그러나 놀이에서 연극으로 옮겨가는 과정에서 가다머는 관객보다 배우에 초점을 맞춘다. 배우는 놀이자가 놀이에 대해 갖는 것과 동일한 관계를 갖는다. 첫째, 연극은 놀이가 놀이자들에 대해 우위를 갖는 것과 마찬가지로 배우들에 대해 우위를 갖는다. 왜냐하면 배우들이 취하는 반응과 행동의 범위는 배우가 아니라 연극 자체에 의해 지배받고 있기 때문이다. 연극은 배우들에 의해 힘을 행사할 수 있으며, 배우들에게 그들의 개인적 목적이나 개성을 그 연극에 참여하고 있는 동안에는 포기하도록 요구한다. 그러나 둘째, 연극은 대본 속의 단어들에 대한 계열이 아니라 오히려 그것을 공연하는 배우들에 의해 표현됨으로써 구체적인 존재감을 느낀

22) H.-G. Gadamer, *WM.*, 118쪽.

다. 그래서 배우들은 창조자이다. 이는 놀이자가 놀이의 창조자일 수 있는 것과 마찬가지로, 배우가 단지 연극을 만드는 것만은 아니다. 하지만 연극은 구체적인 개인들의 행위에 의해 제시된다.[23)]

이와 같은 자율성과 의존성 사이의 관계는 적어도 모든 공연예술에서는 그렇게 적용될 수 있다. 물론 경우에 따라서 음악이나 춤을 공연하거나 공연을 하지 않더라도 여전히 타당하다. 단지 그것은 공연되는 장소에서만 구체적으로 타당하다. 이에 대해 가다머는 "연극은 그것이 공연될 때에만 존재하며, 음악도 마찬가지"[24)]라고 말한다. 그리고 그는 예술 일반의 체험, 텍스트의 이해나 회화, 공연이 필요치 않은 다른 형태의 예술이해와 관련된 것들도 밝힌다. 그리고 이런 경우에 작품 자체 이외의 어떤 것, 혹은 원저자나 예술가 그 밖의 다른 창작자가 왜 작품이 구체적 존재를 갖추는 데 필요한 것인지에 대해 말해야 한다. 그래서 가다머는 『진리와 방법』에서 다양한 예술작품의 공연이나 그 작품들의 서로 다른 측면들에 대해 많은 관심을 기울인다. 연극이나 춤, 공연, 그리고 음악 연주회는 매번 서로 다르다. 실제로 단순 반복이라고 하는 표준생산의 이념은 공연예술 일반의 본성에 부합되지 않을 뿐만 아니라, 오히려 대립된다. 왜냐하면 매번의 공연은 서로 다른 행동, 강조점, 뉘앙스 등을 갖고 있기 때문에 상이한 결과를 낳게 된다.

가다머는 연극공연의 결과에 대해 언급하기를, 놀이가 이제 명확하게 분별될 수 있으며 또한 확인 가능한 내용을 밝혀낼 수 있다. 일반적으로 놀이는 관객 앞에서 시연(試演)되며 그 놀이의 시연자들이 일시적이나마 관객처럼 놀이를 지켜볼 수 있다. 그러나 놀이가 관객에게 제기된다는 것이 그 놀이의 존재이유이고 이런 관객이 유일한 관객일 경우, 그 놀이는 연행(演行)으로 바뀐다. 놀이는

23) 조지아 윈키, 이한우 옮김, 앞의 책, 98-99쪽.

24) H.-G. Gadamer, *WM.*, 111쪽.

관객에게 자족적인 전체로 나타난다.[25] 이때 관객은 예술작품 전체가 그 자체에 폐쇄된 어떤 것, 일상생활과는 분리가능한 어떤 것으로 드러난다.

예술은 진리를 재현하는 시도이다. 예술의 의미를 원저자의 의도에 환원하는 것은 예술의 자율성을 인식하지 못한 결과일 뿐만 아니라, 정당치 못하게 예술이 담고 있는 지식을 제한시키는 것이다. 그래서 가다머의 제안들은 다음과 같은 결과들을 초래한다. 먼저 예술적 의미의 가능성은 청중의 존재에 의존하며, 그런 청중이 경험하는 것은 진리에 대한 요구이다. 의미에 대한 체험은 원저자나 창작자의 의도된 의미를 체험하거나 추체험하는 것에 한정되지 않는다. 왜냐하면 그것은 일차적으로 작품 자체의 진리내용에 대한 이해이기 때문이다. 따라서 예술적 체험은 창작자의 의도나 동기에 대한 체험 이상의 것이어야 한다. 결국 가다머는 이를 해명하기 위해서 그리스 철학자 아리스토텔레스의 미메시스(모방) 이론에서 그 원형을 찾고자 하였다.

4. 이해의 역사성

딜타이는 이해를 가장 핵심적인 용어로 사용한다. 여기서 그는 이해의 방법을 정식화하려고 시도하였다. 그에게 있어서 이해는 "삶을 삶 그 자체로 이해하는 것"으로서 일상적인 삶의 체험 속에서 찾았다. 그 속에서 딜타이는 나 자신과 다른 사람과의 관계에 의해 이해가 가능하다고 파악하였다. 즉 그는 일상적인 삶의 이해에서 삶의 역사성을 찾을 때 이해가 가능하다고 보았다. 하이데거

25) H.-G. Gadamer, *WM.*, 105쪽.

는 딜타이의 맥락에서 딜타이가 소홀히 다루었던 현존재에 대한 이해의 문제를 존재론적인 차원으로 해명하려고 하였다. 그는 이해란 인간 현존재에 놓여 있는 보편적 현상이라 파악한다. 현존재에 대한 이해는 '거기(Da)'라는 질문을 하는 데서부터 시작한다. '거기'는 상황을 지시하는데, 이것은 무엇을 향해(wohin) 질문하는 것을 뜻하며, 이러한 질문은 이미 존재이해를 갖고 있다는 것을 의미한다. 즉 이해는 현존재의 상황을 다른 존재와의 관계 속에서 활짝 열려져 있을 때 가능하게 된다. 그리고 이것은 현존재의 역사성을 다룬다. 이런 맥락에 따라 가다머는 하이데거의 존재론적 해석학을 근거로 하여 역사성과 언어성을 구체화시킨다. 가다머에게 있어서 인간의 현존재는 역사적이고 언어적인 이해의 지평을 갖고 있는 역사적인 존재라는 사실을 강조한다.

가다머는 이해를 하이데거의 선구조에서 먼저 파악(Vorgriff)한 개념을 통해 착안하고 있다. 하이데거의 이해가 존재이해이고 현존재의 자기이해라고 규정된다면, 인간에게서 불가피한 선입견(Vorurteil)을 어떻게 해결할 것인가 하는 문제가 생긴다. 가다머는 선입견을 이해작용으로 관련짓기 때문에 역사를 이해하는 방해요소가 아니라 오히려 긍정적 의미로 받아들인다. 그는 선입견의 개념에 대해 역사를 이해하는 긍정적인 개념으로 받아들이고, 이해에 작용하는 선입견으로서의 역사를 영향사(Wirkungsgeschichte)라 부른다. 이런 점에서 이해는 그 본질에 있어서 영향사적 과정이다.

가다머는 하이데거와 마찬가지로 이해를 "존재 자체"의 텍스트와 해석자 사이의 상호관계 및 상호규정의 관계를 의미하였다. 즉 텍스트와 해석자 간의 매개의 종합을 통해 인간실존의 구조로서 역사 자체가 활짝 열려진다는 것이다. 따라서 영향사적 과정은 이해의 일반적 구조가 세워질 때 근원적 현상으로서 이해를 해명할 수 있는 계기를 마련하게 된다. 가다머는 해석학을 이해의 역사성으로 파악하였기 때문에 어떻게 존재론적 제동(Ontologische Hemmung)으로부터 해방되어 이해의 역사성에 부응할 수 있는가를 문제 삼는다. 그래서 그는 이해의 역사성을 두 가지 의미로서 파악하고, 역사를 이해하고자 한다. 하나는 역사적 과거의 사실과 전승된 텍스트의 의미연관(Sinnzusammenhang)을 이해하는 것이며, 다른 하나는 우리의 이해 자체가 하나의 역사적 사건으로 일어나는 것을 파악하는 것이다.[26]

가다머는 앞에서 살펴보았듯이, 이해의 역사성에 대해 하이데거가 현상학적 존재론으로 해석한 "이해의 선구조(Vorstruktur des Verstehens)"에 대한 해명을 시도한다. 즉 가다머의 이해의 역사성은 딜타이, 하이데거 그리고 불트만의 이해의 개념을 새롭게 수용하였고, 계몽주의 시대 이후로 그다지 누리지 못한 선입견의 개념을 복권시켰다. 여기서 선입견은 역사이해의 중요한 요소로 작용한다. 특히 가다머는 그 이전 철학자들의 해석학적 순환구조(Hermeneutischer Zirkel)와 관련시켜 받아들였고, 불트만의 전이해(Vorverstandnis)[27] 개념을 강조하여 해석학적 원리로 고양시킨다. 그리고 가다머는 하이데거가 『존재와 시간』(1927)에서 밝혔던 이해의 선구조를 구체화시키고 불트만(Roudolf Bultmann)의 실존론적 해석을 가능하게 한 전이해의 질문(Fraglichkeit)을 통해 선입견(Vorurteil)이라는 개념을 확장시킨다.

26) G.-H. Gadamer, *WM.*, 250쪽.

27) 불트만에게 있어서 전이해의 개념은 해석학에 자주 등장하는 중요한 개념이다. 전이해라는 개념은 의식되지 않은 지식(nichtwissendes)으로 표현된다. 전이해의 근거로서, 문제설정과 해석 자체의 가능성을 이해할 수 있다. "텍스트에 대한 모든 이해는 물음의 방향(Woraufhin)에 의해 인도된다. 이것은 질문되어진 내용에 대한 전이해를 전제로 한다. 이해는 저자와 해석자가 질문되어진 대상에 대해 삶의 관계를 가질 때 가능하다"(Rudolf Bultman, "Das Problem der Hermeneutik", in: *Glaube und Verstehen*, Ⅱ, Tübingen, 1967, 211-235쪽).

가다머가 이러한 선입견의 개념을 사용하게 된 배경은 18세기 계몽주의 전통과 밀접한 관계를 맺고 있다. 가다머는 계몽주의적 전통 속에서 종종 나타난 이성과 선입견(Vorurteil),[28] 자유와 권위 개념 등을 고찰하여 모든 이해는 선입견에 의한 것이라 본다. 계몽주의에 있어서 권위는 이성과는 대립적인 것으로서 부정적으로 인식되었다. 이러한 권위의 개념은 이성이나 자유와는 정반대되는 개념으로서 맹목적인 복종을 의미하였다. 가다머의 입장에서 계몽주의는 권위에 대한 이해의 부정적 개념을 명예 회복시키고자 하였다.[29] 그에게 있어서 권위는 억압이나 복종을 의미하지 않고, 오히려 이것을 인정하면서 이성이나 인식과 같은 종류의 가치를 일컬었다. 다시 말해 전통과 이성은 서로 대립적인 것이 아니며 자유나 역사의 계기를 정립하는 근거가 된다.[30]

따라서 가다머는 계몽주의에서 거부한 전통과 권위, 선입견 등을 역사적 이해의 조건으로 복권시키고자 하였다.[31] 그가 이러한 요소를 복권시키고자 하는 의도는 역사적 이해를 어떻게 적용할 것인가의 문제와 밀접히 관련된다. 이런 관점에서 그는 이해의 역사성을 선입견의 개념으로서 분석하였다. 따라서 가다머는 선입견을 다음과 같이 두 종류로 나누었다. 하나는 이해를 가능하게 하는 선입견이며, 다른 하나는 이해를 방해하며 오해를 유발하는 선입견이다.[32] 여기서 이해의 역사성은 참된 선입견과 그릇된 선입견을 구

---

28) 영어번역 prejudice은 배타적이고 경멸적인 의미를 지닌 부정적인 것이 강하게 내포하고 있으나 독일어 Vorurteil은 긍정적이고 적극적인 의미를 부여하였다. 영어의 Prejudece나 우리말 선입견은 모두 부정적인 의미를 내포하고 있다. 선입견은 역사적 인식을 방해하는 우연적이거나 주관적이라는 부정적 의미로 간주하지 않고, 역사적 이해의 과정을 인도할 수 있는 적극적 가치로 복권되어야 한다(G.-H. Gadamer, *WM*., 225쪽).

29) H.-G. Gadamer, *WM*., 261-269쪽.

30) H.-G. Gadamer, *WM*., 263쪽.

31) H.-G. Gadamer, *WM*., 266쪽.

32) H.-G. Gadamer, *WM*., 279쪽.

분하는 문제점이 제기되는데, 이런 문제해명의 실마리를 쥐고 있는 해석학적 조건은 시간간격(Zeitenabstand)의 개념이다. 시간간격은 다음과 같이 이해의 역사성을 밝혀내는 것을 목적으로 한다.

> "시간의 간격을 이해의 긍정적이고 생산적인 가능성으로서 인식하는 것이 중요하다. 그것은 벌어져 있는 심연(Abgrund)이 아니라 오히려 우리에게 기원과 전통의 연속성(Kontinuität des Herkommen und Traditiom)에 의해서 채워지고, 연속성의 빛 속에서 모든 전승을 우리에게 전해 준다."[33)]

위의 인용문에서 가다머가 주장하는 이해의 역사성은 시간간격을 과거와 현재로 분리된 극복되어야 할 심연(深淵)으로 간주하지 않고 서로 연속적인 매개로 이해하였다. 즉 시간간격은 역사적 이해 속에서 역사적 지평을 열어 주며, 전통의 흐름 속에서 과거와 현재를 변증법적으로 결합하는 역사적 계기로서 참여한다. 여기서 역사적 이해의 개념은 과거와 현재가 끊임없이 매개되어 가고 있는 전통 속에서 정립된다.[34)]

가다머가 강조하고자 하는 점은 해석학적으로 훈련된 의식을 통해서 텍스트를 이해하여 역사를 올바르게 이해하는 것이다. 거기서 그는 참된 선입견과 그릇된 선입견을 구분한다. 그래서 가다머는 이해에 작용하는 선입견으로서의 역사를 영향사(Wirkungsgeschichte)로 표현한다. 이러한 영향사의 분석을 통해서 영향사의 구조적 성격을 밝혀낸다. 즉 그는 해석학적 상황에 대한 인식과 그 특징을 이루는 지평, 해석자와 텍스트와의 대화관계, 물음과 대답의 변증법, 전통의 개방성 등을 규명하였다. 그리고 가다머는 이해의 역사

---

33) H.-G. Gadamer, *WM.*, 281쪽.
34) H.-G. Gadamer, *WM.*, 274-275쪽.

성에 대해 영향사적 원리를 적용(Anwendung)의 개념으로 연결시켜서 설명한다. 여기서 적용의 개념은 텍스트의 의미를 현재와 관련하여 해석하는 기능을 의미한다. 먼저 적용의 원리는 신학해석학과 법률해석학의 실례(實例)에서 나타난다.

하지만 이러한 해석학의 경우에서 일반적인 방식으로 텍스트를 이해하고 설명하는 방식은 충분하다고 말할 수는 없으나, 어떤 방식으로든지 텍스트가 현재의 조건과 관계하고 있는가를 명확하게 밝혀야 한다고 팔머(Richard E. Palmer)는 말한다.[35] 즉 팔머는 법률해석학과 신학해석학은 해석의 과제를 낯선 세계로 들어가려는 것을 텍스트와 현재 상황 간의 거리를 통해 극복하려는 노력으로 본다. 이러한 해석학은 텍스트가 지닌 과거의 지평을 현재의 지평과 연결시켜 의미하는 바가 무엇인지 설명해야 한다.[36] 바꾸어 말하면 텍스트를 이해한다는 것은 항상 텍스트를 적용하는 것을 의미한다.[37] 적용의 의미는 모든 이해의 형식 속에 있으며, 그것은 향후에 적용하는 것이 아니라 주어진 텍스트를 우리와 함께하여 일반적인 현실적 이해에 적용되어지는 것을 말한다. 그렇게 될 때 이해는 현실의 방식으로서 증명되고 그러한 영향으로 나타난다.[38] 여기서 가다머는 영향사적 의식을 이해의 역사성의 관점으로 분석하였고 영향사의 맥락에서 해석자는 자신이 고유한 상황에 처해 있음을 알게 된다고 하였다. 이렇게 가다머의 해석학은 자기상황에서 영향사로부터 이끌어 낸 선입견을 통해 전통을 이해한다. 그렇게 볼 때 전통은 이성에서 작용할 수 있는 기반과 역사적 이해를 제공해 준다. 이런 점에서 권위와 전통은 계몽주의 시대 이후로 누

35) Richard E. Palmer, *Hermeneutics*, *Interpretation Theory in Schleiermacr*, *Dilthey*, *Heidegger*, *Gadamer*, Northwestern University, 1969, 186-187쪽.
36) Richard E. Palmer, 앞의 책, 188쪽.
37) H.-G. Gadamer, *WM*., 291쪽.
38) H.-G. Gadamer, *WM*., 323쪽.

리지 못한 지위를 되찾게 된다는 점에서 중요한 역할을 한다.

5. 영향사적 의식

이해의 역사성에 대한 가다머의 실례(實例)는 영향사적 의식이라는 개념이다. 작품의 작자나 독자는 똑같이 그 시대의 역사적 제약 속에 놓여 있다. 즉 가다머의 관점에서 모두가 영향사라는 작용에 의존해 있다는 것이다. 예들 들어 우리가 어떤 특정한 시대의 작품을 이해하고자 한다면, 작품의 저자나 이해자가 모두 어떤 역사적인 영향에서 글을 쓰고 글을 이해하기 때문에, 지금 우리가 가진 역사적인 지평을 포기하지 않은 상태에서 작품의 역사적 지평과 우리의 지평이 어우러져서 작품을 이해한다. 따라서 우리가 작품을 순수하게 이해할 수 없을 뿐만 아니라 그렇게 하는 것이 우리에게 아무런 의미가 없다는 것이다. 괴테의 파우스트가 가진 역사적 지평과 지금 우리가 그것을 읽고 이해하는 역사적 지평과는 사뭇 다르다. 괴테를 이해한다는 것은 그의 지평과 나의 지평이 만나는 것이다.

그리고 이러한 역사적인 작용을 가다머는 영향사라 부른다. 우리는 영향사에 대한 의식을 역사의식과 다르게 규정한다. 우리가 역사의식을 소유할 수는 있지만, 그것은 영향사적 역사의 과정 속에서 작용하고 있으며, 역사를 통해서 규정되고 있는 의식이다.[39] 하지만 이해란 역사적인 작용자의 정신 속으로 자신을 몰입해 들어가거나 전통의 연관 속으로 빠져 들어가는 것만은 아니다. 왜냐하면 해석학은 타자의 역사적 대상 속에서 자기 자신을 인식하는

39) 박순영, 「해석학의 현대적 위상」, 엄정식 외, 『현대철학 특강』, 철학과현실사, 1998, 120-121쪽.

이해이론이기 때문이다. 과거의 증거가 역사적인 현존재에 대해 단지 의미를 가질 경우에 자신의 고유한 존재가능성의 의미지평을 기획하는 것이다.[40]

가다머는 희랍의 플라톤과 아리스토텔레스의 변증법에서 그의 철학적 해석학의 모형을 찾았다. 특히 가다머는 플라톤의 변증법에서 이해하고 있는 담화(Dialog-Gespräch)를 텍스트와 해석자의 관계로 연결시킨다. 그리고 헤겔을 희랍적 사고(思考)의 재현으로 파악하고 헤겔의 변증법을 자신의 철학에서 없어서는 안 되는 요소로 간주하였다.[41] 가다머의 변증법은 소크라테스-플라톤적 변증법이며 "질문과 진리추구의 기술(Kunst des Fragens und des Suchens der Wahrheit)"에 대한 변증법이다.[42] 대화를 이끄는 기술로서의 변증법은 어떤 양식의 통일성이라는 관점에서 사물을 보는 기술이다. 즉 그것은 공통된 의견을 추출해 내는 형식의 기술이다. 이것은 대화의 형식 속에서 문답의 과정을 통해 의미의 소통이 수행된다. 가다머는 이러한 변증법의 형식을 문헌적 전승과 관련시켜 의사소통의 기술적인 작업이라 본다. 이 형식을 그는 해석학의 과제로 파악한다.[43] 무엇보다 이러한 과제는 "텍스트와의 대화에서 나온다(In-das-Gespräch-kommen mit dem Text). 그래서 문헌적 전승은 그것이 처해 있는 대상과 대화라는 살아 있는 현재로 불려오게 된다."[44] 이런 관점에서 가다머의 영향사적 해석학이 제시하는 원초적인 관심은 문헌학적인 이해의 작업에서 시작되었고, 문헌학적인

40) H.-G. Gadamer, *WM.*, 288-289쪽.

41) H.-G. Gadamer, *WM.*, 436쪽. 가다머는 헤겔이 의식적으로 희랍의 변증법의 모델을 수용하였고, 누구든 희랍사상을 배우려는 자는 먼저 헤겔에게서부터 먼저 배워야 한다고 말한다. 또한 헤겔뿐만 아니라 파르메니데스(Parmenides)의 존재의 진리를 중요한 것으로 간주하였다(H.-G. Gadamer, *WM.*, 436쪽).

42) H.-G. Gadamer, *WM.*, 349쪽.

43) H.-G. Gadamer, *WM.*, 350쪽.

44) H.-G. Gadamer, *WM.*, 350쪽.

보조도구에 지나지 않았던 이론은 보편적인 철학적 과제로 전개해가게 된다.[45] 문헌학적인 이해에서 시작된 해석학은 과거와 현재에도 활발히 작용하는 역사로 진행하게 되며, 거기서 영향사적 의식을 만나게 된다.

가다머에 있어서 영향사적 의식이란 인간의 의식이 반성적 사유를 통하여 전통과 선입견을 초월할 수 있는 자유로운 의식이 아니라, 역사적 전통의 영향 아래서 사유하는 구체적인 의식을 뜻한다. 그것은 영향사와 자신의 역사성까지 의식하는 의식의 영향사 속에서 형성되고 활동하며 이미 그 안에 속해 있는 의식을 말한다.[46] 즉 이해에서 자신의 고유한 역사성을 함께 성찰하는 의식을 가다머는 영향사적 의식이라 부른다. 따라서 영향사적 의식은 그 내용이 항상 두 계기가 된다. 그 하나는 역사적 연결점이고, 다른 하나는 개인적 상황이다. 영향사적 의식은 역사로부터 자극을 받는 동시에 이 자극에 대한 의식이다. 그는 영향사적 의식을 다음과 같이 말한다.

> "우리는 항상 역사 한가운데에 있다. 우리 자신은 계속해서 굴러가는 사슬의 한 부분에 지나지 않는다. 우리는 매 순간 이렇게 과거로부터 우리에게 오는 것, 즉 전수되는 것과 더불어 우리를 이해할 수 있는 가능성 속에 존재한다. 나는 그것을 영향사적 의식이라 부른다."[47]

위 인용문에서 보듯이, 영향사적 의식은 역사의 진행과정에서 작용하고 있으며, 역사를 통해서 규정되고 있는 의식이다. 그리고 영향사적 의식은 인간이 소유하고 있는 의식이 아니라 그 작용을 우

---

45) H.-G. Gadamer, *WM.*, 284쪽.
46) H.-G. Gadamer, *WM.*, 183쪽.
47) H.-G. Gadamer, *WM.*, 183쪽.

리가 느끼고 그것을 인정할 수밖에 없는 의식이다. 따라서 해석학은 타자의 역사적 대상 속에서 자기자신을 인식하는 이론으로 이해된다. 이런 점에서 가다머는 작가가 그 자신을 이해하는 것보다 이해하는 사람이 작가를 결코 더 잘 이해할 수 없다는 것이 아니라 작가가 각기 다르게 이해될 수 있다는 데에 있다. 따라서 가다머가 주장하는 해석학적 의식은 인간의식의 유한성을 의미한다.[48] 이러한 영향사적 의식은 영향사라는 개념과 연관된다. 영향사란 이해에 작용하는 선입견으로의 역사를 일컫는다. 이 개념은 이해의 정확한 의미를 함축하고 있으며, 그러한 이해는 그 본질에 있어 영향사의 과정 속에 있다. 이러한 영향사는 "역사주의"[49]라는 전통개념에 대한 해석학적 반성에서 유래하며, 역사주의의 한계는 무반성(無反省)에서 찾는다.[50]

그러므로 영향사적 의식은 역사를 연구하고 인식하려는 우리의 의식이 과거의 역사적 전통으로부터 초월하여 존재하는 것이 아니라 지속적으로 작용을 하거나 그 영향 아래에서 존재한다.

가다머는 영향사적 의식을 해석학적 상황에 대한 의식이라 말한다. 여기서 해석학적 상황은 이해해야 할 전승의 상황이다. 그런데 상황이란 대상화될 수 있는 것이 아니라, 우리가 그곳에 처해 있는 입장이기 때문에 어떤 구체적 인식의 대상은 아니다. 다시 말하면 해석학적 상황은 우리가 이해하려는 전통에 대한 우리 자신이 처해 있는 상황을 이해하는 것이다. 모든 반성과 마찬가지로 영향사

48) H.-G. Gadamer, *WM.*, 275-276쪽.

49) 역사주의는 과거의 문화적 전통을 역사적 특수성에 따라서 객관적으로 인식하려는 태도이다. 특히 가다머는 역사를 현재의 매개와 관련하여 드로이젠(Droysen)의 역사이론과 해석학의 관계를 언급하고 있다. 드로이젠은 랑케(Ranke), 칸트(Kant), 훔볼트(Wilhelm von Humboldt)의 전통을 이어받은 해석학적 역사이론가이며 가다머의 지평융합과 일치하는 관점을 갖고 있다(H.-G. Gadamer, *WM.*, 199-205쪽).

50) Richard E. Palmer, 앞의 책, 191-193쪽.

적 의식도 인간의 구조이기 때문에, 역사적 전승도 현재의 삶과 긴밀히 매개되어야 한다.[51] 이러한 가다머의 영향사적 의식구조는 헤겔적인 반성의 변증법(die Dialektik der Reflexion) 안에서 이성의 자기매체(Selbstvermittlung)라는 부분에 의해 형성된다. 헤겔의 정신철학은 역사와 현재로부터 전적인 매개로 수행될 것을 요구한다.[52] 헤겔의 매개(Vermittelung) 개념은 가다머의 영향사이론에 결정적인 출발점이 된다.

그러나 근본적으로 "매개"[53]에 대한 헤겔과 가다머의 이해는 서로 다르게 나타난다. 헤겔에게 있어서 매개는 반성의 영역 안에서 수행되는 절대이성의 자기매개현상을 일컫는다.[54] 그러나 가다머 입장에서 매개는 역사적인 매개이며 과거와 현재의 지평융합(Horizontverschmelzung)을 형성하는 것이다.[55] 즉 가다머는 매개를 통한 영향사적 의식의 분석을 이해와 역사의 관계로 해명하면서, 과거와 현재의 지평융합이라는 이해과정을 헤겔의 변증법적 반성철학에서 그 모델을 찾는다.[56] 여기서 가다머는 이해의 구조와 전통의 연관성을 설명하기 위해 지평이라는 개념을 적용한다. 지평은 활짝 열려질 수 있으며, 우리와 함께 움직이는 그 무엇이다. 그에게 있어서 지평은 하나의 관점이며, 정확히 정의할 수 있는 개념은 아니다. 역사적 의식이 과거의 것을 대상으로 삼는다면, 이 역사의식은 전승된 것과 거리를 두게 된다. 즉 과거의 지평과 내가 속한

---

51) H.-G. Gadamer, *WM.*, 323쪽.
52) H.-G. Gadamer, *WM.*, 328쪽.
53) 가다머의 영향사이론에서 매개는 두 가지로 나타난다. 하나는 원초적으로 텍스트가 속한 영향사이며, 다른 하나는 해석자의 현재적 관심에 속하는 영향사이다(박순영, 「Gadamer의 해석학과 정신과학의 방법론」, 『철학』, 제24집, 1987. 9쪽).
54) H.-G. Gadamer, *WM.*, 328쪽.
55) H.-G. Gadamer, *WM.*, 289, 356쪽.
56) H.-G. Gadamer, *WM.*, 327쪽.

지평은 간격을 가질 수 있다. 두 지평은 지속하는 전통 속에서 동일한 것이라 할 수 있지만, 서로 분리된 지평이 만날 수 있어야 한다. 이 두 지평은 영향사적 의식 속에서 지평융합을 이룬다.[57] 따라서 가다머의 지평융합은 두 지평의 혼합이 아니라 영향사 의식에 의하여 자신이 역사적으로 제약되어 있다는 의식이다.

6. 해석학적 경험의 매체

가다머에게 있어서 영향사적 의식의 역사이해는 언어를 통해 잘 나타난다. 여기서 언어는 해석학적 경험의 매체가 되며, 이해의 문제를 불러일으킨다. 따라서 언어의 문제는 가다머 해석학의 중심논제로 등장한다. 그는 언어에 대한 관심을 초기의 하이데거의 실존론적 해석학의 극복을 위해 언어의 보편성에 대한 이론을 전개한다. 즉 그는 『진리와 방법』의 제3부에서 언어를 근거로 하여 해석학의 존재론을 다루었다.[58] 가다머는 언어와 존재의 관계를 해석학적 단서로 파악한다. 즉 언어의 문제는 하이데거가 주장하는 "언어는 존재의 집"[59]이라는 문장과 가다머 자신이 "존재는 진리의 집이다"[60]라고 언급한 명제에서 잘 나타난다. 가다머의 언어이론의 가장 근본적인 특성은 언어의 본질에 대해 "기호이론(Zeichentheorie)"[61]

---

57) H.-G. Gadamer, *WM.*, 448쪽.

58) H.-G. Gadamer, *WM.*, 361-465쪽.

59) M. Heidegger. *Über den Humanismus*, Frankfurt. a. M., 1947, 5쪽.

60) M. Heidegger, 앞의 책, 9쪽.

61) 기호이론은 구조주의에서 언어학적으로 많은 연구가 있었고 데리다를 비롯한 해체주의에서 활발한 논의가 진행되어 왔다. 소쉬르는 그의 주저 『일반언어학강의』에서 기호의 구조주의라는 말을 처음으로 사용하였고 기호를 Signfiant(기표)와 Signifie(기의)의 결합이라 보았다(J. Bleicher, *Contemporary Hermeneutics, hermeneutics as method, philosophy and Critics*, London, 1980, 222-227쪽).

을 거부하는 데 있다. 즉 그는 언어의 형식과 도구적 기능에 기초하고 있는 기호이론에 반대한다. 기호이론은 언어가 사유를 전달하는 데 필요한 인간의 도구로 여기고, 명확히 사유되거나 정의된 것을 표시하기 위한 도구로 본다. 가다머는 언어는 도구가 아니라 살아 있는 로고스이며 우리들이 거기에 참여하는 것이라고 말한다.[62]

가다머에 있어서 언어는 비도구적 성격이며, 이해와 더불어 포괄적인 현상이다. 즉 그는 언어를 도구가 아니라 하나의 매개로 파악한다.[63] 따라서 가다머는 언어의 본질을 사유와 언어, 그리고 이해의 통일 속에서 찾는다. 즉 "모든 이해는 해석이며, 해석은 그 대상이 단어에서 나오며, 언어의 매체에서 전개된다."[64] 따라서 언어는 대화를 통해 다음과 같이 전개된다.

> "대화 속에서 언어는 모든 것을 이해하고, 사유의 과정 속에서 진행된다. 언어는 해석을 통해 나타날 수 있기 때문에 우리가 언어를 내용적으로 전승하는 것을 외면하고 형식적으로 사유한다면 언어의 의미가 아주 빈약하게 되어 버릴 수 있다. 언어는 진정으로 언어가 존재하려는 방식의 길로 나아가야 한다."[65]

이렇듯 가다머는 언어를 해석학의 중요한 요소로서 간주한다. 언어는 단지 도구가 아니라 세계와의 관계에서 파악한다. 하지만 언어는 세계와 매개하는 단순한 수단은 아니다. 다시 말해 언어는 단순히 도구가 아니며, 우리 자신과 세계에 대한 지식을 얻고자 하는 데 있다.[66] 그러므로 가다머는 언어를 세계[67]와의 관계 속에서 파악한

62) H.-G. Gadamer, *WM.*, 410쪽.

63) H.-G. Gadamer, "Mensch und Sprache", in: *Kleine Schriften*, I, Tübingen, 1967, 95-96쪽.

64) H.-G. Gadamer, *WM.*, 366쪽.

65) H.-G. Gadamer, *Mensch und Sprache*, 95쪽.

66) 가다머에 있어서 세계는 환경(Umwelt)과 같은 것이 아니다. 환경은 동물도

다. 언어는 인간존재의 중심이며 그 언어 속에서 "나"와 "세계"가 함께 한다.[68] 따라서 언어를 이해하는 것은 그 언어가 속한 상황이나 세계에 관계하는 것이며, 이것은 세계와 언어를 동시에 갖는 것이다.

> "세계는 언어로 이해할 때 세계를 이해할 수 있으며, 언어를 통해서 세계를 형성한다. 따라서 언어는 동시에 세계－내－존재(In-der Welt-Sein)를 의미한다."[69]

> "언어를 통해서 나올 수 없는 것은 본질상 이해할 수 없으며, 언어로 듣는 매개에 접근할 수 없는 것은 존재하지 않는다."[70]

이러한 세계와 언어사이의 관계는 현존재의 이해에 근거하기 때문에 개시성(開示性)에 의해 언어를 이해한다. 이런 점에서 가다머는 "이해될 수 있는 존재는 언어이다(das Sein, das Verstanden werden kann, ist die Sprache)"[71]라 말한다. 이는 언어존재론을 해석학적 존재론의 특성으로 드러내고자 하는 것이다. 여기서 가다머는 언어 특유의 객관성을 찾아내며, 언어가 속한 세계에서 상호주관적인 세계를 나타내고자 했다.[72] 무엇보다 가다머에 있어서 언어는 세계와의 관련 속에서 존재를 드러내는 힘이다.[73] 즉 언어는 시간과 공간

갖고 있으나 세계는 인간만이 갖고 있다. 동물이 세계를 갖지 못하는 것은 언어를 갖고 있지 않기 때문이다. 동물이 언어를 갖고 있다고 주장하는 것은 언어를 부호로 보는 도구주의적 견해이다. 그래서 인간만이 언어를 갖고 있고 언어를 통해서 세계를 갖고 있는 것이다(H.-G. Gadamer, *WM.*, 419-421쪽 참조).

67) H.-G. Gadamer, *WM.*, 419쪽.

68) H.-G. Gadamer, *WM.*, 419쪽.

69) H.-G. Gadamer, *WM.*, 419쪽.

70) H.-G. Gadamer, *WM.*, 438쪽.

71) H.-G. Gadamer, *WM.*, 450쪽.

72) H.-G. Gadamer, *WM.*, 423쪽.

73) H.-G. Gadamer, *WM.*, 419쪽.

을 초월한 상호주관적인 언어세계로서 나타난다. 다시 말해 언어와 세계 사이의 관계는 해석학적 경험이론과 전승과의 관계에서 드러난다. 해석학적 경험이론은 전승(Übderlieferung)에 관계된 경험이며, 언어에서 전승된 언어는 해석학적 경험이론과 분리되어 생각할 수 없다.[74] 요컨대 전승 속에서 설명된 세계는 언어로 파악된 세계이다.[75]

가다머에 의하면, 전승은 우리가 경험을 통해 인식하는 것이 아니고 나와 너의 대화를 모델로 삼아야 한다고 말한다. 대화 속에서 너는 대상(Gegenstand)이 아니며, 우리 자신과 관계한다. 너라는 경험대상은 서로 타자에 대한 경험을 갖고 있기에 언어를 매체로 한 해석학적 경험의 특징을 갖는다.[76] 우리 자신이나 전승된 텍스트가 언어에 속해 있을 때 공통적인 지평이 가능해진다. 이러한 점에서 인간은 언어에 대한 귀속성(Zugehörigkeit)을 갖고 있으며, 언어는 해석학적 경험의 중요한 의미를 지닌다.[77] 그러므로 언어의 귀속성은 해석학적 경험의 실재근거가 되며, "언어를 통해서 듣는 것(das Hören Mittels der Sprache)"을 의미한다. 가다머는 '보는 것'보다 '듣는 것'을 더 강조하면서 언어를 통해서 들리지 않는 것은 어떤 것도 없다고 주장한다. 왜냐하면 '들음'으로써 우리가 속한 세계인 로고스(Logos)에 접근할 수 있기 때문이다.[78]

가다머는, 해석학적 경험이 언어의 수행방식으로 이루어졌다는 점에서 해석자 사이에 대화가 일어나고 있음을 강조한다. 가다머에게 있어서 언어는 단지 실제적인 대화 및 담화(Dialog), 즉 묻고 답하는 것, 그리고 가장 내면적인 진리에 대한 답변을 포괄한다.[79]

74) H.-G. Gadamer, *WM.*, 417쪽.
75) H.-G. Gadamer, *WM.*, 423쪽.
76) H.-G. Gadamer, *WM.*, 343쪽.
77) H.-G. Gadamer, *WM.*, 436-438쪽.
78) H.-G. Gadamer, *WM.*, 438쪽.

이러한 이유로 인해 그는 언어의 본질을 대화에서 찾는다. 대화는 상호이해(Verständigung)의 과정이고, 우리가 다른 사람 안에 들어가 상대편의 관점을 타당하게 여길 때 진정한 대화가 성립하게 된다. 대화가 서로 성립하기 위해서는 타인을 개별적인 존재(Individualität)로 이해하지 않고, 상대방이 말한 것을 이해하며 그가 생각한 것을 파악한 이후에 그 의미가 무엇인가를 찾아내어 합의를 이루어야 한다.[80] 그렇게 될 때 언어는 대화 상대자 사이에 합의가 이루어지는 중심역할을 하게 된다.[81]

하지만 대화는 무한정 진행될 수 있기 때문에 언어를 통해서 진리를 파악하는 것이 그렇게 간단하지 않다. 여기서 가다머는 언어의 고유한 사변적 구조(spekulative Struktur)에 대해 언급한다. 언어는 그 자체가 사변적 구조를 갖고 있으며, 그 구조 속에서 언어의 특성이 나타난다. 이러한 언어의 사변적 구조는 언어의 유한성을 사실 자체로 표현하는 무한한 과정에서 진행된다.[82] 가다머에 의하면, 진정한 대화는 단지 상대방의 "말한 것"에 의해서가 아니라 "이야기(die Rede)"를 통해서 서로를 이해시킬 때 일치감을 형성한다고 본다. 특히 이러한 현상은 시적(詩的) 진술에서 두드러지게 나타난다. 그는 다음과 같이 "시어(dichterische Wort)"[83]들을 일상생활 속에서 파악한다.

> "일상적 생활에서의 대화와 마찬가지로 (시적) 단어들은 사변적이다. 말하는 자는 말 속에서 존재와의 관계를 언어로 표현한다."[84]

---

79) Damir Barbarić, "Zur Sprachauffassung H.-G. Gadamers", in: *Internationale Zeitschrift für Philosophie*, Heft. 2, 1996, 230쪽.

80) H.-G. Gadamer, *WM.*, 363쪽.

81) H.-G. Gadamer, *WM.*, 361쪽.

82) H.-G. Gadamer, *WM.*, 444쪽.

83) H.-G. Gadamer, *WM.*, 445쪽.

84) H.-G. Gadamer, *WM.*, 445쪽.

"다른 말로 표현한다면, 시적인 단어는 어떤 대상과의 고유한 관계에서 진행될 때 사변적으로 나타난다."[85)]

위 인용문에서 시적인 언어는 사변성의 구조로서 해석학적 경험을 할 수 있는 공통적인 특징이며, 이는 "보편적-존재론적인 구조"[86)]를 갖는다. 여기서 해석학적 존재론의 명제가 성립되며 해석학적 경험이론을 완성시키는 결정적인 단서가 된다. 결국 가다머가 해석학의 보편성을 주장할 수 있었던 것은 인간과 세계의 근본관계를 언어의 이해로 파악하였기 때문이다.[87)] 그것은 언어가 이해와 연관되어 있다는 것이며, 이러한 연관 속에서 이해는 언어 속에서 의사소통되고 있는 의미 파악을 가능하게 한다. 가다머의 해석학적 존재론은 언어의 사변적 존재론의 구조 아래에 정초된 언어존재론이다. 따라서 이해는 우리의 시선을 활짝 열어 준다는 점에서 제1철학(prima philoslphia)이라 부른다.[88)]

위에서 살펴본 바와 같이, 가다머의 해석학적 경험의 매체로 작용하는 언어개념을 다음과 같이 정리할 수 있다. 첫째, 언어는 단순히 도구적 기능에 기초하고 있는 기호이론이 아니다. 즉 언어는 도구가 아니다. 둘째, 언어는 세계와의 관계 속에서 존재를 드러낸다. 언어를 통해서 인간들은 세계를 지닌다. 셋째, 언어는 전승된 텍스트 속에서 진정한 대화가 이루어진다. 넷째, 언어는 사변적 구조를 가진다.

---

85) H.-G. Gadamer, *WM.*, 445쪽.
86) H.-G. Gadamer, *WM.*, 450쪽.
87) H.-G. Gadamer, "Rhetorik. Hermeneutik und Ideologiekritik", in: *Kleine Schriften*, I, Tübingen, 1967, 118쪽 참조.
88) R. Bubner, *Modern German Philosophy*. Translated by Eric Matthews 1981, 57쪽.

7. 영향과 의의

20세기 현대 해석학의 핵심은 하이데거를 비롯하여 가다머가 그 업적을 계승한 이후로 다양한 관점의 변화를 겪어 왔다.

첫째, 계몽주의 이래의 전통과는 대조적으로 이제 더 이상 해석학은 고정적으로 텍스트에 쓰인 문서나 언어의 이해 및 텍스트의 해석에 있어서 배타적으로 기울이지 않는다는 사실이다.

둘째, 슐라이어마허로부터 딜타이에 이르기까지의 낭만주의 해석학과는 다르게 가다머의 해석학은 이해의 목표가 다른 사람과의 의사소통이나 타인의 심리학에 한정하여 초점을 맞추어 전개하지 않았다.

셋째, 가다머의 해석학은 딜타이 자연과학과 정신과학을 분리하기 이전에 놓여 있던 그것보다 더 근본적인 정신과학의 영역을 탐구하려고 시도하였다.

넷째, 가다머는 이제까지의 정신과학의 방법론에 한갓 머물러 있던 해석학을 철학적 사고의 보편적 측면으로 확장하였다.

우리는 앞서 살펴본 가다머의 해석학의 이해에서 중심역할을 하였던 영향사적 의식에 대한 의미를 다음과 같이 부여할 수 있을 것이다.

첫째, 영향사적 의식은 역사적 간격(historical distance)의 개념이다. 여기서 간격은 방법론적 입장을 뜻하며, 역사적 간격의 조건에서 이루어진다. 즉 그것은 먼 곳의 가까움으로 표현된다. 현재의 관점에서 과거의 역사는 먼 곳의 역사이다. 하지만 과거의 역사를 통해 현재가 진행된다고 보았을 때, 과거의 역사는 현재를 이해하는 원동력으로 작용한다.

둘째, 영향사적 의식의 개념은 유한성과 헤겔적인 절대적 지식을 포함한다. 여기서 유한성은 존재론에 속하며, 이것은 하이데거의 현존재의 존재론적 해석학에 영향을 받았다. 이러한 영향사적 의식의 개념은 역사적 존재에서 나타나지만, 헤겔이 주장하듯이 절대지식에 도달하지는 못하는 존재이다. 헤겔은 역사적 존재를 지식이라는 개념보다 실체적 개념에 더 가깝다고 말한다. 이러한 실체적 개념에 대해 가다머는 대화의 변증법을 통해 그의 보편적 해석학으로 진행시켰다.[89]

셋째, 영향사적 의식은 이해의 역사성이라는 관점에서 선명하게 나타난다. 역사적 이해는 우리를 단지 제약하는 상황만은 아니다. 이러한 상황은 수축하기도 하고 팽창하기도 하는 상황이다. 우리가 목격하는 풍경이 가까이에서, 멀리, 또 아주 넓게 확장될 수 있듯이, 역사적 이해도 이와 동일하다. 이때에 지평의 개념은 타자의 관점에서 자신의 방법론적 역할과 일치될 때 설명될 수 있다. 즉 지평은 타자와의 지평에서 이루어진다.

넷째, 영향사적 의식에 의하여 과거와 현재는 두 지평융합을 만난다. 하지만 두 지평융합은 역사적으로 제약되어 있는 의식이지만, 타자와 자아 사이의 긴장된 관계를 변증법과정 속에서 회복시키는 매개역할을 한다. 이러한 지평융합은 "과거와 현재의 연속적인 이해 속에서 형성된다."[90] 이렇게 가다머의 지평융합의 개념은 현재와 과거를 이해하는 역사적 관점의 영역과 밀접한 관련을 맺었다. 그것은 이제껏 모든 역사의 진행과정을 포괄하는 거시적인 관점이었다.

---

89) Paul Ricoeur, *Hermeneutics & the human sciences*, Edited & translated by John B Thompson(Cambridge University press, 1981), 74-75쪽.

90) Jan Edward Garrett, "Hans-Georg Gadamer, Hans-Georg Gadamer on fusion of horizons", in: *Man and World*, Vol. 17, 1978, 393쪽.

제 6 강

하버마스: 의사소통행위의 해석학

1. 생애 및 사상개요
2. 심층적 해석학
3. 의사소통행위의 해석학
4. 합의이론
5. 영향과 의의

제6강

하버마스

의사소통행위의 해석학

1. 생애 및 사상개요

하버마스(Jürgen Habermas, 1929~)는 독일의 뒤셀도르프(Düssldorf)에서 태어났다. 어린 시절에는 쾰른(Köln)에 가까운 도시 굼머스바흐(Gummersbach)에서 자랐다. 아버지 에른스트 하버마스(Ernst Habermas)는 이곳에서 시(市) 상공국장으로 일했으며, 할아버지는 그곳의 목사였다. 하버마스는 이곳에서 고등학교까지를 마쳤다. 하버마스는 대체로 보수적인 정치적 분위기 속에서 성장했다. 이는 그의 아버지가 소극적이나마 나치즘(Nazism)을 지지했다는 점에서 단적으로 드러난다. 1949년 괴팅겐(Göttingen)대학에서 철학공부를 시작했다. 스위스의 쥬리히(Zürich)대학, 독일의 본(Bonn)대학에서 철학, 역사학, 심리학, 경제학, 독문학 등 인문학과 사회과학 전반을 공부했다. 하버마스는 1953년 7월 독일의 일간지 『프랑크푸르트 알게마이네 차이퉁(Frankfurter Allgemeine Zeitung)』에 「하이데거와 함께 하이데거를 비판적으로 성찰하기(Mit Heidegger gegen Heidegger denken)」라는 기고문을 실으면서 하이데거의 정치의식을 공격했다.

이를 계기로 하버마스는 전통철학의 유산을 계승한 대표적 인물이었던 하이데거, 슈미트(Carl Schmitt, 1888~1985), 윙거(Ernst Junger, 1895~1998), 겔렌(Arnold Gehlen, 1904~1976) 등을 비판적으로 사고하기 시작했다. 이러한 시도를 시작으로 보수주의적 청년 하버마스는 새롭게 태어나기 시작했다.

그는 1954년 본(Bonn)대학에서 로타커(Erich Rothacker, 1888~1965) 교수와 베커(Oskar Becker) 교수의 지도 아래 「절대자와 역사: 셸링 사유에서 불화를 중심으로(Das Absolte und die Geschichte; Von der Zwiespältigkelt in Schellings Denken)」(1954)라는 논문으로 박사학위를 받았다. 박사학위를 마치고 그는 마르크스와 루카치 등의 사상에 관심을 갖기 시작한다. 1954년 2월 그는 신문사의 기자로 취직하여 2년간 여러 신문사를 돌아다니며 일했다. 이때 그는 아도르노와 호르크하이머의 공저인 『계몽의 변증법』(1947)을 읽고 큰 감명을 받는다. 그에게 감명을 준 이유는 이 책이 마르크스의 사상을 그대로 받아들이지 않으면서도 나름대로 활용하고 있다는 점이다. 1920년대 말 독일 프랑크푸르트대학에서 형성된 프랑크푸르트학파의 비판이론운동은 호르크하이머, 아도르노, 그리고 마르쿠제가 주축을 이루었다. 그리고 이들이 1930년 초에 나치를 피해 미국으로 망명하여 그곳에서 활약을 하다가 1950년대에 다시 본고장으로 돌아온 후로 하버마스가 이 학파에 참여하여 전후세대의 계승자로 인정받는다. 하버마스의 사회철학이 본격적으로 형성된 시기는 비판이론의 본고장인 "프랑크푸르트 사회연구소"의 연구조교 자리에 있으면서부터이다. 여기서 호르크하이머와 아도르노의 비판이론을 본격적으로 접하면서 루카치와 마르크스의 사회·정치·이데올로기 문제를 광범위하게 연구하게 된다. 1959년에 독일연구협회(Deutsche Forschungsgemeinschaft)에서 장학금을 받아 마르부르크(Marburg)대학에서 「공공성의 구조변환: 부르주아 사회의 한

범주에 관한 연구(Strukturwandel der Öffentlichkeit: Untersuchungen zu einer Kategorie der bürgerlichen Gesellschaft)」라는 논문으로 교수자격논문(Habilitaritionsschrift)을 제출하지만, 아도르노의 반대에 부딪혀 거부당하는 좌절을 겪는다. 하버마스는 그가 공부했던 프랑크푸르트대학에서 교수자격논문을 통과시켜야 했는데 그가 사상적으로 좋아하는 아도르노의 거부로 인해 그 당시 마르부르크 대학 정치학 교수였던 아벤트로프(Wolfgang Abendtoth) 교수의 인정을 받아 교수자격논문을 통과한다. 1961년 하이델베르크대학의 철학 및 사회학 교수로 취임하였고, 1948년부터는 이 대학의 철학교수로 재직하고 있던 가다머(H.-G. Gadamer)와 개인적 친분을 갖는다. 1964년 35세에 프랑크푸르트대학의 철학과 사회학의 정교수로 초빙 받으면서, 프랑크푸르트학파의 비판이론의 후계자가 되는 명예와 명성을 얻는다.

1971년에 그는 바이체커(C. F. v. Weizäcker)와 공동으로 슈타른베르거에 막스 플랑크 연구소를 설립하여 공동책임자로 활동한다. 1983년 그는 프랑크푸르트대학에 다시 교수로 초빙 받아 아도르노의 자리를 물려받는다. 정년으로 은퇴할 때까지 이곳에서 철학과 사회학을 가르쳤다. 하버마스의 사상은 루카치의 『역사와 계급의식』(1923)과 아도르노와 호르크하이머의 『계몽의 변증법』에서 많은 영향을 받았다. 하버마스는 이들의 이론을 통해서 전통사회에서 현대사회로의 이행과정 중에서 각 개별적인 사회계층을 이해하는 문제가 철학의 중요한 과제이다. 하버마스의 해석학적 개념구상은 아펠의 철학적 관심과 공통된 부분이 많다. 그와 다른 점이 있다면 언어능력(Sprachkompentenz)이라고 하는 촘스키(Chomsky)의 언어학적 개념을 의사소통 상호능력(Lommunikative Kompetenz)이라는 개념으로 바꾸어 놓았다는 것이다.[1] 의사소통 상호능력이란 말하는 자와 듣

1) 하버마스 사상의 삶과 형성과정을 보다 자세히 다룬 문헌은 다음을 참조:

는 자의 상호작용을 말한다. 하버마스는 촘스키의 언어의 심층구조와 표면구조의 이념을 분석하였다. 이것을 토대로 정신분석학의 심층해석학이 나타나게 되었다. 로렌저(Lorenzer)는 그러한 심층해석학을 언어로 된 개념구상과 장면적 이해라는 모델을 전개하였다. 해석학적 의식과 해석학 일반에 대한 핵심적인 것은 반성이다.

2. 심층적 해석학

하버마스의 해석학은 두 가지 유형으로 살펴볼 수 있다. 하나는 "일상적인 의사소통으로서의 해석학"이다. 이는 사회과학과 행동과학의 연결점을 형성하여 언어에서 이루어지는 사회현실을 해석하는 것이다. 다른 하나는 "심층해석학(Tiefenharmeneutik)"이다. 이는 개인과 사회집단의 의사소통에 있어서 왜곡된 의미의 현실을 비판적으로 들추어내고 성찰하는 해석학이다.[2)]

하버마스의 심층적 해석학에서 심층적 의미를 이해하려면, 발화에 대한 존재론적·도덕적·실천적 전제들을 먼저 이해해야 한다. 그러한 이해는 이미 전제한 조건들의 타당성에 대한 입장을 분명하게 취했을 때보다 더 완전하게 이해할 수 있다. 하버마스는 심층적 해석학에 대해 다음과 같이 설명한다.

> "해석자가 관찰하는 것은 상징적 표현이 어떤 조건하에서 타당한 것으로 수용되거나 거부되는지 하는 점이다. 해석자가 주목하는 것은 언제 참여자의 행위계획이 합의구성을 통해 조정되는지, 그리고 언제

김재현, 「하버마스 사상의 형성과 발전」, 장춘익 외 저, 『하버마스의 사상』, 나남출판, 1996, 19-62쪽.

2) 김영한, 『쉴라이에르마허에서 리쾨르까지 - 현대해석학의 흐름』, 숭실대학교 출판부, 2011, 38쪽.

여러 행위자들의 행위 연관성에 대한 합의부족으로 산산조각 나는지 하는 점이다. 그러므로 참여자가 예, 아니오 또는 기권 등으로 반응하는 행위맥락을 벗어날 경우 어떤 표현의 의미론적 내용은 해석자에게 불분명해질 수밖에 없다. 그리고 참여자로 하여금 파악할 수 없다면, 해석자는 이 예/아니오를 이해하지 못한다. (…) 이유들을 축으로 삼아 이해의 과정은 진행된다. 그러나 만일 해석자가 어떤 표현을 위해 화자가 그 표현의 타당성을 옹호하는 이유를 해석자가 생각해 내야 한다면, 해석자는 타당성 주장을 평가하는 과정으로 끌려 들어가게 된다. 왜냐하면 이유의 성격 자체가 제3자의 태도, 즉 긍정, 부정, 회피 등의 반응 없이는 기술될 수 없기 때문이다."[3]

하버마스는 해방적 "인식관심"[4]으로부터 비판적 사회이론을 정립하는 것을 그의 주된 철학적 과제로 삼았다. 즉 그는 칸트, 피히테, 헤겔, 마르크스, 프로이트에 대한 철학사의 조명을 통해서 비판적 사회이론을 확립하고자 하였다. 특히 하버마스는 『인식과 관심』(1972)에서 정신분석의 모델을 사회의 영역으로 확대할 수 있다고 믿었다. 이런 점에서 그는 정신분석의 치료에 따라 해방의 가능성을 파악하고, 언어 · 행위 · 비언어적 표현의 단계를 분석해 나간다. 따라서 하버마스가 시작하고자 하는 비판적 사회과학의 모델은 프로이트에 의해 발전된 정신분석학이었다. 정신분석을 통해서 하버마스는 '해석학적 한계경험(die her meneutische Grenzerfahrung)'을 지적함으로써 가다머의 보편성 주장에도 비판을 가한다. 그는 해석

3) Jürgen Habermas, *Theorie des kommunikativen Handelns.* Bd. 1, Frankfurt. a. M., 1985(한국어 번역본: 장춘익 옮김, 『의사소통행위이론 I』, 나남출판, 2006). 157쪽.

4) 하버마스는 『인식과 관심』에서 인간이 갖는 세 가지 관심을 논의하였다. 첫째, 환경 속에서 대상을 조절하는 기술적 관심이고, 둘째, 상호주관적인 이해를 증진시키는 실천적 관심이고, 셋째, 왜곡된 의사소통의 조건과 실체화된 권력으로부터 자유를 지키려는 해방적 관심이다.

학적 한계경험을 우리가 체계적으로 산출한 오해 자체를 파악하는 데 있다고 주장한다. 다시 말해 하버마스는 가다머에 의해 제기된 해석학의 보편성 요구에 대한 이의제기를 하면서 자신의 해석을 전개해 나간다. 가다머가 요구하는 해석학의 보편성이란, 언어성이라는 언어적 전승뿐만 아니라 우리의 문화가 언어와 연관되어 있을 만큼 포괄적이라는 것이다. 해석학의 보편성을 가능하게 하는 것은 이해의 매체인 언어의 보편성이다.[5)]

하버마스의 입장에서 정신분석은 해석학적 보편성의 직접적인 한계를 보여 주는 이론의 모델로 간주된다. 그래서 그는 인식론적으로 복권하려는 반성의 범주에 대해 프로이트의 정신분석을 방법적 원리로써 적용한다. 정신분석은 자기반성을 구체화시키고, 의사소통의 장애를 과학적으로 극복하는 데 이용될 수 있는 좋은 실례이다.[6)] 따라서 하버마스는 정신분석 모델의 장점을 다음과 같이 분석한다. 첫째, 정신분석 모델은 전통적 정신과학의 객관주의적 자기이해를 깨뜨릴 수 있다. 둘째, 정신분석모델은 사회과학으로부터 '대상영역의 상징적인 전구조화'에서 발생되는 문제를 재고하게 한다. 셋째, 정신분석모델은 모든 형식언어적인 이론들에 대하여 메타언어로서 자연언어의 역할을 정당화시킬 수 있게 한다. 넷째, 이러한 근거에서 그 결과가 풍부한 과학적 정보를 이용하여 사회적 삶을 세계의 언어로 번역하고자 한다.[7)]

이와 같이 하버마스는, 프로이트가 원용한 정신분석을 자기반성으로 파악한다. 즉 자기반성은 문화 속에서 자기형성 및 교양(self-formation: Bildung)과정의 이데올로기로 한 단계 나아간다.[8)] 자기

5) 김영한, 『쉴라이에르마허에서 리꾀르까지 – 현대해석학의 흐름』, 270쪽.

6) D. Held, *Introduction to critical Theorie*, California, 1980, 319쪽.

7) J. Habermas, *Erkenntnis und Interesse*(이하 J. Habermas, *E.I.*,로 생략하여 표기함), Frankfurt. a. M., 1977(한국어 번역본: 강영계 옮김, 『인식과 관심』, 고려원, 1983), 127-128쪽.

반성 속에서 인식된 것은 자율성과 책임 안에서 관심과 일치하게 된다. 왜냐하면 반성의 추구 그 자체가 반성의 계기가 되기 때문이다. 이것은 동시에 이성 속에 있는 관심의 주체가 된다. 따라서 하버마스가 이성을 통해 반성을 찾는 목적은 해방적, 인지적 관심으로 나아가는 데 있었다.[9] 이러한 자기반성에 의해 정신분석학은 비판적 사회과학의 이론적 토대를 마련하는 데 중요한 구실을 한다. 특히 프로이트는 병리학적으로 자기반성을 필요로 하는 개인들의 자기형성의 과정에 대해 해석학 체계를 발전시켰다.

그에게 있어서 정신분석은 방법론적 해석(행위·꿈 등에 대한 해석)의 과정으로 이해된다. 여기서 정신분석은 언어나 행위, 비언어적 표현의 단계에서 언어놀이를 방해하는 신경적 증후들의 존재를 파악하고 전통적 해석학의 절차를 넘어서는 것이다.[10] 따라서 정신분석은 신경증 환자가 자신의 태도나 행위결과를 외부에서 가해지는 낯선 강제로서 경험하게 되는 과거의 과정을 재구성하게 된다. 이렇게 정신분석은 프로이트의 꿈의 해석을 문헌해석학의 모델로 정초하면서 특수한 형태의 해석학으로 나아갔다.[11] 그러므로 프로이트가 사용했던 과정과 방법들을 하버마스는 심층해석학이라 불렀다.[12] 여기서 하버마스의 심층해석학은 딜타이의 정신과학의 해석학, 가다머의 영향사적 해석학이 다루지 않은 해석학적 이해의 한계영역을 넘어서 이데올로기 비판으로 수행해 나갔다. 단적으로 심층해석학은 이데올로기 비판을 수행하는 데 있어서 자기반성의 힘에 의해 억압받고 왜곡된 의식을 변화시키고자 한다.[13]

---

8) J. Habermas, *Theorie aud Praxis*, Frankfurt. a. M., 1963, 22-23쪽.
9) J. Habermas, 앞의 책, 197-198쪽.
10) D. Held, 앞의 책, 320쪽.
11) J. Habermas, *E.I.*, 280쪽.
12) J. Habermas, *E.I.*, 277쪽; Held, 앞의 책, 320쪽.
13) 김영한, 『하이데거에서 리꾀르까지』, 박영사, 1987, 344쪽.

하버마스는, 심층해석학이 정신분석학을 적용함으로써 수행하는 비판적 사회과학이론의 출발점을 의사소통능력이론에서 찾았다. 그의 심층해석학은 왜곡된 의사소통을 일상적인 의사소통으로 환원시키는 데 그 목적이 있다. 그래서 그의 심층해석학에서 기술하고 설명하는 내용은 왜곡된 의사소통을 메타해석학과 분리하는 것이다.[14] 이런 점에서 하버마스는 프로이트의 메타 심리학을 받아들인다. 그리고 그는 정신과학의 해석학에서 이해의 한계성을 극복하고 이데올로기 비판으로부터 메타해석학(Metahermeneutik)[15]으로 확대시켰다. 여기서 하버마스는 언어분석(Sprachanalyse)을 인과율의 관계에 따라 심리학적인 탐구와 결합시킨다.[16] 따라서 그는 정신분석의 이론적 구조를 다음과 같이 세 단계로 요약한다.

첫째 단계는 메타심리학 또는 메타해석학의 단계이다. 이 단계에서 프로이트의 신경이론은 언어의 변형 및 행동 병리학에 대한 설명뿐만 아니라 에고(ego)－이드(Id)－슈퍼에고(Super ego)의 모델 및 본능이론을 포함시킨다. 즉 메타심리학은 대화의 분석을 통해 상황에서 드러나는 해석의 논리를 제시한다.[17] 따라서 메타심리학은 분석자와 환자가 참여하는 의사소통형식의 반성에서 시작된다.

둘째 단계는 메타심리학의 단계를 일반적 해석의 단계와 구별한다. 일반적 해석은 임상경험에서 얻은 자료뿐만 아니라 경험과학의 이론으로 구성된다. 일반적 해석은 어린이의 정신역학에 체계화된 이론을 제공한다. 따라서 어린이와 부모 사이의 상호행위의 유형, 동기의 증후군, 학습메커니즘(대상선택)을 서술한다.

셋째 단계는 치료의 의도를 지닌 채 개인적 삶의 역사를 재구성

14) 김영한, 앞의 책, 344쪽.
15) J. Habermas, E.I., 309쪽.
16) J. Habermas, *E.I.*, 266쪽.
17) J. Habermas, *E.I.*, 310쪽.

한다. 환자의 실제적 사건들은 일반적 해석체계에서 종합되며, 그 단편적인 정보들은 대화에서 얻고 분석해 나간다.[18] 프로이트는 이해 불가능한 생활표현들의 영역을 구분하기 위해 체계적으로 왜곡된 의사소통의 경험을 구분한다. 하버마스는 체계적으로 왜곡된 의사소통의 영역을 확장시켜 사회체계가 안고 있는 병리적, 임상적인 현상들 속에서 얻은 자료를 잘 활용한다.[19] 따라서 하버마스는 신경증세의 출현 및 신경증에 의해 왜곡된 생활표현의 형식들을 구분한다.[20] 특히 하버마스는 프로이트의 정신분석을 언어로서 수행해 나간다. 여기서 그는 정신분석을 언어분석으로서 간주한 로렌저(A. Lorezer)의 장면적 이해를 원용한다.[21] 장면적 이해란 분석자가 환자의 신경증세 장면을 전이상황의 유사적 장면과 연결시켜 그 의미를 해독하는 것을 말한다. 전이상황은 신경증세 장면을 유아기적 원래 장면에 대하여 '기호화된 관계'라는 것을 밝힐 수 있는 근거를 제공한다. 전이상황에서 의사는 환자가 반성할 수 있는 무대의 주연역할을 한다. 그래서 그는 이러한 전이상황을 통해 '유아기적 장면의 반복(Widerholung fruhkindlicher Szenen)'으로 해석한다. 그렇게 하여 신경증세적 표현에 대해 이론적 근거를 마련한다.[22]

장면적 이해는 체계적으로 왜곡된 의사소통의 원인을 지적해 낼 수 있다는 점에서 일종의 설명적 이해이다. 이런 측면에서 장면적 이해는 자연적 의사소통능력으로만 설명될 수 없는 이론적 전제에 기초하고 있다. 신경증세적인 장면은 체계적으로 왜곡된 맨 처음의

18) D. Held, 앞의 책, 322쪽.
19) J. Habermas, *E.I.*, 138쪽.
20) J. Habermas, *E.I.*, 138쪽.
21) Alfred Lorenzer, *Sprachzerstörung und Rekonstruktion*, Frankfurt. a. M., 1976, 104쪽.
22) J. Habermas, *E.I.*, 136쪽.

조건과 관련시켜 설명해야 이해될 수 있다.[23)] 이러한 설명을 통해 장면적 이해는 의사소통능력에 관한 일반이론으로 설명된다. 따라서 하버마스는 심층해석학의 언어분석에 대한 장면적 이해를 세 가지 측면에서 가정한다.[24)] 여기서 이론적 가설은 가다머의 철학적 해석학과는 근본적으로 다르게 구별된다.

① 정신분석학자는 왜곡되지 않은 이상적인 의사소통의 구조에 대한 선(先)개념을 갖고 있다.

② 의사소통의 체계적인 왜곡의 원인을 상징의 전언어적(前言語的) 조직화와 언어적 상징조직화의 두 단계로 분리하여 추적해 나간다.

③ 유년기의 인성형성에서 상호작용의 연관성을 일탈의 사회화 과정에서 나타난 왜곡의 발생을 설명한다.[25)] 여기서 심층해석학의 이해는 언어에 대해 체계적인 선(先)이해를 요구한다.[26)] 따라서 하버마스의 심층해석학적 이해는 일반적인 해석학의 이해와 구별하였을 때 새로운 계기를 마련할 수 있다. 이러한 계기는 정신분석에 대해 이해하는 대상이 갖고 있는 특수성에서 찾아낸다.[27)] 따라서 일반 해석학적 이해는 전통에서 형성된 의사소통행위 안에서 정립되고 선이해(先理解)를 통해서 가능하다.[28)] 이런 측면에서 심층해석학은 체계적으로 왜곡된 의사소통을 체계적인 선이해로서 전개

---

23) J. Habermas, *E.I.*, 138쪽.

24) 로렌저는 장면적 이해를 환자가 자기반성의 행위에서 타당하다고 인정하는 본래의 장면을 재구성하는 목적을 갖고 있다. 그는 그 실례로 소년 한스의 공포증의 예를 들고 있다. 장면적 이해는 세 가지 유형으로 나눈다. ① 일상적인 장면, ② 전이장면, ③ 본래의 장면, 장면적 이해는 병리학적으로 경화된 의사소통 형태의 의미를 공중의 의사소통으로 번역할 수 있게 해준다. (J. Habermas, *E.I.*, 138쪽).

25) J. Habermas, *E.I.*, 139쪽.

26) J. Habermas, *E.I.*, 148쪽.

27) J. Habermas, *E.I.*, 265쪽.

28) J. Habermas, *E.I.*, 148쪽.

하고 동시에 의사소통능력이론의 체계로서 정당화시킨다.[29] 하버마스는 해석학적 경험이 심층적으로 파고들어가 "체계적으로 왜곡된 의식"이 표현하는 증상에 대해 설명을 함으로써 그것을 의식으로 드러내는 이데올로기 비판으로 나아가야 함을 강조한다. 따라서 하버마스의 의사소통능력이론은 해석학적 이해로 접근하고자 하는 왜곡된 의사소통을 와해시키는 역할을 해야 한다. 그렇게 했을 때 의사소통능력이론은 사회적·정치적인 차원에서 거짓된 합의와 참된 합의를 구별할 수 있는 기준을 마련할 수 있다.[30] 그러므로 심층해석학은 합리적인 담화의 규제원칙을 제시할 수 있어야 하며, 근본적인 합의와 승인된 정당화에 담겨져 있는 왜곡된 의사소통을 찾아내야 한다.[31] 궁극적으로 하버마스의 심층해석학은 자기반성을 통해 타당성을 획득해 나간다.

3. 의사소통행위의 해석학

1981년에 출판된 하버마스의 『의사소통행위이론』(1981)은 이제까지의 그의 저서 중 최고의 노력을 기울인 가장 정점에 이르는 책이라 평가한다. 이 저서에서 하버마스는 실천적인 의도를 갖고 사회이론을 계획하고 기술하였다. 하버마스는 이 저서를 통해 프랑크푸르트학파가 비판적으로 수행하려는 계획에 대해 구체적인 이론적 형태를 제공하였다. 여기서 그의 이론은 초기 호르크하이머와 그의 동료의 사회이론계획을 연결시키는 것을 의미하였다.[32] 하버

29) J. Habermas, *E.I.*, 148쪽.

30) J. Habermas, *E.I.*, 151쪽.

31) J. Habermas, *E.I.*, 158쪽.

32) Alfred Wellmer, "Die Bedeutung der Frankfurter Schule heute", in: Honneth, A./Wellmer. A(Hg.), *Die Frankfurter Schuler und die Folgen*, Berlin, 1986, 206쪽.

마스는 이 책의 머리말에서 "의사소통행위이론은 어떤 메타이론이 아니라 자기의 비판적 척도를 현실 속에서 입증하고자 노력하는 사회이론의 시작이다"[33]라고 자신의 입장을 표명한다. 이런 점에서 그의 『의사소통행위이론』은 현재의 비판이론의 과제와 그 가능성에 대한 새로운 규정으로 이해될 수 있다. 그의 비판이론은 자본주의 사회구조를 마르크스의 소외개념에 의해 분석하였다. 즉 생산관계에서 일어나는 자본가에 의한 노동집단 사이의 비이성적 상황들의 문제를 제기하기보다는 생산과정에서 합리화가 비인간화를 낳는다는 명제에서 경제적 하부구조와 문화적 상부구조 간의 연관관계를 밝혔다. 그는 서구 문명의 인간조건을 극복하기 위한 방안으로 실천철학을 제시했다. 즉 그는 비판이론의 비판을 통해 사회이론의 보다 명료한 방향을 제시하고자 하였다.

하버마스의 관점에서 호르크하이머와 아도르노의 비판이론은 단지 역사철학적인 측면에서 규범적 근거만을 확정하고자 하였기 때문에 경험적인 연구계획을 수립할 수 없다고 파악하고 자신의 독특한 사회이론을 전개시킨다. 무엇보다 하버마스의 『의사소통행위이론』의 중심적 사유는 마르크스, 후설, 베버, 뒤르켐, 미드, 파슨스, 슈츠 등의 사상에 근거를 두면서 자신의 이론을 전개하였다.[34] 구체적으로 하버마스는 그의 『의사소통행위이론』에서 그 당시의 비판적 사회이론의 중심적인 이론을 수용한다. 즉 마르크스의 소외론 수용(노동과 화폐)과 마르크시즘에 대한 사물화의 비판, 베버의 합리화이론과 루카치의 물화이론의 결합, 호르크하이머와 아도르노의 도구적 이성 비판, 후설과 슈츠/룩만(Th. Luckmann)의 생활세계 개

33) Jürgen Habermas, *Theorie des kommunikativen Handelns*(이하 *TKH*.라 생략하여 인용함), Bd. 1, Frankfurt. a. M., 1985, 7쪽.

34) David Ingran, *Habermas and the Dialectie of Reason*, New Haven and London, 1987.

념, 파슨스의 체계 개념, 미드의 상징적 상호작용이론 등의 수용을 통해 그의 이론을 광범위하게 전개시켰다. 여기서 하버마스는 후설, 슈츠, 룩만 등의 주관/객관의 관계를 사회와의 맥락 속에서 역사적인 의미를 개념화한다. 그 밖에 하버마스의 사상적으로 영향받은 사상가는 삶의 철학자인 딜타이의 삶에 대한 사유형식과 삶의 현존재형식, 후설의 생활세계, 빈델반트 · 리케르트와 같은 신칸트학파의 문화과학의 사유체계의 도움을 빌어 사회이론을 전개한다.

하버마스는 이러한 다양한 관점의 사회이론을 개진하기 위해 패러다임의 전환(Paradigmenwechsel)[35]이 필요하다고 보았다. 그는 서양철학사에서 오랫동안 전개되어 왔던 패러다임, 즉 의식철학은 언어철학이자 주관의 철학이며 상호주관성의 철학으로 패러다임을 전환시켜야 한다고 주장한다. 이러한 패러다임의 전환은 인식론 · 진리론 · 과학이론 · 윤리학 등 다양하게 걸쳐 진행된다. 이제까지의 윤리학과 실천적인 사회과학이론이라 불리는 정치학은 테제 중심의 이론에서 생활세계의 해방론으로 새로운 사상을 체계화시켜 전환하는 것이다. 그는 패러다임의 전환을 좁게는 목적 합리성으로부터 의사소통적 합리화의 전환, 또는 행위체계와 체계이론과의 상호연관관계를 가리켰다. 하버마스는 다음과 같이 패러다임의 전환을 서술한다: "나는 의사소통행위이론을 위한 패러다임의 전환을 도구적 이성 비판의 시대와 단절하여 비판적 사회이론의 정체된 과제를 다시 도입하고자 하는 것이다."[36] 이러한 맥락에서 그의 연구의 초점은 의사소통적 합리화를 위해 기존의 경제와 국가에 대한 인식론적/도구적인 합리화로부터 도덕적/미학적인 실천적 합리화의

35) 하버마스의 패러다임의 개념은 토마스 쿤의 Paradigma에서 빌려 왔다. 하버마스의 패러다임에 관한 자세한 내용은 다음을 참조: Arpad A Stölter, *Moderne und Kulturkritik*, *Jürgen Habermas und Erbe der kritischen Theorie*, Bonn, 1996, 1-11쪽.

36) Jürgen Habermas, *TKH*, I, 518쪽.

형식으로 패러다임을 변화시키는 것이었다. 이러한 패러다임의 전환을 위해서 의사소통행위의 합리화는 객관적 세계에 대한 어떤 고립된 주체와의 관계가 아니라, 서로가 무엇인가 언어로 이해할 수 있거나 행위할 수 있는 주체로 수용하여 상호주관적인 관계로써 모형을 삼는 것이다.[37] 따라서 하버마스는 『의사소통행위이론』의 저서에서 서로 연결된 목적을 다음과 같은 세 가지의 방향을 전한다. ① 근대철학과 사회이론의 주관주의적, 개인주의적 전제조건이 회의(懷疑)주의적인 것에서부터 이성의 인식론적/도구적 왜곡에 이르기까지 의사소통적 합리화의 개념으로 전개한다. ② 생활세계와 체계의 두 단계의 패러다임을 수사학(修辭學)적 방법과 연관하여 사회의 실천적 측면에 주목한다. ③ 사회적 병리현상의 유형을 분석하고 설명하고자 근대화에 대해 비판적 이론을 전개한다. 특히 하버마스는 사회이론의 기본적인 근거를 두 가지의 단계로서 수용한다. 여기서 그는 후설의 생활세계와 체계적인 행위연관을 사회적으로 통합하고자 한다. 즉 그는 생활세계와 체계를 구분하고 의식이론의 주관/객관과의 관계를 보충하고 새로운 관심사를 형성한다.

궁극적으로 그는 지금까지의 의식철학에 대한 한계의 극복을 통해 의사소통적 합리화로 파악하고자 한다. 따라서 하버마스의 관점에서 선험적 주관에 대한 의식철학의 근본개념은 생활세계를 문화적으로 전달하고, 언어적인 방향으로 나아가 사회의 비판이론을 현실화하는 것이다.[38]

---

37) Jürgen Habermas, *TKH*, I, 525쪽.
38) Jürgen Habermas, *TKH*, II, 189쪽.

4. 합의이론

하버마스의 합의이론은 의사소통행위이론과 밀접한 상관관계를 갖는다. 그의 의사소통행위이론은 비판이론의 극복을 시도하면서, 보편적 화용론의 원칙을 적용하여 모든 지배와 억압으로부터 자유로운 삶의 지표를 내세웠다. 이러한 삶의 지표는 체계와 생활세계, 노동과 상호작용, 목적 합리적 행위와 의사소통적 행위, 도구적 합리성과 의사소통적 합리성의 이원론적 개념들을 적용한다. 이러한 요소는 사회적 연관성을 위해 규정한다. 이런 근거 위에서 하버마스는 사회적 행위이론을 문제해결로 삼아 해석학을 사회이론으로 확장하고자 했고, 해석학의 여러 조건들을 사회비판적으로 반성하고자 하였다. 이러한 관점에서 제기된 논의가 합의이론이다.

합의이론은 사회적인 실천과 관련을 맺고 있기에 현대사회에서 많은 주목을 받고 있다.[39] 하버마스는 합의를 상호 논증적으로 대화하는 형식으로 파악하고 넓은 의미로는 이론적이고 학문적인 차원의 논쟁 및 토론과 관련을 맺고 있다. 즉 합의는 논증을 전제로 하는 해방적·비판적 의식의 영역을 서로 이해하며 궁극적으로 합의에 이르고자 함이다.[40] 이러한 궁극적인 합의를 이루기 위해서는 서로 이해하며 지식을 공유하고, 서로 믿고 화합하는 가운데서 참된 합의에 도달해야 한다.[41] 따라서 이러한 논의를 가능하게 하는 이론이 의사소통능력이론이다. 하버마스는 그의 논문 「의사소통능력이론에 대한 예비 견해」[42]에서 의사소통능력이론을 전개한다. 그에게 있어서 의사소통이라는 용어는 이미 인식을 주도하는 관심[43]

39) 박순영 편, 앞의 책, 300쪽.
40) 백승균, 「하버마스의 철학형성과 진리이념」, 『현상과 인식』(1983, 가을), 129쪽.
41) D. Held, 앞의 책, 300쪽.
42) J. Habermas, "Wahrheitstheorien", in: H. Fahrenbach(Hrsg), *Wirklichkeit und Reflexion*, Walter Schulz zum 60 Geburtstag, fullingen, 211-414쪽.

이라는 의미로 쓰였다. 여기서 능력(Kopetenz)은 권한, 자격이라는 용어이다. 이러한 개념은 언어학자 촘스키에 의해 언어 생산적 규칙의 추상적 체계를 지배하는 이상적 화자의 능력[44]을 일컬었다. 이것을 구체적으로 표현한다면, 실천이라는 말을 의사소통으로, 의사소통은 다시 대화로, 대화의 이론화 가능성은 '이상적 언어상황'으로 환원시킨다. 그러므로 의사소통능력이론은 "인식과 관심" 아래에서 상대자와 의사소통을 할 수 있는 능력이론을 말한다.[45] 이러한 의사소통능력이론은 특정한 인식론적 가정이나 개념에 의존하지 않고, 말하는 자가 문장들을 묘사 · 표현하고 서로의 합법적인 개인의 관계에 의해 끌어들인다.[46]

하버마스의 입장에서 의사소통행위와 합의는 서로 구별된다. 즉 의사소통행위는 문제화된 타당성의 요구가 명제로 될 때, 정당성을 확보할 수 있게 된다.[47] 이것은 소박한 형태로서 발언에 사용된 문장, 행위, 육체적 체험표현의 규칙에 따라 도출된다. 그러나 합의는 의사소통행위에서 이루어진 합의를 문제 삼아 그 타당성의 근거를 재조명하여 논증적 상호이해(diskursive Verständigung)여야 한다. 여기서 합의는 언어적 발언만을 허용한다. 이런 점에서 합의에서는 상호소통의 억압된 가상화를 요구하며, 억압이 이루어진 상황에 괄호치고 억압에 대해 타당한지를 묻는다. 하버마스는 이러한 논의 과정을 거쳐 상호소통행위의 억압이나 강제를 해방시킬 수 있으며 타당성의 요구도 유보(Existenzvorbehalt)할 수 있다고 보았다. 즉 의사소통행위는 그 대상의 실재를 유보하여 ① 그렇게

---

43) J. Habermas, *E.I.*, Frankfurt. a. M., 1977, 163쪽.

44) J. Habermas, *Vorareitende Bemerkungen zu einer Theorie der kommunikativen Kompenz*, Frankfurt. a. M, 1985, 101-141쪽.

45) 백승균, 「J. 하버마스의 논의이론과 진리이념」, 『철학연구』, 제35집, 25쪽.

46) D. Held, 앞의 책, 334쪽.

47) J. Habermas, "Wahrheitstheorien", in: H. Fahrenbach(Hrsg), *Wirklichkeit und Reflexion*, Walter Schulz zum 60 Geburtstag, 130쪽.

있을 수도 그렇지 않을 수도 있는 사태(Sachverhalt), ② 올바름에 대한 추천(Empfehlung), ③ 그른 것에 대한 경고(Warnung)를 일컫는다[48]. 따라서 하버마스는 모든 사람이 지배로부터 자유로운 토론의 척도를 현대사회에서 인간이 나아가야 할 목표로 삼았다. 즉 그는 자연에 대한 기술적 지배에 의한 자연적 강제로부터 인간해방과 인간에 대한 지배로부터의 해방(Herschaftsfreiheit)을 제시한다.[49] 특히 그가 관심을 보인 것은 인간의 사회적・정치적 해방이다. 따라서 그는 지배로부터 해방된 상태를 이상적 언어상황에서 찾았다.[50]

> "이상적 언어상황은 의사소통의 외적인 우연한 방향을 통해서 방해받지 않을 뿐 아니라 의사소통구조로부터 야기되는 강요를 통해서도 방해받지 않는 상황이다."[51]

구체적으로 이상적 언어상황은 사람들이 동등한 발언기회를 갖고 토론에 참여하여 합의(Konsensus)에 도달하는 사회이다. 이렇게 의사소통행위는 상호행위기대를 규정하며 적어도 두 사람 이상의 행위주체에 의해서 이해되고 인정되어야만 합의규범을 지향할 수 있다. 규범의 의미는 일상언어의 의사소통 안에서 행해진다. 이러

48) J. Habermas, *Vorareitende Bemerkungen zu einer Theorie der kommunikativen Kompenz*, 117쪽.

49) J. Habermas, *Technik und Wissenschaft als Ideologie*, Frankfurt. a. M., 1973, 4-9쪽 참조.

50) 언어구조 내에서 아프리오리(A priori)하게 파악되는 이상적 언어상황을 중심으로 규범의 체계적인 정초를 시도하는 것이라고 앞장에서 살펴본 보편적 화용론이다. 우리는 보편적 화용론을 세부적으로 다루지 않고 이상적 언어상황이 어떻게 합의될 수 있는가 하는 사항을 일반적인 차원에서 논의하는 데 그 목적을 두었다(Jürgen Habermas, "What is universal pragmatics? Communication and Evolution of Society", Beacon press, 1979, 1장 1-69쪽 참조).

51) J. Habermas, *Wahrheitstheorien*, 42, 137, 255쪽.

한 규범은 언어구조에서 아프리오리(A priori)하게 인식되며 자연으로부터 격상시킬 수 있는 유일한 것이 언어이다. 이렇게 언어 안에서 본질을 파악하며, 일반적이고 강요되지 않는 합의라는 이념을 표현한다. 따라서 하버마스가 주장하는 이상적 언어상황은 단순히 말하는 자의 인격적인 특성에 의해서가 아니라, 언어상황이 가능한 구조적 특성에 의거한다. 이것은 대화의 역할을 서로가 긍정적으로 받아들이고 언어행위를 공평하게 하여 목적을 이루어내도록 하는 것이다. 이런 점에서 언어상황의 구조적 특성은 대화의 역할을 서로 받아들이고 언어행위에 의해 전개해 나간다.[52] 그 이유는 하버마스 자신이 비판적 사회이론의 출발점을 이상적 언어상황에 두었기 때문이다. 따라서 하버마스는 이상적인 언어상황을 세 가지 요소로서 다음과 같이 말한다. 첫째, 이성적 논의에 의해 합의에 이르고, 둘째, 상호작용에 참여하는 사람들 사이에 완전한 상호이해가 이루어져야 하며, 셋째, 대화에 참여하는 상대자의 자유로운 대등자로서 진정한 권리가 인정되어야 한다는 것이다.[53]

하버마스는 이상적 언어상황의 조건에서 논증으로 이끌어 낸 합의가 타당성 요구를 통해 진정한 합의가 될 수 있기를 노력한다.[54] 다시 말해 이상적 언어상황은 진정한 의미의 합의가 이루어졌을 때 가능하다고 본다. 그런데 모든 합의는 거짓 의사소통의 위협을 갖고 있는데, 어떻게 거짓 의사소통으로부터 참다운 의사소통을 구별해 내느냐 하는 것이 중요한 관건이다.[55] 참다운 합의를 거짓 의사소통으로부터 구별시키는 규제원칙을 규명하는 작업이 하버마스

52) J. Habermas, *Vorareitende Bemerkungen zu einer Theorie der kommunikativen Kompenz*, 139쪽.

53) 차인석, 『현대의 철학 Ⅰ』, 서울대학교출판부, 1982, 183쪽.

54) J. Habermas, *Vorareitende Bemerkungen zu einer Theorie der kommunikativen Kompenz*, 163쪽.

55) 박순영 편, 앞의 책. 303쪽.

의 합의이론의 타당성 여부를 가늠하는 중요한 근거가 된다.

하버마스의 합의이론은 진술의 참과 규범의 옳음을 위한 조건을 밝히고자 한다. 그래서 그는 합의이론을 이론적 논의와 실천적 논의의 두 형식으로 나눈다. 이것을 근거로 그는 이론적 논의와 실천적 논의에 대해 논리학과 의사소통의 형식조건에 따르는 구조를 분석한다. 참다운 합의를 얻어 내기 위해서는 이상적 언어상황의 전제가 필요하며 이제까지의 존재론적인 참된 기준을 넘어서야 한다. 그런데 대화에 참여하는 사람들이 합의를 기만할 수도 있기 때문에 모든 합의가 전부 참다운 합의가 아닐 수도 있다. 이와 관련하여 하버마스는 이상적 언어상황의 조건을 제시한다.[56] 이상적 언어상황의 조건은 의식적인 전략적 행위에서뿐만 아니라 체계적으로 왜곡된 의사소통과 모든 지배에서 자유롭게 토론을 하기 위해 평등한 기회를 보장해야 한다. 이러한 상황에서 성취된 합의는 진술의 진리 혹은 규범의 적합성에 대한 궁극적인 기준이 된다. 그러나 그 기준은 논의를 행할 때 모든 시간이나 장소에서 정당화되어 합의를 보여 줄 수 있는 조건의 합의여야 한다.[57] 이것이 충족될 때 이상적 언어상황은 보편적 합의에 도달할 수 있는 조건이 된다. 그것이 실행되기 위해서는 이해가능성, 진리, 적합성, 진실성이라는 네 가지 타당성의 조건이 충족되어야 한다.

첫째, 화자의 말이 청자에게 이해가능해야 한다(이해가능성). 이는 실제적으로 의사소통을 위한 기본적인 조건이다.

둘째, 화자의 말이 명제적 차원에서 거짓이 아니어야 한다(진리성). 거짓된 명제를 알려주었다면, 비록 화자는 결과가 우연적으로 산출되었다고 할지라도 논리적으로 참된 의사소통을 할 수 없다.

셋째, 아무리 화자가 참된 명제를 전달했다고 하더라도 그 말이

56) 박순영 편, 앞의 책, 306-307쪽.

57) J. Habermas, *Wahrheitstheorien*, 239-40쪽; Held, 앞의 책, 344쪽.

효과가 있으려면 화자와 청자 사이에 형성된 관계에 부합해야 한다(적합성).

넷째, 화자는 진실한 자세로 말해야 한다(진실성). 그렇지 않으면, 청자는 그의 말을 거부할 것이고 이는 곧 의사소통의 불기능(不技能)을 초래할 것이다. 하버마스는 이러한 네 가지 조건을 '타당성 요구'로 정의한다. 이 타당성의 요구가 완벽하게 실현될 때, 비로소 참된 의사소통이 이루어진다. 타당성의 요구가 실현된다는 것은 곧 의사소통이 주체와 주체 사이에서 개방적으로 이루어지고 있음을 뜻한다. 참된 의사소통을 하고자 한다면, 청자는 화자에게 그러한 타당성 요구를 할 권리가 있으며 화자 또한 청자의 그러한 요구에 부응해야 할 의무가 있다.[58] 이것이 추구될 때 모든 합의가 그 자체에 참된 합의로서 타당한 조건을 제시하게 된다.[59] 이러한 논의가 방해 없이 진행된다면 그 결과는 참된 합의라 말한다. 동시에 합의의 참과 거짓을 결정하는 기준은 이상적 언어상황의 조건 충족이 있어야 한다. 그러나 이러한 조건을 충족시켜 판단할 외적 기준이 없다면 실제 대화에서 이러한 조건이 충족되었다는 확신을 가질 수 없다. 하버마스도 이것을 어느 정도 수긍한다. 따라서 이상적 언어상황은 가능한 한 모든 참여자들이 언어행위를 선택하고 수행하는 기회의 균등한 분배가 잘 이루어져야 한다.[60] 이상적 언어상황은 네 가지 범주를 적용할 기회를 갖는다.

첫째, 의사소통을 이끌어 갈 수 있는 기회의 균등적 배분, 즉 논의 참여자가 논의를 개최하고 진술과 반대진술, 질문과 대답을 통해서 이상적 논의를 실현한다.

---

58) 하상복, 『푸코 & 하바마스-광기의 시대, 소통의 이성』, 김영사, 2009, 232-233쪽.

59) 김영한, 앞의 책 339쪽.

60) J. Habermas, "Die Utopie des guten Herrschers", in: *Kultur und Kritik*, Frankfurt. a. M., 1977, 381쪽.

둘째, 지속적 언어행위를 적용할 동일한 기회를 제공한다. 즉 논의의 참여자가 해석, 주장, 해명과 정당화될 수 있게 문제를 제기하고, 타당성 논의를 통하여 선입견을 제거한다.

셋째, 의도나 표현의 균등적인 배분을 통해서 말하는 자는 자신의 의도나 다른 사람의 의도를 기만하지 않게 한다.

넷째, 정당성과 책임의 균형적인 배분을 통해서 규칙적 언어행위를 적용할 기회를 제공한다.[61] 따라서 이상적 언어상황이란 사변적 원리가 아니라 무제한적 상호소통을 위한 규제적인 이념이며 실천적 가설(eine praktische Hypothese)에 근거를 둔다.[62] 이러한 실천적 가설을 근거로 하여 하버마스는 비판적 사회이론의 출발점을 마련한다. 여기서 비판적 사회이론은 일상 언어적 상호소통의 구조 안에서 상호주관적으로 타당한 가치판단의 합리성을 규명해 낸다.[63] 궁극적으로 하버마스의 이상적 언어상황은 이상적인 화자들이 모여 단지 인격적 특성을 결집하는 것이 아니라 대화에서 역할을 올바르게 인식하고 대화행위에 맞는 특성을 찾고자 한다.[64] 따라서 하버마스의 비판적 사회이론은 모든 억압과 왜곡으로부터 인간해방을 위해 의사소통구조에 의해 정립해 나간다. 왜곡되지 않은 의사소통행위란 우리가 임의적으로 선택할 수 있는 주관적 규범이 아니라, 언어적 상호주관성에 의해 수행된다. 그래서 하버마스는 이러한 의사소통행위를 더 이상 권력의 산물이 아닌 의사소통적 합리성의 개념으로 나아가야 한다고 생각한다. 때문에 그는 이상적 언어상황에서 이루어진 이성적 합의가 진리와 정당성을 판정할 수

---

61) J. Habermas, *Vorareitende Bemerkungen zu einer Theorie der kommunikativen Kompenz*, 138쪽.

62) J. Habermas, *Wahrheitstheorien*, 259쪽.

63) 김영한, 「하버마스의 정신분석적 심층해석학」, 『하이데거에서 리쾨르까지』, 박영사, 1987, 340-341쪽.

64) J. Habermas, *Vorareitende Bemerkungen zu einer Theorie der kommunikativen Kompenz*, 139쪽.

있는 궁극적 기준이라 간주한다.

하지만 이상적 언어상황이 현실에서 성취될 수 없는 이념이라 할지라도, 그것은 우리 사회가 지향하고자 하는 민주주의의 궁극적 지표가 되어야 하며, 그 지표에 의해 끊임없이 형성되는 권력－지식연계의 틀을 평가하고 비판할 수 있는 근거를 마련해야 한다. 결국 하버마스의 이상적 언어상황은 언어의 실천행위가 담보되었을 때, 그가 궁극적으로 추구하고자 하는 의사소통적 합리성에 의해 사회·정치·경제 등 사회의 지배현상의 근거를 마련할 수 있을 것이다.

5. 영향과 의의

하버마스는 20세기 후반과 21세기 초에 걸쳐 유럽뿐만 아니라 전 세계적으로 가장 영향력 있는 인물들 중의 한 사람이며, 가장 의미 깊고 논쟁이 많은 사상가 중의 한 사람이다. 1979년 하버마스가 50세를 맞이했을 때 슈피겔(Spiegel)지는 "독일에서 현재 사상적 영향력이 가장 큰 철학자"라고 평했다. 그러나 이때는 그의 주저라고 할 수 있는 『의사소통행위이론』(1981)이 출간되기도 전(前)이었다. 그 후 2003년 슈피겔지의 여론조사 발표에 의하면, 독일에서 가장 영향력 있는 사상가를 노벨문학상 수상자인 소설가 귄터 그라스와 철학자이자 사회학자인 하버마스를 손꼽는 데 주저하지 않았다.

하지만 하버마스의 사상에서 해석학의 중요한 영향은 언어적 전회 이외에는 쉽게 발견되지 않는다. 하버마스는 "언어는 단지 우리의 수중에 있는 하나의 대상에 그치는 것이 아니라 전통이 축적되어 있는 저장고이자 창고이다. 또한 우리가 그 속에서 그것을 통해 존재하는 매개"[65]라는 가다머의 주장에 동의한다. 하버마스는 언어를 통해 제도화된 권력관계를 "체계적으로 왜곡된 의사소통의 형태"[66]로 규명해 내고자 했다. 따라서 비판적 사회이론은 사회현실에 대해 외부로부터 행하는 객관적 설명을 제공하였다. 이런 점에서 해석학은 스스로를 입증해 주는 잠재적 가능성으로서의 해방적 관심을 희생시키면서 전통의 권리를 긍정하고자 한다.

그의 철학의 진정한 의의는 이성이 불신받고 있는 이 시대에서 계몽주의의 긍정적 유산을 현대적으로 되살리기 위해 의연하게 노력해 왔다는 데 있다. 또한 현대철학의 중요한 논쟁들 가운데 우뚝 서서 신선한 문제의식을 끊임없이 제기했다는 데 있다.[67] 그의 이성에 바탕을 둔 현대의 새로운 계몽을 요구하는 의사소통행위이론은 과학기술의 무분별한 근대화 과정의 결과로서 도구적 가치의 만연, 관료주의의 폐해, 원칙과 합의가 결여된 왜곡된 의사소통 등 많은 구조적 불합리성을 겪고 있는 우리 사회의 현실에 시사점을 제공해 준다.

---

65) H.-G. Gadamer, "On the Scope and Function of Hermeneutic Reflection", in: *Continum*, 8, 1970.

66) 미첼 퓨지, 박만준·진기행 옮김, 『하버마스의 사상』, 부산대학교출판부, 1998, 105쪽.

67) 안성찬, 앞의 책, 73-74쪽.

제 7 강

아펠: 의사소통공동체의 해석학

1. 생애 및 사상개요
2. 철학의 변형으로서의 해석학
3. 이상적 의사소통공동체의 해석학
4. 담론윤리학
5. 영향과 의의

제7강

아펠

의사소통공동체의 해석학

1. 생애 및 사상개요

아펠(K.-O. Apel, 1922~)은 1922년 3월 12일 뒤셀도르프에서 태어났다. 그는 나치시대에 발생한 국가적 참상을 직접 체험했다. 18세였던 1940년에 아펠은 고등학교의 같은 반 학우들과 함께 독일군의 히틀러-유겐트로 자원입대하여 전선에 참가한다. 나치 독일 군대의 병사로 5년 동안 전쟁터에서 싸우다가 패잔병으로 미군의 포로가 되었고, 1945년 가을에 겨우 석방되었다. 1945년 독일이 전쟁에서 패배한 사실은 그에게 "우리가 그토록 믿었던 것 모두가 잘못된 것이었다"[1]라는 심히 역겨운 자괴감이 들게 했다. 1945년 고향에 돌아와 본(Bonn)대학에 입학하여 철학과 역사, 독문학을 공부한다. 아펠은 역사학에서 랑케 계통의 정치사 강의와 철학에서 딜타이와 신칸트학파의 영향을 받고 철학사를 공부하였다. 아펠은 딜타이의 역사주의나 해석학적 입장에 따라 공부하다가 지

1) K.-O. Apel, *Diskurs und Verantwortung. Das Problem des Übergangs zur postkonventionellen Moral*, Frankfurt. a. M., 1988, 374쪽.

도교수가 된 로타커(Erich Rothacker)를 만나서 심리학과 철학적 인간학 등에 매료되어 철학을 연구하게 된다. 1950년 아펠은 「현존재와 인식: 마틴 하이데거의 철학에 대한 인식론적 해석」이라는 논문으로 철학박사를 취득하였고, 1961년 단테로부터 「비코에 이르는 인간주의 전통에서의 언어이념」이라는 논문으로 마인츠대학에서 교수자격을 취득한다. 1950년대와 1960년대 조교와 강사를 거쳐 교수가 되는 과정에서 그가 주력한 연구과제는 인식론적 방법의 탐구였다. 그는 일찌감치 그의 방법론적 탐구를 인식 인간적 탐구라 명명했다. 그의 인식론적 탐구의 줄기를 잡아준 철학사조는 딜타이와 하이데거에서 뿌리를 찾는 해석학적 방법과 포퍼와 비트겐슈타인 그리고 미국의 실용주의 철학자 퍼스에 뿌리를 둔 언어철학과 과학이론이었다.[2)] 1962년 킬(Kiel)대학에 정교수로 취임하면서 "비트겐슈타인과 하이데거"라는 제목으로 해석학과 언어철학의 융합을 시도하면서 오늘에 이르고 있다.

그의 사상의 핵심은 하버마스와 마찬가지로 합리적인 의사소통 공동체 및 건전한 사회를 구성하는 데 있다. 그의 사상은 독창적인 측면이 많이 있음에도 불구하고 하버마스의 그늘에 상당 부분 가려져 있다.

2. 철학의 변형으로서의 해석학

아펠은 자신의 철학목표를 보편적 규범의 근거를 세우고자 한다. 이러한 시도는 그가 철학을 입문하게 된 동기이자 그 자신을 철학

2) 이삼열, 「아펠의 철학사상과 그 발전경로-선험화용론과 담론윤리의 철학사적 의미」, 홍윤기 편집, 『철학의 변형을 향하여-아펠철학의 쟁점-』, 철학과현실사, 1998, 58쪽.

에 사로잡고 있는 핵심적 문제이다. 아펠의 해석학은 두 가지 차원에서 받아들여진다. 플라톤에서 슐라이어마허, 딜타이, 하이데거, 가다머에 이르는 해석학적 이해의 차원과 아리스토텔레스에서 라이프니츠, 비트겐슈타인, 모리스에 이르는 언어분석적 의미비판의 차원이 바로 그것이다. 아펠은 이 두 가지 해석학적 차원에 함축된 선험 철학적 의미지평을 확보하여 상호 매개할 수 있는 가능성을 시도한다.[3] 흔히 아펠 철학은 선험적 화용론(Transzendental-pragmatik)으로 대표된다. 선험적이란 의미는 전통철학으로 어떤 것을 가능하게 하는 조건에 대해 질문하는 것을 뜻한다. 그 질문은 직접적으로 가능하게 하는 것이 아니고, 반성적 태도 안으로 들어가는 것을 가능하게 한다. 아펠 철학은 타당성 요구와 그 요구의 근거를 규명하는 것을 목표로 한다. 즉 "도대체 왜 어떤 것은 타당하고 그 밖의 것은 아무것도 타당하지 않다는 말인가?"[4]라는 이러한 물음이 항상 그의 머릿속에 맴도는 것이었다.

근대적 사유의 패러다임은 데카르트적인 "자의식의 명증성"이든지 칸트적인 "의식의 선험성"이든지 모두 인간의 의식을 근거로 한다. 이러한 의식철학(Bewußtseinsphilosophie)의 한계는 유아론(Solipsismus)에서 벗어날 수 없다는 데 있다. 즉 의식을 정신이라 부르든지 아니면 의식일반이라 부르든지 간에 의식철학의 세계를 성찰하고 정립하는 토대이다. 그리고 의식은 사유하는 주체의 주관적 의식이다. 이러한 의식철학은 인간 개개인의 의식을 의식철학으로 통합하고, 모든 객체를 주관적 의식대상으로 환원시켜 버림으로써 이성의 보편성을 주장한다. 이러한 유아론적 주체철학에서는 타자와 객체가 자신의 고유한 독자적 권리를 지닐 수 있는 가능성을

3) 김진, 『현상학과 해석학』, 울산대학교출판부, 2005, 48쪽.
4) 발터 레제-쉐페, 권용혁 옮김, 『칼-오토 아펠과 현대철학』, 울산대학교출판부, 1992. 16-17쪽.

원천적으로 배제한다. 의식일반이라고 하는 주관적 보편성은 타자의 개성과 자연의 고유성을 망각한 채 그것들을 평준화하고 도구화하는 폭력성을 갖고 있다. 따라서 유아론적 의식철학의 인식론은 윤리적 한계점을 지닌다.[5)]

20세기의 철학은 이러한 한계를 극복할 수 있는 새로운 패러다임의 가능성을 언어에서 찾아왔다. 아펠은 20세기의 다양한 언어철학의 성과들을 적극적으로 수용하여 의식에서부터 언어에로 "철학의 변형"을 시도한다. 즉 그는 실용주의(퍼스), 언어철학(비트겐슈타인) 그리고 하이데거의 실존론적 존재론 등을 비롯하여 현대철학의 주요 흐름을 종합하고자 하였다. 그는 데카르트 이후 후설에 이르기까지 서양철학을 지배해 왔던 선험적인 주체철학을 변형시키고자 하였다. 지금까지 하이데거의 실존론적 해석학은 칸트의 선험적인 인식비판을 심화시킨 것이었다. 앞장에서 살펴보았듯이, 하이데거의 이해의 선구조는 정확한 인식가능성의 조건들에 대해 의문을 제기할 수 있는 토대를 어떻게 마련할 수 있는가에 있었다. 아펠은 지식의 규제적 원리에 대해 철학적 해석학을 분석한다. 즉 아펠은 지상에서 발견된 다양한 담론에 의해 철학의 변형을 시도한다. 그는 개인의 의식과 주체에서 전통철학으로부터 탈출하여 상호주관적인 이해를 주목한다. 이러한 상호주관적인 이해는 퍼스(Charles S. Peirce, 1839～1914)의 사상에서 영향을 받았다. 일반적으로 퍼스는 미국에서 칸트와 같은 인물로 대접받는다. 퍼스는 상호주관적 개념을 칸트의 『실용적 관점에서의 인간학』(1871)을 근거로 하여 자신의 사유과정을 전개하였다. 퍼스에 의하면, 인식의 전제조건은 사물과 대조되는 순수한 의식이 아니라, 무제한적인 것을 지향하는 연구자들의 실험공동체/해석공동체에서 실천

5) 안성찬, 「이성과 언어-아펠의 선험적 화용론」, 『이성과 감성의 평행성』, 유로서적, 2004, 88-91쪽.

을 행하는 것이다. 여기서 무제한적 공동체는 이성에서 구현된다. 무제한적인 공동체는 일종의 정신이나 의식일반을 말하는 것이 아니라 어떤 종류의 의미 및 기호로써 의사소통할 수 있는 존재들을 뜻한다.6)

아펠은 실용적인 형태를 다양한 의미와 글자 및 학문공동체를 선험적 전제조건 안으로 끌어들인다. 그리고 그는 선험적인 것과 경험적인 것의 일치에 대해 선험적 화용론이라 부른다. 모든 인식의 전제조건은 인간의 의사소통공동체이다. 그러한 목표는 언제나 의미해석과 연관된 합의에서 이루어진다. 무제한적인 의사공동체의 사유의 근원은 철학적 이성을 실천적으로 현실화시켰던 소크라테스의 대화의 이념과 공동체에 대한 기독교적 이념에서 찾는다.7) 아펠에게 있어서 인식의 상호주관적 타당성은 다음과 같이 전개된다.

> "인식의 상호주관적인 타당성에 대한 형이상학적인 보증인으로서 주체나 의식의 실체화에서 출발하지 않고는 어느 누구도 하나의 규칙만을 따를 수 없고 또는 단 한번만 따를 수 없다는 사실로 인해(비트겐슈타인) 상호주관적인 의사소통과 이에 속해 있는 이미 선험적으로 운명지어져 있다는 전제에서 출발한다. … 이러한 의미에서 해석학적으로 변형된 선험철학은 우리의 입장에서 보면 인류나 사회와 실천적인 측면에서 일치하는 현실적인 의사소통공동체의 선험성으로부터 출발한다."8)

아펠의 이러한 상호주관적 인식의 타당성에 대한 시도는 언어의 상호주관성으로부터 의식의 주관적 한계를 극복할 수 있는 새로운 철학적 패러다임의 가능성을 찾고자 하는 것이었다. 언어는 항상

6) K.-O. Apel, *Der Denkweg des Charles S. Peirce*, Frankfurt. a. M., 1975, 36쪽.
7) 발터 레제-쉐페, 권용혁 옮김, 앞의 책, 27-28쪽.
8) K.-O. Apel, *Transformation der Philosophie*, Bd. I. Frankfurt. a. M., 59-60쪽.

언어공동체를 전제한다는 점에서 자의식의 유아론적 한계를 넘어서는 상호주관성을 그 스스로 담보한다. 이러한 통찰은 아펠의 철학이 현대의 다른 언어철학들과 공유하고 있는 부분이다. 이러한 문제는 상호주관적 언어가 과연 데카르트적인 확고한 기반과 로고스의 보편성을 함께 담보해 줄 수 있는가 하는 것이다. 현대철학은 대체적으로 이에 대해 회의적이다. 하지만 아펠 철학의 궁극적 목적은 언어 안에서 확고한 이성의 근거와 보편적 로고스의 가능성을 발견하는 것이다. 이러한 발견은 단지 논리적으로 연역되는 것이 아니라 반성론에 의해 수행된다. 아펠의 관점에서 논증은 논리적 증명이라는 좁은 의미로서가 아니라 모든 형태의 주장을 뜻하는 광범위한 의미로 사용된다. 모든 의미 있는 논의는 모든 언어놀이의 필연적 조건을 이룬다. 우리가 이것을 만일 부정하게 되면, 우리가 실제로 행하고 있는 주장의 내용을 통해 부정하는 자기모순을 범하게 된다. 이러한 모순을 아펠은 논리적 연관관계에서 발생하는 것과 구별하여 수행적 자기모순(performativer Selbst Widerspruch)이라 부른다.

이러한 수행적 자기모순은 논리적으로 증명될 수 있는 것이 아니라 반성적으로 확인하는 것이다. 우리가 아무리 회의하고 부정한다 할지라도 우리가 논증상황에 참여하고 있다는 사실로부터 더 이상 물러날 수가 없다. 더 이상 물러날 수 없는 이 지점이 바로 데카르트적인 아르키메데스의 점이다. 여기서 확고한 논증상황의 기반을 제공한다. 우리의 회의가 더 이상 물러날 수 없다는 점에서 일정한 규칙을 지닌 논증상황은 우리가 어떤 논증을 이해하고 이해시키는 궁극적 토대를 이룬다. 이것을 아펠은 최후의 정초(Letztbegrüdung)라고 부른다. 최후정초로서의 논증상황은 모든 논증에 필연적이고 보편적인 것을 전제로 한다. 모든 논증에 앞서 있는 그 전제를 수행해 내면서 의미 있는 논증의 가능성을 담보한다는 점에서 선험성이다. 여기서 선험성은 모든 경험에서 앞서 있으면서 경험을 가능하게 하는 것이다. 이는 인식의 아프리오리(Apriori)한 조건으로서 칸트적 선험성이 아니라 모든 논증의 최종적 전제조건으로서의 언어상황이다.[9] 아펠은, 한스 알버트(Hans Albert)가 제시한 뮌히하우젠-트렐레마(Münchhausen-Trilemma, 삼중배반)의 "최후의 정초"[10]에 대한 질문은 다음과 같은 세 가지 가능성을 제시한다.

① 무한한 역행: 최후의 정초를 찾는 과정에서 사람들은 계속해서 뒤로 무한하게 물러선다.

② 결합 있는 논리적 순환: 사람들은 표면상의 마지막 근거에 부딪히게 된다. 그러나 그 근거는 그들 자신이 이미 전제했던 것이다.

③ 결정·결단으로 인한 근거설정 절차의 중지: 앞서 언급된 다른 두 방법과는 반대로 이 방법은 유용하기는 하지만, 불충분하다. 그 이유는 그것이 특정한 한 시점에서 근거설정 물음에 대한 답변을 단지 거부하기 때문이다.[11]

위에서 언급한 뮌히하우젠-트릴레마가 참이면, 그것은 바로 최후의 정초를 통해 얻은 명제이다. 최후의 정초를 통해 얻은 것이 아니라면, 알버트의 명제는 자의적인 주장에 그쳐서 구속력을 상실하게 된다. 그렇게 최후의 정초를 통해 얻은 것이라고 한다면 거짓이 된다. 이것은 모든 정초과정에서 우리는 무한퇴행이나 순환논리 가운데 하나를 대안으로 취하게 된다는 것을 의미한다. 따라서 아펠은 알버트가 제시한 삼중배반의 원리를 극복하면서 보편적 윤리학의 합리적 정초가능성의 토대를 마련하려고 하였다.

---

9) 안성찬, 「이성과 언어-아펠의 선험적 화용론」, 『이성과 감성의 평행성』, 유로서적, 2004, 88-91쪽.

10) 여기서 근거는 어떤 것을 다른 어떤 것으로부터 도출하는 것을 의미한다. 이것은 또한 언제나 논증하는 것을 뜻한다.

11) Hans Albert, *Traktat über kritische Vernunft*, Tübingen, 1980, 13쪽.

3. 이상적 의사소통공동체의 해석학

아펠은 그의 해석학에서 이상적인 의사소통공동체라는 개념을 소개한다. 이는 모든 의사소통행위에서 전제되어 있지는 않지만, 이상적 의사소통에 접근해 갈 수 있는 조건을 찾아나간다. 그는 사회진보의 목적을 개방적이며 충분히 논의할 수 있는 자유로운 사회의 가능성으로 이해하고자 했다.[12] 아펠은 퍼스와 쿤·하이데거의 사상에 많은 영향을 받는다. 여기서 아펠은 언어분석철학의 영역에 해석학의 과정이 전개되고 있음을 지적한다. 따라서 그는 논리적 원자론, 초기 비트겐슈타인 및 논리실증주의의 분석철학, 모리스의 기호론, 비트겐슈타인 학파의 화용론적 전회, 하이데거의 해석학적 의미구조 등 의미 비판적 발상을 해석학과 연결시켰다. 특히 아펠은 하이데거의 이론보다 구체적으로 해석학의 이해를 보여 주고 싶어 했다. 그렇게 하여 해석학적 이해를 준-설명적 방법의 변증법적 사유를 통해 매개하고 보완하여 내적으로 이해가능한 것과 외적으로 설명가능한 것을 연결시키고자 하였다. 이러한 시도는 정신분석학이나 이데올로기 비판적 사회과학에 적용된다.[13]

그래서 아펠은 이해과정의 선험해석학적 선구조로부터 선험적 의미의 비판을 요구하게 된다. 아펠은 이것을 '철학적 변형에서의 근본모습'이라 부른다.[14] 아펠은 철학의 변형 또는 해석학의 보편성 요구에 대한 가다머의 비판과 관련하여 정신분석학이 설명의 방법을 필요로 하는 정신동력학과 이해의 방법을 필요로 하는 심층해석학으로 이루어졌음을 강조한다. 따라서 아펠은 보편적 법칙은 질서정연한 자연이 아니고 인간과 사회활동 중에 발견되는 인간적인

12) 조셉 블라이허, 권순홍 옮김, 『현대 해석학』, 한마당, 1983, 171쪽.

13) K.-O. Apel, *Transformation der Philosophie*, Bd. I, 53쪽.

14) K.-O. Apel, *Transformation der Philosophie*, Bd. I, 59쪽.

준-설명의 모델을 갖고 있어야 한다고 본다.

보편적 회의주의는 실천이성의 영역에서 현실적 의사소통공동체에 대해 "원리적으로 이데올로기 비판적인 내용"[15]을 가진 언어유희가 계속되어야 한다는 해석학적 입장이다. 아펠이 해석학적 이해지평에서 이데올로기 비판이라는 준-설명적 모델을 적용하고자 하는 영역은 정신분석학에서 사회역사의 변증법적 재구성으로까지 확대한다. 이 경우 원초적 이해상황으로부터 낯설게 되어 버린 준-자연을 경험적으로 대상화하는 동시에 이미 예견되어 있는 이상적 이해과정이 사회적으로 실현될 수 있는 규범적-해석학적 재구성을 목표로 한다. 따라서 아펠의 구상은 사실상 "사회역사의 객관적-경험적 재구성에서 이상적인 의사소통공동체의 예견"을 본래 인식주장의 가능성 및 타당성에 대한 선험해석학적 조건으로 확장하고자 한다.

아펠은 선험철학을 인식-인간학적으로 변형하기 위하여 더 이상 물러설 수 없는 해석학적 이해구조로서 두 개의 공동체와 그 선험성을 인정한다. 하이데거의 현존재와 가다머의 역사적 전승 사건의 주체 존재를 넘어서 아펠은 각각의 특정한 상황에서 존재할 수 있는 모든 현실적인 의사소통공동체와 무제한적인 의사소통공동체를 인식-인간학의 주체 개념으로 설정한다.[16] 또한 아펠은 현실적 의사소통공동체와 이상적 의사소통공동체의 교차점을 새로운 책임윤리학의 범위로 확장시킨다. 여기서 아펠은 하버마스의 이상적 언어상황과 유사한 무제한적인 의사소통공동체의 이념에 의한 모든 구성원의 동등권을 주장한다.[17] 특히 아펠은 민주주의적 국가

15) K.-O. Apel, *Transformation der Philosophie*, Bd. I, 63쪽.

16) 김진, 『아펠과 철학의 변형』, 울산대학교출판부, 194-199쪽.

17) K.-O. Apel. "Diskursethik als Verantwortungsethik und das prolem der ökonomischen Rationalität", in: Klaus Held(Hg), *sozialphilosophische Grundlagen ökonomischen Handelns*, Frankfrut. a. M., 1990, 122-123쪽.

형태를 정치의 매개수단으로 한 비판적인 무제한적인 의사소통공동체를 과학의 영역에서 시도한다.[18] 그래서 아펠은 『철학의 변형』에서 의사소통공동체이론을 다음과 같이 두 가지의 관점에서 언급한다.

첫째, 현대의 산업사회에서 우세한 “과학의 논리”에 대결하고자 하는 자세는 칸트가 이미 제기했던 과학의 객관적 타당성과 그 가능성의 선험적 조건에 대해 선험철학의 변형을 실행하는 것이다. 아펠에게 있어서 철학의 변형은 경험의 객관적 타당성과 그 가능성의 조건에 대해 칸트철학 혹은 선험철학의 새로운 도입을 의미한다. 즉 아펠의 입장에서 현대철학의 “언어적-해석학적-화용론적 전회의 관점”[19]은 칸트의 선험철학에서의 상호주관적으로 타당한 세계에 관한 진술 가능성의 조건들을 해석학적 차원으로 변형시키는 것이다.[20] 따라서 아펠의 새로운 선험철학은 의미 있는 논증, 선험적 담화의 가능성 및 타당성의 조건들을 제시하고자 한다.[21] 20세기 과학기술시대에 있어서 윤리학은 우리의 보편적인 바람을 위해 모든 인간사회를 연결할 수 있는 급박한 하나의 문명을 필요로 하게 되었다. 오늘날 지구상의 인간들이 만들어 낸 과학의 부정적 결과들, 즉 심각한 환경오염, 지구 전체를 위협하고 있는 핵무기, 그리고 핵을 이용한 전쟁행위를 통한 인류의 파멸 위험성 등 인간의 생존은 크게 위협을 받게 되었다. 이러한 모든 생태

18) K.-O. Apel, *Transformation der Philosophie*, Bd. 2, Fankfrut. a. M., 1976, 154쪽.

19) 아펠은 현대 철학의 언어적-해석학적-화용론적 전회 속에서 공동체주의자들의 철학적 사유방식의 가장 중요한 전제 조건을 방법론적인 관점에서 제시한다(K.-O. Apel, “Das Anliegen des anglo-amerikanischen Kommunitarismus in der Sicht der Diskuresethik”, in: M. Brumilk/H. Brunkhorst(Hg.), *Gemeinschaft und Gerechtigkeit*, Frankfurt. a. M., 1995, 150쪽).

20) Wolfgang Kuhlmann, *Reflexive Letztbegründung. Untersuchung zur Transzendentalpragmatik*, Freiburg/München, 1985, 13, 16쪽.

21) Wolfgang Kuhlmann, *Reflexive Letztbegrüdung*, Müchen, 1985, 21쪽.

학적 위기의 유형적 문제상황들은 다양한 사회와 가치체계의 가장 중요한 삶의 위협요소로 등장하게 되었다. 특히 생태학적 위기는 대부분 제3세계의 사회문화적 삶의 가치체계와 생활양식에 결정적인 위기상황을 초래하고 있다.[22] 우리는 이러한 생태학적 위기 속에서 인간행위의 결과에 대한 적절한 대응을 절실히 필요로 하게 되었다. 따라서 우리는 인류의 연대적인 책임을 포함한 상호주관적인 규범의 타당성을 근거짓는 새로운 윤리학을 요청한다.[23]

둘째, 칸트를 넘어서 인식을 정당화시키고 타당성을 근거짓는 논증에 의해 의사소통공동체의 이념을 요청한다. 아펠의 의사소통공동체 이론은 그의 『철학의 변형』 제2권 마지막 장 표제어인 「선험적 의사소통공동체와 윤리의 근거」에서 주로 다루고 있다. 여기서 아펠은 칸트철학의 선험적 틀을 변형시킨다. 그리고 언어의 전회를 통해 선험적 의사소통공동체 개념에 근거하여 상호주관적 타당성과 그 가능성에 대한 조건을 검토한다. 특히 의사소통공동체의 도덕적 규범은 선험적 반성을 통한 논증의 선험성을 전제조건으로 한다.[24] 이러한 도덕적인 규범윤리는 과학기술시대에서 연대적인 도덕적 책임의 근거로서 힘을 발휘해야 한다. 여기서 아펠은 "상호주관적 타당성의 문제"[25]를 철학의 주요 관심사로 다룬다. 이러한

22) K.-O. Apel, "Die ökologische Krise als Herausforderung für die Diskursethik", in: D. Böhler(Hg.), *Ethik für die Zukunt. Im Diskurs mit Hans Jonas*, München, 1994, 380쪽.

23) K.-O. Apel, *Transformation der Philosopie*, Bd. 2, 359-361쪽.

24) K.-O. Apel, *Transformation der philosopie*, Bd. 2, 423쪽; Vgl. Vittorio Hösle, *Die Krise der Gegenwart und die Verantwortung der philosopie*, München, 1990. 110쪽.

25) 아펠은 타당성의 요구를 하버마스가 『의사소통행위이론』에서 제시한 진리, 진실성, 정직성의 세 유형에서 발견하고, 서로 상이한 세 가지의 세계유형(주관적 · 객관적 · 사회적 세계)에 상응하는 보편적인 객관성에 대해 이해할 수 있는 요구와 연관시킨다(K.-O. Apel, "Normative Begründung der 'Kritischen theorie' durch Rekurs auf lebensweltliche Sittlicheit?", in: A. Honneth(Hg.), *Zwischenbetrachtung*, Frankfurt a. M., 1989, 43쪽). 또한 아펠은 네 가지의 보

목적에 맞추기 위해 아펠은 흄의 존재와 당위의 구분, 비트겐슈타인의 분석철학, 키르케고르, 야스퍼스, 사르트르 등의 실존주의, 슐라이어마허의 보편적 해석학, 딜타이, 하이데거, 가다머로 이어지는 철학적 해석학, 잔트퀼러의 마르크스주의 해석학의 주관-객관의 문제, 베버의 가치중립성의 이론 등과 대결을 시도한다. 그리고 그 이론들에서 나타난 이데올로기적인 기능을 수용하고 보충하여 이론과 실천의 매체로써 이데올로기 비판을 수행한다.26) 오늘날 과학기술시대에 있어서 보편적인 윤리학의 합리적·이성적 근거를 정립하기에 곤란한 상황들이 산재에 있다. 아펠은 상호주관적인 타당성의 가능성이 경험적-객관적 학문으로 성립하기 위해서는 윤리학적 규범을 전제해야 한다고 본다. 또한 이 문제가 과학기술시대의 핵심적인 상황이라 생각한다. 우리가 도덕적 규범에 대해 합리적으로 논증하고자 하는 이유는 단지 일반적·윤리적인 규범만을 세우고자 하는 것이 아니라 가치가 자유로운 경험적 사회과학에도 적용하고자 하기 때문이다. 하지만 20세기 과학기술시대에 있어서 상호주관적인 타당성의 이념은 규범적인 가치중립성이나 가치 자유로운 과학주의의 이념의 득세로 인해서 윤리학 과제를 정립하는데 더욱 어려워졌다.27) 이러한 측면에서 현대 윤리학은 중립성의 테제를 극복해야 하며 도덕적 규범의 근거를 확보해야 한다.28) 여기서 가치 자유로운 과학의 객관성은 도덕적 규범의 상호주관적

편적 타당성 요구를 구체적으로 제시하고 있다. ① 상호주관적 타당성과 시간을 넘어선 의미, ② 진리성의 요구, ③ 진실성의 요구, ④ 도덕과 상관된 정직성의 요구를 제시한다. 보다 상세한 내용은 다음을 참조: K.-O. Apel, "Die Vernunftfunktion der kommunikativen Ratonalität", in: K.-O. Apel/M. Kettner(Hg.), *Die eine Vernunft und die vielen Rationaltäten*, Frankfurt. a. M., 1996, 22-23쪽).

26) K.-O. Apel, *Transformation der Philosophie*, Bd. 2, 361쪽.

27) K.-O. Apel, *Transformation der Philosophie*, Bd. 2, 361쪽.

28) K.-O. Apel, *Transformation der Philosophie*, Bd. 2, 362쪽.

타당성을 전제조건으로 한다. 이러한 테제의 결과는 도덕적 규범과 가치가 본래 비합리적 주체성에서 유래한다는 선입견으로부터 벗어나고자 하는 데 있다. 아펠은 20세기 과학기술시대에서 도덕적 규범의 상호주관적 타당성을 과학의 가능성 및 타당성의 조건을 제시한다. 우리는 과학적 객관성의 이념에 대해 상호주관적으로 타당한 윤리의 가능성을 근본적으로 논증할 수 있어야 한다.[29] 이러한 논증은 타당성의 형식을 거쳐 가치 자유로운 객관성을 다시 환원시키고자 한다. 왜냐하면 이것은 경험적-분석적 과학에 대해 규범적-중립적 객관성을 어떻게 가능한가를 가늠하는 것이다. 그런데 이것을 제시하기 위해서는 보편적 윤리규범의 타당성에 대한 합리적인 논증을 전제조건으로 한다.[30]

일팅(Karl-Heinz Ilting)에 의하면, 아펠이 의사소통공동체를 논증하려는 시도는 도덕적 규범의 타당성에 관한 물음을 분명하게 기술하는 것이라고 지적한다. 아펠에 있어서 보편적 윤리는 자기규정(Selbstbestimmung)의 요구를 공동체의 조건으로 형식화하는 것이며, 이러한 과제는 규범을 인정하고자 하는 일반적인 요구이다. 아펠은 보편적인 윤리 규범의 타당성을 합리적 논증에 의해 반성하고 윤리적 규범의 최후 정초 근거를 의사소통의 규범적 조건으로 명백히 밝히고자 하는 것이다. 따라서 윤리적 규범의 최후의 정초 근거 설정이라는 관점에서 아펠의 시도는 반성에 의한 보편적 도덕 규범의 타당성 요구를 합리적 논증의 전제조건으로 근거짓고자 한다.[31]

아펠은 과학기술시대에 있어서 윤리의 합리적 근거는 의사소통

29) K.-O. Apel, *Transformation der Philosophie*, Bd. 2, 396쪽.
30) K.-O. Apel, *Transformation der Philosophie*, Bd. 2, 398쪽.
31) Karl-Heinz Ilting, “Der Geltungsgrund moralischer Normen”, in: W. Kuhlmann (Hg.), *Kommunikation und Reflexion*, Frankfurt. a. M., 1982, 613-615쪽.

공동체의 선험성에 있다고 본다.[32] 즉 아펠의 입장에서 의사소통 공동체의 선험성(Apriori)이란 모든 도덕적 행위의 규제적 원리를 내용에 맞게 찾아내고, 전통적인 선험철학의 선험성을 비교하여 모든 논증의 타당성과 가능성의 의미비판을 정확히 파악하는 것이다.[33] 여기서 중요한 사실은 의사소통공동체를 논증하고자 하는 사람은 두 가지의 사태를 전제하고 있어야 한다. 첫째, 논증자 자신이 사회화 과정을 통해서 그 구성원의 현실적인 의사소통공동체를 파악하는 것이며, 둘째, 논증의 의미를 잘 이해하여 그 가치판단을 근거로 하여 이상적 의사소통공동체를 파악하는 것이다. 이 두 공동체의 변증법적인 상황은 논증자가 현실적 공동체 내에서 이상적 공동체를 현사회의 현실적 가능성을 전제함으로써 조정될 수 있다.[34]

위에서 제시된 현실적인 의사소통공동체의 선험성으로부터 출발하였을 때, 우리는 인류나 사회를 위해 실천적으로 나아갈 수 있다. 궁극적으로 상호주관적인 것이 조작되지 않기 위해서는 현실적으로 상호작용하는 개별적인 참여자는 이상적인 의사소통공동체의

32) K.-O. Apel, "Das Anliegen des anglo-amerikanischen Kommunitarismus in der Sicht der Diskursethik", in: M. Brumilk/H. Brunkhorst(Hg.), *Gemeinschaft und Gerechtigkeit*, Frankfurt. a. M., 1995, 152쪽

33) 아펠은 현대철학의 언어혼란에 대한 대답으로서 해석학과 의미비판을 시도한다. 그는 현대철학의 모든 경향이 "의미", "이해", "언어"라는 문제에 수렴되고 있다는 것이다. 이러한 경우는 대표적으로 하이데거의 『존재와 시간』에서 존재의 의미, 인간 현존재의 실존적인 구조의 이해에 대해 질문을 하고 있다는 것이다. 이러한 의미이해는 아리스토텔레스의 존재-논리적인 언어-분석적 철학에서부터 현대의 비트겐슈타인의 『논리철학 논고』에서 제시된 언어의 논리적 분석에 이르기까지 언어에 대한 의미문제를 특징짓는다. 의미비판에 대한 자세한 내용은 다음을 참조: K.-O. Apel, "Heideggers philosophische Radikalisierung der Hermeneutik und die Frage nach dem Sinnkriterium der Sprache", in: O. Pöggeler(Hg.), *Hermeneutische Philosophie*, München, 1972, 201-235쪽; 칼-오토 아펠, 「해석학과 의미 비판」, O. 푀겔러 엮음, 박순영 옮김, 『해석학의 철학』, 서광사, 1993, 259-303쪽.

34) K.-O. Apel, *Transformation der Philosophie*, Bd. 2, op. cit., 429쪽.

관점을 먼저 파악해야 한다. 개별적 참여자는 의사소통능력을 전제하는 언어습득을 근거로 하여 사회화 과정을 경험하게 된다. 그것은 선험적 반성에 의해 확실하게 보증되어야 한다. 따라서 우리는 선험적 반성에 의해 이해의 보편적 가능성과 타당성의 조건을 규명한다.[35)]

우리는 이러한 철학적 논증의 요구에서 모든 인간의 장기적인 도덕적 행위전략을 두 가지의 기본적인 규제적 원칙으로 구체화시킬 수 있다. 첫째, 모든 행위에서 현실적 의사소통공동체에서 인류의 생존을 보장해야 한다. 둘째, 현실적 의사소통공동체 속에서 이상적 의사소통공동체를 현실화시켜야 한다. 첫 번째 목표는 두 번째 목표의 필요조건이며, 후자는 전자의 의미에서 각 논증에 이미 파악한 의미를 부여한다.[36)]

위의 관점은 이상적인 의사소통공동체와 현실적인 의사소통공동체의 기본적인 차이점에서 출발하지만, 현실적인 의사소통공동체에서부터 이상적인 공동체의 구조 및 제도에 접근하고자 하는 것이다. 예를 들어 이러한 구조는 근대 법치국가의 제도에서 나타난다.[37)] 따라서 이 제도들은 시민들의 도덕적 행위를 수행할 수 있는 능력을 부여함으로써 시민들에게 부담을 덜어주게 함이다.

4. 담론윤리학

아펠에게 있어서 "담론윤리학(Diskursethik)이 민주주의의 근본원

---

35) Winfrid Dallmayr, "Kommunikation und Gemeinschaft", in: W. Kuhlmann (Hg.), *Kommunikation und Reflexion*, Frankfurt. a. M., 1982, 192쪽.

36) K.-O. Apel, *Transformation der Philosophie*, Bd. 2. 431쪽.

37) 권용혁, 「칼 오토 아펠의 의사 소통 이론—담화윤리학을 중심으로」, 박영식 교수 화갑 논문집, 『언어철학연구 Ⅱ』, 현암사, 1995, 267쪽.

리의 역할을 담당할 수 있으며 지배에서 벗어난 담론의 이념은 민주주의의 철학적인 토대로 간주될 수 있다"[38]고 말한다. 아펠은 담론윤리학[39]을 이론적이고 실천적인 담론 속에서 논증적인 합의를 구성하는 형식적-절차적인 원리의 철학적인 최후의 정초에 대한 설정이라 강조한다. 이러한 담론윤리학의 근본적 요구에는 두 가지의 주요 동기가 내재해 있다.

첫째, 윤리의 형식적인 근본원리에 대한 선험적-반성적인 확신은 칸트의 이성의 사실(Faktum der Vernunft)[40]에 근거한다. 칸트에게 있어서 이성의 사실은 보편주의적 원리로서 논증적인 합의를 구성하여 의사소통을 현실화시키는 것이다. 그래서 의사소통공동체의 근본원칙은 담론적 합의에 의한 논증에 기반을 두고 윤리 원칙의 철학적인 최후의 근거를 설정한다.[41] 아펠은 이러한 논의를 통해 더 이상 회의하고 부정할 수 없는 윤리적 최후의 정초가 마련되었다고 생각한다. 그리고 칸트가 『실천이성비판』에서 행했던 것과 유사하게 윤리의 법칙을 이끌어낸다. 칸트의 실천철학에서는 이성의 사실에 대한 이론과 전혀 선험적으로 간주될 수 없는 서로 다른 원리들이 갑작스럽게 명증적으로 수렴하는 것 사이에 괴리가 발생하고 있으나, 칸트는 이 문제들을 속 시원하게 해결하지 못했다는 것이다.

---

38) 권용혁, 「담화윤리학과 정치적 결단주의」, 『철학연구』, 제37집, 철학연구회, 1995, 255쪽.

39) 아펠과 하버마스 그리고 벨머로 대변되는 담론윤리학은 현재 우리 철학계에서 다의적인 해석이나 번역어로 통용되고 있다. 즉 담화윤리학, 담론윤리학, 논변윤리학, 논증윤리학 등으로 서로의 주관적 관점에 따라 번역하여 쓰이고 있다. 여기서 담론윤리학으로 번역하여 사용하였으나, 앞으로 용어상의 혼란을 피하기 위해 학자들의 통일된 의견개진이 필요하다.

40) K.-O. Apel, "Kant, Hegel und das akuelle Problem der namativen Grundlagevon Moral und Recht", in: *Kant oder Hegel?*, stuttgart 1983, 621쪽.

41) K.-O. Apel, "Ist die Ethik der idenalen kommunikathionsgemeinschaft eine Utopie?", in: M. Voßkamp(Hg.), *Utopieforschung*, Bd. 1, Stuttgart. 1982, 341쪽.

그것은 구체적인 행위의 격률이나 구속력 있는 규범들을 제공하는 것이 아니라 담론의 규제적 원칙으로서 '메타윤리학'으로 가능할 뿐이다. 이에 따라 아펠이 논증하고자 한 윤리적 법칙은 칸트의 경우처럼, 정언적 구속성을 가진다. 이러한 윤리적 근본법칙이 명령하는 의미는 "합리적으로 논증하라(Argumentiere rational)"는 것이다. 즉 논의에 참여하는 사람은 맹목적으로 행동해서는 안 되며 합리적으로 논의하면서 바르게 행위할 수 있는 대안을 생각해야 한다. 즉 그것은 논증의 개념에 항상 선험적으로 전제되어 있다.[42] 이것을 칸트의 도덕적 근본법칙인 "네 의지의 격률이 항상 동시에 보편적 입법의 원리로서 타당할 수 있도록 행위하라"는 요구와 비교하여, 담론윤리학의 보편적 근본법칙은 다음과 같이 표현한다: "최상의 논증상황들 중에서 항상 논증 자체만 타당하도록 행위하라." 라는 문장이 뜻하는 바는 담론윤리학에서 정언적 보편성을 지니는 논증조건은 합리적 논증행위뿐이며 다른 모든 현실적 조건들은 가언적이라는 것이다. 따라서 상황에 따른 윤리적 입장들의 구체적 차이와 상대성에도 불구하고 오직 논증의 담론과정만이 유효해야 하며 우리는 최상의 논증에 이르도록 함께 노력해야 한다. 이것은 우리가 어떤 공동의 문제를 논의할 때 논증의 합리적 절차를 통해 당사자 모두에게 자발적으로 승인을 얻는 것만이 진정으로 윤리적 정당성을 지니는 해결책이라는 것을 뜻한다. 여기서 우리는 실천적 담론의 정치적 제도화를 위한 규제적 이념으로서, 그리고 합의구성의 요청을 위한 민주주의 윤리의 형식적인 근본원리로서 제시한다.

둘째, 담론윤리학은 과학기술시대의 책임윤리학으로서 도덕적 규범과 연관된 의무론적 당위론을 수용한다. 아펠의 담론윤리학은 칸트의 정언명법이나 베버(Max Weber)의 양심의 윤리가 아니라 행위

42) 안성찬, 「이성과 언어 – 아펠의 선험적 화용론」, 96쪽.

의 결과에 대해 책임져야 하는 책임윤리학으로 서술된다. 다시 말해 아펠의 담론윤리학은 칸트의 정언명법과 같은 행위규범의 규칙적인 준수를 따르는 이론이 아니다. 그래서 아펠의 담론윤리학은 개별적인 행위의 원리가 아니며 공적인 규범의 원리이다. 즉 "개별적인 당사자의 관심을 만족시키기 위한 일반적인 행위의 준수는 예상되는 결과와 부작용으로 나타나게 되었던 당시의 사유실험을 실제적인 담화에서 모든 당사자들로부터 강요 없이 인식될 수 있다는 격률에 따라 행위하라"[43]는 것이다.

이론적 최후의 정초와 마찬가지로 윤리적 최후의 정초는 언어의 수행적 성격에 따라 반성을 수행한다. 즉 언어는 언어공동체와 그 규칙을 선험적 전제조건으로 한다. 그리고 언어의 명제적-수행적 이중구조에 따라 모든 의사소통적 이해를 사회적 관계와 연관을 맺는다. 언어가 본래 지니는 공동체적·수행적 측면에서 의사소통적 이성에 대해 이론이성과 실천이성은 하나다. 따라서 어떤 방식으로든지 윤리적 담론에 참여한다는 것은 이미 거기에 전제되어 있는 선험적 규칙을 받아들인다는 것을 뜻한다. 이러한 담론의 규칙은 상호주관성을 실천적으로 작용하게 하면서 그 근원을 밝혀낸다. 아펠의 윤리적 최후 정초의 근거는 반성을 통해 담론의 규칙에서 규제적 당위성을 이끌어 내려는 시도이다. 아펠의 이러한 담론윤리학은 다음과 같이 표현된다: "논증을 행하는 자는 의사소통공동체의 모든 구성원들이 이성적 논증을 통해 그 정당성을 제시하는 모든 요구들을 암암리에 승인하고 있다. 그렇지 않다면 논증의 요구는 스스로 자신의 테마를 제한하는 것이 된다. 논증을 행하는 자는 이와 동시에 타인들에 대한 자신의 모든 요구를 논증을 통해 정당화해야 할 의무를 지닌다."[44]

---

43) K.-O. Apel. "Grenzen der Diskursethik? Versuch einer Zwischenbilanz", in: *Zeitschrift für philosophische Forschung*, Bd. 40, 1986, 18-19쪽.

우리는 '수행적 모순'을 범하지 않고는 이를 부정할 수도 뒤로 물러날 수도 없다. 논의를 하는 데 있어서 우리가 더 이상 물러설 수 없다는 것은, 우리가 논의하고 있는 상황과 규칙들을 모든 의미 있는 논증 및 논쟁을 가능하게 하는 필연적인 조건이다. 이러한 조건들은 최후정초의 불가능성을 주장하는 사람들도 이미 전제하고 있다.[45] 이러한 "물러날 수 없음(Nichthintergehbarkeit)"은 논증에 참가하고 있는 모두에게 해당된다. 이것을 통찰하게 되면 우리는 그 규칙을 준수해야 한다. 우리가 논증이라는 언어놀이에 참여하였을 때 우리는 그 의무를 승인하는 것이 된다. 그것을 승인하지 않을 경우에는 자기모순에 빠져든다. 우리가 그 언어놀이에 참여하지 않는 경우에 문제 자체가 성립하지 않기 때문에 우리는 더 이상 그것에 대해 아무것도 이야기할 필요가 없게 된다.

아펠은 언어를 이상적 의사소통의 의미로 이해한다. 아펠의 입장에서 언어행위는 본질적으로 합의를 이끌어 내는 것이지만, 강제성이 완전히 배제된 이상적 합의를 구현하기 위한 행위로써 나타난다. 이는 하버마스의 『의사소통행위이론』에서 제시되고 있듯이, 이상적 언어상황의 합의이론과 동일한 선상에 있다. 따라서 아펠에게 있어서 의사소통공동체의 핵심적 물음은, "어떻게 이상적인 합의가 가능한가?"라는 물음이었다. 이상적 합의의 이념은 실제 현실과 상관없이 모든 의사소통행위에 선험적으로 전제되어 있다. 아펠에 의하면, 우리가 이상적인 합의에 도달하기 위하여 끊임없이 추구하는 이념은 이상적인 의사소통공동체이다. 위에서 제시한 담론윤리학의 원칙들은 집단의 갈등을 비폭력으로 해결하려는 윤리학으로 나타나게 된다. 그렇게 하여 담론윤리학의 윤리적·정치적 함의를 명료

---

44) W. Kuhlmann, *Reflexive Letztbegründung. Untersuchungen zur Transzendentalpragmatik*, Freiburg, 1985, 207쪽.

45) 김진, 『아펠과 철학의 변형』, 울산대학교출판부, 1998, 86-87쪽.

하게 드러내고자 한다. 우리는 태어나고 자란 문화권에 따라 구체적인 관습과 규범, 윤리와 종교를 서로 달리한다. 우리는 이러한 다양한 입장들 중에서 어떤 것이 옳은가를 객관적으로 규정할 수 없다. 가능한 보편적 규범이 있다면, 그것은 구체적 입장을 넘어선 타당한 담론의 형식일 뿐이다. 사회에서 갈등이 생겨날 경우 폭력만을 유일한 수단으로 인정하지 않으려면, 우리는 논증적 대화를 통한 공정한 해결책을 찾아야 한다. 물론 순수한 논증적 대화를 통한 해결은 가난과 고통, 기만과 현혹, 수사적 유혹과 강제적 폭력, 부익부 빈익빈의 양극화 현상 등이 지배하는 현실 속에서 그렇게 쉽지만은 않다. 하지만 바로 그러한 모순들이 있기 때문에 그만큼 우리에게는 부당한 현실에 저항하여 동등한 논쟁을 가능하게 하는 이상으로서의 "규제적 원칙(regulatives Prinzip)"을 반드시 필요로 하는 것이다. 이러한 원칙에 대해 아펠은 "이상적 의사소통공동체(ideale Kommunikationsgesellschaft)를 선취"하고자 시도한다.

하지만 이러한 공동체도 현실에 존재하지 않는 하나의 요청일 뿐이다. 이러한 요청은 신·불멸·자유에 대한 칸트의 요청처럼, 초월적인 것이 아니라 논증을 그 본래적 성격으로 하고 있는 언어의 개념 속에 이미 구현되어 있는 내재적 요청이다.[46] 이와 같이 아펠은 최고선, 즉 이상적인 합의가 완전하게 형성될 수 있는 가능성의 조건을 찾고자 한다. 다시 말해 아펠의 담론윤리학에서 필연적으로 제기되는 모순을 극복할 수 있는 요청내용은 "현실적인 의사소통공동체의 보존(인류의 생존)과 이상적 대화상황에 대한 예견의 현실화, 즉 "이상적 의사소통공동체를 실현"[47]하고자 하는 것이다. 이러한 이 두 원칙 사이의 갈등 속에서 아펠은 사회적·역사적·윤리적 이념들을 찾고자 한다. 이러한 시도는 이성을 통해 보

46) 안성찬, 「이성과 언어 – 아펠의 선험적 화용론」, 98쪽.

47) K.-O. Apel, *Transformation der Philosophie*, Bd. 2, 431, 434쪽.

편적 인간성을 역사 속에 점진적으로 구현하고자 하였던 계몽주의적 역사의식을 재생시키는 것을 의미한다. 따라서 아펠의 담론윤리학에서 이성을 통한 인류의 진보라는 칸트의 계몽주의는 이상적 의사소통공동체로서 점차적으로 인류사회에 실현되어 새로운 활력을 불어넣게 될 것이다.

5. 영향과 의의

아펠은 수천 년 동안 끊임없이 제기되어 왔던 근거설정문제를 끝까지 규명하고자 한다. 아펠은 이 문제에 대한 해결의 실마리에 대한 고전적인 입장을 현대적으로 변형시킴으로써 새로운 철학을 모색하였으며, 이 변형의 시도를 근거로 하여 보편주의에 반대하는 서구현대철학의 흐름에 새로운 도전장을 내놓았다. 이 도전의 근거이자 앞선 철학의 독창적 분야가 바로 "최후정초 설정의 논증"이었다. 이 논증을 통해 그는 이론철학뿐만 아니라 실천철학에 견고한 토대를 제공해 주었다. 즉 그는 칸트 이후의 선험 철학적 전통과 현대 영미철학의 언어 분석의 전통을 선험적 화용론(Transzendental-pragmatik) 및 담론윤리학이라는 철학적 지평에서 이것을 융합시킨 철학자로 평가받는다. 이렇듯 아펠의 철학은 이성비판과 회의주의적 정신이 지배하는 시대에 칸트 이래의 철학적 전통을 현대적으로 계승함으로써 철학적 논의에 균형점을 제공하고 신선한 문제의식을 불러일으켰다. 그와 가다머의 논쟁은 합리적 과학주의에 대한 비합리주의적 해석학의 비판을 의미한다. 현대의 과학철학영역에서 귀납법이 좌초되는 위기를 맞으면서 새로운 대안으로 나온 알버트와 포퍼의 비판적 합리주의 논쟁은 최후정초의 가능성을 회의하는 비판이었다.[48] 이외에도 프랑스의 리오타르와 미국의 로티와 같은 포스트모더니즘의 철학자들이 아펠에게 공격한 비판과 그의 반론은 서구의 두 대립적인 사유전통이 현대성에 대한 역사진단과 미래지향의 문제에 관한 생산적 논쟁이라 평가될 만하다.

48) 안성찬, 「이성과 언어 - 아펠의 선험적 화용론」, 100-101쪽.

제 8 강

로티: 네오프래그머티즘의 해석학

1. 생애 및 사상개요
2. 인식론에서 해석학으로 전회
3. 프래그머티즘의 진리
4. 해석학과 교화
5. 반표상주의의 해석학
6. 영향과 의의

제8강

로티

네오프래그머티즘의 해석학

1. 생애 및 사상개요

로티(Richard Rorty, 1931~2007)는 뉴욕태생으로 아버지 제임스 로티(James Rorty)의 문학에 영향을 받고 자랐다. 로티의 부친은 실용주의자인 듀이의 제자이자 철학자인 후크(Sidney Hook)와 절친한 사이였다. 한때 그의 아버지는 후크와 함께 트로츠키(Leon Trotskii, 1879~1940, 옛 소련의 혁명가로서 스탈린이 집권한 이후 소련을 떠나 도피함.) 조사위원으로 활동하였다. 트로츠키란 말은 로티의 어린 시절 그의 부친세대인 좌익 지식인들에게 공적인 삶의 의미를 상징하는 메타포였다. 저널리스트였던 제임스 로티는 1933년에 자유주의자로 전향하였다. 로티는 14살 때 시카고대학교에 입학하여 문학부에서 석사학위(1952)를 취득하였다. 로티는 「트로츠키와 야생란(Trosky and Wild Orchids」(1992)이란 글을 통해 자신이 어떤 환경에서 자랐고, 어떻게 공부했는지를 자세히 밝힌다. 그는 위의 책에서 15세에 플라톤을 읽고 20세까지 플라톤주의자가 되고자 최선을 다했다고 고백한다. 플라톤주의자가 되려는 노력은 그의 프린스턴대학교

교수 시절까지 이어진 것으로 보인다.

그는 스스로 문학적인 자질이 없다고 판단하고 진로를 바꾸어 철학을 공부하기로 하고 예일대학교 대학원에 입학하였다. 예일대학교의 박사과정에 입학한 로티는 바이스(Paul Weiss)의 지도 아래 「아리스토텔레스의 가능태에 관한 연구」로 1956년 철학박사학위를 받았다. 그리고 1958년부터 3년 동안 학위를 받은 후 웨슬리대학의 철학부 강사와 조교수를 거쳐 1961년에 분석철학의 경향이 강한 프린스턴대학교의 철학교수가 되었고 거기서 철학과장을 역임하였다. 분석철학자로 프린스턴대학의 교수가 된다. 여기서 그의 첫 번째 주저인 『언어학적 전환』(1967)을 출간하였다. 그리고 1970년에는 프린스턴대학교의 스튜어트 석좌교수가 된다. 로티를 세계적으로 유명하게 한 저서인 『철학과 자연의 거울(*Philosophy and the Mirror of Nature*, Princeton University Press, 1979)』을 발표한 이후 프린스턴대학의 교수직은 그만두어야 했다. 그 이유는 분석철학의 전통이 강한 프린스턴대학에서 분석철학을 정면으로 비판하는 철학자를 수용하기는 어려웠기 때문이다.[1)] 무엇보다 그는 분석철학적 작업이 자신의 철학적인 물음에 대한 답을 제시해 주지 못한다고 판단한다. 그래서 그는 탈분석철학적 글쓰기를 시작하면서, 위의 책을 출판한 이후 프린스턴대학의 교수직을 사직한다. 그 이후 그는 프랑스의 탈구조주의 철학과 독일의 철학적 해석학 등을 수용하고, 철학자들이 도외시한 문학의 영역까지 섭렵하면서 듀이 이후 단절되었던 미국의 프래그머티즘 전통을 되살리기에 이른다.

1982년 이후 버지니아대학의 키넌 기념 인문학 교수가 된다. 1998년 이후부터 스탠퍼드대학의 비교문학과에 옮겨 재직하였다.

---

1) 이유선, 『듀이 & 로티 - 미국철학의 유산, 프래그머티즘 -』, 김영사, 2006, 124쪽.

이 시기에 그의 가장 대표 저서인 『우발성, 아이러니, 그리고 연대』가 출간되어 세계적인 주목을 받게 된다. 로티는 1996년과 2001년 한국을 방문해서 강연을 하기도 했다. 그는 2007년 췌장암으로 숨졌다.

로티는 금세기의 가장 중요한 세 철학자라 부르는 비트겐슈타인, 하이데거, 듀이와 연관된다. 즉 전일주의(全一主義, Holism)의 언어관을 대변하는 비트겐슈타인, 역사의식을 주장한 하이데거, 철학보다 정치에 우선권을 둔 듀이의 세 관점을 엄격히 분리하고자 했다. 로티의 해석학은 반표상주의, 역사주의, 전체론 등으로 요약할 수 있다. 로티는 '철학이 과연 무엇을 해야 하는가? 진리에 관한 물음은 여전히 유효한가? 더 나은 사회를 만들기 위해 철학이 어떻게 기여할 수 있는가?'라는 물음들을 끊임없이 던졌다. 그의 경계를 뛰어넘는 글쓰기는 21세기의 새로운 인문학적 메시지를 던져주고 있다.

2. 인식론에서 해석학으로 전회

로티는 『철학과 그리고 자연의 거울(*Philosophy and the Mirror of Nature*)』(1979)이라는 저서에서 지금 이후의 철학활동은 인식론으로부터 해석학으로 전환해야 한다고 힘주어 말한다. 그 이유는 간단하다. 로티에 따르면, 전통적으로 철학은 과학·도덕·예술·종교 등에서 제기하는 지식의 주장들에 대해 옳고 그름을 판정하고 재판정하는 역할을 수행하기 위해 지식의 토대로서 활동해 왔다는 데 있다. 그리고 모든 지식의 토대를 이해하기 위해 인간의 마음을 외부의 실재를 거울처럼 정확하게 재현(표상)하는 방법에 관한 보편적 이론(인식론)을 추구해 왔다.[2)] 그런데 더 이상 현대철학은 보편적 이론을 정립하고자 하는 인식론에 매달릴 것이 아니라 유용한 학문을 표방하는 철학활동으로서 해석학을 제시해야 한다. 하지만 슐라이어마허나 딜타이 전통의 보편적 해석학을 다시 정립하고자 하는 것이 아니다. 그는 해석학이란 명칭을 즐겨 쓰지는 않지만, 인식론의 다양한 성격과는 다를 뿐이라고 말한다: "인식론은 주어진 어떤 담론의 모든 근거들이 공약가능하다는 가정에서 출발한다. 대체적으로 해석학은 이러한 가정에 대한 투쟁이다."[3]

해석학은 인식론의 대안이나 후속학문이 아니다. 그는 해석학은 인식론이 없어진 자리를 채우려 하지 말아야 한다고 본다. 로티는 과학철학에 대한 쿤(Thomas Kuhn)의 해석을 일반화한 통상적 담론과 비통상적 담론을 비교하여 후자의 개념을 보다 더 확장하여 해석학을 정의하고자 한다. 이러한 해석학은 곧 체계적인 철학을 반대하는 교화의 철학이다. 교화적인 철학은 가다머가 『진리와 방법』(1960)에서 언급한 교양(Bildung: 교육, 육성, 자기형성)의 개념을 가다듬어 만든 용어이다. 하지만 실존주의 철학자인 사르트르가 언급하였던 대자 존재로서의 인간, 무언가를 창조하는 존재로서의 인간에 대한 강조를 통해 정당화된다.[4] 가다머는 위의 저서에서 해석학이 '진리추구의 방법'이 아님을 분명히 한다. 그가 말하는 해석학이란 인간학의 방법론이 아니라 방법론적 자기의식을 넘어서 인간학이 진정으로 무엇인가를 이해하고, 세계에 대한 경험의 총체와 연결시켜 주는 것이 무엇인지 이해하고자 하는 시도이다. 로티가 가다머의 저서를 중요하게 생각하는 이유는, 사고의 목표로서의 지식이라는 관념을 교양(Bildung)이라는 관념으로 대체하기 때문이다.

---

2) Richard Rorty, *Philosophy and the Mirror of Nature*, New Jersey: Princeton Univ. Press, 1979, 3쪽.

3) Richard Rorty, 앞의 책, 316쪽.

4) 김동식, 『로티 · 철학과 자연의 거울』, 울산대학교출판부, 2002, 183쪽.

로티는 '교육'은 너무 평범하고 '교양'은 너무 생소하기 때문에 새롭고, 더 나으며, 재미있고, 유용하게 말하는 방식을 찾는 프로젝트를 상징하는 용어로서 '교화(Edification)'라는 말을 즐겨 사용한다.[5)]

교화의 시도는 우리 문화와 낯선 타 문화 사이에서, 그리고 우리 학문 분야와 타 학문 분야 사이에서 공약 불가능함에도 불구하고 연결을 하고자 하는 해석학적 활동으로 형성된다. 가다머의 교양이 "우리가 보편적 인간으로 형성된다는 것"을 의미한다면, 로티의 교양은 "우리가 다른 새로운 사람으로 된다는 것"을 의미한다. 로티도 이러한 차이를 분명하게 하기 위해 교양이라는 낱말을 대신하여 특별히 교화라는 용어를 사용한다.[6)] 윈키는 가다머의 교양개념에 대해 다음과 같이 지적한다.

> "이러한 유사성에도 불구하고 로티는 교양(Bilung)에 대한 분석을 보다 자세히 살펴볼 때 나타나는 가다머의 입장이 갖는 중요한 차원을 간과하고 있는 것처럼 보인다. 우리는 교양과 경험이 개방성이라는 덕을 포함하고 진리에 대한 인식론적 집착을 배제하면서 그 대신에 가능한 진리들의 다양성을 선호하고 있음을 고찰하였다. 로티에게 있어서 교화 혹은 교양은 사유의 목표로서의 지식을 대체하고 있다. 그러나 가다머 자신이 교양과 사실에 대한 객관적 지식 사이에 대립을 설정해 두고 있음에도 불구하고, 그에게 교양은 다원주의적인 대처방식을 교육하는 것에 그치는 것이 아니다. 더욱이 교양과 특정 종류에 대한 지식의 연관이 근본적인 것으로 남아 있다.[7)]

가다머는 교양이라는 개념에 '그 자체 이외에 어떤 목적도 없는

---

5) Richard Rorty, *Philosophy and the Mirror of Nature*, 360쪽.

6) Richard Rorty, 같은 책, 360쪽.

7) G. Warnke, *Gadamer: Hermeneutics, Tradition and Reason*, Standford University Press, 1987, 159쪽.

것'이라는 의미를 부여하고, 휴머니스트의 전통에 대한 논의와 더불어 『진리와 방법』을 시작한다.[8] 그러한 교양개념이 의미를 갖도록 하기 위해서 서술어휘가 시대, 전통, 역사적 우연 등에 대해 상대적인 센스가 필요하다. 이런 상황은 자연과학의 결과에 대한 교육과정에서는 제시되지 않지만, 인문주의의 교육전통에서는 잘 이루어진다. 상대성의 센스가 주어지면 본질이나 정확한 표상의 과제라는 생각도 진지하게 생각할 수 없다. 가다머가 정신과학에서 객관성의 요구를 추방하려는 시도는 교육이 통상적 탐구에서 오는 교습(敎習)으로 환원되는 것을 방지해 보자는 것이다. 그것은 비통상적 탐구가 비통상적이라는 이유만으로 의심받는 것을 막으려는 시도이다.

인간이란 근본적으로 본질을 아는 존재라는 고전적 그림을 제거하려는 가다머의 노력은 사실과 가치의 구분을 제거하려는 노력이며, 사실의 발견을 교화의 한 프로젝트라 생각한다. 로티는 『철학과 그리고 자연의 거울』에서 인식론적 기초주의에 대한 대안으로서 해석학을 제시한다. 후속 저서인 『우연성, 아니러니, 연대성』(1989)에서는 해석학에 대한 언급이 더 이상 등장하지 않고 해석학에서 말하고자 했던 자아, 언어, 공동체의 우연성에 관한 테제로 바꾸어 설명한다. 여기서의 해석학은 하이데거와 가다머의 해석학을 일컫는다.[9] 로티의 전반적인 사상의 전개과정에서 해석학에 관한 언급은 『철학과 자연의 거울』에서만 강조되고 있다. 로티는 하이데거의 기본적인 철학적 관심을 다음과 같이 평가한다.

> "하이데거가 존재에 대해 말하는 이유는 불행하게도 주목받지 못한 탐구주제에 우리의 관심을 돌리고 싶어서가 아니라, 탐구와 시의

8) Richard Rorty, 앞의 책, 362쪽.
9) 이유선, 『리처드 로티』, 이룸, 2003, 89쪽.

차이, 그리고 권력을 위한 투쟁과 우연성을 수용하는 것에 대한 차이에 관심을 돌리고 싶어서이다. 그는 과학적인 철학보다 시가 전형적인 인간의 행위로 여겨지는 곳에서 문화는 어떤 모습으로 등장할 것인지를 보여 주고 싶어 한다.(…) 그러나 하이데거가 존재라는 단어를 쓴 것은 그가 빠져나오려고 몸부림쳤던 전통, 즉 존재 신학적 전통, 형이상학의 역사 속에 그를 빠뜨리고 있지 않는가? 그렇다. 그렇지만 그는 그 전통 속에 등을 돌림으로써가 아니라 그것에 귀를 기울이고 다시 서술함으로써 거기서 벗어나고자 한다."[10]

위 인용문에서 보듯이, 로티는 하이데거의 형이상학적인 역사에서 중심적 개념이었던 존재의 문제를 다시 서술한다. 로티 관점에서 하이데거가 『존재와 시간』에서 서술하고 있는 세계는 과학적인 탐구의 대상이 아니며, 철저하게 반(反)데카르트적이다. 하이데거는 인식론적 관점을 존재론적 과정으로 전환할 것을 요구한다.[11] 따라서 우리의 이해는 언제나 순환구조에 있기 때문에 데카르트의 방식으로 세계 없이 존재하는 순수한 사유 주체로서의 자아 개념은 허구인 것이다. 『로티의 입문서』를 쓴 독일의 철학자 쉐퍼(Walter Reese-Schäfer)는 로티를 가다머와 비교하여 다음과 같이 말한다.

"로티 사상이 갖는 매력은 새로운 해석학적 철학을 시도해 볼 수 있다는 것이다. 이런 방식의 철학함은 보수적인 성향이나 독일 해석학의 전통이라는 부담으로부터 자유롭다. 로티를 '미국의 가다머'라고만 생각한다면, 그를 과소평가하는 것이다. 위르겐 하버마스와 마찬가지로 그는 형이상학적 사유가 끝난 세계에 살고 있다."[12]

---

10) R. Rorty, *Objectivity, Relativism, and Truth*, Cambridge University Press, 1991, 36-37쪽.

11) 이유선, 『리처드 로티』, 이룸, 2003, 97쪽.

12) Walter Reese-Schäfer, *Richard Rorty*, Frankfurt/Main: New York: Campus

가다머가 독일 해석학의 전통에 사로잡혀 보수적이고 형이상학적인 요소를 갖고 있다면, 로티는 보수적이지 않으며 전통에서도 자유롭고 형이상학에서도 벗어나 있다.

3. 프래그머티즘의 진리

로티는 스스로 자신의 철학을 프래그머티즘 및 실용주의(實用主義)라 부른다. 프래그머티즘이란 매우 복합적인 사상의 운동이다. 프래그머티즘이란 퍼스(Charles S. Peirce), 제임스(William James), 그리고 듀이(John Dewey)에 의해 확립된 미국적인 사상을 일컫는다. 이러한 프래그머티즘의 사상은 과학에 대한 존중, 실험주의, 경험의 존중, 이론과 실천의 불가분성 주장, 결과에 대한 강조 등을 특색으로 한다.

로티가 하이데거를 프래그머티스트로 생각하는 이유는 하이데거가 현존재라고 부르는 세계-내-존재를 진리의 근원적 현상에 대한 기초로 파악하고 있다는 점 때문이다. 하이데거는 진리와 존재의 동근원성에 대해 "진리가 존재하는 한, 존재-존재자가 아니라 진리가 존재한다. 그리고 진리는 현존재가 존재하는 한에서 존재한다. 존재와 진리는 동근원적(同根原的)으로 존재한다."[13]라고 말하였다. 로티는 자신의 철학을 가리켜 "우리 프래그머티즘(we pragmatism)"이라 부르기를 좋아했다. 1980년 이후 그는 프래그머티즘에 대한 새로운 해석을 통해 복원과 재부흥을 주도하였다. 그는 이론의 배후에 언제나 미국의 프래그머티즘이 버티고 있다고 강조하였고 모든 고전적인 프래그머티스트들은 합목적적이 아니라, 삶의

Verlag, 1991, 11쪽.

13) Heidegger, *Sein und Zeit*, Max Niemeyer, 1972, 230쪽.

실천적 문제들에 연관되어 있다고 하였다.[14] 그는 "분석철학 자체가 발전을 통해 자살하였다"고 주장하면서 분석철학에 담긴 과학주의와 실재론을 비판하는 반표상주의를 표방하였다. 그는 프래그머티즘을 새롭게 해석한 문예비평으로서의 철학을 주창하였으며 분석철학이 비트겐슈타인-셀라즈-콰인-데이비슨 등을 거치면서 애초에 표방하였던 정초주의의 프로젝트가 틀렸다는 것을 스스로 입증하는 상황에 이르렀다고 보았다.

로티는 대화의 목적과 관련하여 인식을 위한 대화와 해석학적 대화를 구분한다. 그는 인식을 위한 대화를 "공약가능하게 될 수 있는 담론" 혹은 "통상적인 담론"에 근거한 대화라고 한다면, 해석학적 대화는 "공약가능하게 될 수 없는 담론 혹은 비통상적인 담론"에 근거한 대화라고 말하였다.[15] 로티에 의하면, 철학자는 두 가지 역할을 수행한다. 첫 번째는 견문이 넓은 애호가, 다방면에 걸쳐 활동력이 많은 사람, 다양한 담론들 사이에 소크라테스 방식으로 개입하는 사람의 역할이다. 두 번째는 모든 사람들이 공통적인 근거를 인식하고 있는 문화적인 감독자의 역할이다. 첫 번째의 역할은 해석학에 적합하며, 두 번째의 역할은 인식론에 적합하다.[16] 따라서 로티는 해석학을 다음과 같이 말한다.

> "인식론적 행동주의에 의해 제시된 지식에 대한 프래그머티즘의 접근은 공약 가능한 담론과 그렇지 못한 담론 사이에 그어진 선을 단지 통상담론과 비통상담론 사이에 그어진 선으로 해석한다. 이러한 구분은 쿤의 통상과학과 혁명적 과학 사이의 차이를 일반화한 것이다. … 에피스테메는 통상담론의 산물이다. … 비통상담론의 산물의 난센스에서 지적인 혁명에 이르기까지 어느 것 하나 이루어질 수 없

14) 데틀레프 호르스터, 박여성 옮김, 『로티』, 인간사랑, 2000, 63쪽.
15) 오용득, 『철학적 해석학』, 책펴냄열린시, 2005, 179쪽.
16) Richard Rorty, 앞의 책, 317-318쪽.

다. 그리고 예측 불가능한 것을 연구하고 창조하는 학문 이외에 그것을 기술해 줄 학문은 없다. 그러나 해석학은 어떤 통상담론의 관점에서 바라본 비통상담론의 연구이다."[17]

위 인용문에서 로티는 담화를 통상적 담론(discourse which can be rendered commensurable)과 비통상적 담론으로 구분한다. 통상적 담론은 '무엇을 적절한 공허로 간주하는가? 무엇을 질문에 대답하는 것으로 간주하는가? 그 대답에 좋은 논변이 제시되는가? 그렇지 않은가?' 등에 대해서는 동의를 얻어 낸 일련의 규약 안에서 일어나는 담론이다. 비통상적 담론은 그러한 규약에 대해 아무것도 모르거나 혹은 그러한 규약을 무시하는 사람이 담론에 참여했을 때 일어나는 담론이다. 흔히 비통상적 담론은 청중들에게 이상하게 들리는 담론이다. 통상적 담론은 사람들이 원칙에 의거하여 공통된 견해에 이르고자 하는 것이다.[18] 로티는 해석학이 지식에 대해 전혀 다른 이해를 제공하기 때문에 해석학을 인식론의 후계자로 생각하지는 않는다. 우리는 어떤 인식론의 모델을 적용할 때, 통상적으로 그 모델이 제시하는 원칙으로부터 보편적 결론을 도출한다.[19] 하지만 이러한 구상은 모든 사람이 최소한의 제약을 가지고 참여하는 대화에는 잘 들어맞지 않는다.

4. 해석학과 교화

로티는 인식론에서 해석학으로의 전환을 시도하였다. 그러한 관

17) Richard Rorty, 앞의 책, 415쪽.
18) Richard Rorty, 앞의 책, 346쪽.
19) 정여창, 「현대의 반인식론」, 『철학의 종언, 그 새로운 시작』, 청계, 2003, 111쪽.

점을 그는 과학에 대한 쿤의 견해를 독특하게 해석하고 활용하는 방식으로 표현하고 있다. 쿤의 견해를 일반화하여 로티는 인식론을 통상적 담론에, 해석학을 비통상적 담론에 대비시키고 있다. 해석학의 성격을 규정하는 데 있어서 반정초주의의 철학은 체계적 철학(Systematic Philosophy)이 아니라 교화적 철학(敎化的 哲學: edifyng Philosophy)이라고 주장하고 두 유형으로 나누어 다음과 같이 설명한다.

> "위대한 체계적 철학자들은 건설적이며 논증을 제시한다. 위대한 교화적 철학자들은 저항적이며 풍자와 비꼬는 말, 격언을 내놓는다. 이러한 교화적 철학자들은 자기들이 저항하는 시대가 끝나면 자신들의 작업의 생명이 끝나는 것도 알고 있다. 그들은 의도적으로 일시적인 존재가 된다. 위대한 과학자들과 마찬가지로 위대한 체계적 철학자들은 영원의 집을 짓는다. 위대한 교화적 철학자들은 자기 시대의 사람들을 위하여 파괴한다. 체계적 철학자들은 그들의 탐구주제를 과학의 탄탄대로 위에 설정하기를 원한다. 교화적 철학자들은 시인들이 가끔 불을 질러 놓은 놀라움의 세계를 열어 놓는다. 그 놀라움의 세계는 언어로 묘사할 수도, 설명할 수도 없는 참으로 태양 아래서 처음 보는 새로운 무엇이다."[20]

로티는 위 인용문에서처럼, 두 부류의 철학자들을 구별하면서 체계적 철학자들의 예로서 후설, 러셀, 그리고 데카르트와 칸트를, 교화적 철학자로는 후기 비트겐슈타인과 후기 하이데거, 키르케고르, 그리고 니체를 들고 있다. 위에서 언급한 것처럼, 체계적 철학자들은 건설적이며 논변을 제시하지만, 교화적 철학자는 반동적이며 풍자·조롱·경구를 제시한다. 체계적 철학자는 영속성을 위해 체계

20) Richard Rorty, *Philosophy and the Mirror of Nature*, 369-370쪽.

를 구출하는 반면에 교화적 철학자는 자신의 세대를 위해서 파괴를 행한다. 우리는 비트겐슈타인이나 하이데거처럼 단순히 말을 던짐으로써, 탐구에 종사하게 되는 것이 아니라 대화에 참여함으로써 실현될 수 있는 것이다. 결과적으로 로티는 비체계적인 철학의 성립가능성을 주장하고자 하는 것이다. 로티는 지금까지 자연이나 실재를 비춘다는 인간의 정신이란 것은 근대철학이 꾸며낸 허구이며, 그것 없이도 정신현상들을 설명할 수 있다는 것이다. 그리고 자연, 세계, 실재 등을 있는 그대로 파악하는 특권적인 지식, 즉 모든 지식의 기초나 바탕이 될 어떤 정초(토대, 기반)도 없기 때문에 정초주의적 인식론은 성립될 수 없다. 따라서 탈정초주의 시대의 철학은 해석학, 즉 교화적 철학이 되어야 한다.[21] 그에게 있어서 교화적 철학이란 어떤 의미에서 전문적인 철학자들만이 알 수 있는 어려운 지식으로서의 철학이 아니라 지혜의 고민에 대해 해답을 줄 수 있는 구체적이며 세속적인 지혜를 알려 주는 철학이다. 다시 말해 교화란 주로 어떤 견해가 부적절하다는 것을 깨닫는 것, 혹은 문제의 해소를 위한 안목을 찾아내는 것을 가리킨다. 그래서 대화에 참여하는 교화적 철학자는 "어떤 관(觀: views)을 갖는 것에 대해 또 다른 관을 갖지 않도록 하면서 관을 갖는다는 관념 자체를 비난해야 한다."[22]

인간을 자아창조의 존재로 보고 새로운 안목을 갖게 해주는 교화적인 노력은 우리의 문화와 낯선 타문화가 공약 불가능함에도 불구하고 연결하고자 하는 해석학적 활동으로 이루어진다. 특히 인간이란 본질적으로 본질을 아는 존재라는 고전적 그림을 제거하려는 가다머의 입장에서 로티는 사실과 가치의 구분을 제거하려는 것이며 사실의 발견을 교화의 한 프로젝트로서 생각하는 시도라

21) 김동식, 『로티의 신실용주의』, 철학과현실사, 1996, 21쪽.
22) Richard Rorty, 앞의 책, 371쪽.

주장한다. 로티는 인식론 중심의 철학이라는 관념의 배후에는 인간에 대한 특별한 그림이 놓여 있기 때문에 그것부터 해체해야 한다고 말한다. 철학에 대한 우리의 현재 관념은 모든 지식과 주장을 공약가능하게 하는 칸트적 시도와 밀접히 연관되어 있기 때문에 인식론이 없는 철학을 상상하기 어렵다. 그러한 어려움은 플라톤주의자, 칸트주의자, 그리고 실증주의자들이 모두 공유하고 있는 관념에서 연유한 것이다. 즉 로티에 의하면, 인식론 중심의 철학을 폐기하기 이전에 인간존재에 대한 이 고전적인 그림이 먼저 폐기되어야 한다는 것이다. 따라서 현대철학에서 해석학은 바로 그러한 시도에 대한 명칭이다.[23)]

로티는 『철학과 자연의 거울』에서 체계적인 철학과 교화적인 철학을 구분한다. 체계적인 철학이란 본질주의적 진리의 발견에 힘쓰며, 그것을 위한 공통적인 진리인식의 기반을 탐구하는 철학을 일컫는다. 교화주의적 철학이란, 지식이나 진리의 문제보다 삶의 지혜를 추구하는 철학이다.[24)] 로티는 교화적 철학을 체계적인 철학에 대한 의도적인 비판이라고 규정한다. 이러한 관점은 그가 앞장에서 제시한 통상적 담론으로서의 인식론과 비통상적 담론으로서의 해석학에 대한 대비와는 약간 다른 관점을 제시한 것으로 이해될 수 있다. 따라서 비체계적 철학으로서 교화적 철학은 비트겐슈타인이 강조한 언어치료적인 철학을 행하는 것과 유사하다.

통상적 담론에 대한 통상적 참여는 세계 속에 존재하는 방식 가운데 한 프로젝트에 불과하다. 그렇지만 비통상적 실존적 담론은 언제나 통상적 담론에 기생적(寄生的)이고, 해석학은 언제나 인식론의 가능성에 기생적이며, 교화는 언제나 당시의 문화가 제공하는 재료들을 채택한다는 한계성을 지닌다. 인식론이 행해야 할 곳에서

---

23) Richard Rorty, 앞의 책, 357쪽.
24) 이유선, 『리차드 로티』, 이룸, 2003, 117쪽.

해석학을 고집하는 것은 잘못된 관점은 아니지만, 교육의 부재라고 할 수 있다. 따라서 로티는 인식론 중심의 구성적인 철학, 즉 체계적인 철학에 반대한다. 로티는 대화를 통한 의견들의 통일이 해석학적 대화의 목적이라 생각하지 않는다. 그 이유는 이러한 대화방식은 해석학적 대화가 아니라 인식을 목적으로 하는 대화이기 때문이다. 로티는 이러한 인식을 목적으로 하는 대화를 다른 말로 표현하여 공약가능하게 될 수 있는 담론 혹은 통상적인 담론이라 말한다.[25] 그래서 그는 해석학(hermeneutics)을 인식론과 대비시켜 제시한다. 그의 해석학은 매우 독특한 의미를 지닌다. 이런 점에서 그는 통상적으로 언급되는 의미의 해석학과 명확히 구분된다. 로티의 해석학은 인식론의 방법론이나 연구프로그램이 아니다. 하지만 해석학이란 인식론의 소멸로 남겨진 문화의 빈 공간이 채워지지 않은 채로 남겨지기를 바라는 희망의 표현이다. 그 희망은 제약과 대치가 더 이상 요구되지 않는 문화를 바라는 희망이다. 로티에 의하면, 인식론은 담론의 공약가능성을 가정한 바탕 위에서 진행되지만, 해석학은 그러한 가정에 대한 반대투쟁이다. 로티는 이제까지 인식론이 통상적 담론이었고 해석학이 비통상적 담론이었다면 그 관계를 새롭게 정의해야 한다는 것이다. 정초적 인식론을 비판하던 소극적 관점에서 벗어나 로티는 이제 적극적으로 해석학을 반정초주의의 철학으로 제시하고 있다.

'공약 가능하다(commensurable)'는 말은 다양한 의미가 있으나, 진술들이 갈등을 일으킬 때 어떻게 합리적 합의에 도달할 수 있는지에 대한 규칙을 말해준다. 그 규칙들은 그 밖의 불일치가 비인식적이거나, 단지 말뿐이거나, 일시적인 것으로 해소될 이상적 상황을 어떻게 구성하는지에 대한 제시이다. 인식론의 구축이란 타인들

25) Richard Rorty, 앞의 책, 320쪽.

과 최대한의 공통 근거를 찾아내는 일이다. 그 공통 근거는 때때로 우리 바깥에 있거나 우리 내부에 존재하거나 언어 속에 존재한다. 그러한 공통 근거가 존재하지 않는다는 제안은 합리성에 대한 위협으로 보이게 된다. 이렇듯 로티의 해석학은 담론을 대화의 관계, 대화가 지속되는 한, 합의의 희망이 있는 관계로 보는 것을 말한다. 이 희망은 공통 기반 찾기의 희망이 아니라 단순히 합의에 대한 혹은 최소한 성과 있는 불일치에 대한 희망이다. 합리적이라는 것은 대화를 진행하는 데 있어서 먼저 듣는 자는 그 스스로에게 듣고자 함이다. 인식론에서 대화란 암묵적인 탐구에 비견된다면, 해석학에서는 그저 평범한 대화일 따름이다.

> "철학은 문화의 한 장르이다. 오크쇼트의 표현을 빌려 말하자면, 철학은 인류의 대화 속에서 참여하는 하나의 목소리일 뿐이다. 그것은 변증법적인 필연성에 의해서가 아니라 (신과학, 프랑스 혁명, 근대소설 등과 같은) 인류의 대화에 참여하는 다른 영역들에서 생겨난 다양한 사건의 결과로서 (헤겔, 마르크스, 프레게, 프로이트, 비트겐슈타인, 하이데거 등과 같이) 새로운 무엇인가를 생각해 낸 천재적인 개별 존재들에 의해서 또는 그러한 몇몇 요인들이 상호작용한 결과로서 특정한 시기에 특정한 한 가지 주제를 중심으로 발화된 목소리들 가운데 하나일 뿐이다."[26]

위에서 인용한 것처럼, 대화의 참여자들은 오크쇼트가 말하는 우니베르시타스(universitas), 즉 공동의 목표에 도달하기 위한 상호 이해관계에 의해 뭉친 집단 속에서 결합한다. 해석학은 로티가 말하는 소시에타스(societas), 즉 공동의 기반이나 공동의 목표보다는 시민다움에 의해 결합되어 삶의 행로를 함께 하는 사람들 속에서 결

---

26) Richard Rorty, 앞의 책, 264쪽.

합한다고 본다.[27]

주지하듯이, 인식론과 해석학에 대한 용법은 이념적 대비를 강요한 것처럼 보일 수 있다. 그래서 로티는 전일주의(Holism)론과 '해석학적 순환'(hermeneutic circle)의 연관을 지적하여 그 용법을 정당화하고자 한다. 정확한 표상으로서의 지식이라는 관념은 특정의 표상, 표현, 과정 등이 기본적, 특권적, 정초적인 것이라고 주장한다. 이러한 관념에 대한 비판은 전일주의적 논변에 의해 지원을 받는다. 우리는 기본요소를 전체 그물에 관한 지식 없이는 고립시켜 추출할 수 없다. 그래서 성공적 실천을 이루기 위한 정확한 표상이라는 관념으로 대체할 수 없다. 이와 같은 전일주의적 논변은 우리가 해석학적 순환을 피할 수 없음을 말해 준다. 일반적으로 부분을 알아야 전체를 알 수 있듯이, 전체가 어떻게 작동하는지 알지 못하고서는 낯선 문화, 실천, 이론, 언어 등의 일부를 이해할 수가 없다.

이러한 해석의 순환은 이해라는 것이 지시사항을 따르는 것보다는 사람을 알게 되는 것과 유사하다는 측면을 보여 준다. 문화는 곧 대화와 같은 해석학적 지식개념에 더 잘 부합한다. 이제까지 해석학과 인식론의 관계에 대한 통상적 취급방식은 인식론을 문화의 중요한 인지적 부분으로서 담당하고, 그 밖의 것은 해석학이 담당한다는 방식의 구분이었다.[28] 이러한 구분의 배후에 놓인 발상은 엄밀한 의미에서 지식이란 로고스를 가져야 하는데, 그러한 로고스에 의해 공약의 방법을 찾아내야 한다는 생각이다. 따라서 공약가능성의 관념은 진정한 인식의 관념 속에 들어 있으며, 단지 취미나 의견의 문제는 인식론의 영역에 포함될 필요가 없으며, 인식론이 공약가능성을 제시하지 못한 것은 주관적인 측면으로 간주된다.

27) Richard Rorty, 앞의 책, 318쪽.
28) Richard Rorty, 앞의 책, 319쪽.

로티에게 있어서 인식론이나 그 계승 학문이 문화에 필수적이라는 견해는 철학 또는 철학자의 두 부류의 역할을 혼동한 것이라 비판한다. 하나는 박식한 훈수꾼, 팔방미인, 다양한 담론들 사이의 소크라테스 같은 매개자의 역할이다. 다른 하나는 모든 사람의 공통 기반을 알고 있는 문화 파수꾼의 역할이다. 궁극적으로 철학자는 형상·정신·언어 등과 같은 맥락을 알고 있기 때문에 누가 무엇을 행하는지 알고 있는 플라톤적 철인 왕을 가리킨다. 전자는 해석학에, 후자는 인식론에 부합된다.

인식론적 행동주의에 의해 제안된 지식에 대한 프래그머티즘의 접근방식은 통상적 담론과 비통상적 담론 사이를 구분한다. 즉 이는, 쿤이 주장하는 정상과학과 혁명과학 사이의 구분을 일반화하여 통상적 담론과 비통상적 담론을 구분하여 해석하고자 한 것과 유사하다.[29] 정상과학은 좋은 설명의 기준, 문제해결의 기준 등을 합의하고 그것을 배경으로 문제를 풀어 간다. 혁명적 과학이란 설명의 새로운 패러다임에 따라 새로운 문제들을 소개한 것이다.

통상적 담론은 합의된 규약들을 바탕으로 진행되는 담론이다. 반면에 비통상적 담론은 규약을 모르거나 그 규약을 뒤엎으려는 사람이 담론에 참여할 때 발생된다. 학문적 지식은 통상적 담론의 산물이다. 비통상적 담론의 산물은 난센스로부터 지적 혁명에 이르는 것들을 포함한다. 해석학은 통상적 담론의 관점에서 볼 때 비통상적 담론에 대한 연구이며, 우리가 인식론적 설명을 확신하지 못하는 것에 대해 무언가 의미를 부여하려는 시도이다. 해석학은 어떤 규범에 대해 주관적일 수 있다. 하지만 새로운 관점에서 희망을 갖고 진행하는 점에 있어서 해석학은 주객의 성격을 넘어설 수 있다.

29) Richard Rorty, 앞의 책, 320쪽.

5. 반표상주의의 해석학

로티는 1980년대 들어서면서 전통철학을 비판하고 새로운 형태의 프래그머티즘을 천명한다. 이것이 네오프래그머티즘(neo-pragmatism, new-Pragmatism, 新實用主義)이라 부르는 반표상주의 또는 반정초주의(反定礎主義: Antifoundationalism)이다. 반표상주의는 플라톤이 언급하는 보편적이고 절대적이며 영원히 변치 않는 진리는 존재하지 않는다는 말로 설명된다. 다시 말해 반표상주의는 플라톤 이래로 서양에서 전통적으로 내려왔던 이성중심주의에 대한 비판으로서 진리 중심의 담론을 버리고 문제 중심의 담론을 지향하자는 철학패러다임의 전환을 주창하는 사상이다. 로티의 반표상주의는 기본적으로 이원론적 세계관을 처음으로 주장한 플라톤의 입장을 거부한다.

주지하듯이, 플라톤은 우리가 사는 현실세계는 거짓된 허상의 세계, 모방의 세계이며, 우리의 눈에 보이지 않는 세계인 이데아의 세계가 참된 진리의 세계라 주장하였다. 플라톤의 방식대로 이 세계를 두 부류로 나누는 순간부터 수많은 대립과 모순이 생겨나게 됨을 보게 된다. 영원한 것과 덧없음, 필연적인 것과 우연적인 것, 본질과 형상 등이 그러하다. 이러한 대립적인 구도에서 서양의 사상사를 지배한 비유가 생겨났는데, 그것이 바로 거울 이미지(mirror image)이다. '거울 이미지'란 객관적으로 존재하는 대상의 세계 안에 진리가 있으며 그 진리를 비추는 일종의 거울 같은 능력을 소유하고 있다는 것을 비유한 것이다. 다시 말해 플라톤에게 있어서 이 거울은 이데아의 참된 세계를 직관하는 이성(nous)이었다.[30]

반표상주의의 일차적 비판의 표적은 주로 분석철학이다. 로티는

30) 이유선, 『듀이 & 로티 – 미국철학의 유산, 프래그머티즘 –』, 김영사, 2006, 126-27쪽.

『철학과 자연의 거울』에서 이성중심주의의 핵심으로 간주된 것, 즉 인식론적 정초작업의 기본전제를 허물고자 분석철학적 전통에서 정초주의를 비판한다.[31)]

로티는 정초주의적 인식론의 종말을 선언하고 그가 독특한 의미로 이해한 해석학을 반정초주의의 철학으로 제시한다. 반정초주의를 표방하는 로티의 메타포는 "철학은 자연의 거울이 아니다"라는 것이다. 철학은 체계가 아니라 대화이며, 객관성이 아니라 연대성을 지향해야 한다. 따라서 신실용주의의 반전통철학적 견지를 지탱하는 힘은 "철학은 곧 자연의 거울"이라는 메타포에 대한 비판이나 해체에서 비롯된다.[32)] 로티가 『철학과 자연의 거울』에서 제시한 메타 철학적 메타포는 "대화(conversation)", "인류의 대화", 그리고 "해석학"이었다.

로티의 반표상주의는 후기 비트겐슈타인, 하이데거, 듀이, 콰인, 셀라즈, 데이비슨, 퍼스와 같은 철학자들에 의해 형성된 것으로서 어떤 특정한 사회제도나 도덕적 신념을 비판하기 위해 보편적 형이상학의 적용을 거부한다.[33)] 로티에 의하면 서구의 철학적 전통은 주로 어떤 명제나 관념에 의해서 형성된 것이 아니라 거울의 이미지를 중심으로 구축되었다는 것이다.[34)] 반표상주의의 일차적 비판의 표적은 주로 분석철학이다. 그는 분석철학에 기대어 다음과 같이 출발한다.

"나는 분석철학의 여러 영역, 예를 들어 심리철학에서는 브로드

---

31) 김동식, 『프래그머티즘』, 아카넷, 270-271쪽.

32) 김동식, 「신실용주의의 메타철학적 메타포들」, 김동식 엮음, 『로티와 철학과 과학』, 철학과현실사, 1997, 35쪽.

33) 김비환, 「로티의 자유주의 정치사상」, 김동식 엮음, 『로티와 사회문화』, 철학과현실사, 1997, 61쪽.

34) Richard Rorty, "Method, social science and social hope", in: M.T. Gibbins, ed., *Interpreting politics*, 1987, 241-259쪽.

(Broad)에서 스마트(Smart)까지, 언어철학에서는 프레게(Frege)에서 셀라스(Sellars)까지, 과학철학에서는 카르납(Carnap)에서 쿤(kuhn)까지 전개되고 있는 변증법이 몇 단계 더 진전될 필요가 있다는 점을 독자들이 확신하기 바란다. 덧붙여 할 단계들을 통해 분석철학 그리고 사실상 칸트시대 이래로 이해되었던 철학 자체에 대한 바로 그 생각을 비판하는 위치에 서게 된다."[35]

이런 점에서 로티는 콰인, 셀라스, 데이비슨, 퍼트남 등의 작업을 통해서 분석철학으로부터 탈출하려는 단계를 밟아 나간다. 로티는 새로운 이론을 구성하는 데 관심이 있는 것이 아니라 프래그머티즘을 통해 철학의 해체에 이르는 길을 선택했다는 데 있다. 그는 자신의 이러한 시도를 네오프래그머티즘이라 부른다. 로티가 주장하는 반표상주의란, 우리의 지식이나 언어 혹은 이성 등이 자연이나 실재의 표상이라고 보는 견해에 반대하는 입장이다. 이런 점에서 네오프래그머티즘은 실재와의 대응이라는 진리의 개념을 비판한다. 그는 전통적인 진리대응설이 갖는 여러 난점들 이외에도 두 가지의 관점을 강조한다. 즉 이는 언어의 불투명성과 개방성이다. 언어의 불투명성은 인식주관이 실재나 대상을 파악함에 있어서 거울처럼 투명한 것일 수 없다는 의미를 함축한다. 언어의 개방성이란 언어의 한계에 해석할 수 있는 여지가 무한히 열려 있다는 점을 강조한다.

반표상주의에서 근대의 인식론적 기획은 일종의 강박관념의 소산이기도 하다. 그것은 인간을 표상하는 존재로 보고 모든 다른 지식의 정초를 찾고자 하는 정초주의의 발상을 통해 철학을 마치 자연의 거울로 여기는 잘못을 범했다는 것이다. 지금껏 인간의 이성이나 언어가 외부대상세계나 실재를 잘 표상하였을 때, 그 본래적

---

35) Richard Rorty, 앞의 책, 15쪽.

기능이나 역할을 이루어 낼 수 있다는 생각에 사로잡혀 왔다는 것이다. 반면에 반표상주의는 우리가 언어를 사용하여 세계의 일부에 대해 말하는 것은 단지 세상사에 대처해 가는 한 방편에 불과하다고 본다.[36] 따라서 인간의 언어사용이나 탐구활동은 사회생활의 문제해결을 위한 대처의 수단이나 과정이다.

6. 영향과 의의

로티는 철학에 대해 어떠한 해결책을 제시하지 않는다. 다만 자신이 이해한 것을 스스로 거부한다. 왜냐하면 그는 자기 자신이 비판자이기 때문이다. 로티는 실증주의적으로 경도되었던 경험주의의 철학관에 대해 설득력 있는 내부비판의 틀을 제공해 주었다. 쿤이 과학철학의 분야에서 이루었던 것과 비교할 만한 업적을 로티는 분석철학이라는 전통 안의 메타철학에서 이루었다.

로티는 진리에 대한 쓸모없는 탐구에 몰두할 것이 아니라 오히려 말하기와 대화의 소통을 위한 방법의 모색이 더 중요하다고 강조한다. 진리란 언어의 속성이기 때문에 말하는 자에게 더 나은 의사소통의 가능성을 제공하며 진리의 구성을 위한 새로운 접근가능성을 창출해 내야 한다는 관점을 견지한다.

로티는 프래그머티스트인 듀이의 충실한 계승자로서 듀이가 민주주의를 하나의 실험이라 파악한 관점을 거의 그대로 이어받고 있다. 그는 심리철학보다 민주주의가 우선이라는 논문을 쓰기도 했다. 로티는 니체 이후의 철학이 우연성을 인식하여 자아창조를 이루고자 하는 노력과 우연성을 넘어서 보편성을 성취하려는 노력

36) 김동식, 『프래그머티즘』, 아카넷, 2003, 259쪽.

사이의 기나긴 싸움이라고 보았다. 전자가 반표상주의 입장이고, 후자는 전형적인 플라톤주의 입장이다. 그는 반플라톤주의자의 입장에서 상대주의적 관점을 취함으로써 포스트모더니즘의 논쟁점을 제공하였다.

제 9 강

리쾨르: 상징의 해석학

1. 생애 및 사상개요
2. 상징의 해석학
3. 텍스트의 해석학
4. 행위의 해석학
5. 영향과 의의

제9강

리쾨르

상징의 해석학

1. 생애 및 사상개요

폴 리쾨르(Paul Ricoeur, 1913~2005)는 프랑스 발랑스에서 태어났다. 그는 유신론적 실존주의 철학자로 알려진 가브리엘 마르셀로부터 철학과 신학을 배웠다. 그는 후설 연구가로도 잘 알려져 있다. 이는 제2차 세계대전 도중에 독일에서 포로생활을 하면서 후설의 저서를 탐독한 것이 계기가 되었지만, 하이데거, 야스퍼스, 마르셀의 저서들도 가까이 하였다. 1950년에 후설의 『현상학의 이념들 1』을 불어로 번역하여 프랑스에 소개하였다. 그는 현상학을 소개하는 데 그치지 않고, 현상학을 통해 인간존재와 인간의 실존적 유한성을 초월적인 신으로 해명하고자 하였다. 따라서 그가 말하고자 하는 현상학은 후설의 초월론적 현상학이 아니라 해석학과 결합된 현상학이라 할 수 있다. 박사학위를 받은 후에 그는 스트라스부르크에서 역사철학 교수(1948~1956)로 지내다가 1956년 소르본대학의 교수가 되었다. 리쾨르는 1949년 『의지적인 것과 비의지적인 것』에서 의지에 관한 현상학적 기술을, 1960년 『유한성과 죄악 가능성 I, II』에서 종교적인 상징에 대한 해석학을, 1965년 『해석에 관하여』에서 정신분석학적 상징에 대한 해석학을 분석하였다. 1966년 파리를 떠나 프랑스 낭트대학으로 갔다. 1968년 5월 사태가 일어나기 직전의 분위기로 보아 그곳의 좌파 지식인들이 자기주장을 마음놓고 펼칠 수 있는 곳으로 생각했기 때문이다. 그는 자신을 가리켜 '기독교 좌파 지식인'이라 생각하였다. 이러한 그의 생각은 기독교 좌파 지식인들의 잡지인 에스프리를 창간한 엠마누엘 무니에가 주도하였던 모임에 참여한 이후까지 계속되었다. 그러나 1970년 3월에 그곳에서 해임되었다. 1969년 그가 교구직에 오르면서 1968년 5월 학생운동이 좌절되었음에도 불구하고 혁명이 성공하리라 확신했던 급진적인 학생들과 지식인들로부터 외면당했기 때문이다. 또한 파리의 현상학과 해석학 본부의 소장직을 역임하면서 레비나스, 데리다와 친교를 맺는다. 그 이후 그는 시카고대학과 파리대학을 중심으로 활동하면서 강의와 저술을 병행하였다. 그의 철학적 주제도 변화를 겪으면서 상징이 아닌 텍스트를 해석학의 주된 논의로 삼는다. 상징언어에 대한 해석이 너무 좁다고 파악하고 텍스트에 대한 논의를 통해 인간의 존재이해에 이르고자 하였다. 1975년 『살아 있는 메타포』, 『시간과 이야기』(1983, 1984, 1985)를 출간한다. 1990년에는 『타자로서의 자기 자신』과 1992에 논문집 모음인 『논문 I, I, III』을 집필한다. 그가 현상학에 대한 주석가로서도 영향력이 있었지만, 철학자로서 명성을 얻게 된 계기는 하이데거와 가다머와 함께 맡게 된 해석학적 전회에 대한 독창적인 노력에 힘입은 바 크다.[1] 그는 50대 이후부터 기호, 꿈, 상상, 텍스트, 설화, 이데올로기 등을 통해 나타난 다양한 의미를 해석하는 데에 열중했다. 리쾨르는 니체와 함께 의미를 무의식적 충동으로

1) 리처드 커니, 임헌규 외 옮김, 『현대유럽철학의 흐름』, 동녘, 2000, 121쪽.

환원하는 프로이트, 의미를 계급이해와 다시 연결시킨 마르크스를 의심의 해석학(Hermeneutik des Verdachts)의 대표자로 불렀다.

2. 상징의 해석학

리쾨르의 초·중기 철학에서 가장 많이 등장하는 개념은 상징이다. 『악의 상징』(1960)에서부터 『해석에 관하여: 프로이트의 시론』(1965)을 거쳐 『해석의 갈등』(1969)에 이르기까지 "상징과의 대화"라고 말해도 과언이 아니다. 리쾨르는 상징을 이미지적 상징이나 사물적 상징으로 확장하지 않고 신화나 종교적 고백이나 시, 그리고 정신분석의 대상이 되는 꿈의 언어들에 등장하는 언어적 상징으로 제한한다. 1980년대에 리쾨르는 상징해석학을 인간의 행위나 역사라고 보고, 광범위한 텍스트해석학으로 확장시킨다.

리쾨르의 철학적 주제의 핵심은 주체의 문제이다. 그는 『의지적인 것과 비의지적인 것』(1950), 『악의 상징』(1960), 『해석에 관하여: 프로이트에 관한 시론』(1965), 『해석의 갈등』(1969), 『텍스트에서 행위로』(1986), 『한 타자로서의 자기 자신』(1990) 등에서 주체의 물음과 씨름하였다. 즉 그는 주체의 신체적 차원, 주체의 언어적 차원, 주체의 상호 인격적 및 제도적 차원 등에 관심을 보였다. 리쾨르는 하이데거의 『존재와 시간』에서 "나는 생각한다"고 말하는 주체의 행위인 데카르트적 사유를 비판한다. 그리고 그는 현존재의 실존개념을 포함하는 "나는 있다(je suis)"의 해석학을 전개한다. 리쾨르는 "나는 있다"의 해석학만이 비판적 반성철학의 도움으로 관념론적, 유아론적 사유를 극복할 수 있다고 파악한다.[2)]

2) 김종걸, 『리꾀르의 해석학적 철학』, 한들출판사, 2003, 58쪽.

> "상징은 코기토가 존재 안에 있는 것이지, 그 반대가 아니라는 생각을 불러일으킨다."[3]

리쾨르는 자신의 철학적 해석학적 전통을 다음과 같이 큰 줄기로서 세 가지를 들어 말한다.

> "나는 내가 준거하고 있는 철학적 전통을 다음 세 줄기로 특징짓고자 한다.; 그 전통은 반성철학의 가계(家系) 속에서 존재한다.; 그 전통은 후설 현상학의 운동적 흐름 속에 머물러 있다.; 그 전통은 이 현상학의 해석학적 한 변형이 되기를 원한다."[4]

인용문에서 보듯이, 리쾨르의 철학은 반성철학, 현상학, 해석학이라는 세 가지의 철학적 전통을 따르고 있다. 그는 이러한 철학의 독립적인 문제들을 반성철학에서 제기되고 있는 현상학과 해석학을 통해서 자기이해의 문제를 철학의 중심주제로 다루었다.

> "기호들, 상징들 그리고 텍스트들에 의해 매개되지 않은 자기 이해란 없다. 자기이해란 매개체들에 의해 가해진 해석과 함께 일어난다."[5]

그는 후설의 현상학에서 새로운 방향으로 전향하고자 하였다. 즉 그는 현상학으로부터 철학적 해석학의 길을 추구한다. 리쾨르는 인간 의지현상에 대한 후설의 기술현상학에 대한 한계를 극복하고자 한다. 그는 후설이 현상학적 방법으로부터 의식의 지향성의 개념과

---

3) 폴 리쾨르, 양명수 옮김, 『악의 상징』, 문학과지성사, 1994, 329쪽.

4) Paul Ricoeur, *Du texte à l'action*(『텍스트에서 행위로』), Paris: Seuil, 1986, 25쪽.

5) Paul Ricoeur, 앞의 책, 29쪽.

현상학적 환원을 수용한다. 하지만 후설이 시도한 것처럼 현상학을 존재론으로 전개하는 것은 현상학 본래의 목적에 부적절하다고 거부한다.[6] 그는 개별과학을 단순히 뛰어넘는 것이 아니라, 존재론으로부터 개별과학을 추구하고자 한다.[7] 하이데거는 현존재의 직접적인 존재이해로부터 현존재를 밝혀냈다. 이와 달리 리쾨르 입장에서 인간의 존재를 직접 이해하는 것은 불가능한 것으로 파악하고, 객관적으로 표현된 언어를 통해 인간존재를 보고자 했다. 하이데거의 이해는 현존재의 존재방식이다. 즉 현존재 자신이 존재가능하도록 이해하는 것이다. 자신의 존재가능성에 대한 기투가 곧 자기존재의 의미를 이해가능하게 한다. 이런 점에서 이해로부터 존재론적 해석이 가능하게 된다.

그렇지만 리쾨르는 이러한 하이데거의 시도를 지나친 비약이라고 본다. 리쾨르가 수용하려는 하이데거의 해석학은 의식을 더 이상 기원으로 보는 것이 아니라 과제로 설정한다. 즉 현상학이 추구하는 명료한 의식은 사실상 명료한 것이 아니라 욕망의 투사일 뿐이며 거짓일 뿐이다. 명료한 의식이 가져온 거룩한 것에 대한 이해는 더 이상 의식에 의존해 있지 않고 해석을 통해 의미를 얻는 것이다.[8] 리쾨르는 하이데거와 가다머의 해석학적 방향을 추구하면서 형상적·실존주의적 현상학을 뛰어넘는 해석학적 현상학으로 나아갔다. 특히 그는 기호가 지니고 있는 선재성을 강조하였다. 이러한 강조를 통해 현상학이 한계에 부딪힌 곳, 즉 본질 직관에 이별을 고(告)하고 기호의 해석이 시작되는 곳에서 일반해석학을 전개시켰다. 그래서 리쾨르의 해석학은 가다머와 다르게 현상학으로부터 철

6) David E. Klemm, *The Hermeneutical Theory of Paul Ricoeur*, Toronto: Associated University press, 1974, 223쪽.
7) 한스 인아이헨, 앞의 책, 244-245쪽.
8) 정기철, 『해석학과 학문과의 대화』, 문예출판사, 2004, 219쪽.

학적 해석학의 길을 수행하였다. 그는 프로이트의 저술과 구조주의를 철학적으로 해석하고 딜타이의 삶의 개념을 통찰하고, 미쉬와 립스의 언어분석적 테마들을 해명하고자 하였다. 따라서 리쾨르는 해석학을 통해서 현상학적 의식의 한계와 장애를 날카롭고 예리하게 파헤쳤다. 현상학은 무의식과 초의식의 세계에 대한 반성이다. 리쾨르는 숨겨졌고 억압된 기호적 의미화를 통해 해석학적 우회가 직관적 의식의 직접성을 향해 나아간다고 보았다. 그런데 이것을 넘어서는 것은 선택이 아니라 필연적인 문제라고 주장한다. 그의 저작들은 상징을 생각해 내기 위한 공통된 계획을 갖고 있다. 이러한 일반 해석학의 근저에는 "상징은 생각을 불러일으킨다"[9]라는 리쾨르의 유명한 주장이 놓여 있다.

> "상징은 생각을 불러일으킨다. 나의 흥미를 끄는 이 경구는 두 가지 사항을 말한다. 상징을 부여한다. 내가 의미를 부여하는 것이 아니라 상징이 의미를 부여한다. 그러나 상징이 부여하는 것은 생각할 그 무엇이다. 먼저 의미를 부여하고 그런 다음에 판단한다. 그러므로 이 구절은 이미 수수께끼의 형태로 모든 것이 말해졌고 생각의 차원에서 다시 시작되어야 한다는 사실을 제안한다. 내가 이해하고자 하는 것은 바로 기호와 사고의 영역에서 이러한 사상을 명료하게 하는 것이다."[10]

여기서 보여 주듯이, 상징해석의 첫 번째 과제는 상징이 의미를 부여해 줌으로써 우리가 의식적으로 창조하지 않더라도 부여되는 의미에 생각이 떠오르도록 기다리라는 것이다.

그러면 리쾨르가 주장하는 상징이란 무엇인가? 상징은 일종의 언

9) 리처드 커니, 앞의 책, 128쪽.

10) Paul Ricoeur, ed. by D. Ihde, *The Conflict of Interpretations-Essays in Hermeneutics*, I, Evanston: Northwestern Univ. Press, 1974, 288쪽.

어적 기호이다. 그는 상징이란 일차적 의미가 그 자체를 넘어서 직접적으로 주어지지 않는 다른 이차적 의미를 지시하는 이중적 의미의 표현이다. 이러한 상징은 기본적으로 일차적이고 문자적이며, 명백한 의미로서 일차적 의미를 가진 언어이다. 다시 말해 상징은 일차적 의미에 거주하는 이차적 의미의 언어기호이다. 이러한 일차적 의미를 통해 이차적 의미가 관련되는 언어기호를 리쾨르는 상징개념이라고 정의한다.[11] 우리는 하나의 유일한 의미의 세계에서 살고 있는 것이 아니라 다의적 의미의 세계에서 살아가고 있다. 이런 점에서 일차적 경험의 삶의 세계는 직접 체험의 현실세계에서 이차적 경험의 상징세계, 곧 초시간적이고 초공간적 세계에로 나아가야 한다. 즉 상징언어는 다의적이고 불투명하며, 신화적이고, 원초적인 언어이다. 다시 말해 상징은 실존적이고 구체적이고 애매해서 일의성을 상실하고 있다는 사실 때문에 해석학적으로 반성되어야 한다. 따라서 리쾨르는 상징언어의 해석을 해석학이라고 정의한다.[12]

상징언어들에 대한 해석의 중간단계를 거쳐야만 비로소 존재론적 이해가 가능하다. 역사와 문화에서 주어지는 기호에 대한 해석과 기호의 의미에 대한 사유로부터 자기존재를 인식하게 된다. 상징언어를 통해 자기존재를 드러내는 것, 특히 신 앞에선 인간존재의 유한성을 나타내려는 것이 리쾨르의 구도이다. 그는 초월로서의 신 앞에 선 인간의 존재를 단적으로 드러내는 것이 악에 대한 상징으로서의 언어라 파악한다. 그리고 그 상징언어에 대한 분석에서 인간존재를 드러낸다. 악이란 바로 올바른 의지의 사용이 아닌 본래적이지 않은 의지의 사용에서 유래한다. 이러한 본래적이지 않은 의지의 사용, 또한 본래적인 의지의 필연적인 좌절은 온전한 의지

11) Paul Ricoeur, *De l'interprétation essai sur Freud*, Paris, Seuil, 39쪽; 윤성우, 『해석의 갈등』, 살림, 2005, 95쪽 재인용.

12) 김종걸, 앞의 책, 81쪽.

에 대한 갈망을 함축해서 드러낸다. 리쾨르의 『악의 상징』에 대한 해석은 내용 자체가 해석학을 요구한다. 본래적이지 않은 것을 보여 주는 것이 해석학적인 것이며, 온전한 의지가 신에게만 가능하다고 보게 되면 신학적인 것이 된다. 그는 신학적인 철학을 추구했다. 언어해석의 주요 문제는 ① 왜 해석학이 필요하며, ② 어떻게 해석이 가능한지, ③ 해석이 가능하다면 그 해석이 올바른 것인지에 대한 것이다. 하이데거는 해석학을 존재론으로 ①, ②를 다루었다. ③은 존재론으로 유용한 해석을 선별하기만 하면 된다. 그러나 리쾨르는 가능한 해석학 방법들 사이에서 어떤 해석학이 올바른 것인지에 대해 심사숙고한다. 여기서 해석학 가능성들은 통일되어 있어야 하며, 그 통일은 신비에 싸여 있다고 말한다. 알 수 없고 불명확한 신비로운 통일은 인간존재의 유한성에 부합하는 증거이다.

지금까지의 해석학은 존재론적 적용을 제외한 텍스트의 이해와 해석 또는 일반적인 의미형성체의 이해와 해석론으로 파악해 왔다. 리쾨르는 위에서 언급하였듯이, 언어의 다의적인 의미의 구조물을 상징이라 불렀다. 이에 부응하여 해석은 상징과 관련된다: "해석한다"는 것은 직접적인 의미 속에 숨겨져 있는 의미를 드러내는 데 기인한다. 상징개념의 이와 같은 규정에는 리쾨르의 특수한 관심이 암시되고 있다. 시작(Dichtung)과 시학(Poetik) 그리고 수사학에서 알려져 있는 은유와 비유의 형태들은 꿈의 이야기와 전설 그리고 신화에 대한 상징이기도 하다.[13] 리쾨르는 해석학적 반성을 시도하면서 그 해석의 대상들은 상징적이고 신비적인 언어 속에서 표현된다고 보았다. 예컨대 죄와 증오, 어두움 등이 그것이다. 그리고 리쾨르는 세 가지의 일차적인 상징, 곧 얼룩(stain), 죄(sin), 죄과

13) 인아이헨, 문성화 옮김, 앞의 책, 244-245쪽. 리쾨르는 상징적 표현에 대한 발전과정을 구분지었다. 상징의 세 가지 차원, 즉 우주적 차원, 정신적 차원, 시적인 차원은 모두 상징 안에 들어 있다고 보았다.

(guilt)를 말하고, 거대한 출현지역을 세 가지로 분석한다. 첫째 지역은 우주적 차원(하늘, 태양, 물, 지구 등)이다. 둘째 지역은 정신적 차원(꿈, 두려움, 불안 등)이다. 셋째 지역은 시적 상상(시)이다.[14] 리쾨르는 무의식이 정신분석학자에 의해 어떻게 읽히는지를 탐구하고, 증후의 읽기가 무엇인지 이해하려고 애쓴다. 이 세 가지 영감의 원천은 "자신이 되기 위한 안내자"로서 평가한다. 이때의 상징은 종교적 현상학에서 수용될 수 있는 우주적 기능과 연결된다. 해석학적 순환은 발견의 수단으로 정의된다: "나는 나 자신의 신성성을 세계의 신성성으로 해석하면서 찾는다." 여기서 상징의 의미는 두 가지를 내포한다. 하나는 의미가 상징의 영역에 접근하는 사람에게 주어진다는 것이고, 다른 하나는 주어진 것은 생각하는 것이다. "모든 것이 수수께끼로 말해졌다. 하지만 생각하는 영역에서 모든 것을 언제나 시작한다는 것을 의미한다." 리쾨르는 상징해석학에서 이중적 표현으로 주어진 상징의 모호함을 해석하는 것이 해석학의 소명이라 정의한다. 기호와는 다소 다르게 상징은 이중의 지향성을 가진다. 상징은 글자 그대로의 첫 번째 의미를 지향하고, 두 번째 지향성과 연결된다. 그 밖의 의미는 그 이전의 의미들을 보존하고자 하기 때문에 시간을 통한 의미의 분절이 나타난다. 즉 악의 상징과 관련하여 타락에서 죄로, 그리고 죄로부터 죄의식의 전이(轉移)가 그러한 경우이다. 그렇지만 이러한 "상징적 기호는 불투명하다. 왜냐하면 첫 번째 글자 그대로의 명백한 의미가 유추하여 두 번째 의미를 지향하기 때문이다. 그렇게 하여 상징의 깊이와 신비가 드러난다. 따라서 리쾨르는 상징의 중요성을 위한 수단으로서 현대성에 대응하는 것으로 사용한다. 언어에 내재하는 모순은 상징이 우리에게 주는 언어의 충만함에서 언어의 창조

14) P. Ricoeuer, *The Symbolism of Will*, Boston, Press, 1967, 356쪽.

성을 재충전한다.[15)]

리쾨르에게 있어서 상징에 의한 우회는 즉각적인 해석을 가능하게 하는 투명한 의미의 회귀가 아니다. 그가 부딪히는 문제는 바로 우회적으로 설명하는 그 이전의 해석을 피하는 것이다. "나는 창조적 해석의 또 다른 길을 찾고자 한다." 리쾨르는 상징이 갖는 새로운 의미를 세 단계로 나눈다.

첫 번째 단계는 이미 익숙한 방법이다. 먼저 상징을 동일한 것의 전체 속에 포함시킨다. 인식의 주체가 자리 잡지 않으면, 상징적 의미를 제대로 처리할 수 없다.

두 번째 단계는 해석학적 순환의 방향으로 넘어간다. 리쾨르에게 있어서 해석학적 순환이란, "믿기 위해서는 이해해야 하고, 이해하기 위해서는 믿어야 한다." 여기서 리쾨르가 제2의 소박성이라 부르는 불트만의 탈신화화(Demthologization)의 기획이 다음과 같이 나타난다: "상징은 사유가 존재 안에 있는 것이지 그 반대가 아니라는 생각을 불러일으킨다. 제2의 소박성이란 제2의 코페르니쿠스적 혁명이 될 것이다. 사유를 통해 존재가 제기되며 상징에서도 존재가 사유를 부르는 것이다. 죄의 상징들(돌아감, 방향, 포로 됨), 신화들(혼돈신화, 눈멂의 신화, 혼합신화, 타락신화)은 모두 세계 안에 있는 존재의 상황을 말한다."[16)]

세 번째 단계는 미토스 과정 이후의 상징으로부터 로고스로 변형되어 다시 돌아온다. 상징은 자아의식의 자아도취적 단계에서 위험한 마법으로 풀 수 있고, 혼자만의 위치에서 코기토를 깨뜨릴 수 있다. 상징은 인간을 전체 속에 다시 위치시킨다. "상징은 코기토가 존재의 내면에 있는 것이지 그 반대가 아니다." 상징은 인간에

15) 프랑스아 도스, 이봉지 외 옮김, 『폴 리쾨르-삶의 의미들』, 동문선, 2005, 348-349쪽.

16) Paul Ricoeur, *The Symbplism of Interpretation*, Boston, 1969. 356쪽.

게 의미 있는 가치로서 평가받게 된다. 상징의 이러한 재평가는 상징의 또 다른 형태인 신화연구에 대한 각별한 관심을 갖게 됨으로써 가능하다. 신화는 상징과 유사한 의미를 포함하고 있지만, 상징이 갖는 극단성과 자발성을 공유하지 못한다. 신화는 이야기와 시간성의 매개를 전제한다. 성경에서 등장하는 인간의 천국으로부터의 추방은 인간소외의 원초적 상징이다. 반면에 천국에서 아담과 이브의 추방이야기는 신화적 이야기이다. 신화적 구조가 부차적인데 비해 상징의 기능은 더욱 근본적이다. 따라서 신화보다는 상징에 더 많은 의미를 부여할 수 있다. 그러므로 상징은 인간조건의 수수께끼, 악의 수수께끼, 세계의 시작에 대한 수수께끼를 연상시킨다. 악의 근원이 선과 악, 신들 사이의 갈등에 원인이 있는 것이 아니라 인간의 자유 속에 위치한다는 의미에서 그러하다.[17)]

왜 리쾨르는 성서에 없는 원죄론에 대한 논쟁점을 다루면서 원죄의 의미를 설명하였는가? 그것은 교회가 원죄라는 교리를 통해서 얻고자 했던 뜻을 찾고 싶었기 때문이다. 그에 따르면, 원죄란 죄의 고백 속에 들어 있는 무엇을 드러내는 합리적인 상징이다. 그는 상징을 신화적 상징(타락, 길 잃음)과 합리적 상징(신플라톤주의, 영지주의, 교부)으로 나눈다. 리쾨르는 원죄의 개념을 의지의 산물이라 본다. 이것은 인간의 책임과 생물학적 유전을 말해야 한다고 보았다. 다시 말해 죄의 근원을 의지로 보기 때문에 우리는 인간의 의지를 넘어선 원죄를 말할 수 있고 동시에 인간의 책임을 말할 수 있게 된다.

리쾨르는 원죄설을 다음의 세 가지로서 말한다. 첫째, 원죄설은 죄의 고백을 가능하게 하였던 신화론에 근거해서 설명해야 한다. 둘째, 원죄설은 우리에게서 시작되었기 때문에 인간의 죄에 대한

17) 프랑스아 도스, 이봉지 외 옮김, 앞의 책, 349-350쪽.

책임을 말한다. 셋째, 원죄설은 『로마서』 제5장 제20절에서 보듯이, 구원론과 분리되어 논의될 수 없다.[18] 리쾨르는 원죄를 상징 기능과 관련해서 기술한다. 그는 신화를 문자 그대로 받아들이지 않고 상징으로 이해한다. 또한 그는 신화를 합리적으로 설명하려고 시도하지 않는다. 따라서 그는 신화를 역사적 사실로 받아들이는 근본주의와 신화에서 도덕을 찾으려는 합리주의 사이에서 상징해석학을 추구한다. 이런 점에서 그의 상징해석학은 신화를 중요시한다. 그 이유는 신화는 어떤 경험, 곧 신화가 아니었으면 그 경험이 생기자마자 사라져 버렸을 어떤 것에 대해 신화를 통해 표현되는 어떤 경험을 드러내고 있다고 보기 때문이다.[19] 그는 『악의 상징』에서 의지현상을 더 이상 비의지적인 측면의 상호성 속에서 다루는 것을 포기한다. 그리고 그는 악에 물든 인간의지의 표현물들, 즉 성경의 고백언어들, 구약의 아담신화, 그리스 비극신화에 대한 해석학적 작업을 본격적으로 다룬다. 이런 언어적 표현들을 그는 상징이라 부르고, 그 상징의 의미를 해석하는 방법과 규칙을 다루는 분과를 해석학이라 규정한다. 이런 상징해석학은 "상징은 사유를 불러일으킨다"라는 경구로써 단적으로 표현한다. 이 말은 세계-언어-의미-주체 사이의 관계에 대한 결정적인 입장을 담고 있다는 의미이다.[20] 상징은 도대체 무엇을 사유하게 하느냐?고 묻는 것 속에서 해석을 밝혀내야 한다. 즉 상징은 상징 속에 얽혀 있는 의미의 실타래를 풀고 그 안에 내재하고 있는 의미의 주름을 펴는 작업의 해석이다.[21] 리쾨르의 1950년부터 1960년까지의 해석학적 중요 시점들은 상징 → 담화(은유) → 텍스트(이야기)의 순서로 진행시켰다.

---

18) 정기철, 『해석학과 학문과의 대화』, 문예출판사, 2004, 215쪽.
19) 정기철, 앞의 책, 218-219쪽.
20) 윤성우, 『폴 리꾀르의 철학』, 철학과현실사, 2004, 49쪽.
21) 윤성우, 앞의 책, 50쪽.

3. 텍스트의 해석학

리쾨르는 상징해석학이 너무 협소하다고 보고, 1970년대 이후부터 텍스트해석학으로 관심을 돌린다. 텍스트해석학은 상징해석학을 일반화시켰다. 상징은 그것이 속한 맥락에 의해서 다의성을 제대로 파악할 수 있다. 반면에 텍스트해석학은 다소 포괄적이다. 리쾨르는 텍스트해석학이 인식론적(딜타이)이면서 존재론적(하이데거)이라고 본다. 리쾨르는 해석학적 텍스트의 모델을 확립하면서 원래의 해석학 자체를 수정할 것을 요구한다. 리쾨르는 슐라이어마허, 딜타이, 하이데거를 따르면서 이제까지의 해석학이 성서주석이라는 특수한 분과학문에 제한되지 않는다고 주장한다. 즉 여러 의미의 현상은 신학뿐만 아니라 모든 언어의 기본적인 특징이라는 것이다. 따라서 해석학은 우리가 언어를 사용할 때 마치 문자 그대로 하나의 명백한 의미를 가지고 있는 것처럼 해석하는 것이 아니라, 비유·표정·은유·신화·유비에 의해서 구상적으로 이미 세계를 해석하고 있다는 것을 인정하는 보편적 철학의 수준으로 끌어 올리고자 한다. 이러한 방식으로 철학적 해석학은 텍스트해석이라는 기술의 문제를 언어일반이라는 일반적 문제와 결부된다.[22)]

텍스트란 도대체 무엇을 말하는가? 리쾨르에게 있어서 텍스트는 무엇보다 구조화된 작품이다. 리쾨르는 "텍스트란 글쓰기에 의해 고정된 담론(Text is discourse fixed by writing)"[23)]이라고 정의한다. 여기서 담론이란 말해진 언어와 쓰인 언어 모두를 포함한다. 텍스트는 문자로 고정된 것이고, 그 고정된 것의 통일은 문장들로 형성된다. 텍스트는 글쓰기에 의해 고정된 모든 종류의 담화이다. 즉 글쓰기에 의해 고정되는 것이 텍스트의 한 구성요소가 된다.[24)] 언

22) 리처드 커니, 앞의 책, 135쪽.
23) P. Ricoeuer, *The Symbolism of Will*, Boston, Press, 1967, 356쪽.

어적 통일로서의 텍스트는 체험된 시간성과 이야기행위 사이의 고유한 매개자이다. 이러한 이야기행위를 통해서 우리 자신을 이해하게 된다. 그리고 우리 자신은 상상의 세계를 통해 이해하게 된다.[25] 텍스트의 세계와 독자의 세계는 가다머의 지평융합의 개념에 가깝게 다가간다. 앞장에서 고찰했듯이, 가다머의 지평융합이란 "현재와 전승과의 역사적 자기매개의 과제"이다. 현재의 지평은 과거 없이는 형성될 수 없다. 현재와 과거의 실제적 융합은 텍스트와 해석자를 매개하는 해석지평 속에서 일어난다. 지평융합은 작품수용의 역사와 변증법적으로 연결되어 있는 영향사에 의해 수행된다. 가다머는 영향사적 의식의 과제를 지평융합을 통제하는 것으로 보았다. 이에 대해 리쾨르는 "영향사는 우리가 없이도 일어나는 것이지만, 지평융합은 우리가 도달하려고 추구하는 것이다"[26]라고 말한다.

리쾨르의 텍스트 해석은 어떤 의미에서 포괄적이며 인식론적이고 존재론적인지를 소격화(疏隔化, Verfremdung)와 친숙화 및 전유(專有, Appropriation)라는 개념에서 살펴볼 수 있다. 소격화는 첫째, 텍스트를 통해서 표현된 것 사이의 괴리감, 둘째, 저자와 텍스트 사이의 분리, 셋째, 저자와 독자 사이의 간격을 메울 수 없다는 것을 말한다. 리쾨르는 소격화의 문제를 다루기 위해 말과 글을 포함시켜 더 근원적 개념의 담론을 제시한다. 담론은 현재이다. 기호로서의 언어는 의사소통의 전제조건이지만, 담론은 의사소통이 실제로 이루어지는 영역이다. 사건으로서의 담론이 의미부여에 의해 작품으로 될 때, 소격화가 일어난다. 여기서 저자/텍스트/독자의 관계가 문제시된다. 첫째, 이제까지 개별적인 작품을 해석하면서

24) 폴 리쾨르, 박병수·남기영 편역, 「텍스트에서 행동으로」, 아카넷, 2004, 160쪽.
25) 정기철, 앞의 책, 304쪽.
26) Paul Ricoeur, *Temp et Recit*, III, 120쪽.

저자를 더 잘 알기 위해 저자가 쓴 다른 작품들을 이해하고자 하였다. 리쾨르에게 있어서 저자의 작품은 다분히 개별적이라는 데 있다. 따라서 작품의 문체 속에서 그 작품과 저자의 개별성을 이해하고자 하는 시도가 필요하다. 둘째, 말하는 주체인 저자와 말함에 의해 생겨난 텍스트도 서로 독립적이라는 의미에서 소격화이다. 저자가 어떤 의미를 텍스트에 부여했는지보다는 독자가 어떻게 해석했는지가 중요해진다. 셋째, 저자와 독자 사이에도 소격화가 일어난다. 구어담론에서 말하는 자와 듣는 자에게 대화의 상황이 공통적이지만, 쓰고 읽는 관계의 작품에서는 그 상황이 다르다. 더 이상 저자와 독자 사이에 진정한 의미에 있어서의 공통된 상황은 없다. 명시적 특징이 있는 기준이 폐기됨으로써 텍스트의 고유한 세계가 구성된다. 이러한 소격화에 의해 일차적인 지시연관이 파괴되고, 이차적인 지시연관이 산출된다. 즉 일상적인 문자의 세계가 파괴되고 하이데거가 말하는 세계-내-존재의 영역이 드러난다. 따라서 텍스트에 대한 해석은 곧 내가 살고 있는 세계가 된다. 이에 반해 텍스트를 읽으면서 자기존재를 이해하는 것을 친숙화라 부른다.

> "친숙화라는 개념은 반성을 진행시키는 원초적 상황이 망각이라는 사실을 나타낸다. 나는 세계 안의 대상들 가운데서 길을 잃고, 내가 모든 다른 사람들로부터 분리되어 있듯이, 나 자신의 현존의 중심으로부터 분리되어 있다. 이러한 분리, 분산의 비밀이 무엇이든지 간에 그 모든 것은 본래 내가 나의 그것을 소유하고 있지 않다는 사실을 나타낸다. … 반성은 나의 구체적 경험들을 "나는 존재한다"는 확신과 동일시하는 과제이다. … 자아의 정립은 주어져 있는 것이 아니다. 그것은 하나의 과제이다. 즉 그것은 주어져 있지 않고 과제로 부과되어 있다."[27]

친숙화란 텍스트에 의한 소격화와 변증법적으로 결합되어 있다. 친숙화는 동화, 동질성을 의미하지 않는다. 친숙화는 저자의 의도를 추체험하거나 가다머가 언급한 영향사적 의식의 선입견에 방해받지 않고 오히려 소격화에 의한 이해나 소격화 자체의 이해를 의미한다. 존재론을 인식론적으로 소격화하고자 노력한 것으로 보인다.

해석학의 영역은 모호하거나 여러 의미를 가지고 있는 표현을 해독하는 것이라 말할 수 있다. 해석은 상징의 상상적 관계로서 숨겨진 의미를 해독하는 것과 문자적 의미에서 암시된 의미를 밝혀내는 데에 있다. 상징적 표현에서 숨겨진 의미는 다양한 방법으로 해석될 수 있다. 예를 들어 니체는 힘에의 의지를 강하게 하거나 약하게 하는 것으로, 프로이트는 억압된 무의식적인 원초적 욕망을 변환시키는 것으로, 마르크스주의자들은 계급지배를 은폐하는 이데올로기적 허위로 보았다. 이러한 모든 해석학적 양식에서 공통되는 특징은 그 기능이 감추면서도 보여 주고 있는 여러 의미로 구성된 어떤 것이 있다는 것이다. 여기서 결론이 모순된다고 할지라도, 은유·환유·직유 등의 언어적 표현을 통해서 어떤 단계에서 다른 단계로 상징적 의미를 치환할 수 있음을 리쾨르는 보여 주었다.[28] 해석학의 과제는 텍스트의 사물을 알아내는 것이지(가다머), 저자의 심리를 알아내는 것이 아니다. 명제에서 지시가 의미하는 것과 마찬가지로, 텍스트의 사물은 텍스트의 구조에 있다(프레게). 명제에서는 우리가 명제의 주장이나 명제의 진리치를 질문하는 것과 마찬가지로 텍스트에서 우리는 내적인 구조, 즉 텍스트가 활용한 코드들의 교차에서 생겨난 의존관계들의 내적 체계에 머물러 있지 않는다.[29] 리쾨르는 자신의 해석학을 딜타이처럼, 이해 아니면 설

---

27) Paul Ricoeur, ed. by D. Ihde, *The Conflict of Interpretations-Essays in Hermeneutics*, I, Evanston: Northwestern Univ. Press, 1974, 328-329쪽.

28) 리처드 커니, 앞의 책, 138쪽.

명의 양자택일이 아니라는 것이다. 그는 해석학에서 설명을 배제하는 방식은 잘못된 방향이라고 간주한다. 오히려 그는 "더 많이 설명할수록 더 잘 이해한다"고 말한다. "설명이해"라는 부제에서 텍스트에 설명의 단계를 거쳐야만 확보된 텍스트의 의미론적 자율성이 더욱 온전하게 저자의 주관성으로 지켜진다. 따라서 그의 텍스트의 해석은 "설명이냐 아니면 이해냐"의 문제가 아니라 "설명이면서 동시에 이해"의 대상이 되어야 한다는 것이다.[30] 요컨대 텍스트의 해석에서 거쳐야 할 단계인 설명은 언어학적 인식모델에 근거한 "구조적 설명"이며 텍스트의 구조를 통해 설명하는 것이다.

4. 행위의 해석학

리쾨르는 이야기를 인간세계를 열어 주는 하나의 행위로 간주한다. 이때의 행위는 물리적 움직임이나 심리, 신체적 행동을 지칭하지 않는다. 행위는 결코 움직임의 종합이 아니며, 행위들은 목적을 함축하며 동기들을 지시한다. 여기서 리쾨르는 사회학자 베버(Max Weber, 1864~1920)가 『이해사회학』에서 언급한 행위개념을 주시한다. "개인에게 의미 있을 뿐만 아니라 타자를 행하는 모든 행위는 이해사회학의 관할에 속한다. 타자를 향하는 행위는 대화의 관계와는 다를 수 있다. 중요한 사실은 개인의 행위가 어떤 방식으로든지 다른 행위자의 행동을 참조한다는 것이다. 그래서 개인의 행위는 복합적인 행동양식이 된다. 타자를 향하는 방향은 사회적인 역할들 사이의 모든 종류의 조정, 관례, 신망, 협력과 경쟁, 투쟁과 폭력을 포함한다. 타자를 향하는 관계는 이와 같은 차별화된 방식

29) 폴 리쾨르, 박영수·남기영 편역, 『텍스트에서 행동으로』, 아카넷, 2004, 52쪽.
30) 윤성우, 『폴 리꾀르의 철학』, 철학과현실사, 2004, 105-106쪽.

으로 구성된다."[31)]

우리가 행위를 이야기한다고 하여 행위의 이야기를 쉽게 이해하는 것은 아니다. 행위와 이야기 사이에는 인식론적 틈이 있다. 인식론적 틈이란 행위와 이야기 사이의 불연속성을 의미한다. 따라서 인간의 행위는 각각 사회구조나 역사, 언어의 틀 안에서 다양한 방식으로 표출된다.

> "행위가 가능하다고 하는 사실은 행위가 이미 기호들이나 규칙들, 그리고 규범들 속에서 표출된다는 사실에 근거하고 있다. 즉 행위는 언제나 상징적으로 매개한다."[32)]

리쾨르의 표현대로 인간의 행위가 상징적으로 매개되어야 한다면, 상징적 인식의 틀 속에 은폐된 의미들이 상징 속에서 밝혀져야 한다. 상징은 직접 인식을 부정하는 이중의 성격을 지닌 기호이다. 즉 행위의 의미는 상징론과 의미론을 통해 설명된다. 그에게 있어서 상징의 의미를 밝혀내는 작업이 해석학이었다.[33)] 따라서 상징언어에 대한 창조적 의미해석이 필요하다. 왜냐하면 상징언어 그 자체는 근원적으로 투명하지 않고 불투명하기 때문이다.[34)] 리쾨르는 의미해석을 통해서 언어의 불투명성의 특징을 극복하고자 한다. 행위가 상징적 매개물이라는 사고는 문화인류학과 해석학의 상호연관성을 끄집어낸다. 이러한 상호작용에 기초하여 리쾨르는 텍스트의 의미가 텍스트의 구조를 탐구함으로써 발견되는 것이 아니라, 오히려 텍스트와 독자의 세계가 서로 만나고 텍스트의 세계와 행위세계 사이에서 접촉점에 있다고 간주한다. 이는 아리스토텔레스

31) 폴 리쾨르, 박영수 · 남기영 편역, 『텍스트에서 행동으로』, 292-293쪽.
32) Paul Ricoeur, *Temp et Récit*, I, Paris, 1983, 91쪽.
33) 정기철, 앞의 책, 172쪽.
34) 정기철, 앞의 책, 270-271쪽.

의 사유방식에 근거하여 행위해석학을 발전시킨 것이다.

> "텍스트의 개념은 사람의 행위를 위한 좋은 범례이고, 행위는 텍스트의 전체 범주를 위한 좋은 지시이다."[35)]

아리스토텔레스가 언급했던 행위를 모방하려면 인간의 행위를 텍스트처럼 열려 있는 작품, 즉 "유사-텍스트"이어야 하고, 읽을 수 있는 모든 사람들에게 접근가능하게 열려 있어야 한다. 리쾨르는 해석자에 의해 이해된 상징의 특정한 행위를 해석할 수 있는 의미규칙을 제시하는 한에서 행위를 "유사-텍스트"[36)]라 부른다. 이러한 행위의 상징학은 행위를 텍스트처럼 읽을 수 있게 특성을 제공해야 한다.[37)]

인간행위는 언제나 사회적 규범에 의해 규정되는 사회적·문화적 차원을 구성한다. 행위가 윤리적으로 옳은지 또는 나쁜지를 판단할 수 있는 것은 "상징을 위한 규범 또는 기준"을 갖고 있지 않기 때문에 모든 문화나 사회, 그리고 역사에서 행위의 이질적 단편들을 매개하고 규정해야 한다. 따라서 상징적으로 매개된 행위의 규범이 도대체 무엇인지를 아울러 물어야 한다.[38)] 왜냐하면 우리는 행위가 윤리적으로 옳은지 또는 그른지를 판단할 수 있는 상징을 위한 규범 및 기준을 갖고 있지 않기 때문에 모든 사회·문화·역사 속에서 행위의 이질적인 단편들을 규정할 수 있는 상징적으로 매개된 행위의 규범에 대해 도대체 무엇인지를 진지하게 물어야 할 것이다.

---

35) Paul Ricoeur, "Life: A Story in Search of a Narrator", *Facts and Values*, ed., by M. C. Doeser & J. N. Kraaj, Dordrecht, 1986, 175쪽.

36) Paul Ricoeur, *Temps et récit*, I, Paris, 1983, 93쪽.

37) 정기철, 앞의 책, 259쪽.

38) 정기철, 앞의 책, 272-273쪽.

5. 영향과 의의

리쾨르는 하이데거의 현존재의 실존문제에 대한 해석학적 착상과 가다머의 영향사적 해석학을 수용하면서 이것을 텍스트의 해석이론으로 발전시킨다. 그는 이러한 텍스트의 해석이론을 통해 존재론적 성격이 강한 하이데거와 가다머의 해석학에 대한 인식론적 측면을 보완하였고, 인식론적 사고와 존재론적 사고가 해석학을 매개로서 연관시키고자 하였다. 리쾨르는 언어적 실존을 해명하기 위해 상징 및 텍스트의 해석학을 등장시켰다. 물론 인간실존의 해명이 언어를 통해서 종결되는 것은 아니다. 하지만 언어가 긍정적이건 부정적인 방식으로 작용하건 간에 인간실존의 해명을 위해 중요한 매개역할을 한다. 바로 이러한 작업이 리쾨르의 해석학의 성과와 현재의 해석학의 작업 사이에 존재하는 메워야 할 공백이다.

특히 리쾨르의 『악의 상징』은 현상학에서 해석학으로 전환되는 과정을 보여 주었다. 리쾨르의 인간에 대한 진정한 이해는 관념론적인 해석이 아니라 인간의 사고와 본성에 대한 표현이 나타난 신화나 상징의 해석을 통해서 가능하다고 보았다. 그는 인간의 의식을 후설처럼 지향적 분석에 초점을 두지 않았고 의식초월적인 체험의 영역을 기술의 대상으로 삼았다. 그의 상징은 "구제적인 죄의 현실태와 악의 체험을 표현하였고, 유대교-기독교적 전통"[39]에 근거하여 인간실존의 죄에 대한 근원적 속성을 규명하고자 하였다.

리쾨르의 해석이론은 첫째, 불트만의 탈신화화에 의해 대표되는 입장으로서 상징에 숨겨진 의미를 재발견하였다. 둘째, 거짓된 현실에 대한 표상으로서의 상징을 파괴하려고 시도하였다(탈신비화). 궁극적으로 리쾨르의 반성철학은 회의의 합리적 성격과 회상적 해석의 신앙적 성격을 포괄하고 있다. 그의 사상은 근대를 넘어서는

39) 김종걸, 앞의 책, 198쪽.

새로운 대안으로 각광받고 있으며, 철학과 신학 · 문학 · 그리고 정치학과 역사학에 이르기까지 다양한 분야에서 폭넓은 영향을 끼치고 있다.

제 10 강

판넨베르크: 신학과 과학의 만남의 해석학

1. 생애 및 사상개요
2. 보편사의 해석학
3. 우연과 마당장의 신학
4. 창조신학의 해석학
5. 영향과 의의

제10강

판넨베르크

신학과 과학의 만남의 해석학

1. 생애 및 사상개요

판넨베르크(Wolfhart Pannenberg, 1928~)는 독일의 신학자로서 슈테틴(Stettin)에서 출생했다. 그는 1955년 하이델베르크대학 강사, 1958년 뷔페르탈대학의 신약학 조교수, 1961년 마이츠대학 교수였고, 현재는 뮌헨대학교 명예교수로 있다. 그는 칼 바르트 등에게서 신학을, 니콜라스 하르트만 등에게서 철학을 배웠다. 26세의 젊은 나이로 학위논문인 「둔스 스코투스의 예정설(Die Praedestinationslehr des Duns Scotus in Zusammenhang der scholastische Lehrentwicklung)」을 발표하고 4년 후인 1959년에 「구원사의 역사」를 발표함으로써 세계적인 이목을 끌었다. 그는 신앙에 의한 이성의 이해가 아니라 신앙과 이성의 긴밀한 결합, 하나님의 말씀이라는 권위적인 사유형식을 거부하였다. 또한 그는 이성과 일반적 진리의 역사성 강조, 기독교적 전승에 대한 비판적 태도가 아닌 적극적인 태도, 과거·현재·미래에 대한 실존적 이해가 아닌 일반사 도입에 의한 묵시문학적인 이해를 강조하였다. 그에게 신앙은 인간의 현재적 실존을 뜻하지 않고 열려진 미래에 대한 희망이며, 종말도 이미 실존적 사건이 아니라 언젠가 다가올 우주적 파국과 함께 시작되는 부활한 자들의 공동체를 뜻하였다. 그는 신학에서 그동안 소홀히 다루어 왔던 현대적 의미의 역사와 과학을 신학의 주제로 내세운 학자로 높이 평가받고 있다.

판넨베르크는 19세기 영국 신학자 찰스 고어가 시도한 유신론적 진화론을 높이 평가하면서 창조론과 진화론 사이의 화해를 모색했다. 그는 구약성서에 나오는 창조증언들은 성서가 쓰인 B.C. 6세기 바빌로니아 사회의 자연에 대한 제한된 지식에 의존하고 있지만, 하나님의 자유로운 창조라는 핵심내용을 전달하는 데 문제될 것이 없으며, "진화의 과정에서 무엇인가 새로운 것의 갑작스런 출현은 하나님이 역사 속에서 계속해서 전혀 새로운 것을 창조한다는 믿음과 공존할 수 있다"고 주장했다. 그는 근대에 들어와 사이가 그다지 좋지 않은 종교와 과학은 철학의 중재를 통해 다시 만날 수 있다고 강조했다. 특히 그는 현대과학의 장 개념을 신학적으로 끌어들이는 데 관심이 많았다. 그는 공간, 시간, 질량, 힘, 장(field) 등과 같은 자연과학의 기본개념들을 철학적 개념에 바탕을 두어 기독교 신학이 오랫동안 밀접한 관련을 맺어온 것임을 상기시켰다. 기계적인 근대과학이 하나님을 육체가 없고 작용도 할 수 없는 존재라고 해서 추방한 데 비해 장 개념은 전기장이나 자기장 같이 물질이 매개하지 않는 힘의 작용을 인정하였다. 따라서 그는 "장 개념이 무소부재(無所不在)와 같은 신학적 개념을 이해하는 데 도움을 줄 수 있다"고 본다.

2. 보편사의 해석학

판넨베르크는, 해석학의 보편사적 기획을 가다머가 『진리와 방법』에서 제시한 지평융합의 개념에서 찾는다. 앞에서 살펴본 바와 같이, 가다머에 있어서 지평융합이란 텍스트의 역사적 지평과 해석자의 현재적 지평의 융합을 일컫는다. 이미 형성된 이해의 지평은 역사적 지평을 이해하는 가운데서 기획하며, 이러한 역사적 지평은 해석자의 현재의 이해지평을 고려한다.[1] 이러한 가운데 이해지평은 텍스트와 해석자 사이의 역사적 간격을 유지한다.

가다머의 영향사적 해석학은 헤겔의 절대관념론적인 사유를 거부하고 인간이성의 유한성을 인정하고 미래의 개방성을 수용한다.[2] 판넨베르크는 헤겔의 절대관념론 대신에 가다머의 텍스트와 해석자 사이의 언어성을 반성함으로써 양자 사이의 관계를 매개한다. 다시 말해 판넨베르크는 가다머의 영향사적 해석학에서 보편사의 개념을 정립한다. 하지만 판넨베르크는 가다머가 언어의 진술을 소홀히 다루고 있다고 비판한다. 판넨베르크에 의하면, 가다머가 주장하는 지평융합이란 개념도 언어적 표현 없이는 표상될 수 없다는 것이다. 언어의 표현 속에서 텍스트와 해석자 사이에 이해하는 대화가 성립되고, 거기서 새로운 언어방식이 형성된다. 가다머가 제시했던 텍스트와 해석자 사이의 언어성에 대한 고려는 단지 두 이해지평의 역사적 차이의 지각만 있을 뿐이며, 두 이해지평 사이에 전혀 매개의 다리를 놓을 수가 없다.[3] 판넨베르크는 텍스트의 역사적 지평과 해석자의 현재적 지평은 진술한 사실의 매개를 통해서 전개된다. 이러한 관점에서 판넨베르크는 역사성에 주목하면

1) W. Pannenberg, "Hermeneutik und Universalgeschichte", in: *Grundfragen systematischer Theologie*, Göttingen, 1963, 107쪽.
2) W. Pannenberg, 앞의 책, 110, 116, 120쪽.
3) W. Pannenberg, 앞의 책, 117쪽.

서 진술된 사실에 의해 대화를 성립시킨다.[4] 가다머가 지평융합의 사건에서 언어성의 개념을 강조하였다면, 판넨베르크는 "진술된 사실"을 강조한다. 결국 언어의 진술은 보편사적 기획으로 되돌아가는 것이다.[5]

판넨베르크는 보편사의 개념을 현대의 역사의식에 의한 "해석학의 필연적인 지평"으로 이해한다. 그의 논문 「해석학과 보편사」[6]에서 해석학적 문제와 역사적 문제를 상호작용하는 것으로 파악한다. 즉 과거 문헌의 해석은 일차적으로 문헌에 표현된 사실에 대한 이해이다. 그리고 지나간 문헌은 현재를 이해하는 차이에서 해석학적 관찰에 의해 수행된다. 그렇지 않으면 문헌에 드러나 있는 사건과 현재와의 역사적 연관이 해석학적 관점보다 역사적 관찰을 우위에 두고 수행될 수 있다. 판넨베르크는 해석학적 과제를 다음과 같이 말한다.

> "이와 같이 해석학적 과제는 이러한 또한 저러한 특별한 사실영역의 역사기획뿐만 아니라 모든 사실영역들이 변천하는 연관들을 포함하는 보편사적 기획을 요구한다."[7]

판넨베르크에 의하면, 현재와 과거를 다시 결합하는 공통적인 것은 "삶의 동일성"과 체험의 가능성이 똑같다는 것은 아니다. 여기서 공통적인 것이란 인간의 삶에 대한 미래를 쉽게 예측할 수 없는 가능성으로 열려 있는 보편사적 연관을 뜻한다. 판넨베르크는 가다머의 "지평융합"의 개념도 보편사적 지평에서 이해한다. 즉 판

4) W. Pannenberg, 앞의 책, 116, 117쪽.
5) W. Pannenberg, 앞의 책, 121쪽; 김영한, 「판넨베르크 보편사신학에 관한 비판적 고찰」, 『하이데거에서 리쾨르까지』, 박영사, 1998, 재인용, 409쪽.
6) W. Pannenberg, 앞의 책, 90-121쪽.
7) W. Pannenberg, 앞의 책, 118쪽.

넨베르크에 있어서 지평융합의 개념은 보편사적 연관을 가리킨다. 단적으로 가다머의 지평융합은 보편사적 연관 안에서 가능하다. 그 이유는 현재의 이해지평은 단순히 지금 앞에 놓여 있는 것뿐만 아니라 가능한 미래를 향해 열려 있으며, 현재는 미래의 지평에서 밝혀질 수 있기 때문이다. 문헌해석도 과거의 역사적 지평을 현재와 미래의 이해지평과 연결된 보편사적 지평에서 가능하다.

> "시간의 간격이 어떻게 극복되며 문헌과 해석자가 어떻게 공통적 지평을 통해서 연결될 수 있는가 하는 해석학적 문제는 보편사적 물음으로서 제시된다."[8)]

이렇듯 판넨베르크의 해석학적 문제는 보편사의 기획에 의해 가능하다. 즉 해석학적 지평은 사건의 총체연관으로서 보편사의 지평인 것이다. 역사적 진리의 물음은 이러한 보편사의 해석학에 의해 가능하다.[9)] 판넨베르크의 관점에서 현재와 해석된 과거를 결합하는 공통적인 것을 찾아내는 방식은 슐라이어마허 해석학의 영향을 받았다. 따라서 판넨베르크의 보편사적 기획은 다음과 같이 정리할 수 있다.

첫째, 역사의 통일은 초월적으로 정립된다.[10)] 역사는 개별적이고 우연적인 사건들로 이루어진다. 여기서 역사의 우연성은 결코 역사의 보편성에 의해 침해당해서는 안 된다. 그러나 개별적이고 우연적 사건들 사이에서 보편적 의미연관이 존재해야 한다. 따라서 역사의 개별성과 보편성, 즉 우연성과 의미연관을 결합한다.

둘째, 역사는 그 종말에 가서야 전체로서의 의미 있는 통일성으

8) W. Pannenberg, *Grundfragen systematischer Theologie*, Göttingen, 1967, 19쪽.
9) 김영한, 앞의 책, 370-371쪽.
10) W. Pannenberg, "Heilgseschehen und Geschichte", in: *Grungfagen systematischer Theologie*, Göttingen, 1967.

로 파악한다. 역사의 개별적 사건들이 일어나는 과정에서 역사의 궁극적인 의미가 드러나지 않고 부분적인 의미만이 계시된다. 따라서 역사의 전체적인 의미는 역사의 시작이나 중간이 아니라 역사의 종말에 이르러서야 가능해진다.[11)]

셋째, 예수의 부활사건은 역사의 종말로의 접근을 가능하게 하는 해석이다. 예수의 부활사건의 진정한 의미는 묵시론적인 역사개념(Geschichtskonzeption der Apokalyptik)에서 이해된다.[12)]

3. 우연과 마당장의 신학

판넨베르크가 자연과학의 물리학 분야에서 선택한 주요 개념은 우연(Contingency)과 마당장(Field)의 개념이다. 고전역학, 즉 뉴턴의 역학에서는 우연성이란 존재하지 않는다. 양자역학이 확률함수로 정식화되면서 우연성은 확률적이라는 용어와 동의어가 되었다. 물리현상에서 본질적인 우연성은 우리가 알고 있는 지식의 불완전성 및 제어능력의 부족에서 나온다. 판넨베르크에 있어서 신과 자연현상에 대한 언어는 서로 다르지 않다. 그래서 그는 우연성과 마당장에서 신학의 근거를 찾고자 한다. 그에 의하면, 신학은 자연과학과 대립되거나 평행선으로 양립하는 관계가 아니라 서로 공명 관계를 유지한다. 그리고 보다 완전한 지식형태를 갖추기 위해 상호관계를 맺는다. 따라서 신학은 우리가 경험하는 경험세계를 보다 포괄적으로 이해하여야 한다. 판넨베르크는 자연과학에서 파생된 우연성과 마당장의 개념도 창조의 종말론적 특성과 그리스도의 죽음으로부터 부활에 이르기까지 전조(前兆)를 예시(豫示)하고 있다고 말한다.

---

11) 김영한, 앞의 책, 365쪽.

12) W. Pannenberg, *Offenbarung als Geschichte*, Beiheft, 1970, 43쪽.

그는 자연계에서 일어나는 모든 현상은 하나님과의 관계에서 비로소 설명을 완성하게 된다고 본다. 그가 역사를 강조하는 이유는 역사란 종말에 가서야 완성되듯이, 지식이란 것도 단순한 어떤 사건으로 완성되는 것이 아니라 역사가 끝남으로써 비로소 사건들의 총체성을 완성하기 때문이다. 그러므로 역사에 시작이 있고 끝이 있다는 사상은, 태초에 하나님의 창조로부터 시작하여 결국 예수님의 재림과 모든 자들의 부활로 우리가 살고 있는 역사의 종말을 고하는 기독교의 사상과 일치한다. 특히 판넨베르크는 자연과학이 도출한 수많은 개념을 문제 삼는 것이 아니라 우연성과 마당장의 개념을 물리 분야뿐만 아니라 생물학·심리학·인류학·역사 분야에 이르기까지 확대 해석한다. 우연성이라 부르는 하나님의 역사는 우연을 통해서 이루어진다. 즉 역사적 사건이란 우연성을 반드시 수반한다. 전지전능하신 하나님의 역사는 우리들에게 지금까지 전혀 경험하지 못한 새로운 경험으로 나타난다.

따라서 결과적으로 하나님의 역사는 우연성을 지니게 된다. 결국 역사로서의 우연성은 하나님의 섭리요, 역사인 것이다: "사건과정의 기획은 역사적인 것과 우연성을 배제하지 않도록 만들어져 있다."[13] 이렇게 판넨베르크의 근본의도는 역사적인 근본성격과 마주치는 우연성과 개별성을 인정하여 역사의 통일성을 확립하는 것이다. 역사는 기독교 신학의 가장 포괄적인 수평선이다. 마당장의 이론은 어떤 개체 및 실체에 한정된 개념이 아니다. 사건 전체의 마당장은 모든 실체를 품에 안고 있는 창조주 하나님과 다름이 없다. 따라서 우연성과 마당장의 이론은 판넨베르크에게 있어서 하나님의 세계로 귀결된다.

그런데 판넨베르크의 우연성과 마당장의 이론은 사유의 진화론

---

13) W. Pannenberg, "Heilsgeschehen und Geschichte", in: *Grungfagen systematischer Theologie*, Göttingen, 1967, 48쪽.

적 형태와 다음과 같이 연관된다. 첫째, 자연의 과정들이 역사에서와 같이 본래 우연성을 지니고 있다는 것과 모든 생물은 넓은 환경 안에서 진화적 사건으로 발생한다. 둘째, 보다 넓은 환경이란 직접적으로 마당장의 개념과 연결된다. 셋째, 개방성으로서 경험적 현실의 근거를 마련한다. 여기서 개방성의 개념은 진화적 생물학 과정의 본질이며 동시에 현대물리학의 중심과제인 우연성과 직결된다. 궁극적으로 판넨베르크는 이러한 의미의 토대를 하나님의 개념에서 찾는다.[14] 판넨베르크는 과학자들에게 던지는 신학적 질문에서 다음과 같이 선언한다.

> "만일 성서의 하나님이 우주를 창조하셨다면, 우리가 하나님에 대한 그 어떤 관련도 짓지 않고 자연의 과정을 완전하게 아니면 적절하게라도 이해하는 것이 불가능할 것이다. 만일 성서의 하나님에 대한 아무런 관련도 짓지 않고 자연이 적절히 이해될 수 있다면, 이 하나님은 우주의 창조자가 될 수 없으며, 따라서 그는 진정한 의미의 하나님일 수 없고 도덕적 가르침의 근원으로 신뢰할 수도 없다."[15]

위 인용문에서 판넨베르크는 과학이 신을 인정하든지 아니면 신이 신학을 포기하겠다고 선언한다. 많은 과학자들이 신(God)을 이야기하고 있지만, 이러한 신의 개념은 자연을 이해하는데 필요한 경우는 거의 없다. 대부분의 과학자들에게 신이라는 개념은 과학의 한계와 동의어로 서로 일맥상통한다. 다시 말해 많은 과학자들에게 과학이란 신의 개념 없이도 자연을 이해하고자 하는 노력을 의미한다. 따라서 과학자들에게 신이 있다면, 있어야 할 위치는 과학이 아니라 과학 밖이어야 한다.[16]

---

14) 김용준, 『종교와 과학 사이에서』, 돌베개, 2005, 316-322쪽.

15) W. Pannenberg, *Toward a Theology of Nature*, Louisville: Westminster, 1993, 16쪽.

판넨베르크는 과학은 물질의 세계이며 신학은 영(靈)의 세계에 속한다는 이분법적 사유를 거부한다. 그는 신학과 과학은 모두 하나의 진리를 지향한다는 진리일원론을 추구한다. 그의 진리일원론은 신학과 과학이 각각 독자적으로 진리를 말할 수 있는 것이 아니라 함께 했을 때 비로소 진리를 말할 수 있다고 주장한다. 이 세계 안에는 물질적 현상과 영의 세계가 연관관계를 가진다. 여기서 영성은 합법칙성의 방식이 아니라 우발성으로서 활동한다. 이렇듯 판넨베르크의 우발성의 개념은 합법칙성과 대비시키고 있으며, 때때로 결정론적 질서와 비교한다. 대부분의 과학자들은 자연계 안에서 결정론적인 질서는 유지될 수 없지만, 합법칙적 질서는 여전히 유효하다고 믿는다. 우리가 합법칙적인 질서를 포기해야 한다면, 이는 곧 우주의 특정 국면에 대해 과학을 포기해야 함을 말하는 것이다.[17)]

판넨베르크는 역사적으로 결정론적 질서의 성립 여부와 신의 존재 및 역할 여부는 밀접한 연관을 지닌다고 보았다. 그 이유는 자연과 신의 실재는 두 개의 양상(1실재 2양상)이 아니라 하나의 세계 안에 존재하는 두 개의 실재(1세계 2실재)로 생각하기 때문이다. 자연과학이 하나의 세계 안에 존재하는 두 개의 실재라면, 그 가운데 하나의 실재가 세계 안에서 합법칙적 질서에 의해 완결된 구조를 갖고 있기 때문에 다른 하나의 실재는 이 세계에 발을 들여놓을 여지가 없게 된다. 반면에 자연과 신이 하나의 실재를 나타내는 두 개의 양상이라면, 이 실재가 자연이라는 양상에서 완결성을 지닌다 할지라도 신의 양상은 손상될 이유가 없다. 그는 우발성과 관련하여 신의 존재를 두 가지 측면에서 입증한다.

---

16) 장회익, 「판넨베르크의 과학사상 - 우발성과 마당개념을 중심으로 -」, 『과학사상』, 제37호, 2001년 여름, 범양사, 2001, 111쪽.

17) 장회익, 앞의 논문, 115쪽.

첫째, 우발성 속에서 신이 활동 영역을 확보하는 것이다. 만약 합법성 자체를 신이 창조한 것이라면, 이것이 보편적 질서로 자리잡아 이 세계를 움직이기 때문에 그 밖에 신이 수행해야 할 역할이 사라진다는 관점이다.

둘째, 세계의 본원적 성격을 우발성으로 간주함으로써 합법칙인 질서의 존재를 매 순간마다 신의 개입을 통해 가능한 것으로 보는 입장이다. 따라서 그는 신의 활동을 위해 과학자들에게 현실적이고 본원적인 우발성에 대해 인정할 것을 요구한다.[18)]

창조신학과 자연과학적 세계관이 서로 교류하는 목적은 양자의 관찰방법이 공명(consonance)하다는 것이다. 공명은 결코 한 쪽 개념이 다른 한 쪽으로부터 그 원인을 제공받았다고 말하고자 하는 것이 아니다. 공명이란 모순에서 자유로움을 전제로 한다. 그러나 공명은 이러한 차원을 지나 더 많은 것을 요구한다. 모순에서 자유롭다는 표현은 어떠한 관계를 맺지 않고 서로 공존한다는 의미이다. 이와 반대로 공명은 조화를 이루는 것이다. 그런데 양자를 연결시켜 줄 제3의 차원을 필요로 한다. 이것이 바로 철학을 통해서이다. 지금까지 자연법칙과 사건의 우연성, 인과율과 자율, 물질과 에너지, 시간과 공간, 발전 개념 등의 성찰은 철학의 언어와 철학사에 의해 각인된 매개물 안에서 수행되어 왔다.[19)] 이러한 자연과학적 기본개념들은 철학의 언어를 이용한 것에서 비롯되었으며, 점차 자연과학의 요구에 맞게 수정되어 왔다.

---

18) 장회익, 앞의 논문, 117-118쪽.

19) W. Pannenberg, 홍지훈 옮김, 「현대문화 속에서의 신학」, 『2001년 가을 제2회 석학연속강좌』, 아카넷, 2001, 161-162쪽.

4. 창조신학의 해석학

판넨베르크에 의하면, 보편사에 대한 신학적 기획은 역사의 우연성과 개방성의 조건에 다음과 같이 정당화되어야 한다고 본다.

> "사건과정의 기획은 역사적인 것의 우연성을 배제하지 않도록 만들어져야 한다."[20]

위 문장에서 판넨베르크는 역사적인 것의 근본성격이라 할 수 있는 '우연성과 개별성'을 인정하고 '역사의 통일성'을 확립시켜 역사신학적 해석학을 정립하고자 한다. 판넨베르크의 관점에서 보편사는 인간학적인 내적 연관에 정초되지 않고 역사를 넘어선 신의 사유(Gottesgedanke)안에서 성립가능하다. 그 안에서 판넨베르크는 역사과정에 대한 해석학적 지평을 제시한다.[21] 그러나 판넨베르크는 역사과학을 역사신학적 해석학으로 보다 더 발전시킨다. 신이 역사의 우연성을 배제하지 않으면서 동시에 이 우연성의 통일을 역사로서 가능하게 한다. 여기서 신은 우연성의 근원일 뿐 아니라 우연성의 연관으로서 통합된 근원이다. 이러한 신의 사유 안에는 우연성이 침해됨이 없이 역사의 통일성을 언급한다.

> "사건의 우연성의 근원만이 그것의 통일성의 힘으로서 그것의 우연성을 침해함이 없이 역시 그것의 연관의 근원일 수 있다."[22]

위 인용문에서 보듯이, 판넨베르크는 우연성과 통일성을 보증하는 것은 창조적 근원이라 말한다. 이러한 창조적 근원은 이 사건의

20) W. Pannenberg, *Offenbarung als Geschichte*, 71쪽.
21) 김영한, 앞의 책, 384쪽.
22) W. Pannenberg, *Offenbarung als Geschichte*, 74쪽.

개별적 계기와 그 연관을 넘어서 존재한다. 그것은 힘에 의한 역사의 과정에서 생기(生氣)하는 개별적 사건들에 대해 서로 우연적일 뿐 아니라 밀접하게 연관되어 있다. 이러한 창조적 근원이 다름 아닌 신이다.

> "이 사건에 내재하는 연관은 진실한 것으로서 나타나며, 그것은 이 연관을 초월하는 신의 통일성에 근거한다."

신의 사유는 사건의 우연성 속에서 작용하며 사건의 연속성을 정초한다. 그래서 신의 사유는 역사의 보편성과 우연성의 관계 문제를 해결하는 주요 개념이 된다.

> "신이 어떻게 역사하며, 역사의 연속성을 어떻게 기초했는가는 단지 역사자체만이 가르칠 수 있다."[23)]

여기서 판넨베르크는 이스라엘과 기독교의 신에 대한 이해를 이스라엘의 역사를 계시역사로 이해하고 사실적으로 역사의 연관을 신의 통일성 안에서 사고하도록 한다. 따라서 보편사적 사유는 '성서적 신의 사유'에서 그 근원을 가진다. 현실은 성서적 신으로부터 새로운 일회적인 사건들의 역사로서 최고의 목적을 갖도록 이해한다. 궁극적으로 판넨베르크의 창조적 역사신학은 다음과 같이 규정할 수 있다.

첫째, 신의 계시역사에 대한 성서적·기독교적 해석의 진리는 역사적으로 검증된다. 둘째, 신의 계시역사는 일반역사로부터 구분된 영역이 아니라 모든 인간과 민족들의 보편적 역사이다. 셋째, 신의 계시역사는 역사의 일반적 구조 안에서 파악한다.[24)]

---

23) W. Pannenberg, *Heilsgeschehen und Geschichte*, 75쪽.

판넨베르크는 신의 계시에서 전형적으로 나타난 역사를 현실의 일반적 조건과 구조에 적용한다. 때때로 인간은 역사의 종말을 미리 파악하여 처신할 수 있다. 미리 파악한 것의 구조는 미래를 향한 모든 인간적 행위에 특징적이다. 이렇게 미리 파악한 것에 의한 신의 계시는 신의 신성에 대한 최종적 계시가 된다. 이러한 최종적 계시는 역사의 종말에서 실현된다. 그러므로 우리는 신성의 계시인 역사의 종말이 예수 안에서 먼저 파악하여 일어났다고 해석한다. 예수의 계시에 의해 미리 파악한 종말론적 성격은 '성서적 신의 보편성의 주장'[25]으로 증명된다. 성서의 신은 창조의 신으로서 모든 역사적 사건을 도구로서 이용한다. 하지만 판넨베르크는 인간의 활동성을 배제하는 것은 아니다. 무엇보다 인간은 자신의 체험, 계획, 활동 등에 의해 그 뜻을 실현시킨다. 따라서 판넨베르크에 의하면, 신의 뜻은 직접 기적으로 나타나지 않고 구체적인 역사적 상황 속에서 사건의 연관에 의해 간접적으로 드러난다.[26] 결국 판넨베르크에 있어서 보편사의 지평은 신의 사유에 의해서만 가능하다. 그러므로 역사 속의 개별 사건들의 통일성·연속성·지속성·우연성·개방성 등의 개념은 신의 자기계시인 것이다. 하지만 이러한 신의 자기계시는 신의 직접적인 나타남이 아니라, 역사적 사건을 통해서 간접적으로 드러낸다. 결국 역사적 사건 속에 감추어 있는 것은 그 속에 내재되어 있다는 의미이다. 결국 역사적 사건 속에서 자기를 스스로 나타내는 것은 신의 자기계시인 것이다.

24) 김영한, 앞의 책, 386쪽.
25) W. Pannenberg. *Heilsgeschehen und Geschichte*, 77쪽.
26) 김영한, 앞의 책, 387쪽.

5. 영향과 의의

앞에서 살펴보았듯이, 판넨베르크는 신학, 해석학, 과학들을 다양하게 접목하여 현대 해석학을 새롭게 접목시키고자 하였다. 판넨베르크의 보편사의 신학은 바르트, 불트만의 변증법적 신학을 새롭게 제시하였고, 현대 신학에 중요한 영향을 주었다. 판넨베르크는 기독교의 기초신학에 투철한 기독교의 도그마를 세계학문의 핵심주제로 삼았다는 관점에서 다음과 같이 그 영향과 의의를 찾을 수 있다.

첫째, 그는 세계의 학문주류에서 변방으로 밀려난 신학을 다시 중심무대로 되돌리는 데 많은 공헌을 하였다. 17세기 과학혁명 이후로 신학은 쇠퇴의 길로 접어들었다. 이때부터 신학은 자연과학과의 싸움에서 패배하여 중심무대에서 그 주변부로 자리를 바꿨다. 종교를 경시하던 지성인들 사이에서 기독교를 변증하려던 슐라이어마허는 기독교의 자리를 절대의존의 감정에서 찾을 수밖에 없었으며, 그 뒤를 이어 리츨(Albert Ritschl)과 그의 직계제자인 헤르만(Wilheln Hermann), 하르나크(Adolf on Harnack), 종교사학과를 창설한 트뢸치(E. Troeltsch) 등 자유주의 신학자들은 인간의 교양과 종교성을 윤리에서 찾았다. 20세기 기독교의 대부로 불리는 바르트는 자유주의 신학을 13권으로 대성한 『교회 교의학』에서 기독교 신학에 대해 하나님의 말씀 안에서 확보하고자 했다. 판넨베르크는 이와 같은 신학자적 맥락에서 창조주 하나님을 믿는 신앙적 차원에서 신학을 모든 학문의 중심으로 끌어들이고자 역사로서의 계시를 제창하였다. 이러한 주장은 이미 1962년에 발표한 「무엇이 인간인가의 역사로서의 인간에서, 그리고 철학적 신학과 역사적 종교」에서 그 흔적을 찾을 수 있다. 이것은 그의 일관된 해석학의 주제라 할 수 있다.

둘째, 그는 신학개념을 보편적 개념으로 해석하였다. 예를 들어 하나님·성령·구원·사랑·죄 등과 같은 기독교의 용어들은 기독교인들에게는 친숙한 용어들이지만, 비기독교인들에게는 다소 생소한 단어들일 수 있다. 이와 같은 낯선 용어들을 일반인들이 이해할 수 있는 단어로 바꾸어야 하는 과제를 안고 있다. 판넨베르크는 근본적으로 진리는 하나라는 관점이다. 즉 기독교의 진리가 따로 있고 자연과학의 진리가 따로 있을 수 없다고 말한다. 기독교의 도그마는 교회 안에서뿐만 아니라 교회 밖에서도 보편적으로 이해될 수 있어야 한다. 모든 것을 규정하는 현실성이 하나님이라면, 그 하나님은 분명히 보편적인 지평에서 자기를 드러내는 존재이고, 신학은 기독교인이 아니라 사람들에게도 통용될 수 있는 진술이어야 한다.

셋째, 그는 신학을 철학과 자연과학의 학문적 방법론과 긴밀한 관계 속에서 전개시켜 나갔다. 철학이 존재 문제를 밝히고자 하는 것이라면, 신학은 절대적인 하나님인 신에 관한 학문이기 때문에 두 분야 사이에 대화가 이루어지지 못할 이유가 없다. 판넨베르크는 『신학의 철학』에서 "신학은 하나님과의 계시로부터 인간의 전체와 세계 전체를 숙고해야 하지만 철학적 사유는 인간과 세계경험으로부터 절대라는 자신의 토대로 돌아간다"고 말한다.

넷째, 그의 신학은 기초신학에 충실하였다. 그는 세계학문과 주장들이 성서와 기독교 전승에 담겨져 있는 실질적 내용, 즉 하나님·종말·구원 그리고 영(靈)에 대해 귀를 기울이지 않으면 결국은 자가당착에 빠지게 된다고 믿는다.[27] 그 때문에 기독교가 내세우는 기독교 교리를 학문적 작업의 확고한 뿌리로 삼고 있다.

---

27) 김용준, 『과학과 종교 사이에서』, 돌베개, 2005, 310-316쪽.

제 11 강

푸코: 해석학과 구조주의를 넘어서

1. 생애 및 사상개요
2. 계보학의 해석학
3. 에피스테메
4. 불연속성의 역사
5. 영향과 의의

제11강

푸코

해석학과 구조주의를 넘어서

1. 생애 및 사상개요

푸코(Micheal Foucault, 1926~1984)는 프랑스 중서부의 소도시인 프와티에(Poitiers)에서 의과대학 교수의 아들로 태어났다. 친할아버지, 외할아버지, 아버지가 모두 외과의사를 지낸 전통 있는 의사집안이었다. 그의 유년시절은 도시에서 유복한 시골 부르주아의 삶을 보냈다. 그는 자신의 유년기와 청소년기를 보냈던 푸아티에에 대해 다음과 같이 회상한다: "내가 태어난 도시의 모습은 이러했다. 참수(斬首)된 성자들의 손에 책을 들고 공정한지, 성채는 굳건한지 감시하고 있는 곳. … 내가 상속받은 지혜는 그런 것이었다."[1] 19세 때에 파리의 예비학교로 상경하여 20세 때에 사르트르, 레이몽 아롱, 메를로-퐁티, 시몬느 드 보부아르 등 프랑스의 최고 지식인들이 거쳐 간 명문학교인 고등사범학교(ENS)에 입학한다. 그는 철학과 심리학, 정신병리학의 공부를 병행하여 1948년에 철학 학사학위를, 1949년에 심리학 학사학위를 받았다.

1) 디디에 에리봉, 『미셸 푸코 상』, 시각과언어, 1995, 23쪽.

고등사범학교에서 교수자격시험을 준비하던 중에 푸코는 알튀세르의 권유에 따라 1950년 공산당에 가입한다. 이어 1951년에 철학교사 자격인 아그레가시옹을 획득했고, 1952년에는 정신병리학 학위를 받았다. 그는 1952년 릴(Lille)대학교 심리학과 조교로 재직하면서 심리학을 강의했다. 그의 첫 글은 빈스방거의 『꿈의 존재』의 번역서문이었다. 1954년 자신의 최초의 저서인 『정신병리학과 인격』을 출간했다(후에 『정신병과 심리학』이란 이름으로 개정판이 나왔다). 1955년 8월 푸코는 릴대학을 그만두고 스웨덴 웁살라에서 프랑스문화원장으로 재직하며 프랑스어를 강의하면서 국가박사학위 논문의 주제인 '정신병의 역사' 서술에 필요한 자료를 광범위하게 수집하였다. 1961년 5월 20일 파리의 소르본 대학에서 『광기와 정신착란: 고전시대 광기의 역사』(우리나라에서 『광기의 역사』로 출간)로 철학박사학위를 받았다. 학위를 마친 그 다음 해에 프랑스 중부 클레르몽페랑(Clermont Ferrand) 대학의 철학교수가 되었다. 1970년 푸코의 스승이었던 이폴리트(Jean Hyppolite, 1907～1968)가 사망하자 프랑스 최고의 권위를 자랑하는 콜레주 드 프랑스(College de France)의 교수 선발에 임명되어 교수생활을 시작하였다. 그는 파리의 콜레주 드 프랑스에서 역사와 사상을 수년간 가르쳤다. 그는 콜레주 드 프랑스 교수가 된 직후부터 사회문제에 뛰어들었다. 1975년 푸코가 콜레주 드 프랑스에서 행한 강연의 핵심주제 중 하나가 범죄자 취급의 역사였다. 푸코는 이 문제의식을 심화시켜 『감시와 처벌』(1975)을 저술했다.

푸코의 저서는 개념과 그 용어가 쉽지 않음에도 불구하고 그는 현대사상가 중에서 가장 인기 있는 철학자로 자리매김하고 있다. 푸코는 강단철학을 거부하고 대중매체의 단골 토론자로 출연하였고, 무모한 인권운동의 기수로서 활동하기도 하였다. 즉 억압된 자들의 권리를 옹호하기 위하여 한평생을 바쳤다. 푸코의 전기 『미셸

푸코: 광기의 철학자, 그 고통과 투쟁의 삶』(1989)을 쓴 에리봉(Didier Eribon, 1953~)은 푸코의 정신장애를 그가 동성애자였다는 사실로 설명한다. 동성애를 인정하지 않는 권위적이고 규격화된 도덕률이 지배하는 사회에 감히 저항할 수 없었던 푸코는 자신의 성적 정체성을 감추고 그로 인해 발생하는 억압적 충동을 폭력적 행위와 자살의 시도로 해소했다.[2] 1984년 6월 2일 푸코는 자신의 아파트에 쓰러져 라살페트리에르 병원에 실려 갔다. 병명은 에이즈였다. 푸코는 많은 시민들의 희망을 들어주지 못하고 1984년 6월 25일 파란만장한 삶을 살다가 숨을 거두었다. 모든 일간지는 푸코의 사망을 대서특필하고 학문적, 정치적 동료들의 애도의 글이 실렸다.

푸코가 자신의 사상을 철학적으로 저술한 책은 쉽게 발견할 수 없는데, 예외가 있다면 『지식의 고고학』을 들 수 있다. 이 책은 『광기의 역사』(1956)로부터 『말과 사물』(1966)에 이르기까지 그의 역사연구를 근거로 하여 인간과학 일반에 인식론적인 반성을 시도한 책이다. 쉽게 말해서 이 책은 그의 epistémologie이다. 따라서 푸코는 전통적 휴머니즘과 주의(主意)주의적 역사관에 대해 가장 파괴적인 시각을 견지해 온 비판가 중의 한 사람으로 간주된다. 그러나 푸코는 주체의 대항 해체주의적 분석에 전념해 왔으며, 反인간중심주의의 대표주자로 여겨진 주체의 계보학을 재구성하였다. 즉 그는 『광기의 역사』로부터 『말과 사물』에 걸쳐 근대적 에피스테메의 역사, 근대인의 일상을 규정하는 시선의 권력에 대해 연구를 하였다. 그는 자본주의로 환원되지 않는 근대에 고유한 삶의 방식과 권력의 메커니즘, 그것을 통해 형성되고 유지되는 신체적 및 신비적 무의식에 대한 역사적 접근의 중요한 통로를 제공해 주었다.

2) 디디에 에리봉, 박정자 옮김, 『미셸 푸코(상, 하)』, 시각과 언어, 1997.

2. 계보학의 해석학

푸코의 철학은 한편으로 블랑쇼, 바타이유, 니체에 대한 이질적인 것에 대한 열정에 영향을 받았고, 다른 한편으로 뒤메질(Dumézil), 레비-스트로스, 바슐라르의 실증적 연구에도 많은 영향을 받았다. 특히 푸코는 레비-스트로스, 바타이유, 바슐라르의 이름으로 대표되는 대가들의 전통적 계보를 뒤따른다.

푸코는 『광기와 사회』(1961)에서 모든 사회 구성원들을 정상인과 비정상인, 문명인과 야만인, 합리적인 인간과 비합리적인 인간으로 자연스럽게 구별한다. 그는 정신의학적으로 정신병이라고 부르는 현상의 배후에는 다양한 광기의 가면들이 숨겨져 있다고 단언한다. 그는 "사람들은 세계의 속삭임에 주의 깊게 귀를 기울여야 하고, 시로 표현되지 않은 많은 이미지들에서 아직 깨어나 있는 상태의 색깔들을 갖추지 못한 많은 환영들을 지각해야 한다"[3]고 힘주어 말한다. 즉 그의 『광기와 사회』는 정신의학의 모든 역사와 근원사에 관한 연구이다. 이 저서에서 우리는, 그가 사용하고 있는 담론분석의 수단과 구조주의의 모델을 들여다볼 수 있다.[4] 후기에 푸코는 자신의 지적 여정을 "지식, 권력, 윤리의 축"으로 규정한다. 그래서 그는 서구적 주체가 어떻게(지식, 권력, 윤리) 만들어지는가를 차례로 묻는다. 그에 의하면, 주체가 보편적으로 존재하는 것이 아니라 특정한 방식으로 만들어졌다고 파악한다. 여기서 푸코는 전통적인 인간중심주의에 대해 철저하게 반대한다. 그리고 그는 주체의 철학적 문제설정에 전념하는 문제의식을 잘 보여 준다. 그렇게 하여 그는 주체의 형성사를 발굴하고 문제화하여 재구성된 연구를 역사적 존재론이라 불렀다. 그에게 있어서 역사적 존재론은 "지식

3) M. Foucault, *Wahnsinn und Gesellschaft*, Frankfurt. a. M., 1969, 13쪽.
4) 하버마스, 이진우 옮김, 『현대의 철학적 담론』, 문예출판사, 1994, 285쪽.

을 가진 주체로서 우리가 어떻게 구성하는가"를 다루는 고고학, "권력관계를 형성하기도 하고 그 앞에 복종하기도 하는 주체들이 어떻게 형성되는가?"를 보여 주는 계보학, 그리고 "행위의 도덕적 주체로서 우리가 어떻게 구성되고 있는가?"[5]를 탐색하는 계보학으로 이루어진다. 푸코는 지식, 권력, 윤리의 축을 다음과 같이 재구성하여 정리한다.

① 개인은 어떻게 앎의 주체가 되는가?

② 개인은 어떻게 권력을 행하기도 하고 그것에 복종하기도 하는 주체인가?

③ 개인은 어떻게 도덕적 주체가 되는가?

그는 자신이 제기한 이러한 질문들에 대해 정상과 광기, 병과 건강, 범죄와 법, 성적 실천을 통해 해답을 찾고자 한다. 이것은 서구적 주체가 지식, 권력, 윤리적 실천에 의해 어떻게 주체가 되면서 동시에 예속화되는지를 밝히는 작업을 시도한다.[6] 그는 심층해석학을 통해 광기와 이성이 처음으로 갈라진 근원적 분기점으로 되돌아가고자 한다. 하지만 푸코는 이러한 비정상인, 야만인, 비합리적으로 생각하는 자들을 차별하는 것에 대해 근본적으로 이의를 제기한다. 사람들이 이러한 구별을 하는 이유는 인위적인 구별과 실증적 증거에 의존하기 때문이다. 푸코의 사회비판적 태도는 지금까지 인간을 자율적인 이성의 소유자로 보았던 근대적인 인간관에 대한 근본적인 회의에서 비롯된다. 이제까지 근대적인 인간관은 강제적인 규율을 따르고 있었지만, 그것은 그때그때의 상황에 따라 사회 권력을 정당화하는 수많은 담론들의 한 부분에 지나지 않았다. 따라서 근대인이 자랑하는 자율적인 이성은 사회적 권력의 메

---

5) M. Foucault, "What is Enlightenment?", in: *The Foucault Reader*, New York: Pantheon Books, 1984, 49쪽.

6) 양운덕, 『미셸 푸코』, 살림, 2003, 11쪽.

커니즘의 도구에 불과한 것이다.[7)]

계보학이란 개념은 니체(Friedrich Nietzsche, 1844~1900)로부터 유래한다. 일반적으로 계보학이란 어떤 대상의 발생과정을 추적하여 그 대상의 내면에 숨겨져 있는 심리적 재료들을 외면화시키는 것을 뜻한다. 무엇보다 계보학은 전통적인 역사학의 틀을 거부하는 일종의 반(反)역사로서 나타난다. 그리고 그 주체가 특정한 목적의식을 갖고 역사를 창조하며 조율해 나간다는 전통적인 역사관을 단호히 거부한다. 니체의 계보학은 모든 결과들로부터 원인을 거슬러 올라간다.[8)] 즉 니체의 사상에서 크게 영향을 받은 푸코의 계보학은 단절과 불연속성에 주목하며, 광기·질병·성·범죄·육체 등에 대해서 사람들이 당연하고 자연스러운 것으로 여기는 특징들의 기초를 재구성함과 동시에 이를 해체하고자 한다. 이런 점에서 계보학은 이제까지의 이성중심주의의 방식을 섬세하게 추적함으로써 이성과 정상성의 경험과 결부된 권력의 효과를 가능하게 해준다.[9)]

계보학은 가치 그 자체에서 파생되는 가치들의 미분적 요소를 의미한다. 따라서 계보학은 기원이나 탄생을 의미할 뿐만 아니라, 기원 속의 차이나 거리를 뜻한다. 계보학은 기원 속에서의 우아함과 저속함, 우아함과 비루함, 우아함과 몰락을 의미한다. 그리고 우아함과 저속함, 우아함과 비루함이 계보학적 비판의 요소이다.[10)] 다시 말해 계보학은 기원의 가치와 가치들의 기원을 의미한다. 즉 계보학은 가치의 절대적인 성격에 대립한다. 결국 푸코는 학교, 감옥, 병원, 공장, 결혼과 같은 우리의 현대관습이나 제도에 대한 도덕의 계보학을 만들고자 했다. 이런 관점에서 푸코는 우리가 현실

---

7) 박찬국, 『철학의 거장들』, 철학과현실사, 2005, 184-185쪽.
8) 강영계, 『니체와 정신분석학－힘에의 의지와 심층의식에 관한 철학적 성찰』, 서광사, 2003, 272쪽.
9) 윤평중, 「미셸 푸코」, 박정호 외 엮음, 『현대철학의 흐름』, 동녘, 2004, 298쪽.
10) 질 들뢰즈, 이경신 옮김, 『니체와 철학』, 민음사, 2005, 18쪽.

속에서 부딪히는 우연성, 우리의 존재와 행위, 사유를 넘어설 수 있는 가능성들을 분리해 내는 작업을 계보학적 비판이라 불렀다.

3. 에피스테메

푸코의 『병원의 탄생: 의학적 시선의 고고학』(1963), 『말과 사물』(1966), 『지식의 고고학』(1969)은 사물들에 대한 분류와 정리를 규정하는 각 시대의 무의식적인 사유구조를 해명하는 것을 과제로 삼는다. 이러한 사유구조를 푸코는 에피스테메(Episteme)라 부른다. 그는 자신의 인식론적 방법을 에피스테메라는 개념을 사용하여 인식론적인 구조주의로서 받아들인다. 이렇듯 대부분 푸코의 초기 저서들은 에피스테메라 지칭한다. 특히 푸코는 일정한 시기 동안에 지식형태와 학문체계들을 생산하는 에피스테메의 역할에 주목한다. 그에 의하면, 에피스테메는 우리의 인식, 실천, 문화를 가능하게 하는 감추어진 질서로서 담론적 실천들을 결합하는 관계들의 총체라 파악한다.

푸코의 에피스테메 개념은 쿤(Thomas Kuhn)의 저서 『과학혁명의 구조(*The Struktur of Scientific Revolutions*)』(1962)에서 패러다임(Paradigm)의 개념과 비교되기도 한다. 그러나 패러다임이라는 개념과 에피스테메라는 개념의 명백한 유사성에도 불구하고 푸코는 전혀 쿤의 저서를 읽지 않았다. 또한 쿤 역시 푸코의 저서를 뒤늦게 발견하였다. 또한 이 두 사상가의 접근방식은 아주 상이하다. 푸코는 고전시대의 문화와 대립하고 있던 18세기 말의 유럽 문화 속에서 정착된 에피스테메의 근본특징들을 정확히 기술하고 있지만, 이와 같은 변혁을 불러일으킨 경제적이고 이데올로기적인 원인들의 종합적인 효과는 거의 탐구하지 않았다.[11]

일반적으로 에피스테메는 숨겨져 있고 무의식적이며 그 이면에 은폐된 상태로 자리 잡고 있기 때문에 이를 검토하는 데 고고학이 요구된다. 다시 말해 에피스테메라는 용어는 서구문화의 지배적인 진술에 대한 새로운 이해의 기초 위에서 이루어진 것이다. 이러한 인식론적 방법들은 그의 초기 저서에서 구조주의의 이론으로 종종 표현된다. 푸코에 의하면, 고고학이란 개념이 이전의 형이상학적 함의에서 벗어나 있으며, 지식의 숨겨진 구조를 과학적으로 찾아내야 한다는 의무감을 암시하고 있다고 본다. 그는 지식의 숨겨진 구조를 통해서 사회에서의 역할을 경험하고 지각하는 방식을 궁극적으로 결정하고자 하였다.[12]

이른바 고고학이란 개념은 먼저 "고문서의 묘사"라는 말장난으로 소개되었다. 이 개념은 칸트와 관련되어 특정한 사고의 형태를 필연적으로 만드는 역사로 정의된다. 칸트가 과학적 인식과 도덕적·정치적 행위의 선험적(경험과 관계없는) 구조를 밝혀내려고 애썼던 것처럼, 푸코는 지식과 권력의 역사적 선험성을 찾아내려고 시도하였다. 칸트가 계몽시대와 이성의 구조들과 관련하여 제 자신의 위상을 자문하였던 것과 마찬가지로, 푸코는 칸트의 「계몽이란 무엇인가?」라는 글을 다시 논하였다. 그리고 로마 스토아학파 철학자들의 자기관심을 재해석함으로써 자신의 사상을 반영하였다.[13] 푸코의 에피스테메는 선험적 범주라는 칸트의 체계에 영향을 받았지만, 역사의 전개과정은 전적으로 다르다. 에피스테메는 지적 습관에서 나오는 관찰 가능한 체계가 아니며, 주어진 특정한 과학사의 한 시점에서 실현되는 사유일반에 대한 제약요인도 아니다. 그

11) 크리스티앙 들라캉파뉴, 조현진·유서연 옮김, 『20세기 서양철학의 흐름』, 이제이북스, 2006, 416쪽.
12) 박정호 외 엮음, 『현대유럽철학의 흐름』, 동녘, 2002, 367쪽.
13) 피에르 빌루에, 나길래 옮김, 『푸코 읽기』, 동문선, 2002, 16쪽.

것은 칸트의 지식조건과 부합하는 "역사적 선험성"에서 출발하지만, 칸트와는 다르게 그 조건을 제한적으로 적용하고 있다.[14] 단적으로 푸코의 에피스테메는 질서의 구조를 밝혀내는 데 있다. 즉 푸코는 에피스테메를 경험적 인식·삶·언어·노동하는 과학에 근거를 두었다. 따라서 근대사유에서 결정하였던 질서는 고전적인 에피스테메에서 비롯되었다.[15] 무엇보다 역사의 불연속성에 대한 푸코의 선호는 하나의 에피스테메에서 또 다른 에피스테메로 이행하거나 변이(Mutation)를 설명하기를 거부하는 것과 명백하게 일치한다.[16] 푸코의 구조주의에 대해 구조 없는 구조주의라 부르는 것은 단순한 도표이지 변형적 체계가 아니다. 따라서 그의 구조주의는 어느 형식에도 얽매여 있지 않기 때문에 포스트구조주의라 부른다. 그의 포스트구조주의는 첫째, 무대에 전혀 등장하지 않는 개인적 주체와 같은 수준으로 모든 주체에 공통적인 에피스테메의 주체 사이에 구분을 필요로 한다. 둘째, 의식에 관해 단편적이고 때때로 왜곡되어 있기 때문에 주체의 활동과는 상관없이 다루어진다. 따라서 주체를 아는 것은 주체의 지적 활동의 결과이지 그 활동의 메커니즘의 결과는 아닌 것이다.

4. 불연속성의 역사

지금까지 인류학에서는 레비-스트로스(Lévi-Strauss)의 주도 아래

14) 장 삐아제, 김태수 엮음, 『구조주의 이론』, 인간사랑, 1990, 127쪽.
칸트와 푸코의 문제를 자세히 다룬 논문은 다음을 참조할 것: S. Parsons, "Foucault and The problem of Kant", in: *Praxis International*, Vol. 8, 1988/1989, 317-328쪽.

15) Urs Mari, *Michel Foucault*, München, 1988, 25쪽.

16) 앨런 메길, 앞의 책, 339쪽.

서양의 타자에 대한 연구를 추진하여 왔다. 거의 같은 시기에 푸코는 서양 이성의 배후를 탐구하는 작업에 착수하였다. 레비-스트로스가 원시문명을 이성의 타자로서 연구하였듯이, 푸코는 이성의 타자를 『광기의 역사』에서 광기에 대해 탐구함으로써 구조주의의 새로운 지평을 제공하였다. 바르트는 1961년의 『서평(*Critique* 17호)』 지(誌)에서 푸코의 저서가 "역사학에 구조주의를 적용한 첫 번째 경우"[17]라 높이 평가한다. 즉 "푸코가 기술한 역사는 구조적 역사이다. 이 역사는 두 차원, 즉 분석의 차원과 계획의 차원에서 구조적이다."[18]

주지하듯이, 푸코는 구조주의를 새로운 방법이 아니라 현대 지식이 떠안고 있는 불안해 하는 의식이라 규정한다. 그리고 철학은 사유의 다른 분야들로 분산되어 있기 때문에 머지않아 소멸될 것이라고 단언한다. 이러한 관점은 푸코의 『지식의 고고학』에서 과학·지식·이성 간의 관계를 정의하면서 첨예하게 드러난다. 푸코의 구조주의는 구조의 존재에 근거하지 않는다. 이에 대해 피아제는 "구조 없는 구조주의"라고 언급한다. 또한 어떤 논자들은 푸코가 결코 구조주의자가 아니라 오히려 구조의 개념 또는 구조주의를 타파하려는 계획을 갖고 있음을 주장한다. 그러나 푸코는 『말과 사물』에서 인간을 역사의 주체로서 설정하여 인간주의를 철저히 거부하고, 불연속적인 시간성에 근거하여 역사의 해체를 시도하였다는 측면에서 구조주의자이다. 그럼에도 불구하고 구조주의는 전혀 새로운 방법이 아니라 현대과학에서 제기한 이론 중의 일부분이다.

상징인류학자인 기어츠(Clifford Geertz)[19]에 의하면, "푸코는 반

17) 송기형, 「구조주의 혁명의 연대기」, 임봉길 외, 『구조주의의 혁명』, 서울대학교출판부, 2000, 30쪽.

18) R. Barthes, *Essais critiques*, Le Seuil, 1971, 171쪽.

19) 기어츠는 문화에 대한 관심을 발전시켜 "인간은 자신의 경험에 의미를 부여하는 상징체계"라고 생각하였다. 기어츠는 자신의 접근법을 원주민의 견지에

역사주의적 역사가이며, 반인간주의적 구조주의자이다"[20]라고 말한다. 그렇게 언급하는 첫 번째 이유는, 그가 이제까지의 역사를 하나의 중심, 즉 "하나의 원리 · 의미 · 정신 · 세계관 등을 연결시키는 총체적 역사"[21](*AK*, 21)로 간주하면서 이러한 것을 허구로 보았기 때문이다. 두 번째 이유는, "전통적인 철학적 사유는 모든 지식의 기초와 의미의 원칙을 찾는 주체철학, 즉 헤겔의 정신현상학, 데카르트주의, 사르트르의 실존주의 철학들에 의해 지배"[22]되어 왔기 때문이다. 그래서 푸코는 주체철학의 해체를 자신의 사상적 전략으로 계획한다. 비록 푸코의 반역사주의의 역사가 전통적인 역사가들과 많은 점에서 차이점이 드러난다고 할지라도, 지속적인 역사적 작업을 하는 아날학파의 역사가들, 바슐라르, 깡그렘 부류의 과학사가들, 뒤메질(Dumézil)의 비교종교와 신화의 역사가들과 유사점이 많다. 푸코는 다음과 같이 말한다.

> "나는 새로운 방법을 발견하는 것을 말하지 않는다. (…) 내가 하려는 것은 많은 다른 동시대의 미국, 영국, 프랑스 그리고 독일의 노력가들과 그다지 다르지 않다. 나는 결코 어떠한 원본을 요구하지 않는다."(*AK*, 225-227)

푸코는 구조를 가능성의 조건, 무의식적인 지식의 근거, 그리고 긍정적인 지식의 내용을 포함하고 있다고 주장한다. 푸코가 언급

서 인류학을 보는 것이라 말한다. 기어츠는 네덜란드의 식민지였던 발리섬 생활 식민상황에 대한 반항심을 보여 주는 것에 중점을 두었다(크리스 고스돈, 성춘택 옮김, 『인류학과 고고학』, 사군자, 2001, 207-211쪽 참조).

20) Hubert L. Dreyfus and Paul Rainbow, *Beyond Structuralism and Hermeneutics*, The University of Chicago, 1982, 18쪽.

21) Michel Foucault, *The Archaelogy of Knowledge*, New York, 1972. (이하 AK라 생략하여 인용함)

22) K. Racevskis, *Michel Foucault and Subversion of intellect*, Cornell University, 1983, 26쪽.

하는 구조는 매끈하게 연결되어 있는 과거라는 직물(織物)이 어떻게 현재로 침투해 오는가를 말하지 않는다. 그의 관점은 연속의 역사가가 아니라 불연속의 역사가이다. 단지 그는 과거가 어떻게 다르고, 어떻게 상이하고 위협적인가를 보여 주고자 한다. 그는 과거를 현재로부터 단절시키고자 하며, 현재와 과거의 관계에서 전통적으로 역사가들이 견지해 왔던 주장들을 해체하고자 한다. 그는 현재에 대해 과거의 모든 의미들을 모아 놓고 현재를 지지하고 과거를 현재에 연관시키고자 하는 전통적 역사가의 입장을 부정한다. 즉 그의 관점은 현재로부터 과거를 단절시키고 과거의 낯섦을 보여 주는 동시에 현재를 상대화시켜 허물어 버리는 것이다. 구조는 더 이상 그에게 있어서 자율적인 논리적 장치가 아니다. 연속적인 구조주의자의 관점에서 그가 차이를 서술한 것은 인간학적인 이데올로기가 숨겨져 있다. 푸코는 구조주의의 다양한 이성 중에서 한 부분의 이성을 설정한다. 즉 구조주의는 형식적 언어를 구성한다. 여기서 과거의 경험적 이성을 순화시켜 순수이성에 대한 제2의 비판을 수행한다. 그렇게 하여 새로운 수학적 선험론의 형태를 작동시킨다. 구조는 언어의 힘을 일반화시켜 경험적 이성의 순화가능성을 확장하고 한층 더 인간의 한계를 설정한다. 이런 관점에서 메길(Megil)은 푸코의 구조주의적 사유를 광범위한 의미로서 말한다: "우리는 언어에 상당한 관심을 보이고 있다. 잘 알려져 있듯이, 언어는 문학적·사회과학적 분석을 하는 20세기 사상의 가장 중요한 요소이다. 언어에 관한 그의 관심은 그의 저서 사방에 널려 있다."[23)]

이른바 구조주의는 촘스키의 언어학, 레비-스트로스의 인류학, 라캉의 정신분석학, 알튀세르의 마르크스적 구조주의, 부르바키학

---

23) Allan Megill, "The Reception of Foucault by Historians", in: *Journal of the History Ideas*, Vol. 48, 1987, 119쪽.

파의 수학 등을 일컫는다. 과학에 대한 푸코의 견해는 여러 부분에서 바슐라르적이다. 여기서 푸코는 과학적 개념의 본질적인 역사성과 단절의 불연속적인 역사성을 상당 부분 수용한다. 사실상 푸코나 그 이외의 학자들이 1960대에 유행시켰던 단절·절단·변이 등의 개념은 바슐라르에게서 직접 빌려 온 것이다. 즉 푸코는 바슐라르를 통해서 다음과 같이 역사를 세 가지의 인식방법에서 새롭게 찾았다.

첫째, 과학사에 대한 불연속적인 고찰이다. 바슐라르 이전의 철학자들은 과학사를 거의 연속적인 역사로서 파악하였다면, 바슐라르는 과학사의 가장 의미 있는 부분을 불연속적인 순간들로 고찰한다. 주지하듯이, 푸코의 역사의 불연속성은 사상사에서 주된 역할을 차지한다. 푸코는 『지식의 고고학』의 머리말에서 "새로운 역사의 가장 본질적인 특징 중의 하나는 아마도 불연속에 대한 이런 전위일 것"(*AK*, 2)이라 언급한다. 푸코에게 있어서 지식은 역사적 연속성 위에서가 아니라 역사적 단절과 불연속 위에서 성립한다. 단적으로 그는 인간의 주체성을 부정하는 구조주의적 사유를 하고 있었다. 푸코는 이러한 시각을 '고고학'이라 지칭했다.

담론에서 불연속성은 장애물로부터의 전이이거나 역사가가 가진 담론의 통합을 제거해야 할 외적 조건이 아니다. 그것은 역사적 독해의 부정이 아니라 대상을 결정하고 분석에 의해 유용하게 하고자 하는 긍정적인 요소로 작용한다. 따라서 불연속성은 사상사를 쓰기 위한 현재의 전략으로서 중요한 의미를 지닌다.

둘째, 인식론적인 단절이다. 지금까지의 과학을 상식의 연장선상에서 이해하는 관점이다. 과학이란 단지 우리의 경험을 체계화한 것이며 경험적인 자료들에 대한 경제적인 기술일 뿐이다.

셋째, 인식론적 장애이다. 이것은 인식론적 단절을 다른 측면에서 언급한 경우이다. 오해된 과학은 경험에 고정시켜 표면적인 현상에만 집착하였기 때문에 단지 호기심과 이미지만을 불러일으켰다.

이러한 관점에서 푸코는 과학사에서 지식과 실천을 다시 조직하고자 하는 전통적인 역사서술론에 단절을 시도한다. 그는 전통과의 단절을 통해 화해할 것을 주문하였다. 그리고 푸코는 비판과 옹호자들이 동시에 받아들일 수 있는 방식으로 인문과학을 새롭게 정의하고자 한다. 한편으로 푸코는 구조주의의 원칙들을 갖고 인문과학의 통일을 시도하고자 했다. 그 때문에 그는 개별학문들, 즉 인류학·언어학·정신분석학·사회학 등을 텍스트와 담론을 동일한 공간 안에서 다루었다. 다른 한편으로 푸코는 제반지식들을 통해 실천할 것을 목적으로 삼았다. 이런 것들에 의해 푸코가 1960년대 이후부터 의존해 온 방법은 "고고학적인 방법"[24]이었다. 그는 르네상스 이후부터 현대에 이르기까지 서양사의 구조를 독특한 고고학적 방법으로 현재의 역사를 규명하였다. 이런 점에서 그는 서양근대문화의 사유와 그 하부구조, 그리고 현대문화를 동시에 비판적으로 분석한다. 이것은 역사의 직물이라는 점에서 다양한 언설들의 조건을 발굴하고자 하는 방법이다. 따라서 그의 고고학적 인식의 특징은 다음과 같이 정리할 수 있다.

첫째, 고고학적 인식은 역사에서의 단절이 가능하다면, 확대시켜 보자는 것이다. 즉 역사의 연속성이 지속된다고 할지라도 개별적인

---

24) 고고학(考古學)이란 단어는 영어 Archaelogy의 번역어이다. 이 낱말은 Archaeos (과거, 古)와 Logos(논리, 학문)이라는 말의 합성어로써 문자 그대로 옛것을 생각하는 학문이다. 고고학은 19세기 중엽부터 서구에서 도입되면서 "과거 인류가 남긴 물질적인 자료(고고학적 자료)를 연구하는 학문"으로 정의되었으나, 현재의 고고학은 "과거 인류들이 남긴 물질적인 자료를 통해서 당시의 문화, 즉 행위, 사회적 조직, 이념 등을 복원하고, 그들의 문화가 어떻게 그리고 왜 변화되었는가를 연구하는 학문으로 정의"한다(최몽룡·최성락, 「고고학사의 개요」, 『인물로 본 고고학사』, 한울, 1997, 11쪽). 푸코는 고고학을 관념의 역사(사상사)와 비교하려 했으며, 사상사가 전통적으로 주로 다루고 있는 발생, 연속성, 총체성 등을 거부했다(E. S. Shaffer, "The Archaelogy of Michel Foucault", in: *Studies in History and Philosophy of Science*, 7, 1976, 269쪽.

요소들을 찾아내어 정의하고, 유사한 종적 계열들을 공통적인 법칙으로 전개하고자 한다.

둘째, 역사를 불연속성의 개념으로 인식하는 것이다. 여기서 불연속성의 개념은 역사가들이 지금까지 제거하려고 노력했던 것이다. 즉 불연속성의 개념은 역사연구의 개념이자 도구로서 기능한다. 푸코는 역사연구를 취급하는 과정에서 고전주의적 경험과학, 즉 일반 문법 · 자연사 · 언어학 · 생물학 · 경제학 등 광범위한 영역을 다루었다. 이제까지 고전사상과 근대사상 사이에서 첨예한 단절은 19세기 경험과학들에 의한 각각 분리된 담론형성에서 비롯되었다. 하지만 고전주의 학문과 담론형성은 단지 일부분이 아니라는 사실이다. 푸코는 『지식의 고고학』에서 역사적 분석은 다음과 같은 두 가지 중요한 측면을 지니고 있다고 본다.

첫째, 푸코의 역사적 분석의 내용은 담론형성의 요소들과 동일한 수준으로 다루지 않았다. 둘째, 담론형성은 분산(分散)의 체계로서 관심을 두지 않았다. 여기서 푸코는 담론형성을 지배하는 규칙에 대해 상세하게 분류하였다. 푸코는 『지식의 고고학』에서 연속성의 역사를 주체의 기본적인 기능과 밀접한 관계에 있다고 본다. 즉 역속성의 역사는 지금까지 주체를 회피해 왔던 것을 회복할 수 있다. 따라서 푸코는 지금까지의 연속적인 시간을 다시 구성하여 복원하고자 했다.

그러나 푸코는 "나는 역사를 부정하지 않는다. 역사는 서로 다른 측면에서 여러 변형을 밝혀내기 위한 것이다. 변화는 일반적이며 공허한 범주에 대해서는 의혹을 떨쳐내야 한다"(*AK*, 200)고 말한다. 이런 점에서 푸코는 역사가의 인식론적 순수함을 언급한다. 단적으로 역사가는 과거에 대해 "역사는 지(知)의 한 형태이자 동시에 권력의 한 형태"[25]라 표현한다. 우리가 흔히 지식을 요구하는

25) Mark Poster, "Foucault and History", in: *Social Reserch*, Vol. 49, 1982, 119

것은 모든 권력행사와 아주 긴밀하게 결탁되어 있다. 우리가 객관적 지식이라 부르는 것은 존재하는 것이 아니며, 객관적 지식이 눈앞에 보이든 안보이든 간에 유무형의 권력을 행사하려는 시도에 불과할 뿐이다.[26] 다시 말해서 지식은 이미 과거에 대해 안다고 하는 형식에 대해서도 조절하고 순화시키는 역할을 한다.

먼저 푸코의 『지식의 고고학』은 고고학의 방법론을 빌려 온다. 그는 고고학의 역사를 다음과 같이 언급한다: "고고학의 역사는 근거를 규정하는 주체정신의 작용 안에서 형성되는 연속성의 역사가 아니라 우연히 결합되어진 층위들의 계열이다. 그러나 역사의 시점들은 그 자체의 전개 과정에서 불연속적이지 않다. 단지 그 자체로 불연속성은 존재한다."[27] 푸코의 고고학의 역사는 딜타이의 연속성의 역사에 영향을 받지 않고 니체·레비-스트로스·알튀세르·소쉬르·마르크 블로흐·루시앙 페브르·페르낭 브로델을 비롯한 아날학파[28] 등의 역사이론을 유산으로 간직한다. 그래서 그는 과학과 이성의 불연속성의 역사 및 반(反)역사성을 강조하였다. 요컨대 푸코는 전통적인 역사가들이 추구했던 과거의 문화적 전체성에 대한 총체적 이해를 거부하면서 다양한 언설들을 해부하고 그에 대해 실천하고자 하였다.

푸코는 현재의 역사라는 측면에서 과거와의 단절에 주안점을 둔

쪽. Vgl.; 마크 포스터, 이정우 역, 『푸꼬, 마르크스, 역사』, 인간사랑, 1990, 91쪽.

26) 앨런 메길, 정일준 외 옮김, 『극단의 예언자들: 니체, 하이데거, 푸코, 데리다』, 새물결, 1996, 325쪽.

27) 만프레드 프랑크, 김윤상 옮김, 『신구조주의란 무엇인가 2』, 인간사랑, 1999, 25쪽.

28) 아날(Annales)은 1929년 루시앙 페브르(Lucian Febvre)와 마르크 블로흐(Marc Bloch)가 공동 창간한 역사학 잡지(*Annales d'histoire économiques et sociale*) 를 말한다. 이 잡지는 "경제사회연보"로 번역되기도 하며, 시대적 변화에 따라 여러 차례 잡지의 이름을 바꾸었다. 자세한 내용은 다음을 참조할 것: 김응종, 『아날학파의 역사체계』, 아르케, 2000, 19-32쪽.

다. 즉 푸코는 랑케처럼 “과거를 있는 그대로 보여 주는” 전통적인 역사서술의 방법론을 거부한다. 이런 점에서 푸코는 역사적 작업이 과거에 대한 단순한 기술이 아니라 현재의 역사에 대한 분석을 통해 진단한다.

푸코가 추구하고자 하는 역사는 지금까지의 법칙도 아니며 과거의 제도나 이해관계에 의한 정치적 상황을 염두에 두지도 않았다. 단지 그는 현재의 역사를 서술하기 위해서 과거를 분석할 뿐이라고 말한다. 따라서 푸코는 자신의 철학을 일컬어 현재의 역사(l'histoire du présent)라고 규정한다. 이러한 그의 철학을 일컬어 “역사·철학적 비판”이라고 부른다. 그의 이러한 사상에는 정신병과 육체병의 역사, 감옥의 역사, 과학사, 성욕의 역사 등 진술한 언어의 구조적 방법에 의해 다양하게 해석한다.[29] 푸코 자신은 『지식의 고고학』에서 독자들에게 진정 우리가 무엇을 할 것인지를 묻는다. 푸코의 『지식의 고고학』은 다른 저서에서와는 다르게 역사적 예증을 배제하고 극도로 추상화된 언어학적 개념들만을 동원하고 있기 때문에 독해하기가 아주 난해하다. 이 책에서 지식을 구성하는 두 계기는 담론과 언표이다. 언어적 차원에서의 언표는 말과 글로 표현된 진술을 의미하고, 담론은 그러한 언표들의 집합이다. 하지만 푸코는 담론과 언표를 언어학적 영역 바깥으로 받아들이지 않는다. 그는 담론과 언표를 언어학적 영역 바깥으로 끌어내서 사회적 공간 속에 위치시키고자 한다. 사회적 지식을 만들어내는 언어들은 전통적인 언어학적 규정만으로 이해하기 쉽지 않다. 즉 그는 명제, 문장, 담화가 결코 언표와 동일시될 수 없음을 밝혔다.[30]

그러나 푸코는 위의 저서에서 속 시원한 해답을 제시하고 있는 것은 아니다. 그럼에도 불구하고 철학자나 역사가들은 과거와 현재

29) 김형효, 『구조주의의 사유체계와 사상』, 인간사랑, 1989, 301쪽.
30) 하상복, 『푸코 & 하버마스-광기의 시대, 소통의 시대』, 김영사, 2009, 134쪽.

사이의 관계를 푸코의 고고학적 기획에 의해 다양한 방법들을 설정해 나간다.[31)]

그의 역사철학비판은 종종 현대 서구 자본주의와 부르주아사회를 비판하였다. 그는 로고스와 히브리스(Hybris: 열정, 정열)가 갈등을 일으키지 않는 문명의 사회, 즉 고대신화의 희랍사회에서 문명을 찾고자 하였던 근원회귀사상을 다루었다. 푸코는 유용한 신화들이란 질서를 무질서하게 하고 현존하는 것을 파괴하며, 현재를 과거로 바꾸는 신화들이라 말한다. 이러한 그의 구조주의의 고고학적 방법은 일란성 쌍생아와 같은 관계를 유지하고 있다. 첫째 이유는 역사철학적 비판에서 구조적 방법이 내부적으로 작용하고 있기 때문이며, 둘째 이유는 구조주의적 고고학이 궁극적으로 인간의 죽음을 말하면서도 은연중에 니체가 자신의 철학 전반에 걸쳐 서술하고 있는 디오니소스적인 광기에 의해 초현실적 세계로 몰입해 들어가고 있기 때문이다.

푸코는 사상의 거대한 연속성이 있어 왔다고 하더라도, 사람들은 단절의 사건을 찾기 위해 노력해야 한다는 것이다. 하지만 우리는 "연속성이 어떻게 형성되었고, 어떻게 지평을 제시해 나갈 수 있는가"를 언급하는 것은 아니다. 요컨대 역사의 연속성의 문제는 더 이상 전통의 문제를 어떤 고정된 노선에서만 찾는 것이 아니라 분할과 한계·단절들의 문제들을 설정하여 진행시키는 것이다. 무엇보다 푸코의 역사관은 어떤 하나의 생산양식이 다른 생산양식에서 변증법적으로 도출되는 헤겔 및 딜타이를 비롯한 헤겔주의자들의 목적론적 모델을 거부한다. 그리고 푸코의 역사관은 차이성을 드러내는 니체적 비판전략을 선호하면서 니체의 역사적 관점에서 출발한다. 푸코는 자신의 저서 여러 부분에서 계보학이라 부르는 역사

31) Michael S. Roth, Foucault's "History of Present", in: *History and Theory*, Vol. 20, 1981, 32쪽.

관을 니체에게 빚지고 있음을 고백한다. 니체는 『도덕의 계보』(1887)에서 현재를 과거와 의도적으로 단절시킴으로써 현재를 불법화하기를 주저하지 않는다. 그래서 그의 계보학은 현재의 역사라 부른다. 니체의 계보학은 역사적 사건들이 지향해야 할 목적에 의한 발전과정을 확립하거나 역사적 순환을 입증하기 위한 사건을 비교하는 데 몰두하지 않는다. 니체의 의도는 체계성에 대한 비판이었고 통사와 같은 역사해석의 총체적 작업에 대한 거부였다.[32)]

이것이 바로 푸코 저작의 과제였다. 다시 말해 푸코는 과거를 현재로부터 단절시키고 과거의 이질성을 증명함으로써 현재의 합법성을 상대화시키고 약화시킨다. 푸코는 "역사란 인간의 우월성을 주장하는 사람들의 마지막 요새"[33)]라 지적한다. 구조주의가 언어와 무의식의 연구에서 주체의 독창적인 역할을 제거한다 할지라도 여전히 인간의 우월성을 주장하는 사람들은 인간이 스스로 역사를 지배한다고 말한다. 그들에게는 역사의 절대적인 주체가 역사를 만들고, 역사의 연속성을 보장한다는 점이다. 이것은 구조주의적 분석에 의하면, 역사의 연속성에 대한 동시대적 단면의 일부분이다. 이것이 인간의 지배에 종속된다. 푸코는 이러한 학자들을 사르트르・골드만・루카치・딜타이 및 19세기 헤겔주의자들이라 지칭한다.

푸코가 이처럼 전통적인 역사가들의 연구가 질적인 면에서 부적합하기 때문에 그들의 업적을 거부한 것은 아니다. 이제까지 역사가 전통적인 방식에 의존하여 역사서술을 태초의 기원이나 기원의 시간적 흐름에 초점을 맞추었다면, 그것에 대한 인과성은 단선적이거나 일시적일 뿐이다. 푸코는 인과관계라는 것이 시간의 전후관계

---

32) 이광래, 「니체와 푸코: 니체 상속인으로서의 푸코」, 한국니체학회 편, 『니체와 현대의 만남』, 세종출판사, 2001, 23쪽.

33) 개리 거팅, 홍은영 외 옮김, 『미셸 푸코의 과학적 이성의 고고학』, 백의, 1999, 297쪽.

보다 훨씬 더 복잡할 수 있다고 강조한다. 따라서 전통적인 역사가들이 역사를 지배하는 정신이나 원리, 역사의 기원, 단선적인 연속성의 역사를 구성하는 것에 주목하였다면, 푸코는 개별적인 역사적인 사건들, 그리고 사건들 사이에서 형성되는 관계, 사건들의 계열, 사건들 간의 불연속성에 다음과 같이 관심을 보인다.

> "불연속의 개념은 역설적으로 보인다. 왜냐하면 그것은 역사탐구의 도구로서 작용하기도 하지만, 동시에 발견해야 할 목표로 여겨지기 때문이다."(*AK*, 8)

푸코가 강조하고자 하는 관점은 연속성의 역사를 말하는 것이 아니라 불연속성의 역사이다. 물론 푸코는 주체의 기능과 지속적인 역사의 개념을 거부하였다. 즉 그는 주체로서 역사의 연속성과 역사의 구조적 불연속성을 거부한 것이다. 그래서 그는 주체의 구조들을 구조주의적 방법론 안에서 순수한 언어를 찾고자 하였다.[34)]

그는 독자들에게 "나는 내 자신이 관념의 역사(*AK*, 136)"로부터 단절될 때까지 그렇게 만족스러울 수가 없었다고 말한다. 그리고 실천가들의 "보수적인 의도"(*AK*, 138)를 갖고 있는 것에 대해 격렬하게 공격한다. 푸코는 바슐라르와 깡그렘 이후로 수평적인 관념사 안에서 역사를 발견하고자 하였고, 인식의 연속성에 관심을 보이는 것에 단절을 요구하였다. 즉 그는 "전통과 흔적을 묻지 않고 부분과 전체에 대한 불연속성의 사유"를 질문하였다.[35)] 먼저 관념사에 있어서 이러한 불연속성의 사유는 실제로 역사 속에서 오랜 구조에 대한 편견인 것처럼 보인다. 푸코는 다음과 같이 연속성의

---

34) 에디츠 쿠르츠웨일, 이광래 옮김, 『구조주의의 시대, 레비-스트로스에서 푸코까지』, 종로서적, 1980, 204쪽.

35) Claudia Honegger, "Michel Foucault und die serielle Geschichte", in: *Merkur*, 407, 1982, 507쪽.

역사를 말한다.

> "연속적인 역사는 주체의 자기중심적 구성의 필수적인 상관물이다. 그것을 그를 비켜간 그에게 반환하도록 해주는 보증서이며, 시간의 재구성된 통일성 속에서 모든 것을 복귀시킴으로써 아무것도 흩뜨리지 못하도록 해주는 확실성이며, 어느 날엔가 주체가 역사의식이라는 형태 아래에서 차이성에 의해 격리되어 있는 모든 것을 다시 한 번 전유할 수 있고 지배할 수 있도록, 그들 중에서 그의 주거 속에 담을 수 있는 것을 찾아낼 수 있도록 해줄 약속이다."(*AK*, 12)

위에서 인용한 것처럼, 흔히들 역사를 수용하는 것은 "주체로서의 행위(Aktion), 기능, 인간을 이해하는 것과 밀접히 연관되어 있다"[36]고 말한다. 이러한 방법론의 역사는 헤겔학파처럼, 과거와 현재의 전체화를 수행해 나간다. 포스터에 의하면, 푸코는 연속성의 역사를 거부했을 뿐만 아니라 "불연속성의 테제의 힘은 분명히 가장 적합한 것"[37]이었다고 말한다. 따라서 푸코에 있어서 역사의 근거는 이미 불연속성의 역사를 강조하는 것이었고, 불연속성은 정치적·윤리적 기초가 되었다. 그러나 이러한 근거는 현상 속에서 다시 변화를 꾀한다. 불연속성의 출발점은 아주 복잡한 변화의 과정을 겪고 난 이후에 다시 등장하게 된다. 따라서 그는 『지식의 고고학』을 "불연속성에 대한 그의 논증을 역사적 사건, 담론의 배열, 지식과 권력, 지성적인 역할"[38] 등 모든 영역에 걸쳐 확장해 나갔다. 궁극적으로 푸코는 과거의 역사를 서술하는 데 관심이 있었던 것이 아니라 언제나 현재의 불연속성에 관심을 보였다.

---

36) Wilhelm Schmid, "Die Geburt der Geschichte", in: *Deutsche Zeitschrift für Philosophie*, 39. Jg, 1991, 367쪽.

37) Mark Poster, "Foucault and History", in: *Social Research*, Vol. 49, 1982, 121쪽.

38) Clare O'Farrel, *Foucault-Historian or Philosopher?*, Macmillan, 1989, 47쪽.

5. 영향과 의의

이제까지 앞장에서 살펴보았던, 푸코의 『지식의 고고학』은 『말과 사물』에서 이미 선보였던 담론형성의 규칙에 대한 이론을 일반적인 관점으로 서술하였다. 여기서 푸코는 역사적 시대의 일반구조에 초점을 맞추어 전개하였다. 즉 그는 담론의 차원, 담론대상의 형성, 언표한 행위양태의 차원, 개념의 형성, 전략의 형성 등을 상세하게 분석하였다. 특히 그는 "담론이 언어에 기초한 의미창출로서 한정되지 않는다는 사실을 확인하였고, 담론 이외의 것과 끊임없는 역학관계에 의해 담론의 실천적 형태가 나타난다는 사실"[39]을 주목하였다. 그리고 푸코는 지식의 이론이 권력의 방식과 분리하여 진행하지 않았음을 밝혀냈다. 따라서 푸코의 고고학적 담론의 분석은 모세혈관처럼 사방에 퍼져 있으면서 계보학적 미시물리학의 안으로 통합되었다. 즉 그의 규율적 기술들은 몸을 장악하는 권력의 새로운 미시물리학을 통해 17세기부터 지금에 이르기까지 사회전반에 확산되었다. 그는 사회의 규율적 절차가 몸을 대상으로 하여 유용성을 증가시키거나 약화시키는 대상들을 모두 포함하여 다양한 관점에서 분석하였다.

이런 점에서 푸코는 『지식의 고고학』에 대한 탐구에서 직접적으로 정치적이고 체제전복적인 성격을 지닌 결과들을 산출하기를 기대하였다. 푸코의 『지식의 고고학』은 최소한 『광기와 이성』, 『임상의학의 탄생』, 『말과 사물』에서 발전시킨 사상사의 접근을 명시적으로 정식화했다는 점에서 중요한 의의를 지닌다. 그리고 그의 『지식의 고고학』은 방법론에 대해 기본적으로 담론형성의 기술에서부터 비담론적인 인과적 개념에 이르기 까지 많은 노력을 보여 주었다. 따라서 푸코의 『지식의 고고학』은 역사학과 방법론을 결합

39) 윤평중, 「미셸 푸코」, 박정호 외 엮음, 『현대철학의 흐름』, 동녘, 2004, 303쪽.

한 그 이상(以上)의 이론이라 간주된다. 특히 그의 『지식의 고고학』은 방법론을 위한 철학적 기초의 정당화를 제공하려는 노력으로 평가된다. 따라서 푸코의 목표는 지식과 언어의 철학적 설명을 함으로써 역사적으로 검토할 근거를 마련하고자 하였다.

앞서 고찰한 푸코의 관점은 철학적으로 어떤 시대의 문화와 이념을 해석하는 것과 결부되어 있기 때문에 해석학의 경향을 아울러 지니고 있다. 왜냐하면 그의 구조주의가 후기 사상에서는 해석적 경향을 짙게 풍기고 있기 때문이다. 그가 구조주의자냐 포스트구조주의자이냐 아니면 해석학자이냐 하는 형식론적 분류는 학자들의 견해에 따라 분분하기 때문에 그의 사상을 이해하는 데 본질적인 요소는 아니다. 하지만 그의 사상의 기본적인 "고고학적 방법은 분명히 구조주의적 특성과 이념을 강조"[40] 하고 있다는 점이다. 들뢰즈(Gilles Deleuze, 1925~1995)는 『푸코』[41]를 출간하기 이전에 한 인터뷰(1970)에서 "푸코의 사상은 현대의 가장 위대한 철학 중의 하나라고 평가한다. 언젠가 금세기는 들뢰즈의 시대가 될 것이다"라고 말한다. 들뢰즈는 이 말을 뒤집어서 "지난 세기는 푸코의 시대였고 남은 세기도 여전히 푸코의 시대이다"라고 말하고 싶어 했다. 또한 데리다(Jacques Derrida)는 자신이 푸코의 제자라는 사실을 인정하면서 푸코와 마찬가지로 구조주의의 전통을 벗어나려고 하였다.

40) 김형효, 같은 책, 301쪽.
41) 질 들뢰즈, 허경 옮김, 『푸코』, 동문선, 2003.

제 12 강

데리다: 해체주의의 해석학

1. 생애 및 사상개요
2. 텍스트주의의 해체
3. 로고스중심주의와 음성중심주의
4. 차연작용
5. 영향과 의의

제12강

데리다

해체주의의 해석학

1. 생애 및 사상개요

데리다(Jacques Derrida, 1930~2004)는 유태계 출신의 프랑스인으로 알제리에서 태어났다. 1935~1941년 사이에 엘-비아르에서 반유대적인 분위기 속에서 유치원과 초등학교를 다니다 쫓겨났다. 1943~1947년 동안에 벤 아쿠눈 리세에 재입학하여 불규칙한 학업을 받는 동안에 프로축구 선수가 되고 싶어 한다. 1947년에는 바칼로레아(대학교 입학시험)시험에 낙방하였다. 한동안 그 여파로 불안과 부적응을 겪으면서 집에서 나오지 않고 일기와 독서에 몰두하면서 시를 썼다. 이 시기에 앙드레 지드, 니체, 폴 발레리에 심취하였다. 1948년 고등사범학교를 준비하면서 뷔고 리세로 옮겼다. 이 무렵 철학을 공부하기로 결정을 내린다. 이후 1949~1950년 사이에 루이 르그랑 리세에 입학하였다. 1951년 말에는 몇 번 낙방한 고등사범학교에 재입학하였다. 여기서 부르디외, 세르, 마랭 등과 만나게 되고, 1952~1953년 고등사범학교 시절에 당시 조교였던 알튀세르를 알게 되었다. 그와 친교를 맺고 20년간 동료관계를 유지하였다. 그는 1950~1960년대 대학교 교수시절에 이르기까지 마르크스주의의 환경 속에서 보냈다. 1953~1954년 루뱅을 여행하면서 석사논문인 「후설철학에서 생성의 문제」를 작성하였다. 그는 후설 현상학을 프랑스에 소개한 최초의 인물 중의 한 명이었다. 푸코와 친교를 맺고 그의 강의를 듣는다. 1955년 철학교수 자격시험에서 떨어지고 이듬해에 합격하였다.[1] 요컨대 그는 어린 나이에 프랑스로 건너와 일찍부터 혁신적인 사상가로 명예를 누렸다. 데리다는 30대 초반에 레비나스와 함께 파리에서, 그리고 현상학과 해석학 본부에서 리쾨르와 함께 현상학을 연구했다.

2. 텍스트주의의 해체

데리다는 1967년에 출간한 세 저서 『글쓰기와 차이』, 『목소리와 현상』, 그리고 광범위한 저작 『그라마톨로지』와 같은 문자이론에 대해 영향력 있는 책을 출판한다. 데리다는 이 책들을 통해 후설의 현상학, 소쉬르의 언어학, 레비-스트로스의 구조주의에 대해 심도 있는 비판을 가한다. 이 책들에서 데리다는 철학적 전통과 현재의 철학적 이론을 비판하기 위한 전략적 과정으로서 해체를 이용한다. 데리다는 이 과정을 통해 하이데거의 형이상학적 탈구성의 방법을 더욱 발전시켰다. 해체는 이유를 묻는 대신에 그러한 생각이 어떻게 유래하게 되었는지를 질문한다. 또한 모든 연구의 영역을 끊임없는 텍스트의 일부분으로 파악한다. 해체는 어떤 근원에 도착했다는 주장을 하지 않고 끊임없는 연결구조 속에 머물게 한다. 그리고 해체는 최종적인 원인설명에 대한 요구를 하지 않는다. 이런 측면

1) 양운덕, 「데리다」, 박정호 외 엮음, 『현대철학의 흐름』, 동녘 2004, 343-343쪽.

에서 해체주의는 구체적인 목표를 지향하지 않으며, 개념에 관한 의미전이를 발견하는 것을 목표로 하고 있다는 비판에도 데리다는 동의하지 않는다. 언어의 이중적 의미는 이미 그 자신의 텍스트에서 다시 다른 텍스트를 참조한다. 여기서 데리다는 구조주의 음성학에서 기원하는 차이의 원칙을 기본원칙으로 받아들인다. 데리다가 얻고자 하는 것은 동일성이 아니라 차이이다.[2] 데리다는 『그라마톨로지(Grammatology)』에서 음성중심주의로서의 서구의 로고스중심주의를 폭로한다.[3] 데리다의 해체프로그램은 그의 사상형성기에 영향을 준 현상학적 사상가, 즉 후설과 하이데거의 이론에 근본적인 빚을 지고 있다. 최근의 인터뷰에서 데리다는 자신이 다음과 같이 현상학에 빚지고 있음을 인정했다.

> "나의 철학적 구상은 후설과 하이데거, 그리고 헤겔의 사상에 상당한 빚을 지고 있다. 하이데거는 아마도 가장 지속적으로 나에게 영향을 미치고 있다. 특히 그리스 형이상학을 극복, 해체하려고 하는 그의 기도는 나에게 결정적인 영향을 미쳤다. 내가 아주 소상하게 그리고 아주 힘들게 연구했던 후설은 나에게 문제를 설정하고 푸는 데에 있어서 방법론적 신중성과 보류, 그리고 엄밀한 기술을 가르쳐 주었다. 그러나 나는 현전의 형이상학에서는 후설과 파토스(pathos)에 동의할 수 없었다. 그런데 사실 나에게 현전의 개념과 그것이 철학에서 수행한 근본적인 역할을 의심하도록 도와준 것은 바로 후설의 방법이었다. 하이데거와 나의 관계는 훨씬 복잡하고 광범위하다."[4]

위 인용문에서 데리다가 후기 후설과 하이데거로부터 방법론적

---

2) 클라우스 비거링, 유봉근 외 옮김, 『매체윤리』, 연세대학교출판부, 2004, 125-126쪽.

3) 클라우스 비거링, 유봉근 외 옮김, 앞의 책, 127쪽.

4) 데리다, 「대륙사상가와의 대화」; 리처드 커니, 임헌규 외 옮김, 「자크 데리다」, 『현대유럽철학의 흐름』, 한울, 1992, 154쪽 재인용.

영향을 받았으나 그들의 사상을 전적으로 받아들이지는 않는다. 해체의 방법은 데리다가 현전(現前, presence: logos)의 형이상학이라 부르는 것과 관계가 깊다. 데리다는 후설의 현상학에서 엄밀한 학으로서의 철학을 정립하고자 하는 이론에 동의하지 않는다. 후설에 있어서 순수표현형식에 대한 고찰은 동시에 직관적 본질에 대한 탐구였다. 따라서 직관적인 방식으로 소박한 자연주의적 사태에 자신에게도 현전함으로써 의심의 여지가 없는 확실하고 엄밀한 방법으로 증명하고자 하는 것이었다. 그러나 데리다는 이러한 현전의 가능성을 부정한다.[5] 현전의 형이상학에 대한 순수직관을 열정적으로 추구하여 근본적인 기점을 찾고자 했던 후설의 실패는 곧 형이상학의 종말을 의미했다. 데리다는 후설과 같은 서구철학의 부류가 비이성에 대한 이성, 차이에 대한 동일성, 부재에 대한 현전을 진리근거로 주장했다고 파악한다. 따라서 데리다는 이성, 동일성, 현전에 대비되는 비이성, 차이, 부재라는 타자들을 해방시키고자 한다.[6]

후설은 최후의 저작인 『선험적 현상학과 유럽학문의 위기』(1936)에 대한 토론을 실은 부록에서 다음과 같이 고백한다. "엄밀한 학으로서의 철학의 꿈은 이제 사라졌다." 이 저서에서 후설은 직접 경험의 선험적 주관의 세계를 사실상 문화적 생활과 세계의 역사성에 기반을 두고 있다. 그러나 초시간적인 본질을 직관하기 위한 현상학적 탐구가 데리다의 입장에서 아무런 의미가 없는 것은 아니었다. 데리다는 하이데거와 더불어 해체운동은 확실한 전회를 하게 되었다고 주장한다.[7] 하이데거는 『존재와 시간』(1927)에서 출발

5) 마단 사럽 외, 임헌규 옮김, 「데리다와 해체」, 『데리다와 푸꼬, 그리고 포스트모더니즘』, 인간사랑, 1997, 22쪽.
6) 양운덕, 「자크 데리다」, 박정호 외 엮음, 『현대철학의 흐름』, 동녘, 1996, 347쪽.
7) 리처드 커니, 임헌규 외 옮김, 앞의 책, 154-155쪽.

에서부터 서구 형이상학을 '존재신학적(Ontotheological)' 편견이라 부른다. 즉 그는 존재에 대한 우리 경험의 시간적·역사적 성격에 반하는 체계적 편견을 극복하기 위한 것이었다. 그러나 하이데거 자신은 여전히 몇몇 근원적인 것에 대한 '향수'를 가지고 있었다. 그가 '존재신학적' 전통철학의 골격을 복구할 수도 있었던 존재라는 낱말은 그 허위가 폭로되었다.

데리다는 자신의 해체적 독본을 서구 형이상학뿐만 아니라, 여전히 플라톤에서부터 시작하여 아리스토텔레스를 거쳐 데카르트, 칸트, 헤겔, 하이데거에 이르기까지 서양철학을 로고스중심주의적 경향을 띠고 있다고 의심한다. 그러면 데리다의 '로고스중심주의'란 무엇을 의미하는가? 그는 이 용어를 현전의 개념에 그 중심을 두고 재현되는 서구 사상의 경향을 특징짓는 용어로 사용했다. 데리다의 현전은 하이데거가 사용한 Anwesen이라든가 Anwesenheit의 독일어 번역어이다. 데리다는 현전에 대한 이해를 위해 하이데거의 존재물음에서 시작되어야 한다는 입장이다. 하이데거에 의하면, 현전은 고대로부터 내려오는 존재이해의 단서가 된다. 존재란 지속적인 현전성 안에서 이해되어 온 것이다. 데리다는 하이데거의 존재론을 이성중심적인 형이상학의 연장이라 간주하고, 하이데거가 현전의 은유학(Metaphorik des Präsenz)과 목소리의 현재(Gegenwart der Stimme)를 주장하고 있다고 비판한다.[8)]

지속적인 현전성의 이해 속에는 언제나 시간의 한 양태인 현전이 얽혀 있다. 과거나 미래도 모두 현전의 변화된 양태에 불과할 뿐이다. 과거는 지나간 현재이고 미래는 곧 당도할 현재이다.[9)] 이런 점에서 데리다는 후설의 관점을 빌어 "현재밖에 존재하지 않는

8) 페터 지마, 김혜진 옮김, 『데리다와 예일학파』, 문학동네, 2001, 63쪽.
9) 이광래, 「데리다의 反철학으로서의 철학」, 서양철학사연구회, 『反철학으로서의 철학』, 지성의 샘, 1994, 69쪽.

다"[10]고 말한다. 따라서 데리다는 서구 형이상학의 역사를 "순전히 낱말적인 의미에서 현전으로서 존재자로 점철되어 있는 이야기"로 정의했다. 이러한 논리중심주의의 대상은 "기초·원칙·중심과 연관된 모든 용어들, 즉 형상, 아르케, 본질, 목적, 실체, 진리, 주관, 의식 초월성, 인식, 신, 인간 등 변화지 않는 주제로 삼는 형이상학을 특징으로 한다."[11] 하지만 데리다는 형이상학적 사유에 빠지도록 만드는 물질/정신, 주관/객관, 허위/진리, 육체/정신, 텍스트/의미, 내면/외면, 표상/현전. 현상/본질 등과 같은 이분법적 대립을 버리도록 제안한다.[12] 그래서 데리다는 중심화하는 현전의 개념이 결코 있는 그대로를 드러내는 것이 아니며 '로고스중심주의'와 단절할 것을 제의한다. 그는 원래의 현전이라고 하는 지배적인 범주를 그 자신의 부재 또는 그것의 보충물 이외에 아무것도 아니라는 것을 보여 주려고 시도한다.[13]

데리다는 모든 근원적 현전의 개념을 탈중심화하기를 시도한다. 자유로운 작용의 판도라 상자(Pandor's box)를 열면서, 그는 전통적인 의미의 개념 자체를 해체하고자 한다. 그는 이것을 '산종(散種, dissemination)'의 과정이라 불렀다. 산종을 나타내는 불어 lasemence는 라틴어의 'semen'에서 나왔고, 이것은 다시 '의미하다'를 뜻하는 희랍어 'semainein'과 밀접히 연관된다. 따라서 산종은 언어학에서는 의미소를 뜻하는 씨 뿌려진(semé)이라는 과거분사와 연결되어 있다.[14] 산종은 기표(signifiant) 과정을 어떤 출발점과 종결점을 동시에 환원함으로써 결코 종결되거나 고정될 수 없는 기호로부터

---

10) Jacques Derrida, *La voix le pheánománe*, Puf, 1967, 3쪽.
11) 이서규, 「데리다: 해체와 차연」, 『현대철학의 이해』, 건국대학교출판부, 2003, 205쪽.
12) 마단 사럽 외, 임헌규 옮김, 앞의 책, 27쪽.
13) 리처드 커니, 앞의 책, 156쪽.
14) 이승종, 「차연과 차이: 동아시아 사유로부터」, 『철학과 현실』, 가을호, 철학문화연구소, 1998, 44쪽.

무한한 이동을 드러낸다. 무한한 연쇄고리 속에 있는 어떤 것을 다른 것이 대신하는 이러한 무한한 기호의 작용을 통해서 데리다는 비중심(non-centre)적인 것을 긍정한다. 예를 들어 사적/공적, 남성/여성, 같음/다름, 이성/비이성, 참/거짓, 중심/주변 등 쌍으로 이루어진 용어들에서 첫 번째의 용어는 특권을 누린다. 여기서 데리다는 후자의 대립쌍 중에서 해체를 통해 역전과 대체할 것을 요청한다. 이것은 현전으로서 회복될 수 있는 중심과 다른 것이다. 즉 의미는 본래의 현전을 제공해 주거나 표상하지는 않는다. 현전의 개념 자체가 바로 의미작용의 결과물이다.

데리다의 입장에서 기표는 언어 이외에는 결코 자리 잡을 수 없는 기의(Signifié)에 대한 은유로 작용한다고 주장한다. 그래서 기의 그 자체는 다른 기표에 대한 언급 또는 연기하는 것으로써 기표가 될 수 있다. 언어 이외에는 어떤 전거도 없다. 그것은 단지 텍스트 밖에 없다. 심지어 후설이 강조하는 "사상 자체"마저도 이제 더 이상 직접적으로 경험된 현상으로 해석될 수 없다. "사상 자체"라 부르는 것은 기호이며 언어의 결과물이다. 데리다가 선호하는 해석학은 '언어－내적(intra-linguistic)'인 것이다. 즉 해석학은 사상(Denken)들보다 해석들을 이해한다. 결국 데리다는 다음과 같은 결론을 내린다. 이 순간부터 기호를 제외한 그 어떤 것도 아무런 의미가 없다. "우리는 기호 안에서만 생각한다. … 우리는 무제한의 작용, 즉 존재신학과 현전의 형이상학의 파괴로서 초월적 기의의 부재를 노래할 수 있다."15)

15) 리처드 커니, 앞의 책, 156쪽.

3. 로고스중심주의와 음성중심주의

종종 데리다는 우상파괴주의자라 부른다. 왜냐하면 그는 기존의 서구 철학이 주장해 온 모든 진리를 우상이라 보고 그 우상들을 철저하게 파괴하고자 한다. 이런 측면에서 그는 망치를 들고 형이상학을 깨뜨리는 철학자라 불리는 니체의 후예이다. 데리다는 이러한 우상을 현전의 형이상학, 또는 로고스중심주의라 부른다. 데리다는 플라톤 이래로 지속되어 왔던 서구 형이상학의 경향을 '로고스중심주의'라는 것이다.[16] 태초에 로고스가 있었다고 하는 신약성서의 경우처럼, 모든 것의 기원으로서의 로고스, 말은 완전한 존재를 보증하는 것으로 여겨져 왔다. 모든 것은 유일한 원인에서 생기는 결과이다.[17] 다시 말해 로고스중심주의란 말이나 이성적 진리를 중심으로 이루어진 체계를 의미한다.

플라톤 이래로 지속되어 온 로고스중심주의는 결국 어떤 절대적인 체계나 진리를 중심으로 놓고 그것을 기준으로 쌓아 올린 것이다. 하지만 그러한 중심이라는 것 혹은 절대적인 진리는 그와 반대되는 것을 추출하여 만들어진 허구에 불과하다는 것이다. 데리다는 해체라는 것이 바로 이러한 중심을 허물어뜨리는 것이라 생각한다. 그는 해체란 어떠한 중심도 없고, 비록 중심이 있다 하더라도 그 중심은 고정된 위치가 아니라 하나의 기능, 즉 무한한 기호의 대치만이 적용되는 일종의 비(非)위치만 있는 상태를 가리킨다. 사실상 이러한 로고스중심주의의 관점에서 보면, 중세시대의 사상이라는 것도 알고 보면 플라톤의 이데아론이 종교적으로 표출된 것에 불과하다. 더 나아가 근대인식론도 자연과학의 이념으로 표현된 플라

16) 양운덕, 「자크 데리다」, 박정호 외 엮음, 『현대철학의 흐름』, 345쪽.
17) 이광래, 「데리다의 反철학으로서의 철학」, 서양철학사연구회, 『反철학으로서의 철학』, 지성의 샘, 1994, 70쪽.

톤주의이다. 더욱이 근대 이후의 자본주의 사회는 플라톤 이래로 지속되어 온 서구의 합리주의 정신이 제도화되어서 나타난 사회라 볼 수 있다.

서구 형이상학에서 로고스중심주의적 편견이 가장 적나라하게 드러나는 곳 중의 하나는 '글쓰기(writing: gramme)'에 대하여 '말(speech: phone)'에 우선성을 부여한 것이다. 글(쓰기)에 대하여 말에 우선성을 두는 것은 바로 현전에 대한 가정 때문이다. 데리다는 이것을 음성중심주의라 부른다. 즉 서양철학은 언제나 목소리에 관심을 가지면서 글(쓰기)에 대해서는 깊은 우려를 표명해 왔다는 점에서 음성중심주의였다. 말은 그것이 현전에 더 가깝다고 생각되기 때문에 선천적인 것으로 간주되었다. 왜냐하면 말은 직접성을 함의하는 것이기 때문에 글(쓰기)보다 더 가까이 있기 때문이다. 그래서 말은 글(쓰기)에 대해 우선성을 간직하고 있는 것처럼 보인다. 따라서 데리다에게 있어서 음성중심주의는 현전의 결과 중 하나이다.[18) 이런 점에서 데리다는 서구 형이상학에 관철되고 있는 음성중심주의를 문제 삼는다. 음성중심주의는 말과 글(쓰기)를 구분하고 글(쓰기)에 음성, 말에 특권을 부여하고자 하는 태도를 비판한다. 이는 음성을 일차적으로, 기원적이고 본질적인 것으로 보는 것이다.

무엇보다 데리다는 음성에 최우선적으로 특권을 부여하는 형이상학적 전통을 의문시하고 그러한 사고틀이 숨겨진 모순들을 폭로하고자 한다.[19) 여기서 형이상학적 전통이란 신성불가침한 토대, 제일원인, 혹은 절대적인 기원들을 가정하여 다른 의미의 체계가 그것에 의존해서 구성되어진다고 생각하는 사유체계를 일컫는다. 데리다는 생생한 음성을 완전하게 필사한 서양 알파벳에 의한 글(쓰기)는 로고스의 진리를 음성적인 것에서 소리와 의미가 명료하

18) 마단 사럽 외, 임헌규 옮김, 앞의 책, 23쪽.
19) 양운덕, 「자크 데리다」, 박정호 외 엮음, 『현대철학의 흐름』, 369쪽.

게 통일된 것으로 간주하면서, 말을 글(쓰기)보다 편애하는 로고스중심주의의 편견을 보여 준다. 데리다는 아리스토텔레스, 루소, 헤겔의 경우를 들어 로고스중심주의적인 편견이 서양철학사 저변에 펴져 있음을 강조한다. 이렇듯 데리다가 종종 언급하고 있는 로고스중심주의는 음성중심주의(phonocentrism)인 것이다.[20] 데리다에 의하면, 로고스중심주의는 음성중심주의로 발전해 간다. 음성적 언어를 평가절상하고 문자적 언어를 평가절하하는 것이 음성중심주의이다. 이러한 음성 위주의 언어관은 형이상학시대의 일반적 경향을 보인다. 특히 음성은 근대의 주체철학이 언어의 문제에 접근하기 시작한 루소의 시대에 정점에 달한다. 신은 음성으로 말하면서 스스로 듣는다. 외면화하면서 내면화되는 음성은 정신의 자기 체험이 일어나는 특권적 현상이다. 정신은 음성을 통하여 직접적인 자기현전, 무매개적 자기관계를 경험한다. 주체철학에서 정신은 진리가 내재하는 장소이며 의미가 드러나는 장소이다. 그래서 정신은 음성을 통하여 자기 합일적 일치에 당도할 뿐만 아니라 참된 의미 자체와 합일하는 충만한 현전성을 이룬다. 데리다에게 있어서 음성은 좋은 언어, 고마운 언어, 축복의 언어인 것이다.[21]

데리다에 따르면, 이러한 자기 직접성의 '음성 중심적' 이념에 가장 근접해 있는 모델은, 공유된 시간과 장소에서 함께 있는 두 화자가 대화를 나눌 수 있는 경우이다. 비록 더 이상 자신과 직접적으로 동일시할 수 없다고 할지라도 두 화자가 대화에서 그들이 의도한 바를 정확하게 소통할 수 있을 때, 그 의미는 여전히 '현전'으로 회복될 수 있다. 이러한 동일화는 자신에게 화자의 직접적 현

20) Jacgues Derrida, *Grammatologie*, Übersetz von Hans-Joerg Rheinberger und Hanns Zichler, Frankfurt. a. M., 1983, 25쪽.

21) 김상환, 「정보화시대의 해체론의 이해」, 김상환 외 저, 『매체의 철학』, 나남출판, 1998, 105쪽.

전으로서 “영혼과 그 자신과의 침묵의 대화”에서 표현한 플라톤에게까지 거슬러 올라간다. 여기서 플라톤은 다음과 같이 믿는다: “진리는 여전히 순수한 자기 직접성이다. 여기에는 아직도 소외와 혼란이 개입되지 않았다. 침묵의 대화에서 의미는 아직도 자신과의 동일성을 유지한다. 그것은 존재가 말하는 것이고, 있는 그대로를 말하는 것이다. 타자와의 거리를 유지하면서, 자아는 순수한 하나의 진리성을 주장할 수 있다.”[22]

반면에 플라톤은 일반적으로 글(쓰기)에 대하여 상당한 의구심을 가지고 있었다. 자아 대(對) 자아라고 하는 대화는 타자에게 자아가 자기 자신을 대하는 것처럼, 직접 음성중심주의의 모델과 결별하면서, 글(쓰기)는 우리 자신으로부터 소외된 의미를 드러낸다. 기호로 각인된 의미는 원저자의 의도에 대하여 자율성과 독립성을 갖는다. 그것은 원래의 자기현전과는 동떨어진 의미를 가지고 있다. 글(쓰기)는 처음에 의도했던 것과는 아주 다르게 해석될 여지가 있다. 글(쓰기)는 처음의 자기현전과는 동떨어진 의미를 정립한다. 그래서 플라톤은 글을 부모살해범으로 비난한다. 쓰여진 기호는 본래 그들을 낳았던 부모를 죽여 버리는 불법적 자손과 같다. 데리다는 『산종』에서 플라톤의 『파이드로스(*Phaedrus*)』에서 글(쓰기)에 대한 적대적인 평가를 한다. 그리고 여기서 정교한 해체적 분석을 시도한다. 플라톤의 『파이도로스』에 대해서 소크라테스는 “글쓰기는 독약(pharmakon)”[23]이라 진술한다. 이 진술은 두 가지의 의미를 지닌다. 즉 “글(쓰기)는 독이다”와 “글(쓰기)는 약이다”라는 표현이 그것이다. 이 두 의미는 플라톤의 대화편에서는 결정될 수 없다. 그럼에도 불구하고 서양의 전통철학은 전자를 정확한 의미라고 결정하였다. 이 대화편에서 플라톤은 글(쓰기)는 말을 소외시키는 것에 대하여 경고하고 있다. 플

22) 리처드 커니, 앞의 책, 158쪽.

23) Platon, *Phaedrus*, 274e.; Derrida, *La dissémination*, de Seuil, 1972, 82쪽.

라톤은 글(쓰기)들의 이러한 불법성에 대하여 구어(口語)의 특성을 대비시킨다.

> "다른 종류의 말, 즉 말이 글쓰기보다 훨씬 우수하다. 그리고 또 더 위대한 힘을 가지고 있다. 즉 같은 가문의 아들이지만 합법적인 적자이다. 나는 영혼에 각인된 지적 대화를 원한다. … 쓰여진 말이 단순히 모상에 지나지 않는다는 것을 아는 살아 있는 말을."[24]

플라톤은 자주 파르마콘(Parmakon: '치료제'와 '병균'이라는 뜻을 동시에 가지고 있는 애매한 낱말)이란 용어를 글(쓰기)의 속성에 결부시켰다. 즉 플라톤은 글(쓰기)를 파르마콘이라 불렀는데 약과 질병은 서로 모순되고 대립되는 것인데 글(쓰기)는 이러한 모순을 동시에 가진다. 파르마콘이라는 용어는 속죄와 정화를 위해서 희생된 '속죄양'을 의미하는 파르마코스(Pharmakos)에 관련된다. 또한 파르마콘은 약학이나 마법을 의미하는 파르마케아(Pharmakeia)에 관련된다. 그리고 보레아스(Boreas)의 신화에서 오리시아(Orithyia)가 같이 놀았던 처녀의 이름에 해당하기도 한다. 플라톤은 『파이도로스』에서 북풍의 여신의 신화에 관련짓기도 하였다.[25] 데리다는 다음과 같이 파르마콘의 이중성에 대해 언급하고 있다.

> "만일 파르마콘이 이중성을 띤다면, 그것은 다음과 같은 연유에 기인한다. 즉 그것이 상반자들과 상반되게 하는 매개체가 되기 때문이다. 상반자를 결합시키거나, 역전시키거나, 한 면을 다른 면과 교차시키는 작용의 운동(육체/정신, 선/악, 내부/외부, 기억/망각, 말/글쓰기) … 파르마콘은 차이성의 산물이다. 그리고 그것은 차이성의 차연

24) Derrida, *La dissémination*, 99쪽.
25) 휴 J. 실버만 편, 윤호병 옮김, 『데리다의 해체주의: 철학과 사상』, 현대미학사, 1998, 15쪽.

이다."[26]

글(쓰기)는 화자의 의도를 시간에 제약받지 않고 반복될 수 있기 때문에 일종의 치료제라고 할 수 있는 반면에, 화자의 의도에서 벗어날 가능성이 있기 때문에 질병이 되기도 한다. 그래서 플라톤은 글(쓰기)를 말보다는 하위의 것으로 생각하였다. 말이 로고스라고 한다면, 문자는 기호라고 할 수 있다. 왜냐하면 말은 화자의 현전 속에서, 즉 화자가 실제로 존재하는 가운데서 말하는 자의 입을 통해서 나오는 직접적인 목소리이기 때문이다. 이에 반해서 글(쓰기)의 의미는 다른 것과의 비교나 해석을 통해서 전달될 수 있다. 따라서 말은 자기 스스로 현전하는 것이라면, 문자는 항상 타자의 흔적 속에서 자신을 드러내는 것이다. 그런데 알고 보면 말이라는 것도 플라톤의 생각처럼 그다지 신빙성이 있는 것이 못된다. 실제로 우리가 말을 할 때 그 말들이 발화자의 진실을 담고 있는 것이라 생각할 수 없기 때문이다. 데리다는 이 낱말이 '치료제'와 '병균' 둘 모두를 의미하는 애매한 말이라는 사실에 주목한다.

플라톤에 있어서 글(쓰기)는 화자의 원래 의도에서 신뢰성의 바탕이 되는 자기에의 현존을 제거시키는 나쁜 병균으로 취급하였다. 그것은 화자의 원래 의도에서 부모의 보호를 벗어나게 하여 잘못에 노출시킴으로써 의미를 저자 외부에 놓아둔다. 그러나 의미는 역설적이게도 치료의 역할도 한다. 의미가 저자의 의도와 똑같이 남을 수 있는 것은, 그것이 반복됨으로써 망각에서 다시 회상되기 때문이다. 데리다가 지적한 것처럼, 플라톤적 형상(Eidos)의 자기동일성은 회상(Anamnesis)으로써 말하고 있는가 하는 이유이다. 글(쓰기)는 직접적 자기현전으로서 말을 소외시키는 '병균'인 동시에 원

26) J. Derrida, *La dissémination*, de Seuil, 1972.

래 표현되었던 그때 그 장소라는 한계를 넘어서서 그것의 지속성을 유지시켜 주는 '치료제'이기도 하는 이중역할을 하는 것이다.

데리다는 '형상', '로고스'와 같이 가장 중요한 초시간적인 현전의 범주들이 사실상 그 반대되는 가치와 상호공속적인 관계에 있다는 것을 증명함으로써 플라톤적 형이상학을 해체하고자 한다. 부재, 차이성, 다수성, 거리성으로 대표되는 글에 대하여 현전, 동일성, 통일성, 직접성으로 나타나는 말의 음성중심주의적 우위를 주장한다. 플라톤의 형이상학은 말을 보존하기 위하여 부재한 원래의 현전을 재현시키기 위한 수단으로써 글을 필요로 한다. 파르마콘으로서 글(쓰기)는 돌이킬 수 없는 반대작용을 한다. 왜냐하면 그것은 영혼 외부의 눈에 보이는 표지 또는 쓰여진 기호로 구체화됨과 동시에 영혼에서 잊혔던 진리를 환기시켜 주는 구원의 힘으로 작용함으로써 자신과 대화의 관계에 있는 영혼의 보이지 않는 내면성을 소외시키기 때문이다.

4. 차연작용

데리다는 차연이라는 개념을 1968년 행해진 "차연(La Differance)"이라는 강연에서 신조어로 사용한다. 데리다는 어떻게 차연되어 있는가 하는 점을 드러내 보임으로써 플라톤이 언급했던 동일성의 위계를 해체하고자 한다. 데리다가 주장하는 형이상학의 공통된 특징을 두 가지로 요약할 수 있다. 하나는 모든 형이상학에서 자기동일성을 갖춘 최초의 원인과 최종의 원인을 철학적 공리로 설정하고 이 원인에 의해 세상의 복잡한 존재물이 파생되었다고 본다. 여기서 그는 이원론적 대립구조를 통해 이 세계를 파악한다. 다른 하나는 이와 같은 일차적 원인과 이차적 파생물들이 단순히 대립적 관계로만 자리매김하는 것이 아니라 그 양자 사이의 선악 그리고 우열의 위계적 가치질서, 더 나아가 지배와 종속이라는 권력질서를 설정한다. 즉 철학은 그 학파에 따라 용어와 개념 사이의 차이는 다소 존재하지만, 형이상학체계에는 현존・직관・본질・있음・의미・진리・의식・주체・초월・내부・말 등 일차적 근원적 가치로 특권화하고, 이에 반해서 재현・공간・시간・경험・외부・차이・분열・역사・타자・물질・글씨 등을 이차적 파생물로 폄하하여 배제하는 것이었다.[27] 데리다가 나열하는 대립들은 기표/기의, 감각가능/인식가능, 글쓰기/말, 말함/언어, 통시성/공시성, 공간/시간, 시간/능동과 같은 개념들이다. 데리다가 헤겔, 후설, 하이데거, 플라톤, 칸트 및 형이상학의 모든 전통에까지 귀속시켰던 시간과 기호 등의 현상학적인 해석을 받아들인다면, 이 모든 것들은 일종의 주관성의 관념을 요구한다.[28] 여기서 데리다는 이원적 대립과 위계의 가치질서를 만들어 낸 "현존의 형이상학 내지 로고스중심주의를 비판"하고 차연과 흔적이라는 중요한 개념들을 부각시킨다.

데리다의 Differee라는 라틴어 어원을 지닌 프랑스어 디페랑스(Différance)는 두 가지의 뜻을 지닌다. 첫째는 어떤 것을 구분하다 또는 분리하다의 뜻이며, 둘째는 어떤 것을 연기하다 또는 변경하다의 의미를 포함한다.[29] 이렇게 데리다는 종종 '차연(差延: Difference)'이라고 하는 신조어를 사용함으로써 차이남(Differing: 각각의 기호가 다른 그것과 구별됨)과 연기됨(Deffering: 끝없는 기호의 연쇄가 몇몇 원래의 소기에서 연쇄의 끝을 연기함)으로써 이중적인 글쓰기의 기능을 지시한다. 프랑스어 'Différer'는 이 두 의

27) 윤효녕, 「데리다: 형이상학 비판과 해체적 주체 개념」, 『주체개념의 비판』, 서울대학교출판부, 2003, 16-17쪽.

28) 존 레웰린, 서우석・김세중 옮김, 『데리다의 해체주의』, 문학과지성사, 1988, 77쪽.

29) 이서규, 앞의 책, 211쪽.

미를 지니고 있다. 로고스(Logos: 중심으로서 모든 것을 모아 주는 자기 동일성으로서)에 대한 우위성의 부여는 차연작용에 의해서 그 기반이 무너진다. 차연을 뜻하는 프랑스어 Différence는 공간적 차이 내지 거치를 의미하는 Deffer(다르다)와 시간적 차이 내지 지연을 의미하는 Defer(지연시키다)를 합쳐서 데리다가 새로 만들어 낸 단어이다. 큰 철자 a를 틀리게 사용함으로써 이 단어가 암시하는 비동일성과 차이를 부각시킨다. "글자 a로 인하여 différance가 더 정확히 의미하는 바를 고전적 언어로 나타내고자 한다면, 그것은 차이성의 근원 내지 생산 작용, 차이성 사이의 차이성, 차이성의 작용(유희)과 같은 것이다.[30] 요컨대 Différance는 발음상에서 어미 'ance'와 'ence'는 프랑스에서 구별되지 않는다. 여기서 발견되지 않은 차이는 단지 글(쓰기)에서만 드러날 뿐이다. 흔적(Trance) 역시 동일성 속에 각인된 근원적 타자성을 일컫는 용어로 현존의 자기동일성을 해체한다. 즉 흔적의 존재나 의식의 현존성을 산산이 부수는 변별적 타자 관계를 지칭하는 용어로서 차연과 같은 기능을 한다.[31] 그의 설명에 따르면, 이 용어들은 정확히 하나의 특정한 의미만을 고집하는 잘못된 편견을 버리는 대신에 반대자들을 세우고 그 토대를 약화시키는 두 가지 이상의 의미를 허용하기 때문에 '결정불가능'하다는 것이다. 그래서 차연은 연기와 차이 양자 모두를 의미한다. 또한 보충은 증가와 대치를, 파르마콘은 '치료제'이자 '병균' 등을 의미한다. 이러한 비로고스중심주의적 사유는 동시에 두 가지 생각을 갖는다." 그리고 데리다는 『그라마톨로지』에서 '흔적'의 말소에 대한 생각을 설명한다.

데리다는 서구 형이상학의 양자택일의 논리로 환원될 수 없는

30) Jacqes Derrida, "Différance"(1968), *Speech and Pheomena*, trans. David B. Allison(Evanston: Northwestrn UP, 1973), 130쪽.

31) 윤효녕, 앞의 책, 19쪽.

'결정불가능성'으로써 흔적의 개념을 정립한다. 양자택일의 이 논리는 이원적 흑백논리에 기초하여 다음과 같은 세 가지 주요 원칙에 근거한다. 즉 ① 동일률(A는 A이다), ② 모순율(A는 비A가 아니다), ③ 배중률(진리는 A이거나 비A이다)이 그것이다. 데리다는 이러한 이원적 양자택일의 논리를 해체적인 양자긍정은 양자부정의 논리로 무너뜨린다고 본다. 이러한 방식으로 그는 특정한 어떤 결정된 개념을 결코 동일시할 수 없는 결정 불가능한 흔적으로 해체한다.[32] 따라서 이것은 자신과 모순되며, 자신과 다르며, 그리고 말소에 의해 작용한다. 데리다는 철학사의 텍스트 안에 '결정불가능성'이라는 용어를 쓸 것을 제안하는데 그것은 다음과 같은 의미를 지니고 있다.

> "그것은 더 이상 이원적 반대논리에 포섭되지 않고 그 이원논리에 저항하고 그것을 해체한다. 그리고 또 심지어 제3의 용어를 정립하지도 않으며, 사변적 변증법의 형식에서 이에 대한 해결의 여지고 남겨놓지 않는다. 예를 들면 파르마콘이라는 용어는 치료제도 병균도 아니며, 선도 악도 아니며, 글도 말도 아니다. … 양자부정은 동시에 양자택일이다.[33]

데리다가 언급하는 해체는 플라톤으로부터 후설과 리쾨르에 이르기까지 서양 형이상학의 여러 유파들에 대한 비판이다. 데리다가 비판의 대상으로 삼은 형이상학이란 일정한 유파를 가리키는 것이 아니라 플라톤의 이데아, 데카르트의 사유주체, 루소의 자연의 말씀, 헤겔의 관념론의 절대인식, 후설 현상학의 의식주체와 직관, 하이데거의 존재자, 영미철학의 언어분석 등 현전의 형이상학을 주창

32) 리처드 커니, 앞의 책.
33) Jacques Derrida, *Position*, Minuit, 1972, 99쪽.

해 온 서양 전통 철학의 모두를 포함한다. 데리다의 해체주의 전략은 바로 그러한 총체주의적 사고에 대한 해체의 전략이다. 그의 철학은 전통적인 철학의 담론에서 무시하여 왔던 영역에 눈을 돌린다. 그리고 그는 저자의 서명에서부터 인용·문장·표현·방법·실수 등 갖가지 여백의 장소를 비철학적 담론으로 배척하지 않는다. 그는 주변의 것에 대한 의미 부여가 텍스트의 결정적인 구성 요소임을 보여 준다. 또한 사실 텍스트는 그러한 여백이 없이 성립하지 않음을 보여 준다. 단적으로 데리다의 해체전략은 일종의 게릴라적 전략이라 부를 수 있다. 그는 총체적 대항이 아니라 주변부의 국지적인 소규모 게릴라전을 통하여 중앙권력의 결점과 한계를 적나라하게 노출시키고자 한다. 이렇게 해서 드러나는 것은 사실상 중앙권력의 중심부에 대한 공백이 생겨난다. 모든 지식이나 사상, 나아가 사회적 제도는 체계화된 것처럼 보이지만, 그러한 체계성 속에 있는 중심은 사실상 존재하지 않는다. 결국 존재하지 않는 허상의 중심으로 짜인 체계가 기존의 사상체계인 것이다.

데리다의 주장에 의하면, 말하는 의도는 '다른' 때에 '똑같이' 되풀이되는 한에 있어서만 그 자체와 동일하다고 할 수 있는 사실에 있다. 결과적으로 '반복가능성(Reiterability)'으로서 정의될 수 있는 동일성의 개념은 글쓰기와 읽기라는 서로 차이 나게 하는 작용을 전제로 한다. 따라서 데리다의 입장에서 현전은 자신과 구별되는 자기 자신을 자체 안에 지니고 있다고 확신한다. 그리고 그 현전은 항상 연기되어 있다. 그것은 원점(Arche)이라기보다는 종점(Telos)이다. 그러나 데리다가 우리에게 확실하게 주지시키는 관점은, 우리가 결코 이 종점에 도달할 수 없다는 것이다. 왜냐하면 말에 대한 음성중심주의적 선호에 의해서 은폐된 영혼의 자기 현전성은 쓰여진 기호로 구체화되어 밖으로 드러나는 것을 요구하고 있기 때문이다. 따라서 현전에는 차연이 뿌리 깊게 박혀 있음을 알 수 있다.

음성중심주의적 편견에 대한 데리다의 비판은 이렇게 말이 글(쓰기)로 표현됨으로써 차이성을 발생시키는 것에 대해 단지 회의(懷疑)하는 사실에 머무르지 않는다. 그는 이러한 '차연작용'이 말의 고유한 것이라 주장한다. 즉 말은 각 개별적인 낱말 또는 말해진 기호가 처음부터 기표하는 음성과 기의된 개념으로 구분되는 한에서 차이성을 자체 내에 안고 있다. 데리다의 해체전략은 어떤 고정된 중심부를 거부하고 잠정적으로 정해진 위치들만이 끊임없이 떠돌아다니는 공간을 창출함으로써 자유로운 '놀이'가 가능하게 만든다. 이러한 자유로운 공간의 창출은 모든 것들이 고정되지 않고 타자와의 관계에 의해서 자유롭게 만들어지는 가변적인 위치로 나타날 때 가능하다. 이러한 생각을 이해하기 위해서는 먼저 소쉬르의 언어이론을 통해 언어에 대해 우리가 갖고 있는 일반적인 통념을 뒤집는다. 언어는 변별적인 차이에 의해서 만들어진 일종의 놀이다. 문자는 다른 문자들과의 차이에 의해서 정해진 위치일 뿐이다. 때문에 어떠한 기호도 타자 없이는 존재할 수 없다. 어떻게 보면 타자가 아님이 자신이기 때문에 자신의 고유성은 타자에 의해서 정해진다. 그런데 소쉬르는 일단 단어가 만들어지면 그 의미는 고정된다고 보았다. 여기서 소쉬르의 모순이 나타난다.

데리다는 『말하기와 현상』에서 소쉬르(Ferdinand de Saussure, 1857~1913)의 언어분석이 이미 말이라는 것에 대해 개별적 의미소의 집합이라기보다는 그 기호들의 차이성의 체계라는 것을 밝혔다. 소쉬르는 그의 『일반 언어학 강의』에서 기호는 그 스스로 무엇을 지시할 수 없고, 단지 자신과 다른 기호와 의미의 분기 또는 차이를 만듦으로써 지시한다는 것을 증명했다. 말해진 기호의 의미는 그 기호들 사이의 차이성에 의해서 발생하기 때문에 말이 직접적인 자기현전일 가능성은 처음부터 있을 수 있다. 즉 소쉬르 언어이론의 출발점은 언어기호는 사물에 대한 이름이 아니라는 것이다.

언어가 사물에 대한 이름이라면 언어에서는 항상 지시해야 할 사물이 문제가 될 수 있다. 하지만 이름이 아니라는 것은 언어가 지시해야 할 사물이 무엇인지를 고려하지 않아도 언어를 사용해서 의미를 전달하는 데 아무런 불편이 없다는 것을 나타낸다. 소쉬르는 언어기호와 지시체의 관계에 대해 부정적인 생각을 갖고 있었지만, 다른 기호들까지 언어가 지시체와 무관하다는 생각에 동의하는 것은 아니다.[34] 소쉬르는 언어학의 대상을 물리적·심리적·신경 생리적·역사적 사실로서의 언어현상이 아니라, 사회적 언어현상이라 보았다. 반면에 데리다는 문자학의 대상을 소쉬르와는 다르게 사회적 사실에 국한하지 않고 언어와 관계된 모든 사실, 즉 물리적·심리적·신경 생리적·역사적 사실까지도 포함시켰다.[35] 그런데 이러한 차이가 나게 하는 구조를 무시했을 때에만 현전이 될 수 있다. 그래서 이것은 데리다의 『그라마톨로지』에서 비로고스중심적인 언어학을 필요로 한다. 이러한 언어학은 과학이 아니다. 왜냐하면 과학적 '객관성'은 이미 현전으로 보이는 환상에 지나지 않는다는 것을 보여 주는 시간적 차이성을 가정하는 '반복 가능한' 현전을 수반하고 있기 때문이다. 데리다의 『그라마톨로지』는 텍스트의 해체적 읽기에 과학적 객관성의 이념을 자기모순이라는 측면에서 배척한다.

데리다는 해체적 읽기를 "신중한 텍스트 분리의 실천 또는 연습"[36]이라 말한다. 그런데 데리다의 『그라마톨로지』는 단지 언어와 논리에 관한 규범적인 개념만을 해체하는 것이 아니다. 그것은 동시에 모든 규범적인 실재에 대한 이해를 해체한다. 해체는 형이상

---

34) 한상철, 『데리다의 해체주의에 대한 비판적 이해』, 철학과현실사, 2001, 23쪽.

35) 한상철, 같은 책, 50쪽.

36) Jacques Derrida, *Position*, Minuit, 1972, 3쪽.

학적 관념론뿐만 아니라 실재론도 붕괴시킨다. 그것은 실재에 대한 우리의 전통적 이해가 그 자체에 정의하고 설명하는 기표적 담화에 의하여 구조화된다. 또한 모든 의미에서 차이가 나게 하는 기표의 작용으로서 원초적 글쓰기에 의해서 미리 규정되어 있다는 것을 보여 준다. 그렇게 하여 데리다는 '로고스중심주의'를 자기해체의 작용으로 이끌어 낸다. 따라서 그의 『그라마톨로지』는 회의주의의 성격을 띠고 있다. 그래서 그의 『그라마톨로지』에서 '실재'와 '의식'의 모두는 경험적인 '객관적' 근거를 갖거나 선천적인 '주관적' 의도의 환상을 무너뜨리는 다양한 의미작용으로 구성된다. 그의 『그라마톨로지』는 언어에 선행하지도 않으며 언어의 배후에는 아무것도 없다는 것을 보여 준다. 그리고 그는 언어의 이중적이며 끝없이 무한한 언어의 산종전략을 분석한다. 그가 로고스중심주의적인 형이상학에서 주장하는 합리성은 기껏해야 단지 구상했던 편견에 지나지 않는다. 따라서 데리다는 음성중심주의의 모델에 대한 비판을 서구 현전의 형이상학에 의해서 견지되었던 다양한 로고스중심주의의 편견을 다음과 같이 확장시킨다.

첫째, 로고스중심주의에서 자기에게 의식된 것과 다른 어떤 것을 현전시키는 기준으로서 이성과 지각에 인식론적 우위성(Epistemological Primacy)을 부여한 것은 기호의 작용을 무시한다는 편견이다. 이러한 우위성은 마음과 실재가 일치하는 것으로서 실재론적 진리개념과 자기를 직접적으로 증명하는 현전하는 의식으로서 관념론적 진리개념에서 두드러지게 나타난다.

둘째, 로고스중심주의는 과거와 미래의 지평과 결별하고, 일련의 형이상학적 체계에 의해 초시간적 현재에 부여된 연대기적인 우위성(Chronological Primacy)에서 나타난 편견이다. 이러한 편견은 ① 유한한 육체에 대하여 불멸의 영혼을 형이상학적으로 우위에 있다고 보는 주장이며, ② 영원·불멸의 동일성으로서 선천적 형식을 정립하는 것이며, ③ 초시간적인 현재로서 신의 개념(Nunc Stans)이 그것이다.

셋째, 로고스중심주의는 여성에 대한 남성의 성별적(Sexual) 우위에 있다는 편견이다. 이것을 데리다는 로고스중심주의에서 '남성중심주의(Phallogo-centric)'적 성격이라고 부른다. 남근(Phallus)은 자기자립성과 자기동일성의 상징으로서 간주되었다. 남근을 가지고 있다는 것은 자기 자신과 동일하고 충전적인 현전을 향유할 수 있다는 것을 의미한다. 이것이 결핍되어 없다는 것은, 여자라는 존재는 무엇이 모자라는 존재, 결핍이 항상 그에게 붙어 다니는 존재라는 것이다. 여성과 남성의 문제는 생물학적 차원에서 여성은 여성의 생물학적 정체성이 있으며 남성은 남성의 생물학적 정체성을 지닌다. 그리고 성의 정체성은 애초에 생물학적인 차이에 따라 구분된다. 하지만 여성과 남성의 이러한 도식적 구분은 일종의 로고스중심주의가 낳은 폐단이다. 남성성 혹은 여성성의 강한 정체성을 고집하는 것은 어떻게 보면 그러한 가족을 중심으로 형성된 체계의 결과에 불과하다. 어떻게 보면 여성성의 발견은 새로운 논리의 창출일 수 있다. 반대로 강한 여성이 남성의 지배로부터 해방된 자립적 여성의 목표를 설정하는 여성운동은 남성 지배 중심 사상의 논리에서 벗어나지 못한다. 왜냐하면 여전히 그들의 생각 속에는 로고스중심주의가 자리 잡고 있기 때문이다.

넷째, 비존재의 부재와 생성의 차이성은 분명하게 반대되는 순수 자기현전으로서 존재에 대한 존재론적 우위성(Ontological Primacy)을 지닌다. 이러한 현전의 존재론적 우위성은 모든 형이상학의 역사에 있어서 가장 두드러진 특징 중의 하나이다. 이것의 계보는 자기 자신과 침묵 속에서 대화하는 플라톤의 유명한 영혼의 모델에까지 거슬러 올라간다. 데리다는 이러한 억압의 전략과 모순을 구체적으로 밝혀냄으로써 형이상학을 해체하고자 한다. 데리다의 해체프로그램은 최근의 문학이론과 관련하여 종종 논의된다. 데리다의 사유가 가장 큰 힘을 발휘하게 된 것은 '해체적 비평'이 그 전위 서클에서 반드시 요구하였기 때문이다.[37] 데리다는 동시에 어떤 일종의 로고스중심주의적 확실성을 다른 종류의 것으로 치환시키려는 시도를 피한다. 그래서 그는 심지어 자신이 사용하고 있는 해체(Deconstruction)의 생소한 용어들, 즉 차연, 원초적 글쓰기, 흔적(Trace), 보충(Supplement), 양피지(Palimpset), 말소(Erasure), 언어중심주의(Logocentrisme), 문자(Criture), 차연(Diffrance), 산종(Diss Mination), 반복(Repetition) 등의 개념은 바로 이러한 해체전략을 위해서 사용되는 핵심 개념이다. 따라서 데리다는 자신의 해체적 용어를 '결정불가능'한 것으로 전개해 나간다.

데리다의 해체전략은 절대적으로 현존하는 진리나 로고스를 분해하는 것이다. 그가 이러한 중심을 해체하려는 이유는 그러한 로고스중심주의가 가지고 오는 폐단 때문이다. 그 폐단이란 구체적으로 가시적으로 눈에 보이는 현상이 아니다. 그렇지만 눈에 보이지 않는다고 해서 사소한 것이 아니라 오히려 더욱 근본적으로 우리의 사고나 신체 혹은 문화 전반에 침투해 있다. 무엇보다 그의 해체전략은 타자성을 인정하고 차이의 논리를 해방하는 것이다. 차이란 그 자체로 존재할 수 있는 것이 아니다. 언제나 타자를 포함한다. 차이의 논리에 따르면 어떤 것도 자신 속에 타자를 지니지 않을 수 없다. 어떻게 보면 타자의 흔적이 곧 자신이다. 이러한 시각을 극대화해 보면 타자성의 논리가 어떤 정치적 의미를 갖게 되는지 명확해진다.

37) 리처드 커니, 앞의 책, 164-165쪽.

5. 영향과 의의

데리다가 현 시대의 영향력이 있는 철학자로서 군림하게 된 측면 하나는 거시적 측면이고 다른 하나는 미시적 측면이다. 해체론은 2000년 전통의 서양사상사를 총체적으로 해체하고 새로운 사상사적 천 년을 준비하고 있다. 그러나 데리다는 이런 방대한 계획을 고전적 문헌에 대한 정밀한 분석을 통해 실천해 나갔다. 미시적 엄밀성을 보여 주는 데리다의 장인적 글읽기와 글쓰기는 문학에서 건축학에 이르는 광범위한 분야의 학자들에게 문헌해석의 새로운 경지를 새롭게 개척했다. 그의 해체론의 충격은 그 목표의 거대성에 한정되어 있는 것이 아니라 절차상 세밀함이 빚어내는 효과인 것이다. 해체론의 첨단성도 이 두 측면의 성공적 결합에 있다.

데리다는 지금까지 통용되어 왔던 전통적 철학의 범주 안에 머무르기를 거부하였다. 그의 영향력은 철학을 넘어서 문예비평, 사회학, 정치이론, 심리학, 인류학 등과 같은 다른 학문으로 확장되었다. 그러나 철학 자체 내에서 데리다의 해체전략을 어떻게 평가해야 할 것인지에 대해서는 아직 그 논의가 분분하다. 그의 저작의 핵심 중의 하나는 서구 사유에 있어서 '로고스중심주의적' 편견의 증상으로 모든 것에 대한 중심점을 갖고자 하는 데 있었다. 그는 이러한 중심점으로부터 모든 것을 환원해야만 한다고 하는 강박관념을 모호한 정식화와 고정된 동일성을 파괴하는 것이었다. 따라서 일정한 이름이 붙여지기를 거부하는 데리다의 입장은 본질적으로 절대적으로 확고한 주의나 주장을 내세웠다기보다 기존의 전통과의 대결을 통해 해체적 전략을 내세워 새로운 대안을 끊임없이 정립하고자 했다.

제 13 강

라캉: 무의식의 해석학

1. 생애 및 사상개요
2. 무의식의 언어로서 해석학
3. 기표와 기의의 해석학
4. 거울단계이론
5. 영향과 의의

제13강

라캉

무의식의 해석학

1. 생애 및 사상개요

라캉(Jacques Marie Emile Lacan, 1901～1981)은 지방 대기업의 파리 지사장이었던 아버지 마리 알프레드 라캉과 어머니 에밀리 피리핀 마리 보드리의 슬하에서 맏아들로 태어났다. 라캉의 가족은 보마르셰 거리의 저택에서 유복하게 살다가 몽파르나스 지역으로 이사하였다. 라캉은 가톨릭의 유명한 학교로 알려진 스타니슬라스 중학교에 입학하였다. 그는 특히 신학과 라틴어에 출중한 실력을 보였다. 십대에 이미 라캉은 철학에 열중하여 스피노자의 『윤리학』에 심취하면서 그의 윤리학의 구조개요를 방벽에 장식할 정도였다.

라캉은 1920년에 의학공부를 시작해서 1926년부터는 정신의학을 전공하였다. 이 기간 동안에 그는 파리에서 초현실주의를 주창한 작가, 예술가, 지식인들의 세계에 뛰어들었다. 여기서 제임스 조이스, 앙드레 브르통, 클로델, 앙드레 지드, 피카소, 살바도르 달리 등 많은 지식인, 예술인들과 교류를 한다. 라캉은 1932년에 「개성에 비추어 본 망상증」이라는 논문으로 박사학위를 받고, 1937년에 『거울단계』를 해석하면서 언어개념을 원용한다. 라캉은 프로이트의 글을 독일어 본문에 따라 상세한 독해를 통해서 이본(異本)들과 원고들을 검토하는 연구방법을 진행하였다. 박사학위논문을 준비하는 과정에서 직접 프로이트의 지도를 받았다. 정신분석학자 프로이트(Sigmund Freud, 1859~1939)[1]는 인간의 정신세계에 대한 그의 뛰어난 통찰력을 통해 현대인들에게 인간과 세계를 바라보는 새로운 시각을 제공하였다. 따라서 라캉은 "프로이트로 돌아가자!"라는 슬로건을 자신의 철학을 전개해 나갔다. 라캉은 정신의학과 정신문헌들만 파고들지 않고 다방면에 걸쳐 독서를 했다. 그는 특히 야스퍼스, 헤겔, 하이데거의 저술들에 관심을 가졌다. 라캉은 헤겔연구가인 알렉산드르 코제브의 강의도 청취하였는데, 이 강의에 참석한 많은 사상가들은 프랑스 지성사에 커다란 한 획을 형성한다. 조르주 바타이유, 레이몽 아롱, 피에르 클로소프스키, 레몽 크노 등이 그들이었다. 라캉은 1936년 마리엔바트에서 개최한 국제정신분석협회의 연례총회에서 「거울단계」라는 논문으로 처음으로 발표를 한다.

라캉은 여러 논문과 세미나에서 현상학자 후설을 직접 언급하면서 자신의 이론형성에 현상학이 영향을 미쳐 왔음을 밝힌다. 라캉은 『심리적 인과성에 관한 강연』(1946)에서 인간인식의 특징적인

---

1) 프로이트는 체코의 프라이베르크(Freiberg)라는 작은 카톨릭 촌에서 출생하였다. 그의 아버지 자콥(Jacob Freud)은 모직물 상인이었고 가부장적인 권위주의의 존재였으며, 또한 아주 괴짜였다. 손자까지 이미 있던 40세에 스물도 채 안 된 유태인 처녀와 재혼하여 아이를 8명이나 낳았다. 프로이트는 이 가운데 장남이었다. 어릴 적부터 그는 이미 자기분석, 신경증 증상을 노정하였다. 그는 자기에게 권위와 강압의 대상인 자기의 아버지를 무의식적인 질투와 미움으로 거부하였고, 젊은 어머니에 대해서는 연정을 가지고 있었다. 프로이트는 우리가 흔히 말하는 "오이디푸스 콤플렉스"를 갖고 있었다. 그의 아버지가 사망하자 프로이트는 모든 성적인 행위를 기피하였다고 한다.

구조를 밝혀내기 위해 "사유의 상징주의" 이론을 근거지은 철학자로 후설을 중요 인물로 간주한다. 그는 위의 강연에서 거울단계에 대한 논평을 통해 현상학도 영상이 인간주체의 형성에 구성적 역할을 할 수 있다고 말한다. 라캉은 「나의 형성자로서의 거울단계」(1946)라는 제목의 유명한 강연에서 인간주체의 형성에 미치는 영상의 영향에 대해 발표한다. 라캉이 현상학과 밀접한 관계를 맺는 데 메를로-퐁티가 그의 오랜 친구로서 학문적 교류를 한 것이 크게 작용하였다. 메를로-퐁티가 사망한 이후에 라캉은 『현대』지에 「모리스 메를로-퐁티」(1961)라는 글을 발표하여 그의 죽음을 애도하였다. 그 이전에도 그는 『세미나 제2권: 프로이트의 이론 및 정신분석학의 기술에 있어서의 자아』(1954~1955)에서 메를로-퐁티가 아직도 동일성의 사고에서 벗어나지 못했다고 비판한다.

라캉의 체계에 결정적인 초석을 다진 논문은 1956년에 발표한 「정신분석학에 있어서의 말과 언어활동」이었지만, 그의 이론이 큰 반향을 일으킨 것은 『에크리: 選集(*Écrits: A Selection*)』(1966)을 발표하면서부터이다. 라캉은 연상들이 결합하는 이동현상을 환유(換喩)라 하고 연상들이 중복되는 압축(壓縮)현상을 은유라 하였다. Verdichtung(압축)이란 독일어는 프로이트의 저서에 처음으로 나타날 때부터 검열을 피하기 위하여 무의식이 사용하는 가장 적절한 수단으로 제시된다. 압축은 프로이트의 꿈의 작업에서 나타나는 대표적인 매커니즘이다. 꿈의 작업이란 꿈의 재료들을 꿈으로 변형시키는 무의식적인 매커니즘이다. 또한 "압축은 기호표현들이 첨가되는 구조로서 은유의 영역에 속한다. 압축이란 독일어에는 Dichtung(시)란 개념이 포함되어 있다. 이러한 실례에서 압축의 심리과정이 얼마나 시에 고유하게 내재해 있는가를 알 수 있다. 이동은 의미작용으로 이전되는 구조로서 환유의 영역에 속한다. 라캉은 완전히 충족될 수 없는 인간의 욕망은 끊임없이 새로운 대상을 찾는다고 본다. 라캉은 욕망의 이러한 작용방식을 환유에 비교한다. 즉 환유는 단어에서 단어로, 기표에서 기표로의 부단한 미끄러짐을 의미한다. 끊임없이 새로운 대상을 욕망하는 것이다.

2. 무의식의 언어로서 해석학

라캉은 "프로이트로 돌아가자!"라는 모토를 그의 철학의 주제로 삼았다. 여기서 돌아가야 할 프로이트란 "무의식"이란 새로운 개념을 발견한 프로이트요, 무의식에 대한 풍부한 논의를 포함하고 있는 성숙기의 프로이트를 말한다.[2] 그는 미국식 정신분석학에 커다란 반감을 갖고 있었다. 미국식 정신분석학은 일종의 자아심리학적인 경향이 있었는데, 그들은 프로이트의 정신분석학을 자아의 형성과정에 대한 이론으로 바꾸어 버렸다. 정신분석석학을 구순기, 항문기, 성기기 등을 거쳐 하나의 표준적인 자아로 발전해 가는 과정에 대한 일종의 임상심리학으로 바꾸어 버렸다는 것이다. 라캉은 프로이트의 이론에 생물학주의의 요소를 제거하고, 프로이트의 이론이 갖고 있는 철학적 의미를 새롭게 부각시켰다. 그는 이러한 두 가지의 목적을 이루기 위해 레비-스트로스처럼 구조언어학을 자신의 이론에 끌어들인다.

라캉은 이것을 한편으로 생물학주의에 의해, 다른 한편에서는 행태주의에 의해 프로이트 이론의 고유한 정신이 훼손된 것으로 간주한다. 라캉은 프로이트의 이론에서 생물학주의의 요소를 제거하고, 나아가 프로이트 이론이 갖는 철학적 의미를 새로이 부각시키고자 하였다. 특히 그는 소쉬르적인 프로이트주의를 재구성하고자

2) 이진경, 「라깡: 정신분석의 언어학」, 『철학과 굴뚝청소부』, 그린비, 2003, 298쪽.

하였다. 프로이트에 따르면, 인간은 태어날 때부터 삶의 원초적 충동을 갖고 태어난다. 그것은 성욕과 죽음의 본능(타나토스)이라는, 이제껏 무의식이라는 수면 아래에 가려졌던 인간을 움직이는 근원적인 힘을 규명해낸 것이었다. 즉 그는 그것을 에로스(Eros)와 타나토스(Thanatos)라고 말한다. 에로스는 삶의 충동이고, 사랑과 섹스는 이 충동의 대표적 표현방식이다. 여기서 에로스는 사랑과 창조력을 가지면서 성욕을 내포하는 개념이다. 그는 이를 에로스와 타나토스, 즉 삶의 본능과 죽음의 본능, 보존의 본능과 파괴의 본능 사이의 끊임없는 갈등과 투쟁의 본질이라 보고 있다. 그는 오이디푸스 콤플렉스를 인간의 죄의식과 규범윤리의 기원 및 종교·사회·예술 등 문화·문명의 발달사를 설명해 주는 핵심적인 원리로 부각시켰다. 그는 "오이디푸스 콤플렉스 이론을 인정하는 것이 정신분석학의 지지자와 반대자를 구별해 주는 증표"라고 선언하기도 했다. 프로이트는 꿈과 실수를 통한 자기분석과 오랜 기간 동안 행해진 신경증자들에 대한 정신분석의 임상관찰을 통해 무의식의 성질을 다음과 같이 추론한다.

첫째, 무의식에서 쾌감은 계속 맛보려고 하며 고통은 즉각 피하려고 하는 쾌락원칙에 따라 본능에너지들이 자유롭게 움직이고 있다. 즉 원초적인 1차 정신과정인 무의식은 외부세계에 상관없이 자신에게 자극과 긴장을 촉발한 대상을 향해 자신의 욕구와 긴장을 즉각적이고 직접적으로 분출하여 쾌감을 얻는다.

둘째, 무의식에는 시간의식이 없다. 즉 무의식의 내용은 죽을 때까지 불변하고 불멸한다. 예를 들어 5살 때 겪은 어떤 사건이 무의식에 억압되면, 그 사건에 대한 표상과 그것에 연관된 정서에너지는 그 당시 모습 그대로 평생 동안 정신 속에 보존되어 그 개인의 인생에 영향을 미치게 된다.

셋째, 무의식은 의식을 통제받지 않는 타자성이다. 어떤 생각이나 정서가 의식에 의해 무의식에로 추방되는 순간, 그것은 의식의 관찰과 통제를 벗어나게 된다.

넷째, 의식영역에서 추방되어 무의식화된 것들은 반드시 의식에로 회귀하고자 한다. 무의식은 대체로 의식기능에 약해지는 상황들을 틈타서 갑자기 회귀하기 때문에, 의식은 미쳐 이에 대한 방어를 할 수 없게 된다. 그 결과 치명적인 실수나 신경증 증상들이 발생하게 된다.

다섯째, 무의식은 의식에 대해 은폐－망각되어 있다.

여섯째, 무의식은 도덕과 무관하게 자신을 본능적으로 드러낸다. 이러한 사태는 꿈이나 치명적 실수(범죄) 행위들을 종종 발견할 수 있다.

일곱째, 무의식은 논리성과 인과법칙과 무관하게 작동된다. 일단 맛보았던 쾌감을 반복해서 맛보고자 하는 소망충족의 성향을 지닌다.[3)]

이러한 프로이트의 무의식은 다음의 두 명제로 요약할 수 있다.

첫째, 인간에게는 의식과 다르며 의식에 직접적으로 알려지지 않은 어떤 고유한 정신활동, 정신영역, 정신내용이 있다.

둘째, 인간을 움직이는 원동력은 의식이 아니라 무의식에서 나온다.[4)]

이처럼 라캉의 관심은 프로이트가 주장한 것처럼, 무의식에 관한 것이었다. 그런데 그는 프로이트와는 다르게 무의식을 단지 생물학적이고 성적인 주체로 보지 않고 언어의 문제와 관련시킨다. 라캉에게 있어서 무의식은 생물학적 존재를 인간의 자식으로 변환시키는 메커니즘이며, 계속적으로 인간의 아이로 살아가게 만드는 인간

3) 이창재, 「무의식의 문제」, 『21c 사상과 문화의 새 지평』, 원광대학교출판부, 2003, 31-32쪽.

4) 이창재, 『프로이트와의 대화』, 학지사, 2004, 92-93쪽.

내부의 메커니즘이다. 라캉은 그리스신화의 오이디푸스기(Oedipus 期: 오이디푸스 콤플렉스가 발생하는 시기)에서 아버지를 죽이고 어머니와 결혼하고 싶다는 욕구는 인간이 되기 위해 억압되어야 할 최초의 것이라 말한다. 욕구에 대한 근친상간적 금지는 인간이 지켜야 할 가장 원초적인 규칙이며 법이다. 이것은 오이디푸스적 욕망에 대한 금지를 통해 사회적 법과 규칙 속으로 들어가는 것을 뜻한다. 이처럼 사회문화적 규칙을 통해 욕구를 억압함으로써 무의식이 발생한다. 따라서 라캉은 무의식이란 동물에게는 없는 오직 인간에게만 있는 것으로 간주한다.[5)]

라캉에 의하면, 무의식적인 욕망은 결코 채워질 수 없다고 말한다. 그는 프로이트가 주장하는 이드 · 자아(ego) · 초자아(Super ego)를 인정하지 않는다. 그 대신에 그는 "무의식이 하나의 언어처럼 구조를 갖고 있으며" 상징적인 것들로 구성되어 있다고 말한다. 정신분석학에서 신경증이든, 실수를 하든, 농담을 걸든, 꿈을 꾸든 간에 대게 어떤 무의식이 드러난 것으로 간주한다. 이런 현상들은 무의식의 징후라 일컫는다. 언어학에서 개별적인 징후란 무의식상의 어떤 의미를 표시하는 기표를 뜻한다. 무의식은 언어처럼 구조화되어 있다는 라캉의 명제는 프로이트의 후예들에 의해 오인되고 왜곡된 무의식의 의미를 다시 정의하려는 노력이었다. 그리고 프로이트의 본래이론으로의 복귀와 히스테리에서 시작한 최초의 정신분석학적 경험으로의 복귀라는 이중적 의미를 지닌다.[6)] 여기서 라캉이 말하는 프로이트로의 복귀란 정신분석학에 있어서 언어가 주체에게 미치는 영향에 대한 연구로부터 출발해야 함을 뜻한다. 무의

5) 이진경, 「라깡: 정신분석의 언어학」, 『철학과 굴뚝청소부』, 그린비, 2002, 300-301쪽.

6) 홍준기, 「자끄 라깡, 프로이트로의 복귀」, 김상환 · 홍준기, 『라깡의 재탄생』, 창비, 2005, 34쪽.

식이 언어의 도입으로 인해서 조각났다는 사실이다. 언어의 작용으로 인해 무의식은 이제 존재하지 않는 것, 빈틈을 중심으로 움직이는 것이 되어 버렸다. 이것을 근거로 하여 그는 인간의 발달을 상상계·상징계·현실계로 구분한다. 라캉이 무의식의 이론적 구조로 삼은 것은 소쉬르의 구조주의 언어학에서였다. 상징계의 결정적 중요성에 주목하는 것은 정신분석학과 구조주의 언어학 사이의 접목을 시도하면서 프로이트로의 복귀를 부르짖는다. 라캉이 재검토하는 소쉬르의 언어기호는 기표(記表, signifiant)와 기의(記意, signifié) 사이에 임의적으로 약정된 결합체이다.

3. 기표와 기의의 해석학

라캉은 스위스의 언어학자 소쉬르(Ferdinand de Saussure, 1857~1913)에게서 기표라는 용어를 빌려 왔다. 소쉬르에 의하면, 각각의 언어는 기호로 되어 있다. 여기서 각각의 기호는 기표(단어의 소리)와 기의(단어의 의미) 두 성분으로 구성되어 있다. 기표는 기의의 소리에 대한 정신적 이미지이며, 기의는 그 소리가 연상시키는 개념이다. 기호의 이 두 성분은 자의적으로 결합된다. 다시 말해 고양이라는 소리가 매일매일 밥 그릇 앞에서 먹이를 기다리는 지저분한 얼룩무늬 짐승이라는 개념을 의미해야 하는 필연적 이유는 없다. 소쉬르와 다르게 라캉은 기의보다 기표를 우선적인 것으로 평가했다.[7] 예를 들어 나무라는 글자나 소리가 기표라면, 그것을 통해 만들어지는 개념 및 청각영상을 기의라고 한다. 원래 Signifant은 Signifier(의미하다)라는 동사의 현재분사이다. 즉 Signifier에서

7) 토니 마이어스, 박정수 옮김, 『누가 슬라보예 지젝을 미워하는가』, 앨피, 2005, 55쪽.

나온 현재분사가 형용사로 사용된 것이다. “의미하는”이라는 형용사로 번역했을 때, “의미하는 기호체계”, “탈의미하는 기호체계” 등으로 표현하기에는 다소 부적절한 어감을 준다. 이는 “의미화”라는 기표적인 말과 동의어로 사용된다.[8] 이 양자(兩者)는 언어라는 상징체계를 형성하고 있는 최소단위이다. 이러한 언어기호는 서로 밀접한 연관관계를 맺고 있다. 그런데 라캉에 의해 검토된 언어기호는 기의와 기표사이의 약정이 깨어진 채 기의에 대한 기표의 우월성에 의해 특징짓고 있다. 따라서 언어기호는 기표 중심으로 이해되어야 한다. 예를 들어 언어행위를 통해 주체가 자신의 주체성에 이르고자 할 때, 이에 동원되는 주체의 또 다른 언어기호가 차지한다. 다시 말해 기의가 아닌 기표에로의 이동을 의미한다.[9] 라캉의 주체는 기표의 결과로서 구성된 주체이다. 라캉이 보여 주고자 하는 주체는 소외의 과정을 통해 구성된다. 일상적 주체는 상상적 질서에서 상징적 질서로 진입할 때, 비로소 주체가 성립된다. 따라서 언어는 상징적 질서를 통해서 짜여진 질서이며, 언어는 나와 타자를 분리시키고 동시에 나와 너를 연결시킨다. 언어를 통한 분리와 연결은 욕망이 욕망으로 자리 잡게 한다.

이러한 무의식의 구조는 은유와 환유의 메커니즘에 의해 지배하고 있음을 말한다. 다시 말해 라캉은 무의식 내에서의 언어기호들 사이의 관계는 환유(換喩)와 은유(隱喩)로 구성되어 있다고 말한다. 언어의 결합관계와 배열관계는 바로 문장으로 언어가 조직되는 방식이다. 예를 들어 “먹었어”라는 말은 “누가” “무엇을”이란 말과 결합된다. 그리고 그 말이 표시되지 않을 경우 그것은 “먹었어”와 공존한다. 이것을 라캉은 환유라 한다. 반면에 “무엇을”의 자리에

8) 이진경, 『노마디즘 I』, 휴머니스트, 2002, 339쪽.

9) 정재곤, 「라깡과 구조주의」, 임봉길 외, 『구조주의 혁명』, 서울대학교출판부, 2000, 205-206쪽.

빵 대신 밥이나 물처럼 유사성을 갖는 말들이 대체되며 선택되는 관계를 은유라고 한다. 이처럼 결합관계와 계열관계를 통해 단어들은 문장으로 그리고 언어로 이루어진다. 그래서 그것을 조직하는 규칙이 언어규칙이다. 즉 그는 연상들이 결합하는 이동현상은 환유라 말한다. 완전히 충족될 수 없는 인간의 욕망은 끊임없이 새로운 대상을 찾아 나간다. 라캉은 욕망의 이러한 대상을 환유에 비교한다.

라캉은 언어기호를 소쉬르의 개념으로 받아들인다. 여기서 라캉의 무의식 내 언어기호들 사이의 관계는 은유와 환유로 구성되어 있다고 지적한다. 무의식은 의식보다 우선하며 인간의 모든 의식적 행동을 미리 결정하는 어떤 숨겨진 실체의 근원이 아니다. 무의식은 자신과 세계에 대해 갖고 있는 주체의 지식이 원천적으로 분열되어 있음을 말하는 은유이다. 언어기호의 표현은 언제나 사물에 대하여 말하지 않고 다른 기호표현에 대하여 말한다. 원래의 기호표현과 새로운 기호표현이 서로 어울려 조화를 이루는 관계를 라캉은 악보와 같다고 말한다. 그는 무의식의 자리를 타자라고 불렀다. 큰 타자는 내가 관심을 갖고 있으며, 매혹되어 있는 대상으로서의 작은 타자를 포함한다. 예를 들어 연애하는 여인과 남근(男根)은 대상으로서의 작은 타자이다. 어린아이는 자기가 반영된 이미지를 자아의 이상으로 인정한다. 그의 욕망이 겨누는 첫 번째 대상은 거울 속에 반영된 이미지이다. 상상의 세계에서 자기와 동일시하던 이미지가 주체적인 타자로 나타날 때, 이 어린아이는 그 타자를 한없이 찬양하지만, 동시에 원래의 이미지가 차지하는 독특한 자리를 위협하는 맞적수를 공격한다. 어린아이의 세계에서는 찬양과 공격성이 공존하는 경우가 종종 있다. 또한 어린아이는 상상 속에서 엄마에게 없는 남근을 자기와 동일시하고 자기를 엄마의 욕망의 대상과 동일시한다. 아버지의 개입은 이러한 상상의 이중관계를 차단한다.

라캉은 의식의 절대성을 믿으며 자신과 세계에 대해 통일적 지식을 갖고 있다고 확신한다. 주체는 상상적 자아 혹은 안다고 가정되는 주체이다. 무의식이란 상상적 자아가 자신과 세계에 대해 소유하고 있다고 믿는 지식의 한계이다. 이는 상상적 자아가 자신의 통일성을 유지하기 위하여 은폐 또는 회피하고 싶은 불쾌한 나머지 지식이다.[10)]

4. 거울단계이론

라캉은 상상계 · 상징계 · 현실계(실재계)라는 자신의 독자적인 세 범주를 처음으로 언급한 것은 1953년이었다. 그는 이미 1951~1953년에 "도라", "쥐인간", "늑대인간'과 같은 프로이트의 중요한 연구사례를 시작하면서 "프로이트의 복귀(Return to Freud)"를 선언한다. 이것이 곧 "상상계 · 상징계 · 실재계(현실계)"라는 제목으로 행한 강연에서였다. 이러한 세 범주를 갖고 프로이트의 재해석할 것을 역설하며, 외쳤던 "프로이트로 돌아가자!"라는 구호는 당시 국제정신분석학회(JPI) 소속이었던 파리정신분석학에 대한 정면도전을 의미하였다. 라캉의 거울단계이론은 의태로 알려진 진기한 동물들의 생태학적 논의를 아동심리학과 사회이론에서 얻어낸 관찰결과를 결합하여 이야기를 꾸려갔다. 그는 비슷한 형식의 이미지에 의해 사로잡힘이 일어난다고 주장하였다. 아이는 자기 외부의 어느 한 가지 이미지와 자신을 동일시하게 된다. 그것이 거울에 비친 자기의 진짜 이미지이건 다른 이미지이건 간에 상관이 없다는 의미이다. 라캉의 거울단계론은 상대방에 대한 폭력적인 태도와 유혹적인

10) 홍준기, 『라깡과 현대철학』, 문예출판사, 2000, 140쪽.

태도 사이에서 오락가락하는 아이들의 이해할 수 없는 행동을 설명해내고 있다. 라캉은 그러한 행동의 두 원인을 두 개인 사이의 갈등과 연결시키지 않았다. 그는 그 원인에 대해 개인의 내부의 갈등에서 파생된 것이며, 그 갈등은 상대방과 동일화의 결과라고 주장한다. 이것은 아동기에 한번 나타나고 없어지는 계기가 아니라 아동발달의 조직적 원리이다. 자기 바깥의 이미지에 동일화되고 나면 그 이전과 같은 행동을 할 수 없는 것이다. 라캉은 이러한 동일화가 일어나는 영역을 상상계라고 불렀다. 시각적인 영역과 거울단계의 중요성을 강조하는 이 말은 어린아이들의 이미지 속에 사로잡힌다는 것을 명확히 나타내고자 하였다. 라캉은 항상 거울단계가 인간의 자의식, 공격성, 경쟁, 자기애, 질투 그리고 이미지들에 매료되는 현상 전반을 설명하는 가치 있는 패러다임이며 이것이 견고한 이론이라고 생각해 왔다. 라캉은 상상계 · 상징계 · 현실계(실재계)라는 세 범주를 갖고 프로이트를 재해석할 것을 역설하며 "프로이트의 복귀"라는 구호로 자기의 이론을 구성해냈다.

상상계 · 상징계 · 현실계는 말하는 존재나 인간이 자신과 세계에 대해 말하고 생각할 때 반드시 가정해야 하는 최소한의 전제조건이다. 첫째, 말은 언어(상징계)가 있어야 한다. 둘째, 말하고자 하는 대상이 있어야 한다. 즉 무엇인가 존재(실재)해야 한다. 셋째, 말하고자 하는 내용 혹은 대상에 고정된 의미가 부여될 수 있어야 한다(상상계). 그렇지 않으면 인간은 끊임없이 흐르는 언어 속에서 방향을 잡지 못하고 혼돈 속으로 빠지게 될 것이다.[11] 라캉의 단계는 편의상 세 단계로 나뉜다.

첫 번째 단계는 제2차 세계대전 전에 해당하는 시기로서 『상상계』의 연구시기이다. 두 번째 단계는 제2차 세계대전 말에서 1960

11) 김상환 · 홍준기, 『라깡의 재탄생』, 창비, 2005, 66-67쪽.

년대의 중반까지의 시기로서 구조주의와 『상징계』를 연구하는 시기이다. 세 번째 단계는 1965년부터 타계할 때까지의 시기로서 『현실계』를 탐구하는 시기이다. 먼저 상상계는 프로이트가 사용한 자기도취(나르시시즘)의 개념을 정교화한다.

라캉은 상상계의 설명을 위해 거울영상단계론을 도입한다. 그는 프로이트의 인간의 자아가 상상적 연관을 통해 이루어진다는 이론을 받아들인다. 라캉은 자아와 타자 사이의 나르시시즘적인 동일시는 그 나르시시즘 관계에 내재한 공격성 때문에 오래 지속될 수 없다는 점을 강조한다. 프로이트의 나르시시즘의 이야기와 정체는 "거울단계이론"에서 전개된다. 라캉은 우리가 실재한다고 알고 있는 나(자아)는 실제로는 상상의 구조물이라는 사실을 일깨워 준다. 이것은 라캉의 유명한 개념인 "거울단계"와 밀접한 연관을 맺는다. 즉 라캉의 상상계란 자아가 형성되는 영역이다. 라캉에 따르면, 어린아이는 처음 자신의 육체를 조각난 것으로 여기다가 거울 속에 비친 자신의 이미지를 다른 생물체라고 생각하고 마지막으로 그것이 자기 자신이라는 것을 알고 크게 기뻐한다는 것이다. 거울 속의 이미지는 자아의 개념에 필수적이고, 그 결과 자아의 개념 속에는 반드시 상상체가 스며들기 마련이다. 라캉은 6개월에서 18개월 사이에 구성되는 단계는 곧 거울영상단계를 갖고 있다고 말한다. 거울 앞에서 어린이는 자신의 몸이 하나로 되어 있다고 생각하고, 자기가 묶는 이 하나에 의해 지배를 받는다고 상상한다. 이러한 상상적인 통일은 어린이가 거울 속에서 자기 자신의 영상을 보았을 때 그 예로서 구체적인 체험으로 현실화되고, 이 단계가 미래의 자아의 원형으로 본다. 이 거울단계에서 상상적인 것과 상징적인 것 사이에 틈 사이로 빠져 들어가는 아이의 기쁨은 입벌림의 환호로 나타난다는 것이다. 라캉은 아이가 말을 배우기 전에, 즉 말을 배워서 나와 다른 사람을 구분할 수 있기 전에 거울에 비친 어머니의 성숙한 육체를 자신의 것으로 착각하는 단계를 상상계라고 불렀다. 이 단계에서는 자아가 없다. 자신에 대한 통일된 생각을 지닐 수 있는 언어를 배우지 못했기 때문이다. 따라서 상상계란 둘 사이에 이루어지는 공생적인 상호의존관계이거나 일방에 대한 타인의 맹목적인 의존관계이다. 예를 들어 어머니와 유아의 관계, 사랑하는 남녀의 관계, 스승이나 지도자에 대한 맹목적인 복종관계와 같은 것들이다. 위에서 언급하였듯이, 어린아이의 경우, 신체와 몸동작의 발달에 있어서 아직 완전하지 못한 유아가 거울에 비친 자신의 모습을 보고 환호성을 지른다.[12] 다시 말해서 어린아이의 이러한 행동은 "거울단계이론"에서 관찰된다는 것이다. 라캉은 구체적으로 인간의 젖먹이와 침팬지의 젖먹이는 구별된다고 말한다. 침팬지의 새끼는 거울에 비친 모습이 자신이라는 것을 알면 그저 무관심하게 자리를 떠나지만, 어린아이는 거울에 비친 영상이 자기라는 것을 깨닫고 환호성을 지르며 그것에 매료된다. 신체발달에 있어서는 침팬지 새끼보다 훨씬 불완전 인간의 젖먹이는 거울에 비친 모습을 보고 자신을 완전하다고 오해하고 자신의 완전함에 대해 상상적 의식을 발달시킨다는 것이다. 이것이 유아의 인지발달에서 관찰될 수 있는 상상계의 전형적인 실례이다.

유아가 어머니와 한 몸이라는 착각에 빠져 있는 나르시시즘의 거울단계에서 어머니와 아이 사이를 떼어 놓는 것은 아버지이다. 아버지는 아이가 나르시시즘에 빠지지 않고 대화를 통해 어머니에게서 분리시키며 타자의 의식을 심어 준다. 상상계적인 아버지는 아이와 대화를 나누며 서로의 욕망을 길들인다. 둘은 우선 상대방의 환상을 인정한다.[13] 그래서 라캉의 관점에서 사랑은 환상이고

12) 자크 라깡, 권택영 엮음, 『욕망이론』, 문예출판사, 1998, 15-16쪽.
13) 권택영, 「욕망에서 사랑으로」, 『우리시대의 욕망 읽기』, 문예출판사, 1996. 69쪽.

그 환상이 욕망의 본질이라고 말한다. 일시적이나마 남아가 엄마의 남근이라고 믿는 것과 아이가 그렇게 믿는 것을 어머니가 수용하는 양자 의견의 일치성으로 인해서 아이와 어머니의 상징적 유대는 견고해진다. 바로 이러한 유대를 아버지는 폭군이 되어 간섭한다. 아버지는 아이로부터 욕망을 빼앗고, 어머니에게는 남근적 대상을 빼앗는다. 이제 아이는 아버지라는 제3자의 개입에 의해 삼자관계로 돌입한다.

이러한 단계를 라캉은 상징계라고 부른다. 거울의 상이나 어머니와의 이미지상의 투쟁, 불안정하기 그지없는 불균형의 상태가 거울영상의 단계이다. 그것을 넘어서기 위해서 요청되는 것이 아버지라는 절대타자가 존재하는 상징계이다. 상징계는 언어와 의미의 차원을 말한다. 라캉은 "무의식은 언어처럼 구조화되어 있다"고 말하면서 구조화된 언어들이 갖는 힘을 기표의 물질성이라 본다. 기표내지 언어를 의미하는 상징들은 구조화된 어떤 질서를 그 나름의 세계로서 이룬다. 우리가 말하고 사유하기 위해서는 혹은 무의식이 작동하기 위해서는 '그 상징적인 것의 구조화된 질서' 속으로 들어가야 하며 그 구조와 질서에 따라야만 한다. 이처럼 라캉은 상징적인 구조화된 질서를 상징계라고 한다.[14)]

유아는 언어표현에 의해 자신이 욕망의 주체라는 것을 알고 또한 언어를 통해 충족된다. 타자에 의해 만들어진 언어와 그 의미의 네트워크의 상징계에 들어가게 된다. 그렇지 않으면 유아는 그 주체성을 둘러싼 거울영상과의 투쟁 상태에서 벗어나는 것이 불가능하게 된다. 곧 인간은 언어를 획득함으로써 비로소 진정한 의미의 욕망을 갖게 된다. 라캉의 유명한 문구인 "욕망은 타자의 언어이다", "나의 무의식은 언어의 구조를 갖는다"라는 이론 역시도 타인

14) 이진경, 『노마디즘 I』, 휴머니스트, 2002, 336쪽.

이 만든 언어에로의 참가라는 해석을 하게 된다.

라캉의 거울단계이론에서 근간을 이루는 주요 내용들 중의 하나는 욕망의 역할에 관한 것이고, 다른 하나는 대상들을 에고로 동일시하는 나르시시즘이다. 먼저 욕망은 본능과 관계되는 용어라기보다 권위 및 인정과 관계되는 용어이다.[15] 즉, 라캉은 욕구(Besoin), 요구(Demande), 욕망(Desir)을 구별한다.

욕구는 인간이 가진 자연적, 생물학적 본능에 상응하는 개념이다. 욕구는 순수한 육체적 생존을 충족되어야 할 생물학적으로 필요한 것이다. 인간을 다른 동물과 구분시켜 주는 것은, 인간은 동물과 달리 욕구뿐만 아니라 욕망을 갖고 있다는 점이다. 인간은 배가 고플 때 밥을 먹고 목이 마를 때 물을 마신다. 이것이 욕구이다. 욕구의 대상은 자연적, 물리적 대상이다.

요구는 그것이 요청하는 만족과는 다른 것으로 이끌려 간다. 요구는 현존과 부재에 대한 요구이다. 그것은 어머니와의 원초적인 관계에서 보여 준다. 요구는 허용될 수 있는 모든 것을 사랑의 시험으로 바꿈으로써 허용될 수 있는 모든 것의 특수성을 지양(止揚)한다. 그리고 욕구가 사랑의 요구의 분쇄에 지나지 않는 것으로 전락하게 됨으로써 요구는 욕구만족 자체의 특수성을 지양한다.[16] 욕구는 언제나 요구를 통해서 표현되고 충족되기 때문에 항상 불충분하다. 욕구와 요구 사이에는 메울 수 없는 간극이 존재한다.

욕구와 요구 사이의 격차로 인해서 욕망이 생겨난다. 이런 의미에서 욕망은 결핍이라 부른다. 그것은 결핍을 메울 수 있는 대상을 끊임없이 찾아 나서지만, 결코 만족될 수 없는 또 다른 대상이 치

15) 정문영, 「라깡: 정신분석학과 개인 주체의 위상의 축소」, 윤효녕 외, 『주체개념의 비판』, 서울대학교출판부, 2003, 66쪽.

16) 홍준기, 「자끄 라깡, 프로이트로의 복귀」, 김상환 · 홍준기, 『라깡의 재탄생』, 창비, 2005, 73-76쪽.

환된다. 여기서 욕망은 단지 생물학적 충족욕은 아니다. 그것은 다른 사람으로부터 사랑의 대상으로서 인정받고 싶어 하는 욕망이다. 또한 다른 사람에게 가장 소중한 것(음경: Penis, 남근: Phallus)으로서 인정받고 싶어 하는 인정의 욕망이다.[17)]

마지막 단계의 현실계는 희열·쾌감의 개념과 밀접하게 연관된다. 예를 들어 성행위에서 오르가즘은 희열과 쾌감을 준다. 이때의 쾌감은 상상계도 상징계도 아니다. 임상에서 어떤 환자는 칼로 자해행위를 하면서 쾌감을 맛본다. 쾌감은 현실계의 한 부분일 뿐이다. 라캉은 현실계를 인간의 이성적 사고에 의한 것이 아니라 상상계와 상징계의 관계에 의해 정의를 내린다. 현실계는 인간의 언어 상징세계에서 추방되고 희생되었지만, 영원히 지워지는 것이 아니라 우리 곁에서 얼굴을 드러낸다.[18)] 현실계는 성의 쾌감에서 나타난다. 출생 직후에 아이들은 자신이 덮고 자는 이불이나 베게 그리고 자신을 보살펴 주는 어머니 등과 자기 자신을 구별하지 못한다. 이러한 미분화된 상태에서 육체의 분화가 시작되는데 이것은 성의 쾌감의 형성 과정을 통해서 진행된다. 어린아이를 보살펴 주는 사람들이 어린아이의 육체 중 일부를 쓰다듬거나 만지거나 입맞춤하는 과정의 부위로 리비도가 집중된다. 이러한 리비도의 부분적 집중은 그 부위에 성감대를 형성시키는 것이다. 따라서 성의 쾌감이란 문화적·사회적 규정에 의해서 형성된다는 것이다.

인간에게 있어 사랑의 기초는 프로이트를 비롯하여 라캉에 이르기까지 나르시시즘에서부터 출발하였다. 우리는 생애를 통하여 많은 인간관계를 맺으면서 살아가게 되는데 많은 인간의 관계에서 사랑으로 맺어진 관계는 다른 관계보다도 생명을 불러일으키는 강

17) 이진경, 「라깡: 정신분석의 언어학」, 『철학과 굴뚝청소부』, 그린비, 2002, 306-307쪽.

18) 이유섭, 「자크 라깡」, 『103인의 현대사상』, 민음사, 1996, 129쪽.

력한 원동력이 되기도 한다. 사랑, 특히 남녀 사이의 사랑은 더더욱 삶의 원동력을 불러일으키는 긍정적인 요소로 작용한다는 점이다. 따라서 사랑은 서로 타인과의 관계나 남녀 사이의 관계에서 삶을 전개하는 데 있어서 필요한 관계의 가장 기초가 된다고 말할 수 있다. 그렇기 때문에 사랑은 근원적으로 인간을 소속하게 하는 고향과 같은 구실을 한다.

현실계는 상상계와 상징계에 비해서 시간적으로 선행한다. 그렇지만 현실계는 개인이 생물학적 존재로서 생존하기 위해 충족시켜야 할 욕구와 현상의 세계, 즉 사물의 세계가 대표적으로 속한다. 그는 삶의 본능과 죽음의 본능, 죽음의 충동과 리비도가 연결된 주이상스(Jouissance), 그리고 반복의 충동을 사랑하였다. 사랑은 살기 위해 즉각적인 충족을 연장시킨 에로스의 본질이기 때문이다. 사랑은 연인의 욕망과 내 욕망을 일치시키는 나르시시즘이 아니라 연인의 입장이 되는 타자에 대한 경험인 것이다.

따라서 라캉이 강조하고자 하는 점은 세 질서 중 어느 것 하나가 가장 중요한 것이 아니라 이들이 연결되는 방식이었다. 1950년대에 라캉은 정신의 질서를 유지시키는 것이 아버지의 이름이며, 아버지의 이름이 사물과 결합시키고 어떤 의미에서 오이디푸스 콤플렉스의 실현을 보증한다고 주장하였다. 그러나 중요한 사실은 아버지의 이름이 아니라 상상계, 상징계, 현실계라는 세 가지 질서를 결합시키는 장치라 강조한다.

5. 영향과 의의

라캉이 이루어 놓은 정신분석학의 주요 성과는 근대 초부터 20세기에 걸쳐 서양사상의 중심이 되었던 '나'라는 절대개념을 비판하였다. 이러한 비판을 통해서 그는 새로운 주체개념을 구축하고 시도하였다. 이러한 라캉의 업적에 대한 일반적 평가는 절대 주체 개념에 대한 그의 비판에만 초점을 맞추고, 라캉의 정신분석학이 서양 형이상학의 기초 자체를 해체·전복한다고 강조한다. 주체 자체를 부정하려는 포스트모더니즘의 문화이론의 경향은 라캉의 관점을 새롭게 이해하고자 한다. 그리고 라캉은 프로이트가 발견한 무의식의 개념을 보다 구체적으로 분석하였다. 그는 프로이트가 발견한 무의식을 특정한 종교적·정치적·문화적 가치를 정당화하는 특정한 세계관과 연결시키지 않고, 신적(神的)인 실체로써 파악하지 않았다. "프로이트의 무의식은 창조적인 상상력을 가진 낭만적 무의식이 결코 아니다. 그것은 신성한 밤의 장소도 아니다"[19]라 말한다. 그는 타자와의 관계 속에 있는 주체에 관해 끊임없이 탐구하였다. 따라서 그의 주체개념은 정신분석학과 철학, 심리학, 과학 분야 등 논의가 교차하는 학문에 핵심문제로 작용하고 있으며, 특히 이론정신분석학 분야의 가장 중요한 주제로 자리 잡고 있다. 그의 이론은 당시 프랑스의 지식인들에게 매우 커다란 영향력을 행사한다. 알튀세르, 크리스테바, 라클라우는 라캉의 개념이나 이론적 틀을 직접적으로 원용하였고, 보드리야르는 사회적 현상을 기호적 현상으로 소급하여 라캉의 이론을 적용하였다.

그의 정신분석의 작업은 세계정신분석 연합(World Association of Psychoanalysis)의 맥락에서 이어져 가고 있다. 즉 프로이트학회, 유럽정신분석학회, 남아메리카학회 등이 이에 참여하고 있다. 영국에서는 유럽정신분석학회에 소속한 런던 정신분석의 모임과 프로이트의 분석연구센터가 라캉의 연구모임 공간을 제공하고 있다.

19) Jacques Lacan, *Le Séminaire XI: Les quatre concepts fondamentaux de la psychanalyse*, Paris: Seuil, 1973. 26쪽.

제 14 강

맥루한: 매체와 정보해석학

1. 생애 및 사상개요
2. 매체가 메시지이다
3. 정보해석학
4. 매체결정론
5. 영향과 의의

제14강

맥루한

매체와 정보해석학

1. 생애 및 사상개요

허버트 마셜 맥루한(Herbert Marshall McLuhan, 1911~1981)은 캐나다 앨버타주 에드먼턴에서 태어났다. 그는 캐나다인이면서 미국 미디어 팝문화의 고승처럼 대우를 받는 인물이다. 그는 영문학자이면서 죽기 직전까지 세계 대중매체에서 각광을 받았던 인물이다.

1911년 마니토바대학교 공학부에 입학했으나 곧 영문학과로 전과하였고 학사와 석사학위를 받았다. 영국으로 건너가 케임브리지대학교에 입학해 약 12년 동안 르네상스 영문학을 전공했다. 그는 케임브리지대학교를 마치고 미국에 건너가 위스콘신대학교에서 신입생에게 영어를 가르치게 되면서 자신이 이해할 수 없는 젊은 대학생을 만난다. 그는 학생들을 이해하기 위하여 대학생 문화에 관심을 갖고 접촉하게 되었는데 이것이 대중문화를 연구하게 된 또 하나의 동기였다. 그는 사회과학자라기보다는 예언자로 평가받는다. 케임브리지 유학시절에 접한 신비평으로 인해 일찍이 광고에 관심을 가졌고, 졸업한 후에는 테크놀로지와 문명의 관계에 대한 루이스 멈포드(Lewis Mumford)의 이론으로부터 많은 영향을 받았다.[1] 맥루한은 대중문화에 본격적인 관심을 쏟은 윈담 루이스(Wyndham Lewis)의 소설인 『인간의 시대』 및 어린이 대학살이 미디어의 변화에 의해 발생한다는 것을 다룬 『칠더마스(Childermass)』 등에서 많은 감명을 받고 대중문화를 연구하였다.[2] 현대 매스커뮤니케이션 이론에서 사용되는 미디어라는 단어와 가장 근접한 개념을 30여 년 전에 그는 『미디어의 이해(*Uunderstanding Media*, 1964)』라는 책에서 이미 제시했다. 미국 위스콘신대학교와 세인트 루이스대학교에 재직하는 동안 케임브리지대학교에서 대학원 생활을 시작하여 엘리자베스시대의 풍자 시인인 토머스 내시(Thomas Nashe)에 관한 학위논문 「토머스 내시의 수사법(修辭法)」을 완성하여 1942년에 박사학위를 획득하였다.

맥루한은 미국 어섬프션대학교(현 윈저대학교)와 캐나다 토론토대학교 세인트 미카엘대학에서 교수로 있었다. 그는 토론토대학교에 신설된 "문화 및 기술연구소(Center for Culture and Technology)"의 소장직도 겸임했다. 미국 뉴욕 포담대학교의 알베르트 시바이처 체어(Albert Schweitzer Chair)의 명예교수직을 맡았으며, 사회 커뮤니케이션 문제 담당 교황고문에 임명되었다. 영문학자로써 출발한 맥루한은 커뮤니케이션 이론가, 전자시대에 대한 문명비평가 또는 현대사상가로 널리 알려졌다. 맥루한의 서술하는 명제는 그가 실험적인 방법을 적극 사용하였으며, 예술적 형식에 경도되었음을 알 수 있다. 그의 저서들 가운데 현대 매체이론의 고전으로

1) Mumford, L. *Technics and Civilization: The Interplay of Artefact and Culture*, New York: Harcourt Brace & World, 1934.
2) 마셜 맥루한, 김성기·이한우 옮김, 『미디어의 이해: 인간의 확장』, 민음사, 2002, 40쪽.

손꼽히는 작품은 『구텐베르크 은하계』, 『서적 시대의 종말』(1962), 『미디어의 이해(인간의 확장)』(1964), 『미디어는 마사지이다』(1967)가 대표적이다.

2. 매체가 메시지이다

인류문명에 대한 맥루한의 기술결정론적인 관점은 캐나다의 경제사학자 해롤드 이니스(Harold A. Innis)로부터 영향을 받았다. 이니스는 고대로부터 현대에 이르기까지 커뮤니케이션 방식이 제국의 형성에 미친 영향에 대해 고찰하였고, 지식의 성격과 커뮤니케이션 매체가 맺고 있는 관계를 밝히고자 노력했다.[3] 이니스는 고대사회로부터 현대에 이르기까지 미디어와 사회조직과의 관계를 분석한 『제국과 커뮤니케이션(*Empire and communication*)』(1950), 『커뮤니케이션의 편향(*The bias of Communication*)』(1964) 등을 출간한다. 이니스는 커뮤니케이션 기술의 혁신을 사회변천의 원천으로 보았다.

그는 인류역사에 새로운 커뮤니케이션의 테크놀로지가 등장함에 따라 인간의 커뮤니케이션 양식은 문화전체의 변동에 영향을 끼친다는 결정론적인 정보사관을 제시한다. 커뮤니케이션이란 인간만이 유일하게 사용하는 언어와 상징체계, 거기서 부여되는 의미의 교환과 공유의 전반적인 과정을 뜻한다. 그리고 종종 매체와 커뮤니케이션의 개념은 동의어로서 적용되기도 한다.[4] 그는 커뮤니케이션 기술의 혁신이 인간의 사회변화를 일으키는 주요한 요인이며, 이때 커뮤니케이션의 기술이란 커뮤니케이션이 이루어지는 일체의 과정

3) H. Innis, *Empire and Communications*, Oxford: Oxford University Press, 1950; *The Bias of Communication*, Toronto: University of Toronto Press, 1964.

4) Frank Hartmann, *Medienphilosophie*, Wien, 2000, 243쪽.

을 결정하는 인간이 개발하고 발명해 낸 도구적 수단을 가리킨다.[5] 그리고 이것은 인간능력의 확장이라고 주장했다. 역사적으로 기술의 혁신적 발전은 먼저 커뮤니케이션의 과정에 적용되어 인쇄술을 개발하였다. 그래서 점차 기계시대를 초래하게 되었고, 전신기술의 발전은 전자시대를 낳았으며, 서구문명의 여러 단계는 특정 커뮤니케이션 미디어의 지배 또는 우세에 의해서 성격지어졌다고 보았다. 이니스의 커뮤니케이션 미디어에 관한 연구는 광범위한 경제활동의 환경을 이해하는 데 가장 효율적인 접근방법이라고 생각했다.

초기에 맥루한은 이니스의 영향이 컸지만 대표적인 『구텐베르크 은하계』(1962)와 『미디어의 이해』(1964)에 이르러 그는 테크놀로지의 잠재력을 찬양하게 된다. 즉 현대의 전자과학기술이 세계를 하나의 지구촌으로 만들고 인류를 인쇄시대의 선형적 세계에서 해방시킬 것이라고 본 것이다. 그의 낙관적인 기술결정론에 대해서 논란의 여지는 분명 많다. 하지만 맥루한은 자신의 생각을 재치 있는 문장이나 극적인 은유로 표현하는 데 능숙하였다. "매체는 메시지"라는 표현이나 쿨미디어와 핫미디어 같은 용어는 그의 독특한 언어감각을 잘 보여 주고 있다. 하지만 영문학자였던 맥루한이 매체와 테크놀로지에 관심을 가지게 된 연유는 복잡하게 얽혀 있다.

맥루한의 명제는 한 마디로 표현하여 "매체는 메시지이다"라는 문구이다. 그리고 지구촌이라는 유명한 표제어를 남겼다. 여기서 지구촌이라는 개념은 전자매체로 인한 초영토적 재부족화를 의미한다. 그리고 인쇄문화의 시각적 공간과 대비되는 구어문화의 음향적 공간의 현대적 재현이라 볼 수 있다.[6] 이러한 지구촌이라는 말처럼 맥루한 이론의 중요한 개념들과 "매체는 메시지이다"와 같은

5) 손동현, 「정보의 존재론적 구조와 특성」, 철학연구회, 『정보사회의 철학적 진단』, 1999, 130쪽.

6) 김균 · 정연교 지음, 『맥루언을 읽는다』, 궁리, 2006, 125쪽.

핵심적인 명제는 지속적으로 후기 산업정보사회 내지 미디어사회를 알리는 표시로 종종 인용된다. 맥루한의 명제는 한마디로 "매체가 곧 메시지이다(The medium is the message)"라는 말로 대변할 수 있다. 맥루한은 "메시지는 곧 매체이고 매체는 곧 메시지이다"라는 충격적이고 선언적인 표현으로 커뮤니케이션 현상에 대한 자신의 생각을 표현하였다. 메시지란 "매체의 심리적·사회적 영향(the psychic and social effects of media)"[7]을 끼친다. 다시 말해 그는 매체에 의해 심리적·사회적으로 우리에게 어떻게 각인되는가를 보여 주는 매체 작용방식의 모델을 고안하였다. 그는 매체가 제시하는 방향을 다음과 같이 설명한다.

> "매체는 시간과 공간의 체계를 무너뜨리고 우리에게 다른 사람에 대한 관심을 즉석에서 그리고 지속적으로 강요하고 있다. 그것은 세계적인 대화의 차원의 대화를 재구성한다. 그렇게 하여 대중매체의 메시지는 과거의 심리적, 사회적, 경제적, 정치적 국지주의를 종결시킨 전체적인 변화를 만들었다. 지나간 시절의 시민적, 지역사회적, 국가적 연합은 이제 불가능하게 되었다. 모든 것에는 거기에 합당한 자리가 있으며, 또한 실제로 모든 것은 제자리에 있다는 생각이야말로 새로운 테크놀로지의 정신과는 아주 동떨어진 발상이 되었다. 이제 우리는 다시 고향으로 돌아갈 수 없다."[8]

위 인용문에서 매체가 어떤 매체이건 상관없이 현대인은 새로운 환경 속에서 어떠한 특징을 지니고 있는지를 잘 설명해 주고 있다. 무엇보다 메시지는 "어떤 매체나 테크놀로지가 인간사에 도입하는 규모, 속도 혹은 패턴의 변화"[9]를 빠르게 인식하게 한다. 예를 들

---

7) 마셜 맥루한, 앞의 책, 37쪽.

8) Marshall McLuhan, *The Medium is the Massage*, A Benthm Bbook, 1967, 16쪽.

어 영화의 메시지는 그 영화가 담고 있는 이야기가 아니라 영화라는 매체가 우리의 삶에 가져온 변화이다. 그리고 그것은 일상사를 단선적인 계기의 연속으로 이해하던 것으로부터 전체적인 지형에 대한 총체적 이해로 나아가는 변화이다. 입체파의 그림은 매체가 메시지임을 알려 준다. 입체파의 그림은 이차원적 평면에 안과 밖, 위와 아래, 앞과 뒤를 동시에 보여 줌으로써 전체를 순간적으로 파악하도록 한다.[10] 포스터에 의하면, 맥루한의 "매체는 메시지이다" 라는 명제는 정보양식의 향방을 드러내고 있지만, 그 이상 더 나아가지 못한다고 진단한다. 즉 맥루한은 수용주체의 감각기관에 초점을 두면서 그 주체를 해석하는 존재가 아니라 감각적 존재로 설정하고 있다"[11]고 비판한다. 한편으로 맥루한은 로크적인 인식론의 전통에 따라 인간을 감각에 따르는 동물로 다루고 있지만, 다른 한편으로 이러한 동물에게 일어나는 감각구성의 움직임을 텔레비전이 초래한 변화를 강조하였다.

3. 정보해석학

전통해석학과 정보해석학의 차이는 저자 중심과 독자 중심 사이에서 강조점의 차이에 따라 드러난다. 먼저 고전적인 저자중심주의에서 텍스트의 유일하고 참된 의미는 그 텍스트에서 저자가 의도하고 있다는 기본 주장에서 시작한다. 즉 텍스트를 해석하는 데 있어서 저자의 의도를 정확히 파악하는 것이 텍스트를 올바르게 이해하는 것이라는 주장이다. 정보해석학의 의미는 앞장에서 살펴

9) 마셜 맥루한, 앞의 책, 36쪽.
10) 마셜 맥루한, 앞의 책. 42쪽.
11) 마크 포스터, 김성기 옮김, 『뉴 미디어의 철학』, 민음사, 1994, 38쪽.

본, 가다머의 해석학이론에서 찾을 수 있다. 그의 해석학이론은 텍스트 혹은 매체의 존재론적 자율성에 대한 주장에서 출발한다. 여기서 매체의 배후에서 작용하는 저자는 익명성으로 대체된다. 따라서 가다머에 의하면, 텍스트의 이해는 결코 텍스트 저자의 본래적인 의도를 재생산하는 것은 아니라 주장한다. 따라서 가다머의 해석학이 독자 중심이 정보해석학에 보다 더 의미 있는 이론적 근거로써 등장하게 된다. 정보해석학은 선이해(先理解)가 갖고 있는 문제를 본격적으로 논의의 대상으로 삼는다. 특히 정보해석학은 가다머의 선이해의 개념을 정보해석학의 이해개념으로 끌어들이고자 한다.[12]

가다머의 관점에서 인간의 이해는 항상 앞서 있는 선이해를 기초로 하여 이루어진다고 말한다. 이런 선이해의 근거는 바로 전통이다. 이 이해방식의 모델이 텍스트의 의미를 이해하는 데 있어서도 그대로 적용되어야 한다는 것이다. 가다머는 텍스트를 제대로 이해하는 좋은 예를 '놀이'의 개념으로 설명하였다. 말하자면, 어떤 놀이가 제대로 이루어지기 위해서는 놀이에 참여하는 자들이 그 놀이에 열중하여 몰입해 들어갈 때에만 가능하다. 그것은 놀이하는 우리가 놀이의 주체라는 말이 아니라 놀이 자체가 놀이의 주체가 된다는 뜻이다. 다시 말해서 텍스트의 세계자체에로 우리가 몰입해 들어가게 되면, 텍스트가 말하는 바를 알아들을 수 있다는 뜻이다. 그는 이러한 상태를 텍스트의 지평과 독자인 우리의 지평이 서로 만나는 지평융합이라고 불렀다. 가다머는 이해를 인식주체(독자)의 태도라기보다는 과거와 현재가 뒤섞이는 순간에의 참여라 본다. 여기서 저자나 독자의 주관성에 초점을 두는 것이 아니라, 텍스트 자체의 세계와 독자와의 놀이에 있다. 이는 텍스트가 드러내 주는 진

12) 박순영, 「이해와 정보해석학」, 『해석학연구』, 제13집, 한국해석학회, 2004, 102-103쪽.

리에 우리가 몰입해 들어가 하나로 융합해 가는 과정을 말한다. 한 텍스트의 해석은 끝나지 않는 지속적 작업이다. 즉 주어진 텍스트를 우리가 이해하고 해석하는 데 있어서 그 해석의 타당성 여부를 지금 결정하는 것이 아니라 시간 간격을 두고 입증되는 전통 혹은 역사라는 이름에 맡겨 두어야 한다는 것이다. 무엇보다 전통해석학, 현대해석학, 정보해석학에서 주된 가치를 지닌 개념은 이해의 개념이다. 따라서 이해의 개념은 해석학을 가능하도록 하게 하는 근거가 된다. 고전적 해석학의 의미에서 정의하였듯이, 이해라는 개념은 특별한 철학사적인 운명을 갖고 있다.[13)]

맥루한은 메시지를 수용하는 주체의 감각기관에 초점을 두면서 그 주체를 해석하는 존재가 아니라 감각적 존재로 설정한다. 정보해석학이 문제 삼고자 하는 주체는 맥루한적인 의미에서 단순한 감각적 존재만은 아니다. 주체가 매체를 통해 기술적으로 생산된 가상현실과 맺는 관계, 그러한 가상현실에 대한 주체의 관점, 그 가상현실에서 주체의 위치 등이 새로운 매체 문화에서 요구된다는 점을 정보해석학은 중시한다. 이런 점에서 정보해석학은 주체가 여전히 의미구성의 담지자로서 기능한다는 사실을 포기하지 않으면서 매체문화에서의 주체적 역할을 강조한다.[14)]

맥루한은 『미디어의 이해』의 부제인 '인간의 확장(the extension of man)'에서 매체와 경험의 관계에 대해 자세히 묘사한다. 맥루한

13) 이해란 개념은 19세기의 신학자들 사이에서조차 생소한 용어였다. 하이데거가 1923년 『사실성의 해석학(*Faktizität der Hermeneutik*)』이란 표제를 사용했을 때도 이 개념은 폭넓게 사용되지 않았다. 1960~1970년대에 들어와 역사사회적 현상을 인과 발생적으로 "설명하는" 방식에 대립하여, "이해하는" 접근방법을 주장하면서 "해석학"이라는 말이 논의의 중심으로 등장했다(F. Rodi, 「생활세계와 해석학의 주요 문제들」, 한국해석학회 편, 『해석과 이해』, 지평문화사 1996, 325쪽).

14) 홍경자, 「새로운 매체문화에서 주체, 의미 그리고 현실의 문제들-정보해석학적 논의를 중심으로-」, 『철학연구』, 2005, 461쪽.

은 매체를 "인간의 확장,"[15] "감각의 확장,"[16] "우리 자신의 확장,"[17] "몸의 확장"[18] 등 다양하게 부른다. 이렇게 맥루한은 매체의 기술을 '인간의 몸이나 감각의 확장'이라는 화두에서 출발한다. 하지만 맥루한은 매체를 의식 확장이라거나 정신의 확장이라고 말하지 않는다. 즉 그는 정신/몸의 이분법을 받아들이지 않는다. 매체는 모든 매체가 자신의 몸의 확장이며, 이 매체의 개인적 및 사회적 영향은 새로운 테크놀로지가 우리에게 도입되는 새로운 척도로서 측정되어야 한다는 것이다. 이렇듯 그는 모든 매체가 "인간능력의 확장"이라고 간주한다. 이 말은 시인 랄프 왈도 에머슨의 "지구상의 모든 도구와 엔진들은 인간의 수족과 감각의 연장이다"라고 언급한 데서 빌려 온 말이다. 여기에서 몸과 감각은 테크놀로지와 경험의 관련성을 상징하고 있으며 '확장'은 테크놀로지의 편향성을 드러내고 있다.

맥루한이 언급하는 '인간의 확장' 개념은 상당히 이해하기 복잡한 개념이다. 그 이유는 각각의 신체부위에 고유한 기능을 증폭시키고 확장시키는 테크놀로지가 복잡하게 얽혀져 있기 때문이다. 예를 들어, 맥루언은 활은 손과 팔의 확장인 반면, 총은 눈과 이의 확장이라고 말한다.[19] 무기는 손과 손톱 그리고 이의 확장이라고 말한다. 그에게서 몸의 개념은 의식 혹은 의식기관인 중추신경계까지 포함한다. 맥루한은 책은 눈의 확장이고, 바퀴는 다리의 확장이고 옷은 피부의 확장이고 전자회로는 중추신경계통의 확장이라고 말한다. 또한 자동차는 다리의 확장이고 언어는 "인간 테크놀로지"로서 인간의 생각을 외면화하여 연장시키는 매체인 것이다. 또한

15) 마셜 맥루한, 앞의 책, 34, 91쪽.
16) 마셜 맥루한, 앞의 책, 51, 97쪽.
17) 마셜 맥루한, 앞의 책, 81, 88쪽.
18) 마셜 맥루한, 앞의 책, 86, 118쪽.
19) 마셜 맥루한, 앞의 책, 472쪽.

자동화의 경우, 인간의 결합방법에 새로운 기준이 생겨나기 때문에 인간의 일이 불필요하게 된다는 사실이다. 그러나 그것은 소극적인 결과이다. 적극적인 면에서는 자동화는 한 시대 전의 기계 테크놀로지가 파괴한 것, 즉 일과 인간의 깊은 관여를 인간의 새로운 역할로 만들어 낸 것이다.[20] 그는 특정 종류의 매체는 특정한 감각비율을 만든다고 말한다. 흔히 "발명이나 기술은 우리의 몸을 무한히 확장하거나 자기 단절한 것이다. 이 같은 확장은 몸의 다른 기관이나 확장물들 사이의 새로운 결합비율이나 균형 상태를 필요로 한다. 예를 들어 우리는 텔레비전 영상이 불러일으키는 새로운 감각비율을 따르지 않을 수 없다."[21]

이렇듯 맥루한은 매체에 따라 우리 감각들 사이의 비율이 바뀐다는 것은 곧 사람들 사이의 상호의존 패턴들도 바뀌는 것이라 주장한다.[22] 따라서 감각은 오관을 통해 느끼는 내적인 욕구나 동기까지 포함하는 복합적인 것이다. 맥루한에 의하면, 매체를 "인간의 몸과 감각을 확장하는 테크놀로지"라 이해한다면, 매체는 매우 포괄적인 의미에서 경험에 관련된 모든 기능을 확장하는 것이다. 사실상 우리가 경험을 한다는 것은 총체적인 의미에서의 몸이 작용을 한다. 또한 경험은 다양한 감각이 함께 유기적으로 작동하는 총체적 경험이다.[23] 따라서 테크놀로지가 인간의 확장이라면 총체적

---

20) 마셜 맥루한, 앞의 책, 476쪽.

21) 마셜 맥루한, 앞의 책, 54쪽.

22) 마셜 맥루한, 앞의 책, 91쪽

23) 맥루한의 지각이론은 토마스 아퀴나스의 지각론으로부터 유래한다. 아퀴나스는 신체와 정신의 관계에 대해서 플라톤, 아우구스티누스적인 신체와 정신을 분리하는 이원론적인 견해를 거부하고 정신을 신체의 형상으로 보는 아리스토텔레스적인 견해를 받아들인다. 따라서 아퀴나스는 신체와 정신을 화해시킨다. 즉 감각작용은 신체를 사용하는 정신의 행위가 아니며, 정신은 자신의 인식을 위해서 감각경험에 의존하고 있다는 것이다(F. 코플스톤, 박영도 옮김, 『중세철학사』, 서광사, 1988, 480-484쪽). 엄밀한 의미에서 모든 감각은 이성적 작용의 일종이라고 보았다. 피부에 대한 그의 설명에서도 이 같은

경험의 확장인 것이다. 다만 우리가 그 사실을 잘 인식하지 못할 뿐이다. 그는 인간의 신체부위가 연장되는 것은 인간의 삶에 큰 영향을 끼친다고 보았다. 감각기관의 확장으로서 모든 매체는 그 메시지와 상관없이 우리가 세상을 인식하는 방식에 영향을 준다. 모든 미디어는 인간 감각의 확장이지만, 그 감각도 역시 우리 개인의 에너지에 부과하는 기본요금과 같은 것이다. 그리고 이 감각이 개개인의 인식과 경험을 형성하고 있다. 그는 메시지를 수용하는 주체의 감각기관에 초점을 두면서 그 주체를 해석하는 존재가 아니라 감각적 존재로 설정한다. 맥루한적인 의미의 주체는 단순한 감각적 존재만은 아니다. 주체가 매체를 통해 기술적으로 생산된 가상현실과 맺는 관계, 그러한 가상현실에 대한 주체의 관점, 그 가상현실에서 주체의 위치 등이 새로운 매체문화에서 요구된다. 이런 점에서 주체는 여전히 의미구성의 담지자로서 기능한다는 사실을 포기하지 않으면서 매체문화에서의 주체의 역할을 강조한다.[24)]

맥루한에 의하면, 커뮤니케이션 현상에서 본질적으로 중요한 것은 전달되는 메시지가 아니라 언어·화폐·활자·사진·영화·텔레비전·컴퓨터와 같은 매체이다. 메시지의 내용이 우리에게 은밀하면서도 깊은 영향을 미치고 있는 동안 우리의 관심을 다른 곳으로 방향을 돌리는 보조의 역할을 하고 있다. 다시 말해서 어떤 내용을 전달하느냐가 아니라 어떤 매체를 통해서 전달하느냐가 중요하게 작용한다. 그리고 그는 한 사회에서 지배적으로 사용되는 매체의 특성이 그 사회의 구성원들이 생각하고 행동하는 방식을 결

지각관이 드러난다. "심리학자들은 오랫동안 우리 청각의 상당수가 피부 자체를 통해 일어난다고 가르쳐 왔다. … 이제 전자 시대는 우리를, 우리가 모든 표피로 생활하고 숨쉬고 듣는 세계로 몰아넣고 있다"(마셜 맥루한, 앞의 책, 183쪽).

24) 홍경자, 『새로운 매체문화에서 주체, 의미 그리고 현실의 문제들－정보해석학적 논의를 중심으로－』, 『철학연구』, 2005, 461쪽.

정한다고 주장한다. 여기서 그는 미디어의 가장 중요한 인식론적 효과는 전달되는 내용보다는 오히려 미디어의 형식에서 초래된다는 것이다. 즉 우리가 의사소통에서 이동하는 것은 정보의 내용만 말하는 것이 아니라 정보의 양과 형식, 정보전달매체의 형식이 다른 차원의 내용을 이룬다. 맥루한이 정의하는 매체는 전화나 텔레비전뿐만 아니라 자동차와 의복과 같은 일상용품까지를 포괄하며, 매체가 메시지라는 언급은 이러한 정의를 전제로 할 때 그 의미를 지닌다. 그것은 매체가 일종의 메시지로서의 기능을 한다는 지적이며, 이는 사물의 기호화나 기호가치를 언급하는 현대이론의 중요한 패러다임이다. 같은 메시지라고 하더라도 얼굴을 맞대고 직접 말하는 것과 신문에 나오는 것, 텔레비전으로 방송되는 것은 큰 차이를 보인다. 결국에는 매체가 다르면 메시지도 달라지고 수용자가 세계를 인식하는 방식도 달라진다. 이러한 명제는 맥루한 이론의 근본적 일관성을 이루고 있다. 특히 그는 인류문명의 역사발전을 여기에 근거하여 해석한다.[25)]

요컨대 맥루한의 중심테제는 매체가 몸의 연장이라는 것이다. 매체는 몸의 영향력과 인지능력을 확장시키지만, 몸의 속도를 강화시키기 때문에 결과적으로 매체는 몸의 구체적인 성격에 영향을 미친다. 그의 이러한 시도는 인간의 인지 및 반응능력의 변화가능성에 대한 문제를 해명하는 것을 목적으로 했다. 그래서 이 연구의 프로그램을 통해 부분적으로 아주 까다롭고 완고한 것으로 여겨지던 개념이 설명될 수 있었다.[26)] 그는 시각적이라는 낱말을 이미지를 본다는 의미로 사용하는 것이 아니라 음성학적 알파벳, 즉 문자와 활자의 기술을 통해 생겨난 인지방식에 사용된다. 후에 그가 텔

25) 양해림, 「미디어 이론가 마샬 맥루한의 매체결정과 이미지」, 『미의 퓨전시대』, 철학과현실사, 2001, 223쪽.

26) 김균 · 정연교 지음, 『맥루언을 읽는다』, 궁리. 2006, 22쪽.

레비전을 기술할 때 사용한 "촉각적"이라는 표현은 모든 감각이 총동원되는 감각의 합동유희에 해당하는 개념이다. 따라서 그의 지각구조의 변화메커니즘을 설명하는 데 핵심이 되는 감각비율의 변동을 구체적인 매체의 차별적인 효과로 설명하기 위해 맥루한이 고안한 독창적이고 흥미로운 개념이 바로 핫미디어와 쿨미디어이다. 하지만 맥루한의 매체이론에서 사람들을 가장 혼란스럽게 만든 것도 바로 이 개념인 것이다. 결국 그는 메시지란 어디까지나 매체를 통해서 전달되는 내용이라고 이해하고 있는 일반적 상식에 도전하여 "매체 자체가 곧 메시지"라 선언한 것이다.

4. 매체결정론

우리가 매체결정론이라고 분류하여 논리를 전개하는 인물은 맥루한이 처음은 아니다. 이미지는 정신적 현상과 물질적인 매체를 동시에 지칭한다는 점에서 커뮤니케이션 과정에서 독특한 위치를 차지한다. 즉 이미지는 한편으로는 메시지이면서 다른 한편으로는 매체이다. "매체는 메시지"라는 맥루한의 명제를 외면적 의미로만 파악한다면 이미지는 맥루한의 명제를 그 자체로 구현하고 있는 셈이다. 맥루한에 의하면, "모든 매체는 인위적인 지각과 자의적인 가치를 부여한다"[27]고 말한다. 맥루한이 '매체'라는 용어를 사용하는 방식은 매우 독특하다. 그는 '매체'를 통해 우리가 일상사에서 매일 접하는 거의 모든 대상을 지칭하고자 했다. 그가 『미디어의 이해』 제2부에서 다루는 매체의 대상은 옷과 집, 자동차와 철도,

27) "All media exist to invest our lives with artificial perception and arbitrary values", *Voices of Literature*, Vol. l, Toronto and Montreal: Holt, Rinehart and Winston of Canada, 1964.

숫자, 텔레비전, 전화, 무기, 돈, 자동화(automation)까지 아주 광범위하게 포함되어 있다. 후기 저작인 『매체의 법칙』에서는 과학과 철학 사상, 질병과 치료법 그리고 시와 회화까지 첨가되어 있다.[28] 거의 모든 인공물(human artefact)이 매체의 속성을 지니고 있는 것이다.[29] 무엇보다 매체의 기술적 특성은 부지불식간에 그것을 사용하는 사람들의 사고방식에 결정적인 영향을 미친다. 맥루한의 "매체는 메시지"라는 명제는, 그가 생각했던 것보다 훨씬 더 풍부한 관점에서 재해석될 수 있다.

맥루한이 매체를 '핫(뜨거운)'과 '쿨(차가운)'로 구분하는 것은 바로 매체가 메시지일 수밖에 없는 이유를 보다 더 구체적인 방식으로 밝히고자 하였다. 우리가 매체를 '핫'과 '쿨'로 구분하는 기준은 무엇인가? 이러한 구분은 매체의 차이가 의사소통 체계의 차이와 맞물려 있다는 사실을 전제로 한 것이다. 즉 이러한 물음에 대한 답변을 맥루한은 비교적 명확하게 제시하고 있다. 맥루한이 제시하는 첫 번째 원칙은 매체의 기술적 속성에 따른 정밀도(definition)의 차이이다. 맥루한은 모든 매체를 그것이 전달하는 정보의 정밀도와 수용자의 참여도에 따라 핫미디어(hot media)와 쿨미디어(cool media)로 구분한다.

일상적인 개념으로 말할 때, 어떤 것에 대하여 '핫하다' 또는 '쿨하다'라고 하는 것은 주로 판단의 근거로서 대상이 담고 있는 내용이다. 우리가 일반적으로 어떤 사람이 '쿨하다'고 말하는 것은 그 사람의 성격을 일컫는다. '핫하다'고 부르는 사람은 일반적으로 다혈질이거나 적극적이다. 하지만 맥루한이 매체를 '핫'과 '쿨'로

---

28) McLuhan, M. and Eric McLuhan, *Laws of Media: The New Science*, Toronto: University of Toronto Press, 1998. 3쪽.

29) 여기서 인공물이란 사람이 만들고 사용하는 모든 대상을 지칭한다. 예를 들어 나무와 돌과 냇물 등 사람들이 사용하면 그것도 매체가 된다.

구분할 때 염두에 두고 있는 것은 매체에 담겨 있는 내용이 아니라 기술로서의 매체 그 자체이다. 모든 매체는 특정 기술의 산물이며 그 매체가 담게 되는 내용의 성격 역시도 그 기술의 속성으로부터 자유로울 수 없다. 그의 주장에 따르면, 핫미디어는 높은 정밀도(high definition)와 저참여성(low participation)을 갖고 있다. 즉 핫미디어란 단일감각을 높은 정세도에까지 확장하는 것이다. 간단히 말해, 핫미디어란 "하나의 감각만을 고밀도로 확장시키는 매체"[30]로 정의된다. 그에 따르면, 높은 정밀도란 '데이터로 가득 찬 상태, 즉 특정 매체가 담아 낼 수 있는 정보의 양을 의미한다. 각각의 매체는 담아 낼 수 있는 정보의 양에서 각각 차이가 난다. 여기서 높은 정밀도란 특정한 하나의 감각이 지배적으로 작용하는 매체로서 한 종류의 감각밀도가 높아진 매체이다. 이를테면 감각의 공동체가 파괴됨으로써 어떤 사물을 대표할 기호의 공동체 또한 파괴된 상태가 된 것을 의미한다. 공동체가 파괴된 상태는 모든 감각과 기호들의 조화로운 병존이 불가능한 상태인 왜곡된 상태로 통상적인 공통감각이 부재한 상태이다.[31] 예를 들어 만화는 사진에 비해 극히 적은 시각적 정보를 제공할 수밖에 없으므로 인해 낮은 정밀도의 매체이다. 반면에 사진은 만화에 비해 높은 정세도를 가진 매체이다. 이때 높은 정밀도를 갖는 매체는 핫미디어, 낮은 정밀도의 매체는 쿨미디어이다.[32] 또한 신문과 영화·라디오 등은 핫미디어이다. 그는 고밀도의 정보를 제시함으로써 세부사항이 풍부하고 수용과정에서 시청자의 협력이 별로 필요로 하지 않는 매체를 핫미디어라 부른다. 이와 반대로 정밀도가 낮아서 세부사항이

30) 마셜 맥루한, 앞의 책, 37쪽.

31) 김성민, 「매체철학이란 무엇인가?」, 매체철학연구회, 『매체철학의 이해』, 인간사랑, 2005, 25쪽.

32) 마셜 맥루한, 앞의 책, 56-57쪽.

충분하지 않고 수요자에게 높은 강도의 협력을 요구하는 매체는 쿨미디어라 부른다. 쿨미디어는 감각의 공동체가 유기체로서의 균형을 유지하고 있는 매체를 일컫는다. 쿨미디어에서 하나의 감각, 하나의 기호가 지배하지 않는다. 쿨미디어는 저정밀성과 고참여성으로 특정짓는다. 여기서 정밀성이란 어떤 메시지의 정보가 분명한 정도 또는 실질적인 밀도를 의미하며, 참여성은 어떤 메시지를 받아들이는 사람이 그 뜻을 재구성하는 데 필요한 노력투입의 정도를 의미한다. 수용자는 어떤 메시지의 부족한 정밀성을 자신의 참여성으로 채우려 들기 때문에 둘 사이의 관계는 반비례한다. 이야기는 듣는 사람에게 주어지는 것이 적고, 듣는 쪽에서 상당량을 배워 가야 하므로 낮은 정세도는 쿨미디어인 것이다. 예를 들어 그는 텔레비전·전화·만화 등은 쿨미디어라고 보고 있다. 쿨미디어는 핫미디어보다 정보의 정세도가 낮아서 수용자의 높은 참여, 즉 더 많은 상상력이 요구되는 매체이다. 전화는 쿨미디어 혹은 저밀도의 미디어이다. 그 이유는 귀에 주어지는 정보량이 빈약하기 때문이다. 차가운 매체는 주어지는 정보량이 적기 때문에 듣는 사람의 말을 보충해야 한다.

요컨대 쿨미디어는 낮은 정세도의 미디어이다. 세부사항이 많은 핫미디어는 삶을 전문화시키고 그 영역을 구분하지만, 세부사항이 빈약한 쿨미디어는 사회적 연결을 끌어낸다.[33]

그러나 맥루한의 구분에 따라 매체유형의 범주가 궁극적으로 결정되는 것은 아니다. 예를 들어 문자매체에 뜨거운 단계와 함께 차가운 단계도 존재하기 때문이다. 그가 전화를 쿨미디어라 하고 영화를 핫미디어라 지칭하는 것도 피상적인 분류로 볼 수 있다. 맥루한에 따르면, 텔레비전 모니터에 맺히는 상은 정지된 사진과 같이

33) 크라우스 비거링, 유봉근 외 옮김, 『매체윤리』, 연세대학교출판부, 2004, 199-201쪽.

완전한 이미지를 우리에게 전달하지 않는다. 그것은 수많은 점들의 모자이크로 구성된 불완전한 이미지이다. 이는 고도의 밀도를 지닌 영화의 이미지와도 전혀 다르다. 이런 점에서 텔레비전은 이미지를 전달한다는 점을 제외하고는 사진이나 영화와 공통점이 전혀 없는 다른 부류의 매체이다.[34] 그래서 영화가 핫미디어인 반면에 텔레비전은 쿨미디어라는 것이다. 영화가 모자이크 형태의 이미지를 갖고 있는 텔레비전에 비해 정밀성이 높은 반면에, 수용자의 참여성은 텔레비전 쪽이 높다는 것이다. 텔레비전은 쿨미디어로서 정밀성이 낮기 때문에 수용자의 더 큰 참여를 필요로 한다. 텔레비전은 뜨거운 문제를 다루기에 그다지 적합한 매체라 말할 수 없다. 그 이유는 수용자의 참여가 지나치게 높아지기 때문에 역효과가 날 수 있기 때문이다. 영화는 움직이는 대상을 기계적인 방식으로 분류해서 필름에 담고 이를 이어 붙임으로써 유기적인 동작을 재현해 낸다는 점에서 매체적 특성을 지닌다. 이런 점에서 영화는 좋은 사운드 시스템을 갖춘 어두운 극장에서 쉴 새 없이 팝콘을 먹어가면서 다른 사람들과 함께 집단적으로 관람하는 무엇으로 그 특징을 이야기할 수 없다. 맥루한이 "텔레비전을 통해서 보는 영화는 이미 영화가 아니라 텔레비전"이라고 지적하는 것도 바로 이런 이유에서이다. 마찬가지로 기술의 발달에 힘입어 텔레비전의 화질이 영화처럼 된다면 더 이상 그것을 우리가 지금 사용하는 의미로서의 텔레비전이라고 부를 수 없을 것이다.[35]

핫미디어는 듣는 쪽이 참가하는 정도가 낮고, 쿨미디어는 참가, 혹은 보안하는 정도가 높다. 그러므로 라디오와 같은 핫미디어는 이용하는 사람에게 전화와 같은 쿨미디어와는 다른 효과를 주게 된다. 어떠한 핫미디어도 쿨미디어보다는 사람들의 참여도를 낮추

34) 마셜 맥루한, 앞의 책, 433쪽.
35) 마셜 맥루한, 앞의 책, 434쪽.

게 된다. 예를 들어 강연은 세미나보다 참여도가 낮고, 책은 회화보다 참여도가 낮다. 활자의 출현에 의해 그 이전에 있었던 많은 것들은 생활이나 예술에서 배제되고, 또 많은 것들이 이제까지 없었던 새로운 힘을 갖게 되었다. 초상화의 사진은 핫미디어이고 만화는 쿨미디어이다. 왈츠는 공업시대의 화려한 기분과 환경에 어울리는 빠르고 기계적인 무용으로서 핫미디어이고 이에 비해 트위스트는 즉흥적인 몸짓으로 온몸과 마음으로 추는 화려한 형태의 춤으로서 쿨미디어이다. 야구는 핫미디어이고 축구는 쿨미디어이다. 한글은 핫미디어이고 상형문자는 쿨미디어이다. 선진국은 핫미디어이고 후진국은 쿨미디어이다. 도시인은 핫미디어이고 시골사람들은 쿨미디어이다. 그러나 전기시대가 되어 행동의 양식과 여러 가치가 역전되었다면, 과거의 기계시대는 핫미디어이고, 우리의 텔레비전 시대는 쿨미디어인 것이다.[36]

이렇듯 핫미디어와 쿨미디어는 고정 불변하는 절대적인 개념이 아니라 시간과 상황에 따라 변화하는 상대적인 개념이다. 지금은 핫미디어이었던 속성이 테크놀로지의 발달로 인해 쿨미디어로 간주될 수 있기 때문이다. 이러한 개념의 변화는 새로운 기술의 도입에 의해 생겨나는 혼란과정에서 대규모의 문화적 정체(停滯)현상도 종종 뒤따른다. 사람들은 새로운 상황을 마치 오래된 상황처럼 착각하기 쉽기 때문에 "내부 확산의 시대"를 "인구의 외부 확산"으로 생각하게 된다. 즉 핫미디어가 핫한 문화에 사용되느냐, 쿨한 문화에 사용되느냐에 따라 커다란 차이를 보일 수 있다. 핫한 라디오가 쿨한 문화(비문자적 문화)에 사용될 경우에 라디오를 오락으로 생각하는 미국과 영국의 경우와는 전혀 다른 폭력적 효과를 나타낸다. 쿨한 텔레비전 미디어가 높은 문자문화의 세계에서 그러한

36) 마셜 맥루한, 앞의 책, 52쪽.

미디어는 적어도 그들에게는 극도의 혼란을 초래한다. 맥루한의 구분대로 따르면, 현대의 멀티미디어는 쿨미디어와 핫미디어가 다양한 형태로 결합되면서, 전체적으로 핫미디어로 진행되고 있다고 본다.[37] 위에서 언급한 대로, 쿨미디어와 핫미디어를 구분하는 기준은 매체의 정밀도의 기준차이에 있다. 매체가 제공하는 정보가 정밀하면 할수록 인간이 해석하는 참여는 줄어들게 된다. 그와 반대로 정밀도가 떨어지는 쿨미디어의 경우 인간의 적극적인 참여가 요구된다. 따라서 21세기의 정보매체는 나날이 정밀도가 더해가고 있지만, 의미구성의 과정에 대한 인간의 개입은 더욱 더 수동적으로 되어 가고 있다.

5. 영향과 의의

앞장에서 고찰하였듯이, 맥루한에게 있어서 인류의 역사란 새로운 핫미디어 또는 쿨미디어가 기존에 주도적이었던 매체의 자리를 차지하였다. 그리고 그 매체가 지녔던 사회적 영향력과 기능을 변화시킴으로써 결과적으로는 새로운 매체에 편향적인 새로운 사회적 의식이 생겨나게 되는 반복적인 과정이었다. 여기서 우리는 맥루한의 매체에 대한 인식이 지금까지 일반적 인식에 비추어 볼 때 얼마나 파격적인 논리인가를 알아낼 수 있다. 맥루한의 매체이론은 단지 내용을 담아 전달하는 중립적 도구로서의 매체가 아니라 인간의 사고를 형성하는 중요한 의미생성과정의 한 부분으로 매체를 파악해야 한다는 데 그 중요성이 있다. 따라서 맥루한의 매체에 대한 논의는 다음과 같은 몇 가지의 함축성을 지닌다.

37) 이기현, 『정보사회와 매체문화』, 김상환 외, 『매체의 철학』, 나남출판, 1998, 370쪽.

첫째, 매체가 낳은 개인적 사회적 결과는 그 매체로 인해 새로운 감각비율과 지각패턴이 달라지기 때문에 생겨난 것이다.[38] 둘째, 매체는 관련되는 사건들의 규모나 속도, 그리고 유형의 변화를 통해서 바로 그러한 매체로 규정한다.[39] 셋째, 매체에 의해 전달되는 내용보다는 매체를 통해 주입되는 표현 및 이해에 관련된 무의식적인 전체적인 장의 변화가 더 근본적인 매체의 메시지이다.[40] 따라서 매체는 매체사용자들의 감각에 대해 무의식적인 도취 또는 마비상태에 빠진다. 맥루한은 지배적인 커뮤니케이션의 종류에 따라 인류의 역사를 다음과 같은 4단계의 매체의 역사로 간주하였다.

첫째 단계는 구두(口頭) 커뮤니케이션에만 의존했던 원시부족시대이다. 원시부족시대의 사람들은 서로 모여서 공동생활을 하면서 구전(口傳) 내지 구어(Oral)로써 의사소통을 하였기 때문에 그들은 시각·청각·후각 등 오감을 동시에 사용하는 복수감각형이었다. 원시부족시대에 인간은 청각·시각·촉각 등 오감이 조화를 이루어 감각의 균형을 유지하고 있었다는 것이다.

둘째 단계는 약 2천 년 전의 한자나 알파벳의 발생 이후부터 시작된 문자시대(Literate age) 또는 필사시대이다. 이때부터 사람들은 점차적으로 시각형 인간으로 변형되었지만, 문자를 이용하는 사람이 극히 적었기 때문에 이전 시대와 마찬가지로 복수감각형의 인간이 지배적이었다. 그러나 기술혁신으로 인하여 감각이 확장되면서 감각의 균형은 무너지고, 그것은 다시 기술을 낳은 사회를 구성하게 된다. 즉 알파벳처럼 시각적으로 고도로 추상화된 인쇄술의 발명은 원시인들의 감각균형을 무너뜨려 시각 중심형 인간을 만들기 시작하였다. 산업화와 시장경제체제는 물론이고 우리에게 익숙

38) 마셜 맥루한, 앞의 책, 35, 51쪽.
39) 마셜 맥루한, 앞의 책, 36쪽.
40) 마셜 맥루한, 앞의 책, 43, 46, 48쪽.

한 현대적인 시와 음악과 교육방법 역시 크게 보면 표음문자와 인쇄술로 비롯되었다.[41)]

셋째 단계는 15세기의 구텐베르크의 활판인쇄술의 발명 이후부터 전기매체가 등장하기까지의 약 4세기 동안의 인쇄시대(Gutenberg age)이다. 이 시대의 사람들은 인쇄물에 의한 커뮤니케이션에 크게 의존하였으며, 사람들은 시각에 주로 의존하는 부분 감각형의 인간이 되었다. 따라서 15세기 인쇄술의 발명은 이러한 시각 중심 현상을 가속화시켰다. 이 시기에 인쇄는 개인주의와 민족주의를 만들어냈다. 맥루한에 의하면, 표음문자는 서구문명을 대표하는 선형적·분석적·기계적인 사고를 낳았을 뿐만 아니라 도로와 군대와 제국을 낳았다.[42)] 반면 구텐베르크의 인쇄술은 표음문자를 '세계화'하였고, 그 결과 기독교가 세계적인 종교로 자리 잡을 수 있도록 만들었다.[43)]

넷째 단계는 19세기 중반부터 20세기의 전기매체의 시기(Age of Electric Medium)이다. 전기매체의 발달로 세계는 점차 하나의 지구촌락으로 발전하게 되어 인류를 과거의 구전문화가 우세한 시대로 복귀하도록 하였다. 따라서 일종의 재부족화 현상이 나타나 사람들은 시각형의 인간에서 복수감각형으로 되돌아간다. 이렇듯 맥루한은 인류의 역사를 인간의 기능과 역할을 확대하기 위한 도구나 기술, 매체의 역사발달사로 본 것이다. 사람은 감각을 확장하기 위하여 미디어를 창조해 냈고, 그러한 미디어는 인간의 감각과 더불어 작용하면서 상호작용을 미치게 된다. 그는 사람의 감각은 각기 사용할 수 있는 범위와 양이 한정되어 있어서 작용이 미치는 미디어

41) 마셜 맥루한, 앞의 책, 286쪽.
42) M. McLuhan, E. and Frank Zingrone, *Essential McLuhan*(eds.), New York: Basic Books, 1995, 285쪽.
43) M. McLuhan, 앞의 책, 301쪽.

가 달라지면 감각의 균형도 변한다고 말한다. 이러한 전신의 발명을 전자매체시대가 열렸고, 특히 복수의 감각을 요구하는 텔레비전의 발명과 보급은 인간의 감각균형을 복구시켜 궁극적으로 인류를 다시 부족화시킬 것이라고 보았다. 이것은 그동안 선형적 논리에 매몰되었던 인쇄시대의 시각 중심형 인간이 감각의 균형을 되찾은 것이며, 오래 전에 추방되었던 낙원으로 복귀함을 의미한다. 예를 들어 책을 보는 사람은 시각비율이 높아지고 전화를 많이 사용하는 교환수는 청각비율이 높아진다는 것이다. 맥루한은 그 시대의 지배적인 매체가 무엇이냐에 따라 문명의 성격도 달라진다고 보았다.

그는 이러한 재치 있는 언어로 대중의 주목을 받는 데 대담한 가설을 제시했다. 그러나 폭넓은 인기에도 불구하고 그의 이론에 대한 비판은 끊이지 않았다. 논리적 설명이 부족하고 통찰력과 직관력에 의존함으로써 비과학적이라는 것이다. 그렇지만 이에 대한 맥루한 자신은 "나는 설명하지 않는다. 탐구할 뿐이다"라고 말한다. 그러면서 미디어에 대한 그의 진지한 탐구를 인쇄시대의 선형적 방식으로 이해하려고 하지 말고 "텔레비전시대"[44]에 걸맞게 온몸으로 받아들일 것을 요구한다. 그를 옹호하는 사람이건 반대하는 사람이건 간에 모두가 인정하는 사실은 미디어에 대한 그의 견해가 대단히 독창적이라는 것이다. 맥루한의 탁월함은 다른 사람들이 데이터만 보거나 아무것도 보지 못하는 것에서 중요한 의미를 찾아내는 데 있다. 사이버 공간이 창출하는 가상현실의 세계가 급속히 확장되는 것을 지켜보면서 우리는 맥루한이 40년 전에 간파한 것을 이제야 깨닫는 기분이다. 전자 네트워크의 신기술로 가상공간

44) 브루디외는 텔레비전이 갖는 미디어로서의 효과에 주목하면서 그것은 구조적으로 정치논리와 경제논리에 종속되어서 결국에는 탈정치적이거나 대중선동적인 정치적 메시지를 전달하면서 민주주의를 위협하는 도구로서 작동하고 있다고 비판한다. 이에 대한 자세한 내용은 다음을 참조: 피에르 브루디외, 현택수 옮김, 『텔레비전에 대하여』, 동문선, 1998.

의 정체성의 신세계가 창조되면서 우리의 삶이 근본부터 변해 가고 있는 것이다.

제 15 강

지젝: 세상 거꾸로 보기의 해석학

1. 생애 및 사상개요
2. 대중문화와의 만남으로서 해석학
3. 영화의 해석학: 매트릭스로 철학하기
4. 영향과 의의

제15강

지젝

세상 거꾸로 보기의 해석학

1. 생애 및 사상개요

발칸반도 북쪽에 위치한 슬로베니아 공화국, 인구가 불과 약 199만 안팎의 작은 나라에 세계적으로 알려진 라캉학파가 있다. 그들은 임상과 상관없이 철학과 문화 그리고 정치와 사회현상으로 라캉에 접근하는 학파이다. 슬라보예 지젝(Slavoj Žižek, 1949~)은 이 학파를 주도하였으며 오늘날 유럽 인문학의 천재로 알려져 있다.

지젝은 구 유고슬라비아 지금의 옛 유고연방인 슬로베니아의 수도 류블랴나에서 중산층 관료의 독자로 태어났다. 마셜 티토의 통치 아래 있던 당시 유고슬로비아는 동구 블록 속에서 자유로운 공산주의 국가 중의 하나였다. 당시 국가통제의 한 측면으로 모든 영화사들에 배급된 영화는 지젝에게 긍정적 영향을 끼쳤다. 지젝은 당시 배급된 미국과 유럽영화를 보면서 할리우드 전통에 대한 정확한 인식을 갖게 되었다. 할리우드 영화에 대한 지젝의 관심은 슬로베니아의 당시 문학에 대한 혐오와 관계가 있다. 지젝은 10대 시절부터 영어로 쓰인 문학, 특히 탐정소설에 심취했다. 이러한 문화적 관심 속에서 철학에 대한 취미를 키워 왔고, 17살 무렵에 철학자가 되기로 결심했다. 스무 살 되던 해에 류블랴나에서 공부하던 중 첫 저서를 발간했으며, 1971년에 철학과 사회학 학사를 취득하고 1975년 「프랑스 구조주의의 이론적, 실천적 타당성」이란 논문으로 문학 석사학위를 취득하였다. 이 논문은 라캉, 데리다, 크리스테바, 레비-스트로스, 들뢰즈와 같은 프랑스 철학자들의 사상을 분석했다. 1979년 류블랴나(Ljbljana)대학교 사회과학연구소에 취직하면서 이곳에서 1981년 철학박사학위를 받고, 하이데거에 관해 처음으로 책을 출판하였다. 1985년에는 파리 8대학에서 자크 라캉의 정신분석학으로 두 번째 박사학위를 취득하였다. 류블라냐 대학교 사회과학연구소의 특징은 대륙철학(데카르트, 칸트, 헤겔, 마르크스)의 배경을 공유하고, 라캉 식의 정신분석에 매혹되어 타자의 용어로 각자를 설명하고자 하는 치열한 충동을 갖고 있었다.[1] 그는 류블라냐 대학교에서 이론정신분석학회(Society for Theoretical Psychoanalysis)를 창립했다.

무엇보다 그는 칸트, 셸링, 헤겔 등 독일 고전학으로서 라캉의 정신분석을 재해석하는 위업을 달성한다. 1990년 유고슬라비아가 해체되고 민주화된 슬로베니아에서 최초의 민주적 선거가 시행되었을 때, 지젝은 대통령 후보로 출마하였지만 5위에 그쳤다. 그 당시 그는 자유민주당 후보로 출마했는데, 그것은 그의 신념이라기보다 민족주의와 구공산당의 보수영합을 무너뜨리기 위한 전략적 선택이었다. 지젝은 10년간 슬로베니아 정부에 비공식적으로 충고하는 역할을 수행하는 한편, 자신의 모든 에너지를 연구 활동에 쏟아부었다. 1989년 『이데올로기라는 숭고한 대상』의 출간 이후에 영어로만 15권의 저서와 다수의 편집서적을 펴냈다. 또한 독일어, 프

1) 사라 케이, 정현숙 옮김, 『슬라보예 지젝』, 경성대학교출판부, 2006, 14쪽.

랑스어, 슬로베니아어로 된 다수의 책을 집필하였다.[2)]

그는 『이데올로기라는 숭고한 대상』이라는 저서를 통해 서구의 지성계에 도전장을 내밀었다. 1989년 동구권의 몰락으로 사회주의가 붕괴될 때까지 그는 마르크시즘에 심취했으며 프랑크푸르트학파의 한 분과에서 프로이트에 몰두했으며 그에 대해 관심이 많았다. 그래서 그는 프로이트가 꿈을 분석하는 방식으로서의 이념을 재해석하였다. 마르크스의 잉여가치를 잉여쾌락(surpuls enjoyment)으로 해석한 라캉에 심취하여 이것을 발전시키고 사회주의와 자본주의 등 모든 이념의 총체성을 비판했다. 그는 라캉을 모델로 삼는 이론가이자 정신분석을 마르크시즘과 결합하였다. 그리고 그는 이념뿐만 아니라 서사, S.F 소설, 영화 등의 대중문화, 모차르트와 바그너의 오페라 등 다양한 장르의 문화, 그리고 정치사회 구조에 정신분석을 연결시킨 문화 이론가이다. 그는 셸링, 칸트, 헤겔 등의 독일 철학에 바탕을 두고 라캉을 재해석하면서 이를 정치·사회·문화 형식에 대입하는 전략을 취한다. 특히 그는 라캉의 실재계(현실계)에 관심을 보인다. 그것이 모든 전체주의, 독재적 획일주의를 전복하는 기능을 갖고 있기 때문이다.[3)]

또한 그는 『이데올로기라는 숭고한 대상』에서 자신의 목표가 "헤겔로의 회귀"라고 밝힌다. 지젝은 헤겔의 변증법에서 포스트구조주의를 비판적으로 극복할 논리를 찾아내어 포스트구조주의가 바라보는 시각과는 다소 다르게 변증법이 결코 화해적 또는 종합적 관점을 만들어내지 않는다고 말한다. 지젝이 이해하는 헤겔은 절대적 동일성의 철학과는 그다지 관계가 없다. 오히려 헤겔은 제

---

2) 토니 마이어스, 박정수 옮김, 『누가 슬라보예 지젝을 미워하는가』, 앨피, 2005, 21-35쪽.

3) 권택영, 『잉여쾌락의 시대-지젝이 본 후기산업사회』, 문예출판사, 2003, 8-9쪽.

한된 것들과 모순적인 것들 너머에 위치하는 절대적인 것은 없다는 것을 인정한다.[4] 그는 "헤겔의 절대지 자체는 어떤 근본적 상실에 대한 인정을 지칭하는 것"이고, 차이와 우연성에 대한 가장 강한 긍정을 헤겔에게서 찾는다. 지젝은 "라캉의 정신분석에 근거하여 헤겔의 변증법에 새로운 독법을 가하여 그것을 다시 현실화"[5] 하여 현실에 응용하였다. 또한 그는 『부정적인 것과 함께 머물기』, 『까다로운 주체』 등의 논쟁적이고 도발적인 저서를 통해 포스트모더니즘과 해체주의 이후 세계에서 가장 주목받는 학자로 손꼽힌다. 최근에는 지젝 연구를 목적으로 하는 국제저널이 생길 정도로 학계 전반에 큰 영향을 미치고 있다.

2. 대중문화와의 만남으로서 해석학

지젝사상의 독창성은 숭고한 것의 위상을 재정립함으로써 이를 현대문화에 대한 분석과 비판에 적용하고자 하는 데 있다. 특히 그는 유희적인 방식으로 글을 쓴다는 점에서 지금까지의 철학자와 다소 다르다. 그는 철학을 끊임없이 오락거리로 만든다. 지젝은 정신분석학과 철학을 우리의 일상생활과 대면시킨다. 지젝의 매력은 영화나 대중문화의 사례들을 농담이나 정치일화를 통해 자신의 이론을 뒷받침한다. 지젝은 영화에서 세련된 철학적·정신분석학적 개념의 틀을 적용한다. 이러한 방법으로 대중문화와 일상생활을 분석한다. 이러한 접근법은 죽음이나 시적 극단을 메마른 어조로 설명하는 일부 철학과 다르게 풍부한 호소력을 지닌다. 그는 끊임없

4) 김현강, 『슬라보예 지젝』, 2009, 25쪽.
5) 슬라보예 지젝, 이수련 옮김, 『이데올로기라는 숭고한 대상』, 인간사랑, 2002, 28쪽.

이 대중문화를 참조하여 철학을 다시 새롭게 불어넣어 독자들의 공식적인 편견에서 철학을 구해내고자 한다. 이런 의미에서 지젝의 이론적 전복성은 정통이론보다 훨씬 더 정통적인 성격에서 나온다. 지젝은 라캉의 개념을 이용하여 영화의 서사분석, 지금까지 배우나 줄거리, 인물, 플롯, 상징 등을 중심으로 보아 오던 영화를 매우 색다른 관점으로 보면서 정신분석의 중요 개념을 다양하게 파악한다.

라캉의 영화에 대한 개방적 몸짓은 해석학에 대한 지지로 이루어진다. 일찍이 1933년 그의 박사학위 논문과 『로마 강연』에서 정신분석의 해석학적 접근을 통해 결정론에 반대하였다. "모든 분석 경험은 의미작용의 경험이다." 여기서 상징화의 미래에 대한 라캉의 위대한 구상이 탄생한다. 하나의 사실은 설명할 수 없는 사실로 간주하는 것이 아니라 항상 역사화된다. "프로이트학파의 임상적 명칭들은 환자를 낙인찍는 객관적 분류가 아니다. 그 명칭들은 주관적 태도, 즉 주체가 상호주체적인 상황으로 성장한 실존적 기획이다. 그리고 주체가 자유 속에서 궁극적으로 책임질 실존적 기획이다." 1950년 중반 이후로 이러한 해석학적 태도는 의심을 갖게 되면서 새롭게 보는 계기를 마련한다. 지젝은 실재의 철학자라 불린다. 이러한 명칭은 지젝이 추상적 관념이 아니라 유럽 각국의 화장실 디자인이나 아놀드 슈워제네거, 키아누 리부스의 영화 등 우리의 생활과 직접 연관된 실재적인 주제를 다룬다는 뜻이기도 하다. 다른 한편으로 라캉적 의미의 실재를 확장하고 자기화했다는 의미이다. 지젝은 언제나 상징계와의 관계 속에서 실재를 다룬다는 점이다.[6] 라캉이 말하는 실재계, 상상계, 상징계는 어디에 있고, 지젝이 말하는 판타지와 잉여는 어디에 있는가? 상상계는 댈러웨이 부인의 삶을 엮어 가는 동안 버지니아를 살게 만든 판타지이다.[7]

---

6) 토니 마이어스, 박정수 옮김, 『누가 슬라보예 지젝을 미워하는가』, 앨피, 2005, 65쪽.

실재계는 상징적 법의 인과성을 교란시키는 부재의 원인이다. 이런 이유로 중층결정의 구조는 환원되지 않는다. 원인은 어떤 모순 또는 시간지체를 통해서 배가됨으로써 그 영향력을 행사한다. 원인은 상징화에 저항하고 그 자동화 과정을 방해하는 실재적이고 예정된 장애물이다. 그러나 동시에 원인은 상징화 효과의 사후적 생산물이 아니다.[8)]

주지하듯이, 프로이트의 꿈 해석은 꿈의 의미에 대한 전통적 탐구와의 단절을 통해 형성되었다. 프로이트의 저항, 원인을 향한 지속적인 요청은 자연주의적 결정론적 편견으로 치부되지 않는다. 지젝은 해석학으로부터 멀어지는 라캉의 동일한 이동에 대해 자연주의와 관련된 것이 아니라 의미작용의 외면적이고 내재적인 탈중심화가 장의 한가운데서 작동하는 원인을 가시화시키는 것이라 본다. 이러한 이동은 두 단계에서 발생한다. 첫째, 라캉은 구조주의를 포용한다. 의미작용의 탈중심화 원인은 의미화 구조와 동일시된다. 따라서 해석학으로부터 구조주의로의 첫 번째 이동에서 문제가 되는 것은 정확한 원인에 대한 질문이다. 우리가 의미작용으로의 원인으로 이동한다면, 의미작용은 의미의 효과로 인지된다. 그것은 내재적 구성요소가 결정하는 원인의 오인이자 의미화 구조 자체의 형식적 기제인 상징적 의미경험이다. 의미작용으로부터 의미화 원인으로의 이동은 의식작용을 실증적 결정론으로 환원하는 것은 아니다. 이것은 해석학으로부터 자연과학으로의 한 걸음으로 나아가는 것이 아니다. 이러한 환원에 앞서는 것은 상징적인 것과 실재계를 분리하는 틈새이다. 그래서 라캉의 다음 단계는 실재계(현실계)와 상징적인 것 사이의 틈새가 어떻게 상징계에 영향을 주는가에 대한 통찰력과 명확히 관련된다. 그 단계는 이러한 질서의

---

7) 권택영, 앞의 책, 75쪽.

8) 슬라보예 지젝, 이만우 옮김, 『향락의 전이』, 인간사랑, 2001, 68쪽.

내재적 한계로 가능하다. 상징계는 차단되고, 의미화 연쇄는 내재적으로 모순되며, 전부가 아니고 틈새를 위주로 구조화된다. 이러한 내재적이고 상징화될 수 없는 장애물은 상징적인 것과 실재계 사이의 틈새에서 유지된다. 즉 장애물은 상징적인 것의 실재계로 흘러들어가는 것을 막는데, 상징적인 것과 실재계의 탈중심화에서 문제되는 것은 원인이다. 따라서 실재계는 상징적인 것의 부재의 원인이 된다. 이러한 원인에 대한 프로이트와 라캉의 명칭은 심적 외상이다. 이러한 의미에서 라캉의 이론적 기획은 해석학과 구조주의를 넘어선다.[9]

지젝은 상징화의 위험이라는 차원에서 심화된 숭고의 대상의 실례로 9.11테러를 든다. 지젝이 파악하기에 이것은 마치 영화 매트릭스에서 주인공이 화려한 "가짜 현실"에서 황량한 사막의 진짜 현실로 옮겨졌을 때와 동일하다. "실재의 사막에 오신 것을 환영합니다!" 뉴욕의 시민들은 그날 "실재의 사막"으로 인도된 셈이고, 무너지는 쌍둥이 빌딩의 장관은 할리우드 재난영화의 그것을 연상시켰다. 실재가 되어 나타난 이 참사의 순간에 우리의 지각을 결정짓는 것은 이데올로기적이고 상징적인 것들의 조합이라는 사실을 인식해야 한다는 것이다. 그 건물에 대한 테러가 던진 충격은 디지털화된 제1세계와 "실재의 사막" 자체인 제3세계를 갈라놓고 있는 경계를 고려하지 않고 설명할 수 없다. 지젝이 파악하기에 세계무역센터의 폭발은 위협적인 것으로 상정된 외부세계를 향한 폭력이 되돌아온 것이라는 관점이다.[10] 또한 지젝은 타이타닉호의 침몰사건이 지니는 문화적 의미를 분석한다. 타이타닉호의 침몰은 실로 충격적인 사건으로서 불가능한 일이 일어난 것이었고, 침몰할

9) 슬라보예 지젝, 이만우 옮김, 『향락의 전이』, 인간사랑, 2001, 65-67쪽.
10) 안성찬, 「슬라보예 지젝－무와 이데올로기 사이의 숭고－」, 『숭고의 미학』, 유로서적, 2004, 198-199쪽.

수 없는 배가 침몰한 것이었다. 중요한 것은 그러한 충격적인 사건이 "제시간에 일어난 것이다. 실제로 침몰이 일어나기 전에 이미 그 자리는 환상공간 속에서 그것을 위해 열려 있었고 예고되어 있었다."[11]

3. 영화의 해석학: 매트릭스로 철학하기

매트릭스에서 지젝은 문화산업이 현실 속에 구현된 모습을 본다. 매트릭스에서 소외되고 물화된 자본의 사회적 실체가 우리의 내적인 삶을 점령화하고 식민화하여 에너지원으로 사용하는 모습을 본다. 매트릭스는 가상현실을 끌어들임으로써 그것을 급진적으로 만들었다. 그는 매트릭스에서 영화에 대해 두 가지 해석을 한다. 첫째, 하나의 가상현실에서 다른 가상현실로 자유롭게 이동하는 주체나 모든 실재가 가짜라는 것을 인식하고 있는 순수한 영혼이 존재한다는 것, 둘째, 매트릭스의 저변에는 진정한 실재가 존재한다는 편집증적인 가정이 모두 틀렸다는 것은 역설적이다. 이 영화는 가상현실의 시뮬레이션의 저변에 어떤 실재가 존재한다고 주장한다는 점에서 틀리지 않았다. 모피어스는 네오에게 파괴된 사막에 시카고의 모습을 보여 주면서 이렇게 말한다. "진실의 사막에 온 것을 환영하네." 그러나 실재는 가상 시뮬레이션의 배후에 있는 진정한 현실이 아니다. 그것은 현실을 모순되게 만드는 텅빈 공간이다. 그리고 모든 상징적인 매트릭스의 기능은 바로 이러한 모순을 은폐하는 것이다.[12] 이 영화는 다음과 같은 모순과 마주친다.

11) 안성찬, 앞의 책, 126쪽.

12) 슬라보예 지젝, 「매트릭스, 가해자의 히스테리 또는 새도매저키즘의 징후」, 슬라보예 지젝 외, 이운경 옮김, 『매트릭스로 철학하기』, 한문화, 2003,

모피어스: "그것은 자네가 삶에 넌더리가 났다는 느낌이지. 세상이 뭔가 잘못되었다는 느낌. 그게 뭔지는 모르겠지만, 어쨌든 마음속에 박힌 가시처럼 자네를 미치게 만드는 거야. … 매트릭스는 모든 것에 있어. 사방에 있지. 바로 이 방안에도 있어. … 그것은 진실을 보지 못하도록 자네의 눈을 가리는 세계야."

네오: "무슨 진실이오?"

모피어스: "자네가 노예라는 진실이지, 네오. 자네가 다른 사람들처럼 날 때부터 노예 신세라는 진실말야. … 자네도 다른 모든 사람들과 마찬가지로 냄새를 맡거나 맛을 보거나 만질 수 없는 감옥에서 태어난 거야. 자네 마음의 감옥말야."

모피어스의 말에 의하면, 결핍 · 모순 · 장애의 경험은 우리가 현실로 경험하는 것은 거짓이라는 사실을 입증한다. 매트릭스에서 또 하나의 모순은 죽음과 관련된 것이다.

네오: "매트릭스에서 죽으면 여기서도 죽나요? 가상현실 안에서만이 아니라, 실제현실에서도?"

모피어스: "육체는 정신이 없으면 살 수 없어."

지젝에 의하면, 진짜 육체란 오직 마음, 즉 자신이 몰입해 들어가는 정신세계와 연계했을 때 작용할 수 있다는 것이다. 그래서 가상현실에 있다고 죽으면, 이 죽음 또한 실재 육체에도 영향을 미친다는 이야기이다. 하지만 현실에서 죽을 때에만 진짜로 죽는다는 해석도 불충분하다. 결과적으로 가상현실에서 완전히 몰입된 네오는 매트릭스가 통제하는 가상현실 안에서 스미스 요원과의 싸움에서도 살아남아야 한다. 궁극적으로 매트릭스는 세계를 그의 마음

292쪽.

속에 지탱하고 있는 철학자 버클리(George Berkeley; 존재한다는 것은 지각된다)의 신보다는 프랑스 철학자 말브랑슈의 "우인론(偶因論)"[13]적인 신에 훨씬 가깝다. 우인론은 본질적으로 기표의 자의성에 대한 이론이고, 육체의 인과관계의 네트워크에서 생각들의 네트워크를 분리시키는 간격(gap)에 대한 이론이며, 두 네트워크를 조화시키는 것은 대타자이다. 그래서 나의 몸이 사과를 한 입 베어 물면 나의 정신이 쾌감을 경험한다는 사실에 대한 이론이다.[14] 따라서 매트릭스는 유토피아와 디스토피아를 결합시킨다. 우리가 살고 있는 바로 무시간의 유토피아는 우리를 매트릭스에 에너지를 공급하는 수동적인 상태의 살아있는 건전지로 전락시키는 곳이다.[15] 따라서 매트릭스의 올바른 통찰력을 지젝은 두 가지 측면으로 본다.

첫째, 현실이라는 것이 일시적으로 무력화될 수 있는 자의적인 규칙들에 의해 규제당하는 가상의 영역으로 전락한다는 점이다.

둘째, 주체가 순전히 도구화된 수동성으로 전락한다. 이것이 바로 자유의 숨겨진 진실이라는 것이다.[16]

4. 영향과 의의

영국의 비평가 테리 이글턴은 지젝을 "수십 년 동안 유럽에 출현한 사람 중 가장 놀라운 명민함으로 정신분석학, 문화이론을 해설한 사람"으로 평가한다. 즉 지젝이 사용하는 대중문화, 농담, 하

13) 신의 피조물인 물체나 정신 등이 원인으로서 작용할 수 있다는 것을 인정하지 않고 일체 현상의 진정한 작용으로 신만을 인정하는 설이다.

14) 슬라보예 지젝, 앞의 책, 314쪽.

15) 슬라보예 지젝, 앞의 책, 319쪽.

16) 슬라보예 지젝, 앞의 책, 323쪽.

이테크 공상과학소설 등은 끊임없이 즐거움의 샘을 자극시킨다.

하지만 그의 비판적 사고의 토대는 의혹과 경계이다. 우리에게 주어진 것을 받아들이지 않는 순간에 우리가 현실로 대면하고 있는 것이 어떻게 가능한지를 묻는 순간에 철학은 시작된다.

라캉은 프로이트의 정신분석학을 재해석하며 수많은 논란을 일으켰다. 지젝의 책을 읽기 위해서는 먼저 라캉을 이해해야 한다는 말까지 나올 정도로 독해가 어려운 사상가다. 지젝은 정치학, 철학, 문학, 과학, 종교에까지 그리고 그 분석범위를 확장시켜 라캉의 정신분석학을 대중화하는 데 크게 기여했다. 이렇게 지젝은 철학·정치학·정신분석의 영향을 주로 많이 받았다. 즉, 철학에서는 헤겔의 변증법, 정치학에서는 마르크스의 물신숭배 개념, 정신분석학에서는 라캉의 실재계의 개념 등이 그것이다. 하지만 그의 사상의 개념과 방법론은 서로 중첩된다. 따라서 지젝에 미친 라캉의 영향은 상상계·상징계·실재계(현실계)의 구분, 대상 a, 증환, 향락 같은 라캉의 개념들을 직접 받아들였다. 다시 말해 라캉의 사상이 지젝에게 있어서 중요한 이유는 라캉의 실재개념과 주체개념을 자신의 철학적 핵심주제로 삼고 있기 때문이다.[17]

우리가 지젝을 "실재계(현재계)의 철학자"라고 부르는 것은 그가 일상생활과 관련된 주제를 다룬다는 의미이기도 하지만, 라캉적 의미의 실재를 확장하고 자기화했다는 뜻이기도 하다. 특히 지젝의 철학적, 정치적, 대중문화 프로젝트의 중심에는 실재계(현실계)를 내세웠으며, 이 개념에서 그 연결고리를 찾고자 했다. 지젝에게 있어서 실재계는 현실에 대해 우리가 느끼는 감각의 윤곽을 잡아준다. 실재계는 끊임없이 저항하는 어떤 것, 즉 우리의 사고들이 스쳐 지나가고 정신의 빛이 조명할 수 없는 고착상태를 표현한다. 지

17) 김현강, 『슬라보예 지젝』, 이룸, 2009, 23쪽.

젝의 실재계가 복잡하고 그다지 쉽게 파악하기 어렵다 할지라도 다양한 영역에 걸쳐 지속적으로 많은 영향을 미치고 있다.

참고문헌

제1강 해석학이란 무엇인가

디이머 알빈, 백승균 옮김, 『철학적 해석학』, 경문사, 1985.

박순영, 「해석학의 현대적 위상」, 『현대철학 특강』, 철학과현실사, 1999.

블라이허 조셉, 권순홍 옮김, 『현대 해석학』, 한마당, 1983.

인아이헨 한스, 문성화 옮김, 『철학적 해석학』, 문예출판사, 1998.

팔머 리차드, 이한우 옮김, 『해석학이란 무엇인가』, 문예출판사, 2001.

푀겔러 오토 엮음, 박순영 옮김, 『해석학의 철학』, 서광사, 1993.

하이데거, 이기상·김재철 옮김, 「해석학」, 『마르틴 하이데거의 존재론』, 서광사, 2002.

Ast, F., *Grundlinien der Grammatik, Hermeneutik und Kritik,* H.-G. Gadamer/ G. Boehm, (Landshut 1808), 1972.

Apel, K-O., *Einführung zu C. S. Perice Schriften zur Entstehung des Pragmatismus*, Bd. 1. Frankfurt. a. M, 1967.

Boisacq, E., *Dictionnaire étymologique*, Hedelberg-Paris, 1916.

Grondin, Jean, *Einführung in die philosophische hermeneutik*(장 그롱댕, 최성환 옮김, 『철학적 해석학』, 한울, 2008), Darmstadt, 1991.

제2강 슐라이어마허: 보편적 해석학

강돈구, 『슐라이어마허의 해석학』, 이학사, 2000.

디이머 알빈, 백승균 옮김, 『철학적 해석학』, 경문사, 1985.

소기천, 『혹스 & 에벨링－해석학의 역사와 새로운 해석학』, 살림, 2006.

이병옥, 「개성과 인문학－슐라이어마허의 윤리학을 중심으로－」, 『인문학과 해석학』, 철학과현실사, 2001.

이선관, 「슐라이어마허에 있어서의 번역과 해석」, 『범한철학』, 제30집, 2003, 가을.

이소오 켄, 이수정 옮김, 『해석학의 흐름』, 이문출판사, 1995.

인아이헨 한스, 문성화 옮김, 『철학적 해석학』, 문예출판사, 1998.

최신한, 『독백의 철학에서 대화의 철학으로-슐라이어마허의 해석학적-변증법적 사유방법』, 문예출판사, 2001.

최신한, 『감동과 대화의 사상가 슐라이어마허』, 살림, 2003.

최신한, 『지평확대의 철학-슐라이어마허, 점진적 자기발견의 정신탐구』, 한길사, 2009.

코레트 에머리히, 신귀현 옮김, 『철학적 해석학』, 종로서적, 1985.

팔머 리차드, 이한우 옮김, 『해석학이란 무엇인가』, 문예출판사, 2001.

Dilthey, W., *Schleiermacher in Briefen*, III, Stuttgart, 1957.

Dilthey, W., *Gesammelte Schriften*, V, Stuttgart, 1957.

Dilthey, W., *Gesammelte Schriften*, VII, Stuttgart, 1957.

Dilthey, W., *Leben Schleiermachers*, II; *Schleiermachers System als Philosophie und Theologie*, hg. v. m. Redeker, 1966.

Grondin, J., *Einführung in die philosophische Hermeneutik*, Darmstadt, 1991.

Heinz Kimmerle, "Hermeneutische Theorie oder ontologische Hermeneutik", in: *Zeitschrift für Theologie und Kirche*, 59, Jg, 1962.

Kimmerle, H., "Das Verhältnis Schleiermachers zum transzendentalen Idealismus", in: *Kant-Studien*, Bd. 51, 1959/1960.

Kimmerle, H., "Metahermeneutik, Applikation, hermeneutische Sprachbildung", in: *Zeitschrift für Theologie und Kirche*, Bd. 61, 1964.

Kimmerle, H., "Typologie der Grundformen des Verstehens von der Reformation bis zu Schleiermacher", in: *Zeitschrift für Theologie und Kirche*, Bd. 67, 1970.

Kümmel, F., *Verstännis und Vorverständnis. Subjektive Voraussetzungen und objecktiver Anspruch des Verstehens*, Essen, 1965.

Odebrecht, R.(Hg.), *Friedrich Schleiermachers Dialektik*. Darmstadt, 1976.

Rudolph, E., "Seit ein Selbstgespräch wir sind Hermeneutische Kritische Kriterien einer Ethik der Individuum im Anschluß an Schleiermacher", in: *Internationale Zeitschrift für Philosophie*, Heft. 1, 1992.

Schleiermacher, F. D., *Friedrich Schleiermacher's Sämtliche Werke*, Bd. VII, Berlin, 1838.

Schleiermacher, F. D., *Hermeneutik*, Nach den Handschriften neu hg. u. eingel. v. H. Kimmerle, 1959.

Schleiermacher, F. D., *Hermeneutik und Kirtik*, Frankfurt. a. M., 1997.

Scholtz G., "Schleiermachers Dialektik und Diltheys erkenntnistheoretische Logik", in: *Dilthey-Jahrbuch*, 1984.

Werner Schultz, "Die Grundlagen der Hermeneutik Schleiermachers, ihre Auswirkungen und ihre Grenzen", in: *Zeitschrift für Theologie und Kirche*, Bd. 50, 1953.

제3강 딜타이: '정신과학'의 방법론으로서의 해석학

딜타이, 이한우 옮김, 『체험 · 표현 · 이해』, 책세상, 2002.

박순영, 「현대해석학의 위상」, 『현대철학특강』, 철학과현실사, 1999.

배학수, 「동작 속의 진리-하이데거와 무용」, 한국하이데거 편, 『하이데거의 예술철학』, 철학과현실사, 2002.

슈나이더스 베르너, 박종목 옮김, 『20세기 독일철학』, 동문선, 2005.

양해림, 「딜타이에 있어서 개인, 사회 그리고 상호작용의 변증법」, 『철학연구』, 제44집, 철학연구회, 1999.

양해림, 『현상학과의 대화』, 서광사, 2003.

양해림, 「딜타이는 삶의 객관화를 극복하였는가?」, 『해석학연구』, 제16집, 한국해석학회, 2005.

팔머 리차드, 이한우 옮김, 『해석학이란 무엇인가』, 문예출판사, 2001.

Apel, Otto, Karl, "Das Verstehen(Eine Problemgeschichte als Begriffsgeschichte)", in: *Archiv für Begriffgeschichte*, I.

Bollonow, O. F., Dilthey, *Eine Einfürung in seine Philosophie*, Leipzig, 1936.

Dilthey, W., *Gesammelte Schrift*, V, Stuttgart, 1957.

Dilthey, W., *Gesammelte Schrift*, VII, Stuttgart, 1957.

Droysen, Johan Gustav, Droysen, J. G., *Historik*, *Vorlesung über Enzyklopaedie und Methodologie der Geschichte*, Muinch, 1960.

Habermas, Jürgen *Erkenntnis und Interesse*, Frankfurt. a. M., 1968.

Künzel, Heinrich, "Über Wilhelm Diltheys Begriff der Struktur und der

Erlebnisausdrucks", in: *Deutsche Vierjahrschrift für Literaturwissenschaft und Geistesgeschichte*, 47, 1973.

Lorenz, Heinz, *Geschichte und Glaube bei Wilhelm Dilthey*, Leipzig, 1959.

Maraldo, John, C., Der *hermeneutische Zirkel*, Freiburg/München, 1974.

Weber, Dagmar, *Zum Problem des ästhetischen Erkennens bei Wilhelm Dilthey*, Köln, 1983.

제4강 하이데거: 현상학과 해석학의 만남

김 진, 『퓌지스와 존재사유-자연철학과 존재론의 문제들』, 문예출판사, 2003.

박순영, 「해석학의 현대적 위상」, 『현대철학특강』, 철학과현실사, 1999.

박유정, 「하이데거에 있어서 언어와 신비」, 『범한철학』, 제30집, 2003.

박찬국 · 이수정, 『하이데거-그의 생애와 사상』, 서울대학교출판부, 2004.

배학수, 「동작 속의 진리-하이데거와 무용」, 한국하이데거 편, 『하이데거의 예술철학』, 철학과현실사, 2002.

소광희, 『하이데거의 존재와 시간강의』, 문예출판사, 2003.

송석랑, 『언어와 합리성의 새 차원』, 충남대학교출판부, 2003.

신상희, 『시간과 존재의 빛-하이데거의 시간이해와 생기사유』, 한길사, 2001.

오용득, 『자기쇄신의 학으로서의 철학적 해석학』, 책펴냄열린시, 2005.

이기상, 『하이데거의 실존과 언어』, 문예출판사, 1991.

이기상, 『하이데거의 존재와 현상』, 문예출판사, 1993.

이기상, 『하이데거의 존재사건학』, 서광사, 2003.

이기상, 『존재와 시간-인간은 죽음을 향한 존재』, 살림, 2006.

이남인, 『현상학과 해석학-후썰의 초월론적 현상학과 하이데거의 해석학적 현상학』, 서울대학교출판부, 2004.

이서규, 『삶과 실존철학』, 서광사, 2002.

이선일, 「다시 써보는 예술작품의 근원」, 한국하이데거 편, 『하이데거의 예술철학』, 철학과현실사, 2002.

이수정, 「하이데거의 예술론」, 한국하이데거 편, 『하이데거의 예술철학』, 철학과현실사, 2002.

인아이헨 한스, 문성화 옮김, 『철학적 해석학』, 문예출판사, 1998.

최상욱, 「하이데거에게서의 예술의 본질」, 한국하이데거 편, 『하이데거의 예술철학』, 철학과현실사, 2002.
쿤츠만 페터, 홍기수 외 옮김, 『그림으로 읽는 철학사』, 예경, 2003.
푀겔러 오토 엮음, 박순영 옮김, 『해석학의 철학』, 서광사, 1993.
하버마스, 이진우 옮김, 『현대성의 철학적 담론』, 문예출판사, 1994.
Habermas, J., *Der philosophische Diskurs der Moderne*, Frankfurt. a. M., 1988.
Habermas, J., *Heidegger-Werk und Weltanschauung*, victor Farias(Hg.), Heidegger und der Nationalsozialismus, S. Fischer, 1989.
Heidegger, M., "Unterwegs zur Sprache", in: *Gesammtausgabe*, Vittorio Klostermann, Frankfurt. a. M., 1975.
Heidegger, M., *Die Grundprobleme der Phänomenologie*, Frankfurt a. M., 1975.
Heidegger, M., *Ontologie-Hermeneutik der Faktizität*, Frankfurt. a. M., 1988.
Heidegger, M., *Die Frage nach der Technik*, GA, 38. Frankfurt a. M., 1989.
Heidegger, M., GA Bd. 65, *Beiträge zur Philosophie*, Frankfurt. a. M., 1989.
Heidegger, M., *Sein und Zeit*, Tübingen, 1993(이기상 옮김, 『존재와 시간』, 까치, 2003).
Heidegger, M., *Der Ursprung des Kunstwerkes*, Stuttgart, 1978,
Herrmann, F. W. von. *Subjekt und Dasein*, Frankfurt. a. M., 1971.
Howard, Roy J., *Three faces of Hermeneutics*, Berkeley: University of Califonia Press, 1982.
Husserl, E., *Zur Phänomenologie des innen Zeitbewußtseins*, Husserliana, Bd. X, Haag, 1969.
Raj, Singh, R. "Heidegger and the world in an Artwort", in; *The journal of Aesthetics and Art criticism*, 48: 3 Summer, 1990.
Tugendhat, E., *Selbstbewußtsein und Selbstbestimmung*, Frankfurt. a. M., 1979.
Zammermann, F., *Einfühung in die Existenzphilosophie*, Darmstadt, 1997.

제5강 가다머: 철학적 해석학

김영한, 「가다머의 영향사 해석학」, 『철학』, 제24집, 1985년 가을.
김영한, 『하이데거에서 리꾀르까지』, 박영사, 1998.

박순영, 「Gadamer의 해석학과 정신과학의 방법론」, 『철학』, 제24집, 1987.

박순영, 「해석학의 현대적 위상」, 엄정식 외, 『현대철학 특강』, 철학과현실사, 1998.

서동은, 『하이데거와 가다머의 예술이해』, 누멘, 2010.

양해림, 「딜타이는 삶의 객관화를 극복하였는가?」, 『해석학연구』, 제16집, 한국해석학회, 2005.

오용득, 『자기쇄신의 학으로서의 철학적 해석학』, 책펴냄열린시, 2005.

이정복, 「Gadamer에 있어서 해석학적 방법과 이해의 문제」, 『철학연구』, 제15집, 철학연구회, 1980.

이희용, 「해석학적 경험의 수행구조와 그 기초 해명」, 『해석학연구』, 제16집, 2005.

원키 조지아, 이한우 옮김, 『가다머－해석학, 전통 그리고 이성』, 민음사, 1999.

Barbarić, Damir, "Zur Sprachauffassung H.-G. Gadamers", in: *Internationale Zeitschrift für Philosophie*, Heft. 2, 1996.

Bleicher, J., *Contemporary Hermeneutics, hermeneutics as Method, philosophy and Critics*, London, 1980.

Bubner, R., *Modern German Philosophy*, Translated by Eric Matthews, 1981.

Bultman, R., "Das Problem der Hermeneutik", in: *Glaube und Verstehen*, II, Tübingen, 1965.

Gadamer, H.-G., "Rhetorik. Hermeneutik und Ideologiekritik", in: *Kleine Schriften*, I, Tübingen, 1967.

Gadamer, H.-G., *Mensch und Sprache*. in: *Kleine Schriften*, I, Tübingen, 1967.

Gadamer, H.-G., *Wahrheit und Methode, Grundzüge eine philosophischen Hermeneutik*, Tübingen: J. C. Moh, 1972(이길우 외 옮김, 『진리와 방법 I』, 문학동네, 2000).

Garrett, J. E., "Hans-Georg Gadamer on fusion of horizons", in: *Man and World*, Vol. 17, 1978.

Grondin, Jean, *Hermeneutische Wahrheit? Zum Wahrheitsbegriff Hans-Georg Gadamers*, Königstein/Ts: forum Academicum, 1982.

Heidegger, M., *Sein und Zeit*, Tübingen, 1972.

Palmer, Richard E., *Hermeneutics, Interpretation Theory in Schleiermacr, Dilthey, Heidegger, Gadamer*, Northwestern University, 1969.

Ricoeur R., *Hermeneutics & the human sciences*, Edited & translated by John B Thompson Cambridge University press, 1981.

Riedel, M., "Zwischen Plato und Aristotels-Heiggers doppelte Exposition der Seinsfrage und der Ansatz von Gadamers hermeneutischer Gesprächsdialektik", in: *Allgemeine Zeitschrift für Philosophie*, 11, Jg, 1986.

Tietz, U., *Hans Georg Gadamer zur Einführung*, Hamburg, 2000.

제6강 하버마스: 의사소통행위의 해석학

김영한, 「하버마스의 정신분석적 심층해석학」, 『하이데거에서 리꾀르까지』, 박영사, 1987.

김영한, 『쉴라이에르마허에서 리꾀르까지－현대해석학의 흐름』, 숭실대학교출판부, 2011.

백승균, 「하버마스의 철학형성과 진리이념」, 『현상과 인식』, 1983년, 가을.

백승균, 「J. 하버마스의 논의이론과 진리이념」, 『철학연구』 제35집.

장춘익 외, 『하버마스의 사상』, 나남출판, 1996.

차인석, 『현대의 철학 Ⅰ』, 서울대학교출판부, 1982.

퓨지 미첼, 박만준·진기행 옮김, 『하버마스의 사회사상』, 부산대학교출판부, 1998.

하버마스, 이진우 옮김, 『현대성의 철학적 담론』, 문예출판사, 1994,

David Ingran, *Habermas and the Dialectic of Reason*, New Haven and London, 1987.

Gadamer, H.-G., "On the Scope and Function of Hermeneutic Reflection", in: *Continum*, 8, 1970.

Habermas, J., *Technik und Wissenschaft als Ideologie*, Frankfurt. a. M., 1973.

Habermas, J., *Theorie and Praxis*, Frankfurt. a. M., 1973.

Habermas, J., "Wahrheitstheorien", in: H. Fahrenbach(Hrsg), *Wirklichkeit und Reflexion*, Walter Schulz zum 60 Geburtstag, Frankfurt. a, M., 1973.

Habermas J., "Die Utopie des guten Herrschers", in: *Kultur und Kritik*, Frankfurt. a. M., 1977.

Habermas J., "What is universal pragmatics? Communication and Evolution of Society", Beacon Press, 1979.

Habermas, J., *Interess und Erkenntnis und Interess*, Frankfurt. a. M., 1979 (강영계 옮김, 『인식과 관심』, 고려원, 1983).

Habermas, J., *Theorie des kommunikativen Handelns*, Bd. 1, Frankfurt. a. M., 1985(장춘익 옮김, 『의사소통행위이론 I』, 나남출판, 2006).

Habermas, J., *Theorie des kommunikativen Handelns*, Bd. II. Frankfurt. a. M., 1985(장춘익 옮김, 『의사소통행위이론 II』, 나남출판, 2006).

Habermas, J., *Vorareitende Bemerkungen zu einer Theorie der kommunikativen Kompenz*, Frankfurt. a. M., 1985.

Habermas, J., *Vorstudien und Ergänzungen zur Theorie des kommunikativen Handelns*, Frankfurt. a. M., 1986.

Held, D., *Introduction to Theory*, University of California press, 1980.

Lorenzer, A., Sprachzerstörung und Rekonstruktion, Frankfurt. a. M., 1973.

Stölter, A. A., *Moderne und Kulturkritik*, *Jürgen Habermas und Erbe der kritischen Theorie*, Bonn, 1996.

Wellmer, Alfred, "Die Bedeutung der Frankfurter Schule heute", in: Honneth, A./Wellmer. A(Hg.), *Die Frankfurter Schuler und die Folgen*, Berlin, 1986.

제7강 아펠: 의사소통공동체의 해석학

권용혁, 「담화윤리학과 정치적 결단주의」, 『철학연구』, 제37집, 철학연구회, 1995.

권용혁, 「칼 오토 아펠의 의사 소통 이론-담화윤리학을 중심으로」, 박영식 교수 화갑 논문집, 『언어철학연구 II』, 현암사, 1995.

김 진, 『아펠과 철학의 변형』, 울산대학교출판부, 1988.

김 진, 『현상학과 해석학』, 울산대학교출판부, 2005.

레제-쉐페 발터, 권용혁 옮김, 『칼-오토 아펠과 현대철학』, 울산대학교출판부, 1992.

블라이허 조셉, 권순홍 옮김, 『현대 해석학』, 한마당, 1983.
아펠 칼-오토, 「해석학과 의미 비판」, O. 푀겔러 엮음, 박순영 옮김, 『해석학의 철학』, 서광사, 1993.
안성찬, 「이성과 언어-아펠의 선험적 화용론」, 『이성과 감성의 평행성』, 유로서적, 2004.
이삼열, 「아펠의 철학사상과 그 발전경로-선험화용론과 담론윤리의 철학사적 의미」, 홍윤기 편집, 『철학의 변형을 향하여-아펠철학의 쟁점-』, 철학과현실사, 1998.
Albert, Hans, *Traktat über kritische Veernunft*, Tübingen, 1980.
Apel, K.-O., "Heideggers philosophische Radikaliserung der Hermeneutik und die Frage nach dem Sinnkriterium der Sprache", in: O. Pöggeler(Hg.), *Hermeneutische Philosophie*, München 1972.
Apel, K.-O., *Der Denkweg des Charles S. Perirce*, Frankfurt. a. M., 1975.
Apel, K.-O., "Ist die Ethik der idenalen kommunikathionsgemeinschaft eine Utoie?", in: M. Voßkamp(Hg), *Utopieforschung*, Bd, 1. Stuttgart 1982.
Apel, K.-O., "Kant, Hegel und das akuelle Problem der namativen Grundlagevon Moral und Recht", in: *Kant oder Hegel?* stuttgart 1983.
Apel, K.-O., *Transformation der Philosophie*, Bd. I. Frankfurt. a. M., 1985.
Apel, K.-O., *Transformation der Philosophie*, Bd. II. Frankfurt. a. M., 1985.
Apel, K.-O., "Grenzen der Diskursethik? Versuch einer Zwischenbilanz", in: *Zeitchrift für philosophische Forschung*. Bd. 40. 1986.
Apel, K.-O., "Normative Begründung der 'Kritischen Theorie' durch Rekurs auf lebensweltliche sittlicheit?" in: A. Honneth(Hg), *Zwischenbetrachtung*. Frankfurt. a. M., 1989.
Apel, K.-O., *Diskurs und Verantwortung. Das Problem des Übergangs zur postkonventionellen Moral*, Frankfurt. a. M., 1988.
Apel, K.-O., "Diskursethik als Verantwortungsethik und das prolem der ökonomischen Rationalität", in: Klaus Held(Hg), *sozialphilosophische Grunddlagen ökonomischen Handelns*, Frankfrut. a. M., 1990.
Apel, K.-O., "Das Anliegen des anglo-amerikanischen Kommunitarismus

in der Sicht der Diskuresethik", in: M. Brumilk/H. Brunkhorst (Hg.), *Gemeinschaft und Gerechigkeit*, Frankfurt. a. M., 1995.

Apel, K.-O., "Die ökologische Krise als Herausforderung für die Diskursethik", in: D. Böhler(hg.), *Ethik für die zukunt. Im Diskurs mit Hans Jonas*, München 1994.

Apel, K.-O., "Die Vernunftfunktion der kommunikativen Rationalität", in: K.-O. Apel,/M. Kettner(Hg.), *Die eine Vernunft und die vielen Rationaltäten*, Frankfurt. a. M., 1996.

Dallmayr, Winfrid, "Kommunikation und Gemeinschaft", in: W. Kuhlmann(Hg.), *Kommunikation und Reflexion*, Frankfurt. a. M., 1982.

Kuhlmann, Wolfgang, *Reflexive Letztbegründung. Untersuchung zur Transzendentalpragmatik*, Freiburg/München 1985.

Ilting, Karl-Heinz, "Der Geltungagrund moralischer Normen", in: W. Kuhlmann(Hg.), *Kommunikation und Reflexion*, Frankfurt. a. M., 1982.

제8강 로티: 네오프래그머티즘의 해석학

김동식, 『로티의 신실용주의』, 철학과현실사, 1996.

김동식, 「신실용주의의 메타철학적 메타포들」, 김동식 엮음, 『로티와 철학과 과학』, 철학과현실사, 1997.

김동식, 『로티 · 철학과 자연의 거울』, 울산대학교출판부, 2002.

김동식, 『프래그머티즘』, 아카넷, 2003.

김비환, 「로티의 자유주의 정치사상」, 김동식 엮음, 『로티와 사회문화』, 철학과현실사.

오용득, 『철학적 해석학』, 책펴냄열린시, 2005.

이유선, 『리처드 로티』, 이룸, 2003.

이유선, 『듀이 & 로티–미국철학의 유산, 프래그머티즘–』, 김영사, 2006.

인아이헨 한스, 문성화 옮김, 『철학적 해석학』, 문예출판사, 1998.

정여창, 「현대의 반인식론」, 『철학의 종언, 그 새로운 시작』, 청계, 2003.

호르스터 데틀레프, 박여성 옮김, 『로티』, 인간사랑, 2000.

Reese-Schäfer, Walter, *Richard Rorty*, Frankfurt/Main: New York: Campus

Verlag, 1991.
Rorty, R., *Philosophy and the Mirror of Nature*, New Jersey: Princeton Univ. Press, 1979.
Rorty, R., "Method, social science and social hope", in: M.T. Gibbins, ed., *Interpreting politics*, 1987.
Rorty, R., *Objectivity, Relativism, and Truth*, Cambridge University Press, 1991.
Warnke, G., *Gadamer: Hermeneutics, Tradition and Reason*, Standford University Press, 1987.

제9강 리쾨르: 상징의 해석학

김종걸, 『리쾨르의 해석학적 철학』, 한들출판사, 2003.
도스 프랑스아, 이봉지 외 옮김, 『폴 리쾨르-삶의 의미들』, 동문선, 2005.
커니 리처드, 임헌규 외 옮김, 『현대 유럽철학의 흐름』, 동녘, 2000.
리쾨르 폴, 양명수 옮김, 『악의 상징』, 문학과지성사, 1994.
리쾨르 폴, 박영수 남기영 편역, 『텍스트에서 행동으로』, 아카넷, 2004.
윤성우, 『해석의 갈등』, 살림, 2005.
윤성우, 『폴 리쾨르의 철학』, 철학과현실사, 2004.
정기철, 『해석학과 학문과의 대화』, 문예출판사, 2004.
Klemm, David E., *The Hermeneutical Theory of Paul Ricoeur*, Toronto: Associated University Press, 1974.
Ricoeur Paul, *The Symbplism of Interpretation*, Boston, 1969.
Ricoeuer, Paul, *The Symbolism of Will*, Boston, Press, 1967.
Ricoeur, Paul, *Temp et Récit*, I, Paris, 1983.
Ricoeur, Paul, *Du texte à l'action*(『텍스트에서 행위로』): Paris: Seuil, 1986.
Ricoeur, Paul, "Life: A Story in Search of a Narrator", *Facts and Values*, ed., by M. C. Doeser & J. N. Kraaj, Dordrecht, 1986.
Ricoeur, Paul, ed. by D. Ihde, *The Conflict of Interpretations-Essays in Hermeneutics*, I, Evanston: Northwestern Univ. Press, 1974.

제10강 판넨베르크: 신학과 과학의 만남의 해석학

김영한, 「판넨베르크 보편사신학에 관한 비판적 고찰」, 『하이데거에서 리꾀르까지』, 박영사, 1998.
김용준, 『종교와 과학 사이에서』, 돌베개, 2005.
장회익, 『판넨베르크의 과학사상-우발성과 마당개념을 중심으로-』, 과학사상, 제37호, 2001년 여름, 범양사, 2001.
Pannenberg, Wolhart, 홍지훈 옮김, 「현대문화 속에서의 신학」, 『2001년 가을 제2회 석학연속강좌』, 아카넷, 2001.
Pannenberg, W., "Hermeneutik und Universalgeschichte", in: *Grundfragen systematischer Theologie*, Göttingen, 1963.
Pannenberg, W., *Grundfragen systematischer Theologie*, Göttingen, 1967.
Pannenberg, W., "Heilgseschehen und Geschichte", in: *Grungfagen systematischer Theologie*, Göttingen, 1967.
Pannenberg, W., *Offenbarung als Geschichte*, Beiheft, 1970.
Pannenberg, W., *Toward a Theology of Nature*, Louisville: Westminster, 1993.

제11강 푸코: 해석학과 구조주의를 넘어서

강영계, 『니체와 정신분석학-힘에의 의지와 심층의식에 관한 철학적 성찰』, 서광사, 2003.
거팅 개리, 홍은영 외 옮김, 『미셸 푸코의 과학적 이성의 고고학』, 백의, 1999.
고스돈 크리스, 성춘택 옮김, 『인류학과 고고학』, 사군자, 2001.
김응종, 『아날학파의 역사체계』, 아르케, 2000.
김형효, 『구조주의의 사유체계와 사상』, 인간사랑, 1989.
들라캉파뉴 크리스티안, 조현진 · 유서연 옮김, 『20세기 서양철학의 흐름』, 이제이북스, 2006.
들뢰즈 질, 이경신 옮김, 『니체와 철학』, 민음사, 2005.
들뢰즈 질, 허경 옮김, 『푸코』, 동문선, 2003.
박정호 외 엮음, 『현대유럽철학의 흐름』, 동녘, 2002.
박찬국, 『철학의 거장들』, 철학과현실사, 2005.
빌루에 피에르, 나길래 옮김, 『푸코 읽기』, 동문선, 2002.
삐아제 장, 김태수 엮음, 『구조주의 이론』, 인간사랑, 1990.
송기형, 「구조주의 혁명의 연대기」, 임봉길 외, 『구조주의의 혁명』, 서울대학교출판부, 2000.
에리봉 디디에, 『미셸 푸코 상』, 시각과 언어, 1997.
앨런 메길, 정일준 외 역, 『극단의 예언자들: 니체, 하이데거, 푸코, 데리다』, 새물결, 1996.
양운덕, 『미셸 푸코』, 살림, 2003.
윤평중, 「미셸 푸코」, 박정호 외 엮음, 『현대철학의 흐름』, 동녘, 2004.
이광래, 「니체와 푸코: 니체 상속인으로서의 푸코」, 한국니체학회 편, 『니체와 현대의 만남』, 세종출판사, 2001.
하상복, 『푸코 & 하버마스―광기의 시대, 소통의 시대』, 김영사, 2009.
최몽룡·최성락, 「고고학사의 개요」, 『인물로 본 고고학사』, 한울 1997.
쿠르츠웨일 에디츠, 이광래 옮김, 『구조주의의 시대, 레비―스트로스에서 푸코까지』, 종로서적, 1980.
포스터 마크, 「푸코의 지식의 고고학과 지성사의 미래」, 라카프라 카프란(편), 『현대유럽지성사』, 강원대학교출판부, 1986.
포스터 마크, 이정우 역, 『푸꼬, 마르크스, 역사』, 인간사랑, 1990.
프랑크 만프레드, 김윤상 옮김, 『신구조주의란 무엇인가 2』, 인간사랑, 1999.
하버마스 유르겐, 이진우 옮김, 『현대의 철학적 담론』, 문예출판사, 1994.
Barthes, R., *Essais critiques*, Le Seuil, 1971.
Foucault, M., *Wahnsinn und Gesellschaft*, Frankfurt. a. M., 1969.
Foucault, M., *The Archaeology of Knowledge*, New York, 1972(이정우 옮김, 『지식의 고고학』, 인간사랑, 2000).
Foucault, M., "What is Enlightenment?", in: *The Foucault Reader*, New York: Pantheon Books, 1984.
Honegger, Claudia, "Michel Foucault und die serielle Geschichte", in: *Merkur* 407, 1982.
Hubert L. Dreyfus and Paul Rabinow, *Beyond Structuralism and Hermeneutics*, The University of Chicago, 1982.
Mari, Urs., *Michel Foucault*, München, 1988.
Megill Allan, "The Reception of Foucault by Historians", in: *Journal of the History Ideas*, Vol. 48, 1987.
O'Farrel, Clare, *Foucault-Historian or Philosopher?*, Macmillan, 1989.

Parsons, S., "Foucault and The problem of Kant", in: *Praxis International.* Vol. 8, 1988/1989.

Poster, Mark, "Foucault and History", in: *Social Reserch*, Vol. 49, 1982.

Racevskis, K., *Michel Foucault and Subversion of intellect*, Cornell University, 1983.

Roth, Michael S., Foucault's "History of Present", in: *History and Theory*, Vol. 20, 1981.

Schmid, Wilhelm, "Die Geburt der Geschichte", in: D*eutsche Zeitschrift für Philosophie*, 39, Jg, 1991.

Shaffer, E. S., "The Archaelogy of Michel Foucault", in: *Studies in History and Philosophy of Science*, 7, 1976.

제12강 데리다: 해체주의의 해석학

김상환, 「정보화시대의 해체론의 이해」, 김상환 외 저, 『매체의 철학』, 나남출판, 1998.

레웰린 존, 서우석·김세중 옮김, 『데리다의 해체주의』, 문학과지성사, 1988.

비거링 클라우스, 유봉근 외 옮김, 『매체윤리』, 연세대학교출판부, 2004

사럽 마단 외, 임헌규 옮김, 「데리다와 해체」, 『데리다와 푸꼬, 그리고 포스트모더니즘』, 인간사랑, 1997.

실버만, 휴 J 편, 윤호병 옮김, 『데리다의 해체주의: 철학과 사상』, 현대미학사, 1998.

양운덕, 「자크 데리다」, 박정호 외 엮음, 『현대철학의 흐름』, 동녘, 1996.

윤효녕, 「데리다: 형이상학 비판과 해체적 주체 개념」, 『주체개념의 비판』, 서울대학교출판부, 2003.

이광래, 「데리다의 反철학으로서의 철학」, 서양철학사연구회, 『反철학으로서의 철학』, 지성의샘, 1994.

이서규, 「데리다: 해체와 차연」, 『현대철학의 이해』, 건국대학교출판부, 2003.

이승종, 「차연과 차이: 동아시아 사유로부터」, 『철학과 현실』, 가을호, 철학문화연구소, 1998.

지마 페터, 김혜진 옮김, 『데리다와 예일학파』, 문학동네, 2001.

커니 리차드, 임헌규 외 옮김, 「자크 데리다」, 『현대유럽철학의 흐름』, 한울, 1992.

한상철, 『데리다의 해체주의에 대한 비판적 이해』, 철학과현실사, 2001.

Derrida, Jacques, *La voix le pheánománe*, Puf, 1967.

Derrida, Jacques, *La dissémination*, de Seuil, 1972.

Derrida, Jacques, *Position*, Minuit, 1972.

Derrida, Jacques, "Différance", *Speech and Pheomena*, trans. David B. Allison(Evanston: Northwestrn UP, 1973.

Derrida, Jacques, *Grammatologie*, Übersetz von Hans-Joerg Rheinberger und Hanns Zichler, Frankfurt. a. M., 1983.

제13강 라캉: 무의식의 해석학

권택영, 「욕망에서 사랑으로」, 『우리시대의 욕망 읽기』, 문예출판사, 1996.

김상환・홍준기 엮음, 『라깡의 재탄생』, 창비, 2005.

라캉 자크, 권택영 엮음, 『욕망이론』, 문예출판사, 1998.

마이어스 토니, 박정수 옮김, 『누가 슬라보예 지젝을 미워하는가』, 앨피, 2005.

이유섭, 「자크 라깡」, 『103인의 현대사상』, 민음사, 1996.

이진경, 『노마디즘 I』, 휴머니스트, 2002.

이진경, 「라깡: 정신분석의 언어학」, 『철학과 굴뚝청소부』, 그린비, 2003.

이창재, 「무의식의 문제」, 『21c 사상과 문화의 새 지평』, 원광대학교출판부, 2003.

이창재, 『프로이트와의 대화』, 학지사, 2004.

정문영, 「라깡: 정신분석학과 개인 주체의 위상의 축소」, 윤효녕 외, 『주체개념의 비판』, 서울대학교출판부, 2003.

정재곤, 「라깡과 구조주의」, 임봉길 외, 『구조주의 혁명』, 서울대학교출판부, 2000.

지젝, 슬라보예, 이만우 옮김, 『향락의 전이』, 인간사랑, 2002.

홍준기, 『라깡과 현대철학』, 문예출판사, 2000.

Lacan, Jacques, *Le Séminaire XI: Les quatre concepts fondamentaux de la psychanalyse*, Paris: Seuil, 1973.

第14강 맥루한: 매체와 정보해석학

김균 · 정연교 지음, 『맥루언을 읽는다』, 궁리. 2006.

김성민, 「매체철학이란 무엇인가?」, 매체철학연구회, 『매체철학의 이해』, 인간사랑, 2005.

브루디외 피에르, 현택수 옮김, 『텔레비전에 대하여』, 동문선, 1998.

비거링 크라우스, 유봉근 외 옮김, 『매체윤리』, 연세대학교출판부, 2004,

손동현, 「정보의 존재론적 구조와 특성」, 철학연구회, 『정보사회의 철학적 진단』, 1999.

양해림, 「미디어 이론가 마샬 맥루언의 매체결정과 이미지」, 『미의 퓨전시대』, 철학과현실사, 2001.

이기현, 「매체의 신화, 문화의 야만」, 김상환 외, 『매체의 철학』, 나남출판, 1998.

코플스톤 F., 박영도 옮김, 『중세철학사』, 서광사, 1988.

포스터 마크, 김성기 옮김, 『뉴 미디어의 철학』, 민음사, 1994.

홍경자, 「새로운 매체문화에서 주체, 의미 그리고 현실의 문제들-정보해석학적 논의를 중심으로-」, 『철학연구』, 2005.

Hartmann, F., *Medienphilosophie*, Wien, 2000.

Innis, H. *Empire and Communications*, Oxford: Oxford University Press, 1950; *The Bias of Communication*. Toronto: University of Toronto Press, 1964.

McLuhan, E. and Frank Zingrone. *Essential McLuhan*(eds.). New York: Basic Books, 1995.

Marshall, M., *The Medium is the Massage*, A Benthm Book, 1967.

McLuhan, M., *Understanding Media: The Extension of Man*, Cambridge, Massachusetts: The MIT Press, 1994.

McLuhan, M., and E., McLuhan, *Laws of Media: The New Science*, Toronto: University of Toronto Press, 1998.

Mumford, L., *Technics and Civilization: The Interplay of Artefact and Culture*, New York: Harcourt Brace & World, 1934.

第15강 지젝: 세상 거꾸로 보기의 해석학

김현강, 『슬라보예 지젝』, 이룸, 2009.

권택영, 『잉여쾌락의 시대-지젝이 본 후기산업사회』, 문예출판사, 2003.
마이어스 토니, 박정수 옮김, 『누가 슬라보예 지젝을 미워하는가』, 앨피, 2005.
브루디외 피에르, 현택수 옮김, 『텔레비전에 대하여』, 동문선, 1998.
안성찬, 「슬라보예 지젝-무와 이데올로기 사이의 숭고-」, 『숭고의 미학』, 유로서적, 2004.
지젝 슬라보예, 이만우 옮김, 『향락의 전이』, 인간사랑, 2001.
지젝 슬라보예, 이수련 옮김, 『이데올로기라는 숭고한 대상』, 인간사랑, 2002.
지젝 슬라보예, 「매트릭스, 가해자의 히스테리 또는 새도매저키즘의 징후」, 슬라보예 지젝 외, 이운경 옮김, 『매트릭스로 철학하기』, 한문화, 2003.
케이 사라, 정현숙 옮김, 『슬라보예 지젝』, 경성대학교출판부, 2006.

찾아보기

ㅂ

ㅇ

ㅈ

ㅊ

ㅎ

저자 소개: 양해림(梁海林)

강원대학교 철학과와 동 대학원을 졸업하고, 독일 트리어(Trier)대학교, 베를린 훔볼트(Humboldt)대학교에서 박사과정을 수학하고 훔볼트대학교에서 철학박사학위를 받았다. 현재 충남대학교 인문대학 철학과 교수로 재직하고 있다.

지은 책으로

『대학생을 위한 서양철학사』(2009), 『한스 요나스의 환경이야기』(2009), 『자크 라캉의 욕망이야기』(2009), 『21세기 한국사회와 철학』(2008), 『에코 · 바이오테크시대의 책임윤리－과학기술의 진보와 이성－』(2005), 『현상학과의 대화』(2003), 『미의 퓨전시대』(2002) 등 20여 권의 단독 및 공저가 있다.

논문으로

"헤겔의 법철학과 공동체주의－도덕성과 인륜성을 중심으로－", "생태민주주의와 생태공동체적 사유", "고령화 사회에서 노동의 소외는 극복될 수 있는가?", "네오프래그머티즘의 해석학－로티의 철학과 자연의 거울을 중심으로－", "가다머의 해석학적 이해와 언어", "하이데거의 실존론적 해석학", "해석학과 사회체계: 딜타이와 루만의 이해개념을 중심으로", "인권과 민주주의－하버마스의 사실성과 타당성을 중심으로－", "니체의 몸철학－오해된 몸의 복권－" 등 60여 편의 논문이 있다.

개정판

현대 해석학 강의 값 22,000원

2011년 6월 30일 1판 1쇄

저　　자 양 해 림
발 행 인 임 동 규
발 행 처 **집 문 당**
주　　소 413-756 경기도 파주시 교하읍 문발리 514-7(본사)
110-360 서울시 종로구 와룡동 95번지(서울사무소)
등　　록 1971. 3. 23. 제406-2003-000039호
영 업 부 (02)743-3192~3 팩스(02)742-4657
전자우편 sale@jipmoon.co.kr
편 집 부 (02)743-3096 팩스(02)743-3097
전자우편 edit@jipmoon.co.kr
홈페이지 www.jipmoon.co.kr

ISBN 978-89-303-1518-0

이 도서의 국립중앙도서관 출판시도서목록(CIP)은 e-CIP홈페이지(http://www.nl.go.kr/ecip)와 국가자료공동목록시스템(http://www.nl.go.kr/kolisnet)에서 이용하실 수 있습니다.
(CIP제어번호: CIP2011002157)